本书为国家社会科学基金一般项目"基于生态系统的海洋陆源污染防治立法研究"（14BFX109）最终成果

海洋陆源污染防治立法研究
——生态系统方法的实践与出路

戈华清 ◎著

中国社会科学出版社

图书在版编目（CIP）数据

海洋陆源污染防治立法研究：生态系统方法的实践与出路／戈华清著．—北京：中国社会科学出版社，2021.8
ISBN 978 - 7 - 5203 - 8813 - 9

Ⅰ.①海⋯　Ⅱ.①戈⋯　Ⅲ.①海洋污染—污染防治—环境保护法—立法—研究　Ⅳ.①D912.604

中国版本图书馆 CIP 数据核字（2021）第 148426 号

出 版 人	赵剑英
责任编辑	谢欣露
责任校对	夏慧萍
责任印制	王　超

出　版	中国社会科学出版社
社　址	北京鼓楼西大街甲 158 号
邮　编	100720
网　址	http：//www.csspw.cn
发 行 部	010 - 84083685
门 市 部	010 - 84029450
经　销	新华书店及其他书店
印　刷	北京明恒达印务有限公司
装　订	廊坊市广阳区广增装订厂
版　次	2021 年 8 月第 1 版
印　次	2021 年 8 月第 1 次印刷
开　本	710×1000　1/16
印　张	24.5
插　页	2
字　数	402 千字
定　价	129.00 元

凡购买中国社会科学出版社图书，如有质量问题请与本社营销中心联系调换
电话：010 - 84083683
版权所有　侵权必究

缩 略 语

英 文

BCLME——Benguela Current Large Marine Ecosystem（本格拉洋流大海洋生态系统）

COBSEA——The Action Plan for the Protection and Development of the Marine Environment and Coastal Areas of the East Asian Seas Region（东亚海区域与沿海地区海洋环境保护和开发利用行动计划）

DPSIR——Drivers – Pressures – State – Impacts – Responses（驱动力—压力—状态—影响—回应）

DPSRC——Drivers – Pressures – State – Responses – Control（驱动力—压力—状态—回应—控制）

EBM——Ecosystem – based Management（生态系统管理）

ECOLEX——An information service on environmental law, operated jointly by FAO, IUCN and UNEP（由联合国粮农组织、自然保护联盟和环境规划署联合运作的环境法信息服务机构）

EEA——European Economic Area（欧洲经济区）

EU——European Union（欧盟）

FAO——Food and Agriculture Organization of the United Nations（联合国粮农组织）

GEF——Global Environment Facility（全球环境基金）

GOOS——The Global Ocean Observing System（全球海洋观测系统）

HELCOM——Helsinki Commission (i. e. the Baltic Marine Environment Protection Commission)（赫尔辛基委员会，即波罗的海海洋环境保护委员会）

Helsinki Convention——*Convention on the Protection of the Marine Environment of the Baltic Sea Area*（《波罗的海海洋环境保护公约》）

ICARM——Integrated Coastal Area and River Basin Management［一体化（综合）海岸带与流域管理］

ICES——the International Council for the Exploration of the Sea（海洋开发国际委员会）

ICM/ICZM——Integrated Coastal Management（综合的海岸带管理）/ Integrated Coastal Zone Management（综合的海岸带区域管理）

IEA——Integrated Ecosystem Approach（综合生态系统方法）

IMO——International Maritime Organization（国际海事组织）

IUCN——International Union for Conservation of Nature（国际自然保护联盟）

LMEs——Large Marine Eco–systems（大海洋生态系统）

MEBM——Marine Ecosystem–based Management（海洋生态系统管理）

MSFD——*Marine Strategy Framework Directive*（正文中指欧盟的《海洋战略框架指令》）

NOAA——National Oceanic and Atmospheric Administration of U.S.（美国国家海洋和大气管理局）

NOWPAP——The Action Plan for the Protection, Management and Development of the Marine and Coastal Environment of the Northwest Pacific Region（《西北太平洋海洋和海岸带环境保护、管理与发展行动计划》）

OSPAR——The mechanism by which 15 Governments and the EU cooperate to protect the marine environment of the North–East Atlantic（由欧洲的15个国家的政府和欧盟所组成的合作保护东北大西洋海洋环境的机制）

OSPAR Commission——A Successor to the Oslo and the Paris Commissions（奥斯陆委员会与巴黎委员会的继任者①）；

OSPAR Convention——*Convention for the Protection of the Marine Environment of the North–East Atlantic*（《东北大西洋海洋环境保护公约》）

PAME——Protection of the Arctic Marine Environment（北极海洋环境

---

① 奥斯陆委员会是《奥斯陆公约》（全称《防止船舶倾倒污染海洋环境的奥斯陆公约》）的缔约与执行机构，而巴黎委员会是《巴黎公约》（全称《防止陆源污染海洋公约》）的缔约与执行机构。

保护）

POPs——Persistent Organic Pollutants（持久性有机污染物）

ROPME——Regional Organization for the Protection of the Marine Environment（海洋环境保护区域组织）

UNDP——United Nations Development Programme（联合国开发计划署）

UNEP——United Nations Environment Programme（联合国环境规划署）

中　文

《草原法》——《中华人民共和国草原法》

《城乡规划法》——《中华人民共和国城乡规划法》

《大气污染防治法》——《中华人民共和国大气污染防治法》

《防沙治沙法》——《中华人民共和国防沙治沙法》

《防治海岸工程建设项目污染损害海洋环境管理条例》——《中华人民共和国防治海岸工程建设项目污染损害海洋环境管理条例》

《防治陆源污染物污染损害海洋环境管理条例》——《中华人民共和国防治陆源污染物污染损害海洋环境管理条例》

《海岛保护法》——《中华人民共和国海岛保护法》

《海洋环境保护法》——《中华人民共和国海洋环境保护法》

《海洋倾废管理条例》——《中华人民共和国海洋倾废管理条例》

《海域使用管理法》——《中华人民共和国海域使用管理法》

《环境保护法》——《中华人民共和国环境保护法》

《环境影响评价法》——《中华人民共和国环境影响评价法》

《民法典》——《中华人民共和国民法典》

《农业法》——《中华人民共和国农业法》

《全国主体功能区规划》——《全国主体功能区规划——构建高效、协调、可持续的国土空间开发格局》

《森林法》——《中华人民共和国森林法》

《生物安全法》——《中华人民共和国生物安全法》

《水法》——《中华人民共和国水法》

《水生野生动物保护条例》——《中华人民共和国水生野生动物保护条例》

《水土保持法》——《中华人民共和国水土保持法》

《水污染防治法》——《中华人民共和国水污染防治法》
《宪法》——《中华人民共和国宪法》
《野生动物保护法》——《中华人民共和国野生动物保护法》
《野生植物保护条例》——《中华人民共和国野生植物保护条例法》
《种子法》——《中华人民共和国种子法》
《自然保护区条例》——《中华人民共和国自然保护区条例》

目 录

第一章 海洋生态系统方法管理概述 ... 1
- 第一节 海洋生态系统与海洋生态系统方法管理 ... 2
- 第二节 海洋生态系统方法管理的框架与步骤 ... 10
- 第三节 海洋生态系统方法管理的原则、类型与基本要素 ... 13
- 第四节 海洋生态系统方法管理的主要特征 ... 21

第二章 生态系统方法在海洋陆源污染防治立法中的发展 ... 27
- 第一节 生态系统方法在生态立法中的发展 ... 27
- 第二节 生态系统方法在海洋法中的发展 ... 33
- 第三节 生态系统方法在海洋陆源污染防治中的发展 ... 60

第三章 生态系统方法的立法基石
——社会—生态系统 ... 76
- 第一节 社会—生态系统的概念 ... 76
- 第二节 社会—生态系统的内容与特征 ... 95
- 第三节 社会—生态系统成为生态系统方法立法基石的原因 ... 107

第四章 生态系统方法在海洋陆源污染防治立法中的法理基础 ... 123
- 第一节 生态系统方法在海洋陆源污染防治立法中的
  合理性与正当性阐释 ... 123
- 第二节 生态系统方法在海洋陆源污染防治立法中的
  生态合理性与正当性 ... 133
- 第三节 生态系统方法在海洋陆源污染防治立法中的
  经济合理性与正当性 ... 141

第四节　生态系统方法在海洋陆源污染防治立法中的
　　　　　社会合理性与公平性 ………………………………… 151

第五章　生态系统方法在我国海洋陆源污染防治中的立法现状 …… 159
　　第一节　我国海洋环境保护法中的生态（系统）保护与
　　　　　陆源污染防治 ………………………………………… 159
　　第二节　现有立法中未系统应用生态系统方法 ……………… 172
　　第三节　生态系统方法在我国海洋陆源污染防治立法中的
　　　　　结构性缺失 …………………………………………… 182

第六章　生态系统方法在我国海洋环境保护中的实践与挑战 ……… 193
　　第一节　生态系统方法在我国海洋环境保护中的实践 ……… 193
　　第二节　生态系统方法在我国海洋环境保护实践中的挑战 … 213

第七章　生态系统方法在国际海洋陆源污染防治中的挑战 ………… 228
　　第一节　生态系统方法应用与国际海洋环境保护制度的
　　　　　转变 …………………………………………………… 228
　　第二节　人类在海洋社会—生态系统中的角色定位
　　　　　——生态合理性与正当性 …………………………… 230
　　第三节　海洋陆源污染防治与生态保护责任的公平性
　　　　　——经济合理性与正当性 …………………………… 234
　　第四节　海洋陆源污染防治与生态保护的国际法责任
　　　　　——社会合理性与正当性 …………………………… 246

第八章　生态系统方法在区域海洋陆源污染防治中的启示 ………… 267
　　第一节　生态系统方法在区域海洋管理中的实践 …………… 268
　　第二节　生态系统方法实践中的生态边界与主权边界 ……… 272
　　第三节　生态系统方法实践中管理机制的建设 ……………… 276
　　第四节　海洋空间规划在生态系统方法实践中的定位 ……… 280
　　第五节　适应性管理能否兼顾三种合理性 …………………… 285
　　第六节　综合性海洋管理能否整合生态保护与社会
　　　　　经济目标 ……………………………………………… 290

第九章 生态系统方法在海洋陆源污染防治立法中的出路 ………… 296

 第一节 生态系统方法在我国海洋陆源污染防治立法中的反思 …………………………………………………… 296

 第二节 生态系统方法在我国海洋陆源污染防治中的立法模式选择 ………………………………………………… 306

 第三节 生态系统方法在海洋陆源污染防治立法中的实现路径 …………………………………………………… 323

 第四节 生态系统方法适用下我国海洋陆源污染防治法律责任主体的确立 ……………………………………… 346

参考文献 …………………………………………………… 354

后 记 ……………………………………………………… 381

第一章 海洋生态系统方法管理概述

自然生态系统是人类生存发展之根基,既为人类社会发展贡献了无法替代的自然资源和自然资产,也为整个地球得以良性循环与持久存续提供了基础。就人类的视角而言,生态系统及其生态过程不断地提供生态系统物品和服务,从而形成与维持人类赖以生存的环境条件和物质基础。[①] 在人类社会发展进程中,无论如何看待人与自然的关系,都必须审慎考虑如何平衡自然生态中的取出与投入、如何规划资源环境的利用与保护、如何权衡开发利用中的破坏与修复等问题,再制定相应的决策、规划、措施或制度,并进一步采取行动。就自然生态系统的保护与利用而言,人类整体必须在认知中进步、在对比中权衡、在行动前谨慎,这是我们应秉持的尊重,也是应掌控的态度。唯有如此,人类的发展与进步才是稳定持久的;唯有如此,人类的发展与进步才是与自然和谐的。

然而,在整个人类社会发展历程中,人类对自然生态并未一直秉持足够的尊重。伴随科技的发展以及人类对自然生态"改造域"的增加,人类对自然的态度也发生了一些反复的变化。总体上,以经济社会发展或人类需求满足为前提,"人与自然的关系基于一种物质的实践关系之上,人通过自己的劳动与自然进行物质能量的转换,从而改变了自然。这是一个对象化的过程,人将自己的本质力量对象化到自然中,在改变世界的同时也改变了人自己"[②]。人类在将自然对象化的过程中,对自然生态系统的影响远远超过了自然自身的演变。保罗·J. 克鲁岑(Paul J. Crutzen)在2002年提出,目前的地球已进入"人类世"这一全新的地质时代。[③] 在科技发展与认知观念的共同作用下,人类对海洋自然资源的

---

① 谢高地、张彩霞、张昌顺等:《中国生态系统服务的价值》,《资源科学》2015年第9期。
② 魏波:《环境危机与文化重建》,北京大学出版社2007年版,第16页。
③ Crutzen Paul J., "Geology of Mankind—The Anthropocene", *Nature*, 2002, Vol. 415, p. 23.

开发利用及生态系统的保护经历了敬畏→进发→改造→共生这几个阶段，每一个阶段中人类对海洋生态不同的认知与作用方式都是相互关联的。由于海洋生态系统的复杂性，人类活动不仅影响海洋渔业、旅游业、养殖等的持续发展，也深刻地影响着海岸带地区经济社会的整体发展，甚至在一定程度上对整个地球生态系统也有深刻的影响。

形成于20世纪90年代的生态系统方法在海洋管理中的应用不仅具有丰富的科学内涵，而且还具有迫切的社会需求和广阔的应用前景。[①] 这种系统的管理模式自出现开始便引起了广泛关注，相继在森林资源的养护与管理、海洋渔业的保护与海岸带管理、流域管理等方面发挥了重要作用。生态系统方法应用于海洋管理不仅在海洋渔业持续开发利用、海岸带综合管理、海洋生物多样性保护等方面发挥着重要作用，也为沿海国家海洋资源的保护与近海生态环境的保护提供了重要的管理模式与可借鉴的方法。生态系统方法在海洋立法中的应用主要源自海洋生态系统管理的实践，因此，在本书第一章将针对生态系统方法应用于海洋管理的基本内容给出简要阐释，并以此为后续研究提供支持。

第一节　海洋生态系统与海洋生态系统方法管理

一　海洋生态系统

（一）生态系统

生态系统是由生物群落、其非生物环境及二者动态相互作用共同组成的综合系统。[②] 这是亚瑟·乔治·坦斯利爵士在70多年前所定义的生态系统，该概念中指出了生态整体性与系统不可分割性。随着生态学的发展，生态系统的概念也发生了一些变化。目前一般认为：生态系统是指一定空间范围内，由生物群落及其环境组成，具有一定格局，在生态功能实现的四个过程（参见图1-1）中，借助于功能流（物种流、能量

[①] 叶属峰、温泉、周秋麟：《海洋生态系统管理——以生态系统为基础的海洋管理新模式探讨》，《海洋开发与管理》2006年第1期。

[②] ［丹］S.E. 约恩森：《生态系统生态学》，科学出版社2017年版，第17页。

流、物质流、信息流和价值流)而形成的稳态系统。① 本书中的生态系统系自然生态系统,指在自然界的一定空间内,生物与环境间所构成的统一有机整体,在这一整体中,生物与非生物间通过营养循环与能量流来相互影响、相互制约。② 而纯粹的自然生态系统一般指没有或很少受人类活动直接干扰的统一体,各成员借助能量和物质循环形成一个有组织的功能复合体。③ 然而,随着人类对自然生态系统的影响范围渐增,纯粹的自然生态系统已越来越少。生态系统是生态圈的根基,直接决定整个地球系统的健康与否。因此,以生态系统为基础的保护,是对整个地球及人类社会可持续性的保护。又由于生态系统的自然价值及其服务功能效益是地球生命支持系统的重要组成部分,所以,生态系统也是社会与环境可持续发展的基本要素。④

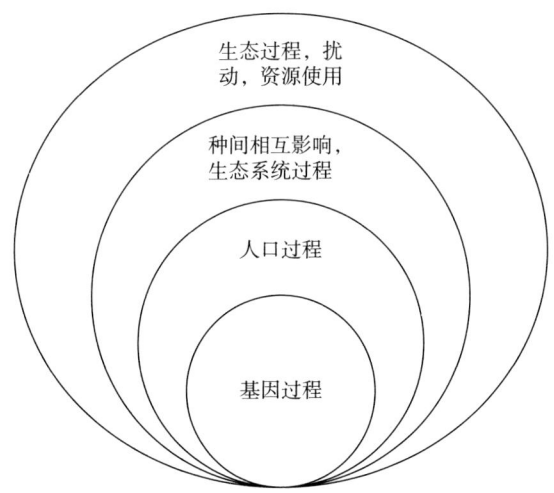

图1-1 生态系统功能

---

① 参见谢高地、鲁春霞、冷允法等《青藏高原生态资产价值》,《自然资源学报》2003年第18期。"生态系统"是否一定为稳定的系统或平衡的系统,目前在生态学是存在争议的,但在人文社科领域的研究中一直强调平衡。

② Odum and Eugene, *Fundamentals of Ecology* (third ed.), New York: Saunders, 1971, p. 13.

③ 李克让、曹明奎等:《中国自然生态系统对气候变化的脆弱性评估》,《地理研究》2005年第9期。

④ 曾江宁、陈全震、高爱根:《海洋生态系统服务功能与价值评估研究进展》,《海洋开发与管理》2005年第4期。

生态系统具有空间结构、营养结构、能量流、物质流、信息流、生长发育和自我调控等特征。① 从其内涵来看，生态系统保护应是动态平衡与整体综合兼具的，并不是就其中某一个部分或某一物质的单项保护。由非生物的物质和能量、生产者、消费者、分解者这四部分组成的生态系统，在生态学上可以做如此分类，但从社会学与管理学角度来看，这四个部分既不能单独分开保护，也很难撇开其他组成部分独立进行单项保护。如若要保护某自然物的种群，单纯就自然物本身进行保护是不持久、低效或无效的。因为生态系统中无机环境与生物群落之间是相互依存的，对于无机环境如水、空气、土壤等进行保护是维系生物得以健康存在的基础。要保护此自然物的种群，既需要人类尽量减少各种污染物的排放，尽可能保障该自然物生存的无机环境，也需要尽量减少对自然生境的各种构成部分的破坏。因此，在对生态系统进行保护时，多以区域为基础，其中生态系统健康与生物多样性保护是核心。尽管在理论上，成分、结构与功能这三个相互关联的内容构成了完整的具有生物多样性的生态系统②，但这种自然学科上的关联内容如何进一步转化成公众所能理解并接受的制度约束，仍要做进一步的关联性分析。

（二）海洋生态系统

海洋生态系统是指海洋中由生物群落及其环境相互作用所构成的自然系统，这个自然系统是指一定时间和空间范围内，海洋生物的一个或多个生物群落与海洋非生物环境通过能量流动和物质循环所形成的相互联系、相互作用并具有自动调节机制的自然整体。③ 它主要由非生物环境、浮游生物、游泳生物、底栖生物、微生物组成。④ 全球海洋是一个大的生态系统，包含许多不同等级的次级生态系统。海洋生态系统是与多

---

① 杨国福：《人类—自然耦合系统中生态系统服务间关系研究》，博士学位论文，浙江大学，2015年，第2页。
② Sara L. Ellis et al., "Four Regional Marine Biodiversity Studies: Approaches and Contributions to Ecosystem-based Management", *PLOS ONE*, Vol. 6, No. 4, April 2011.
③ 雷波《基于生态系统的海洋区域管理研究》，硕士学位论文，中国海洋大学，2009年，第15页。
④ 郑伟、石洪华：《海洋生态系统服务的形成及其对人类福利的贡献》，《生态经济》2009年第8期。

尺度的水的流动与物种运动关联起来的复杂适应系统[1]，因此，关于海洋生态系统的认知与理解，相较于陆地生态系统而言仍是一个相对陌生的领域。

海洋生态系统的划分是有序管理海洋的核心。在具体划分中，尺度把握是关键。从全球尺度考虑，整个海洋可视为一个完整的大生态系统；从中尺度上看，可以划分为海岸带滩涂生态系统、海湾、河口、海岛、大洋等生态系统；从小尺度上看，可以分为红树林、海草床、珊瑚礁等类型的生态系统。[2] 伴随科学的发展，尽管人类对海洋生态系统的划分依然受限于科技发展及人类认知的影响，但这种划分亦为不同条件下海洋生态系统的保护提供了参考。

海洋生态系统特性的认知是科学管理与利用的前提。海洋生态系统具有复杂性适应系统的五大特征：自然发生特性、适应性、自我组织性、非均衡行为和路径依赖性。[3] 这表明可以将其当作一种复杂系统来进行管理与保护。生态上，这种复杂适应系统所具备的最重要、最基本的特征就是其本身的自我复制能力与再造能力。[4] 在人类干扰相对较弱时，依赖于相对复杂与庞大的自我复制与再造能力，海洋生态系统在理论上具有自我修复或被人类修复的可能；但在海洋生态系统受到相对严重的扰动后，虽然人类的改造或干预可以再造一个保有核心功能的生态系统，但不能再造一个与扰动前具有完全相同结构的系统[5]，这种生态特征要求我们在制度选择时，必须坚持以预防为主。人类在海洋资源的开发利用与保护过程中，经历着"开发利用—破坏—修复—再改造—再组织—再开发利用—保护养护—修复"的循环模式，此模式对于海洋生态系统的保护与生态功能的修复并非最优，而是一种退而求其次。在社会经济发展

---

[1] Levin S. A. and Lubchenco J.，"Resilience, Robustness, and Marine Ecosystem – based Management"，*Bioscience*，Vol. 58，2008，pp. 27 – 32.

[2] 王其翔、唐学玺：《海洋生态系统服务的内涵与分类》，《海洋环境科学》2010 年第 29 期。

[3] Murray Patterson、Bruce Glavovic：《海洋与海岸带生态经济学》，陈林生、高健等译，海洋出版社 2015 年版，第 63 页。

[4] Murray Patterson、Bruce Glavovic：《海洋与海岸带生态经济学》，陈林生、高健等译，海洋出版社 2015 年版，第 63 页。

[5] Murray Patterson、Bruce Glavovic：《海洋与海岸带生态经济学》，陈林生、高健等译，海洋出版社 2015 年版，第 64 页。

过程中，由于陆上环境资源的有限性，向海洋进发是必然趋势，但若从根本上破坏了海洋生态系统的自我复制能力与再造能力，必将得不偿失。正是基于此观念，许多沿海国家都正在或逐渐意识到海洋生态系统与生态功能保护的重要性，并陆续采取措施尽量减少人类活动对海洋生态的干扰。

海洋生态具有适应性特征且相互联系十分丰富，但海洋生态系统在生态多样性与服务功能上却易发生迅速的改变。① 这与部分海域海洋生态系统的复杂性、敏感性相关，更与人类影响相关。如由于过度捕捞而造成的一些区域（特别是近海）海洋物种急剧下降就是生态系统的适应性发生迅速转变的典型例子，有人认为这主要是科学知识不完备所导致的管理失败与治理无效。② 但我们不能忽略的一个重要事实是，在海洋生态保护过程中，面对广袤的海洋与复杂的海洋生态系统，知识不完备、信息不充分、科技不发达是难以避免的，这不能成为海洋治理与海洋管理失败的绝对理由。因此，在认识到海洋生态系统的这些特征后，我们在制定相应的法律制度与管理对策时，应充分考虑如何有效预防因信息不充分所导致的失败，更要充分衡量与评估信息不充分时其他替代手段所能达成的生态效果。

二 海洋生态系统方法管理

（一）生态系统方法管理

在"生态系统方法管理"这一术语的发展演化中，近似或相关的术语较多，有基于生态系统的管理（Ecosystem - based Management，EBM）、生态系统管理（Ecosystem Management，EM）、综合生态系统管理（Integrated Ecosystem Management，IEM）、生态系统方法管理（Ecosystem Approach Management，EAM）等。这些方法都试图开启综合性生态保护与管理，并希望能脱离原有困境，进而实现从单纯的污染预防或单一物种（区域等）保护向生态综合管理的转变。但现有研究并没有就这些表述或实践是否应该形成一致的说法给出明确建议。

---

① Palumbi S. R., McLeod K. L., Grünbaum D., "Ecosystems in Action: Lessons from Marine Ecology about Recovery, Resistance, and Reversibility", *Bioscience*, Vol. 58, No. 1, 2008, pp. 33 - 42.

② Lotze H. K., Lenihan H. S., Bourque B. J. et al., "Depletion, Degradation and Recovery Potential of Estuaries and Coastal Seas", *Science*, Vol. 312, 2006, pp. 1806 - 1809.

依据笔者的综合理解与认知，本书采纳"生态系统方法管理"① 这一表述。生态系统方法管理是在对生态系统组成、结构和功能过程加以充分理解的基础上，以恢复或维持生态系统整体性和可持续性为目标，进而制定适应性策略或措施的管理；也是在对生态系统组成、结构和功能过程加以充分理解的基础上，制定适应性的管理策略，恢复或维持生态系统整体性和可持续性的自然资源管理方法。② 一般而言，生态系统方法管理具有明确且可持续目标的驱动，由具体的政策、协议和实践活动来保证实施，与此同时还要在对维持生态系统组成、结构和功能必要的生态相互作用和生态过程最佳认识的基础上进行研究和监测，以不断改进管理行为的适应性。③ 综合而言，它是管理自然资源和自然环境的一种综合管理方法，要求综合对待生态系统的各组成部分，综合考虑社会、经济、自然（包括环境、资源和生物等）的价值，综合采用多学科的知识和方法，综合运用行政的、市场的和社会的调整机制，来解决资源利用、生态保护和生态系统退化的问题，以达到创造和实现经济的、社会的和环境的多元惠益，实现人与自然的和谐共处。④ 虽与区域规划（或空间规划）、综合管理相关，但也存在明显区别。生态系统方法管理以综合的、跨学科的对象管理为核心，侧重于强调从生态系统的角度来考虑并管理生态系统内的活动，是在不同的空间尺度上进行的。⑤ 因此，笔者更倾向于认为生态系统方法管理是一个相对包容的且能体现整体性、综合性管理特征的一个概念。

生态系统方法管理经历了近 50 年发展，国内外学者给出的定义较多，主要包含以下几个特征：一是强调在生态系统与社会经济系统间的

---

① 对于确定为生态系统方法的原因在后文第五章、第七章相关内容中对此有论述。
② Lester S. E., Mcleod K. L., Tallis H. et al., "Science in Support of Ecosystem – based Management for the US West Coast and Beyond", *Biological Conservation*, Vol. 143, No. 3, 2010, pp. 576 – 587.
③ 叶属峰、温泉、周秋麟：《海洋生态系统管理——以生态系统为基础的海洋管理新模式探讨》，《海洋开发与管理》2006 年第 1 期。
④ 蔡守秋：《论综合生态系统管理原则对环境资源法学理论的影响》，《中国地质大学学报》2007 年第 9 期；薄晓波、冯嘉：《论综合生态系统管理理念的法律化——兼谈法律思维的作用》，《昆明理工大学学报》（社会科学版）2009 年第 9 期。
⑤ Slocombe D. Scott, "Lessons from Experience with Ecosystem – based Management", *Landscape and Urban Planning*, Vol. 40, No. 1 – 3, 1998, pp. 31 – 39.

可持续性平衡①，这种平衡的最终目的是保护生态功能，在管理过程中强调各种不同的管理核心要素都是以生态系统中基本生态功能的维持、生态系统的自然平衡及生态系统的完整性为中心；二是强调在管理实践中如何应用系统方法，强调管理中的协调性与综合性，更依赖于管理中对生态系统组成、结构和功能过程加以充分理解，这表明信息的充分性在其中的作用十分重要；三是认可生态系统健康的重要性，侧重于从理念上论证生态系统整体性的保护；四是强调如何根据管理对象或在现有及未来可预测的时间或空间范围内，把人类及其价值取向作为生态系统的一个成分纳入不同层级的管理目标中去；五是强调在现有不同管理中充分考虑人类在保护生态系统中的适应性与能力建设，将生态系统管理的适应性与动态性充分结合起来，使这种方法具有广泛的实践性。

在生态环境管理与污染防治实践中，随着生态系统方法适用范围与应用领域的不断扩充，生态系统作为整个自然平衡中最基础、最根本的要素，以及影响人类生存发展最核心的因素，其重要性逐渐被重视，这是其得以存续完善并不断发展的基石。理论上，生态系统管理以及后来在海洋领域广泛使用的基于生态系统的管理，作为生态系统方法在不同领域的应用和引申，与生态系统方法没有本质不同。② 事实上，这些表述在内涵与外延上基本一致，对于相关对策选择与制度设计的作用也具有共性，均强调了整体性、综合性、渐进性与灵活性。而从社会管理与生态治理的角度来看，基于生态系统的管理、以生态系统方法为基础的管理在本质上也是相同的，都是以生态系统的整体性保护为目标的一种管理。这种管理强调生态重要性，虽然其中必然包含人类的主张与选择，但这种管理不是以人类需求的满足为中心，而是以人类明智的生态需求与生态保护为核心，强调管理目标背后的生态性要求。这一点与传统的以人类中心主义为基础且以便捷效率为核心的环境管理明显不同，强调管理的生态导向性与管理效果的生态目的性。

（二）海洋生态系统方法管理

海洋生态系统方法以科学理解生态系统的关联性、完整性和生物多

---

① 任海、邬建国：《生态系统管理的概念及其要素》，《应用生态学报》2000年第3期。
② 巩固：《"生态系统方法"与海洋环境保护法创新——以渤海治理为例》，《中国海洋法学评论》2010年第1期。

样性为基础，结合生态系统的动态特征，以海洋生态系统而不是行政范围为管理对象，以海域资源的可持续利用为目标，对社会、经济和生态效益进行耦合以达到最大化的管理体系。① 第一，联结点的确立是定义海洋生态系统方法管理的核心，在联结点的确立中首要的是海洋生态系统与社会系统的关联点；第二，累积性影响是关注要点，不同来源的压力（如污染、富营养化、生境破坏等）对生态系统结构和功能产生累积影响，这表明在生态系统中单项管理是不充分的；第三，多重目标性是管理的基础，即管理对象所关注的并非单一的生态系统服务；第四，也是最重要的，该方法所关注的主要是人类活动对自然的影响，而非自然生态系统自身的相互影响。② 海洋生态系统方法管理，注重整体性、系统性，强调管理的灵活性、适应性。但现有的管理在海洋资源的可持续开发利用方面总体上是失败的，在其他方面的管理也是无力的，近年来最为关注的海洋鱼类种群的减少即典型。③ 海洋渔业管理，由于不同尺度下海洋生态系统的复杂性，国家间很难达成一致，管理部门间也难以协调统一，搭便车、公地悲剧在公海渔业资源的开发利用与养护过程中一直存在着。另外，海洋中的航运、能源勘探、渔业、养殖、旅游和沿海开发等各种活动都是相互影响的，但我们目前的部门管理或管理目标却往往只能针对某单一活动展开。还有，海洋环境所面临的各类污染、富营养化及栖息地破坏等也给海洋生态系统施加了很大压力。所有这些对海洋的影响都表明，仅靠单一部门或单一类别的管理是不够的。④

在海洋生态系统管理的理论研究与实践推进中，对海洋生态系统的价值进行评估或海洋生态系统价值的经济化是实现生态系统价值的重要途径。对于海洋生态系统的价值评估或经济化的实现途径，目前的研究主要包括不同尺度下的海洋生态系统服务的内涵与具体价值、不同背景下的海洋生态系统资本价值的评估等。这些研究，一方面反映了人类中

---

① 孟伟庆、胡蓓蓓等：《基于生态系统的海洋管理：概念、原则、框架与实践途径》，《地球科学进展》2016 年第 5 期。
② Karen L. Mcleod, Health M. Leslie, *Ecosytem - based Management for the Oceans*, Washington: Oisland Press, 2009, p. 5.
③ Richard Curtin, Rau'l Prellezo, "Understanding Marine Ecosystem Based Management: A literature Review", *Marine Policy*, Vol. 34, 2010, pp. 821 – 830.
④ Richard Curtin, Rau'l Prellezo, "Understanding Marine Ecosystem Based Management: A literature Review", *Marine Policy*, Vol. 34, 2010, pp. 821 – 830.

心主义思想在海洋开发利用与系统保护中的地位，比如我们一般认为"海洋生态系统服务是指，一定时间内特定海洋生态系统及其组分通过一定的生态过程向人类提供的赖以生存和发展的产品和服务"[①]；另一方面反映出海洋生态系统服务价值的市场化与经济化是关注的重点，这种关注不仅为管理实践提供了经济量化的基础，也为管理量化提供了理论支撑。然而，这些经济性量化手段并不足以为管理和立法提供确定性的依据与保障。20世纪末，Costanza等就对全球海洋生态系统服务的价值进行了评估，认为在全球的生态系统所提供的服务中，有63.0%来自海洋，37.0%来自陆地。[②] 但相对于陆域生态系统或某些单一类型的生态系统（如森林生态系统、渔业生态系统、流域生态系统等），人类对海洋生态系统的价值认识还很肤浅。此外，现在对于全球海洋生态系统的生态价值、美学价值、存在价值等的研究仍需进一步深入。

第二节　海洋生态系统方法管理的框架与步骤

一　海洋生态系统方法管理的框架体系

Mary Ruckelshaus等基于海洋生态系统方法管理中如何有效管理与开发利用海洋资源，提出了以六个原则为基础的框架体系：界定海洋生态系统方法管理的空间边界、制定出明确的海洋生态管理目标、描述包括人类对海洋生态系统的影响特征及反应的指标体系、运用多种策略防范生态系统基于此方法应用所产生的不确定性、充分利用空间组织框架来进行管理（如分区域实行多部门合作与多方法的运用）、将治理结构与被管理的生态系统要素充分关联起来（如将管理决策与生态系统的空间尺度、具有生态系统属性的监测方案、有可能达成生态系统目标的管理方案等要素联合起来，配套实施）。[③]

[①] 郑伟、石洪华：《海洋生态系统服务的形成及其对人类福利的贡献》，《生态经济》2009年第8期。

[②] Costanza R., Darge R., Grootr D. et al., "The Value of the Worlds' Ecosystem Services and Natural Capital", *Nature*, Vol. 387, No. 15, 1997, pp. 253–260.

[③] Mary Ruckelshaus, Terrie Klinger, Nancy Knowlton et al., "Marine Ecosystem-based Management in Practice: Scientific and Governance Challenges", *Bioscience*, Vol. 58, No. 1, 2008, pp. 53–63.

笔者基于自身认识并参考了 Mary Ruckelshaus 对海洋生态管理框架的界定，以行政管理及法律制度约束下的管理为视角，认为海洋生态系统方法管理的框架至少应包括七方面的主要内容（参见图1-2[①]），包含具体不同尺度下海洋生态系统的管理范围、管理目标、生态管理对象、管理体制、管理具体制度与对策等。从这个角度来看，海洋生态系统方法管理的综合性、整体性、系统性与全面性特征十分明显。这个框架内所涉及的内容不仅涵盖国家的战略规划、政策体系、法律制度及行政管理机制，还包含管理过程中涉及的科学支持、标准体系的制定、人们（管理者、被管理和第三方等）的认知与配合等。因此，要在海洋环境保护中确立合理框架，政府在综合各种能力、有效分析各种因素的基础上，全面展开才会发挥应有的效果。

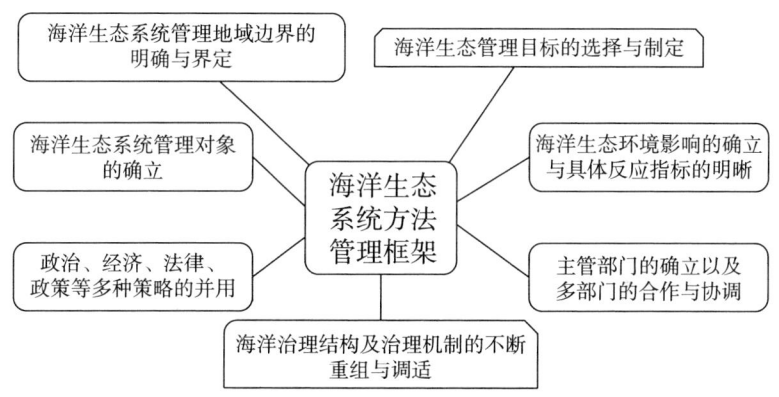

图1-2　海洋生态系统方法管理框架

二　海洋生态系统方法管理的步骤

海洋生态系统方法管理一般分为四步：区分海洋生态系统方法管理的基本概念、界定具体的管理单元、对发展的理解与规划管理框架的构建。[②] 这四步是管理视角下的一种简要的概括，特别是后面三步被诸多学者在后续的相关研究中不断提及并细化，但第一步（基于生态系统管理、

---

① 本图的内容参考了 Mary Ruckelshaus, Terrie Klinger, Nancy Knowlton et al., "Marine Ecosystem-based Management in Practice: Scientific and Governance Challenges", *Bioscience*, Vol. 58, No. 1, 2008, pp. 53-63。

② Slocombe D. Scott, "Lessons from Experience with Ecosystem-based Management", *Landscape and Urban Planning*, Vol. 40, No. 1-3, 1998, pp. 31-39.

生态系统方法管理等概念的识别与管理要素的区分）被许多人混用或忽略了，具体原因不得而知。笔者认为，关于海洋生态系统方法管理基本概念的区分在实施中是有现实意义的，而事实上，现有的认知也多是以基于生态系统的管理来展开研究的。但就我国的研究与实践而言，并没有严格区分基于生态系统的管理、综合生态系统方法等概念。由于本书主要从立法视角来展开研究，不对管理学视角下的基本概念辨识与区分做过多解释。

海洋开发国际委员会（The International Council for the Exploration of the Sea，ICES[①]）认为，生态系统方法在海洋管理中的应用包括七步[②]：①辖域范围的确定（主要包括评估当前生态系统状况和生态系统政策、盘点人类活动清单、评估社会和经济政策）；②将现状与理想状态进行对比；③识别重要的生态系统属性和威胁；④设定要达成的生态目标；⑤制定具体的操作目标、指标和参考值；⑥设计持续管理；⑦定期更新。这七步对于海洋生态目标的实现具有普遍的参考价值，但 ICES 给出的这七步与一般生态系统方法在管理中的应用并没有实质性区别。

海洋生态系统方法管理与常规意义下的海洋管理既有区别也有联系。二者的联系在于，它们都是在需要被管理的相关问题确立的基础上，制定管理目标并进一步确定对策、执行手段、评价体系及对策的完善与矫正体系。二者的区别也十分明显。海洋生态系统方法管理的核心内容应是在调查清楚相关问题的基础上，先行确定海洋生态系统的管理边界（在某些条件下，所确立的管理边界并不以海洋为限，一定范围的陆地也会被纳入其中）。这一边界的确立需要充分结合现有的政策、法律、经济、文化和社会等因素，以生态或环境问题为出发点，以现有科技应用与人类活动为参照，进而确定相应的管理目的。因此，在一般意义上，海洋生态系统方法管理的至少应包括问题调查确立、生态系统边界的划定等步骤（参见图1-3）。在这些主要步骤中，生态系统边界的划定是关键，

[①] ICES 是一个对致力于海洋科学发展并为海洋可持续利用提供建议的全球性的组织，目前有来自20个成员国和超过690个海洋组织的5000多名科学家的组成，每年有1500名科学家参加该组织的活动。

[②] See Ronán Long, "Legal Aspects of Ecosystem - Based Marine Management in Europe", in A. Chircop, M. L. McConnell, S. Coffen - Smou eds., *Ocean Yearbook*, The Hague: Hijhoff, 2012, pp. 417 - 484.

第一章 海洋生态系统方法管理概述 13

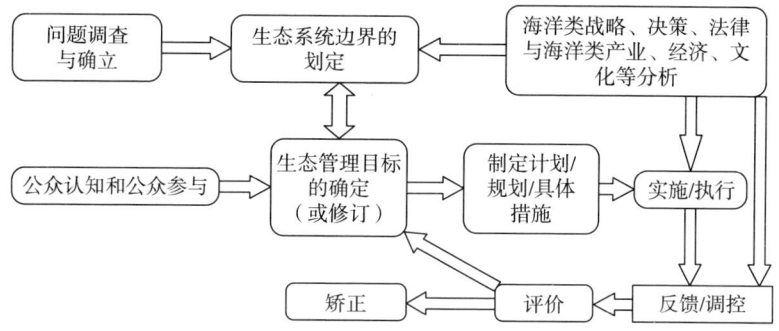

图1-3 海洋生态系统方法管理的一般步骤

资料来源：殷培红、和夏冰等：《生态系统方式下的我国环境管理体制研究》，中国环境出版社2017年版，第210页。

生态管理目标的确定（或修订）是核心。在生态系统边界的划定中，除了就具体生态系统所存在的问题进行评估，现有的经济、社会、法律等现状分析也是必不可少的，即便我们在管理过程中强调生态统一性，但现有行政管理体制与法律体系主导下的管理区域划分是管理目标得以实现的要素。因而，在制定目标时，必须对这些综合性要素进行全面测评、分析与衡量。生态系统边界与管理目标确立后，以何种形式或方式来实现，是海洋生态系统方法在管理实践中要予以重点考量的事情。总体上，"问题调查与确立→生态系统边界的划定→生态管理目标的确定（或修订）→规划/计划的制定/具体措施的确立→实施或执行→反馈→评价→矫正"这一过程应该是循环的，只有这样，才能体现生态系统方法的适应性、灵活性与有效性。然而，现有的环境管理与海洋管理大多是单向度、单维度的，既没有在一定的时间序列与空间范围内体现这种循环性，也没有将生态系统边界的划定与生态管理目标的确定（或修订）双向关联起来。

第三节 海洋生态系统方法管理的原则、类型与基本要素

一 海洋生态系统方法管理的关键原则

在生态系统方法管理目标的研究中，Grumbine给出了下述五个原则：

一是尽可能对所有原生物种实行就地保护;二是保护的范围应代表保护区内的所有自然生态系统的类型;三是应尽可能地保持进化和生态的原有过程;四是预留足够的时间以便充分有效地维护或保护物种和生态系统的进化潜力;五是在这些限制中尽可能确保人类的使用与占用。① 这五个原则体现了尊重自然生态的原地保护与人类开发利用活动并重的理念。此后,Rachel 等依据一些重要词语在生态系统方法管理研究中所出现的频率不同,依次总结出了以下十五个关键原则:生态系统关联性、适应性管理、适当的空间与时间尺度、科学知识的运用、利益相关者参与、综合性管理(一体化管理)、可持续性、动态的生态系统特征报告、生态完整性与生物多样性、社会生态系统耦合性、社会选择、明确的区域边界、跨学科性、适当的监测与监管、不确定性。② 除了对这十五个关键原则进行理论分析,Rachel 等还给出了海洋生态系统方法管理中主要原则的重要性排序(参见图 1-4)。虽然不确定性是许多学者在探讨海洋生态

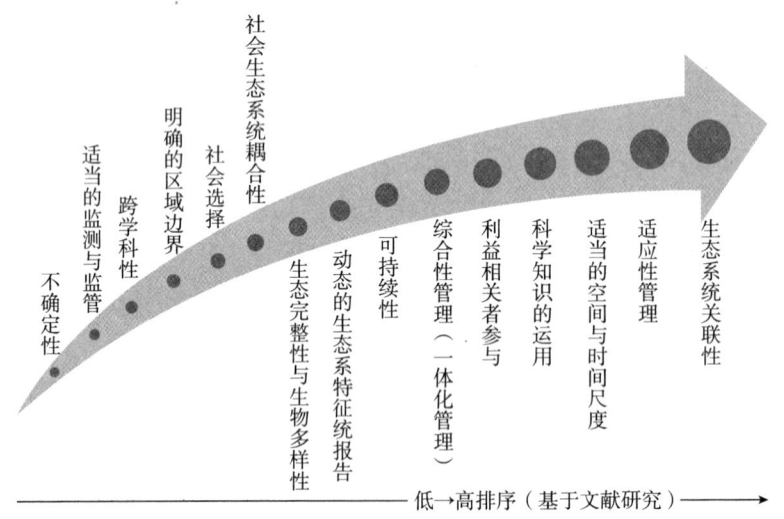

图 1-4　生态系统方法应用于海洋管理的关键原则

资料来源:Rachel D. Long, Anthony Charles, Robert L. Stephenson, "Key Principles of Marine Ecosystem - based Management", *Marine Policy*, Vol. 57, 2015, pp. 53 - 60.

---

① R. Edward Grumbine, "What Is Ecosystem Management?" *Conservation Biology*, Vol. 8, No. 1, 1994, pp. 27 - 38.

② Rachel D. Long, Anthony Charles, Robert L. Stephenson, "Key Principles of Marine Ecosystem - based Management", *Marine Policy*, Vol. 57, 2015, pp. 53 - 60.

管理中侧重强调的内容，但 Rachel 等认为不确定性在海洋生态系统管理中不占据核心地位，仅居于这十五项原则中最弱的地位。这种以文献分析为基础的海洋管理关键原则的理解，虽然为海洋管理原则研究提供了理论先河，但此视角下的原则不仅与管理学、法学视角下的海洋管理原则建构存在一些区别，而且也有部分是冲突或重叠的（如生态系统关联性、生态完整性与生物多样性之间的关系），本书将在第三章进行讨论。

二 海洋生态系统方法管理的主要类型

宁凌等对海洋生态系统方法管理的主要类型进行了划分（参见图 1-5）。该划分以管理学视域下海洋区域的划分为基础，以区域化条件下不同类型海域的管理为核心，阐释了不同管辖权限下不同海域空间管理的特征。宁凌等将海洋生态系统方法管理分为三类，这三类的外延间存在着交叉关系。第一类为海域空间分类，以国家海洋管辖权为基础，以国家主权为核心确立海洋管理中的区域分类，此分类具有政治属性与宪法属性，直接决定了国家、沿海地方政府在不同海域的管辖权限。这种从物理与地理意义上的分类，在一定程度上明确了国际海洋法与国内海洋法的适用范围。第二类为海域使用分类，以国家主权范围内不同海域使用权主体的海洋权益的配置为基础，将国家管辖范围内海域资源的合理使用及生态环境保护作为依据，是目前我国海洋管理的核心区域。第三类是典型海区分类，这种分类所涉及的海区有的具有重要的生态意义，

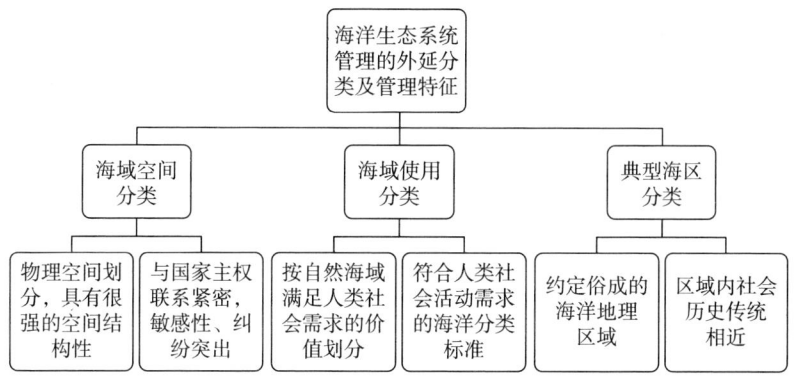

图 1-5 海洋生态系统方法管理的外延分类及管理特征

资料来源：宁凌等：《基于海洋生态系统的中国海洋综合管理研究》，中国经济出版社 2016 年版，第 24 页。

有的具有明确的社会意义或政治含义。而从海洋生态系统方法管理所囊括的地理范围及生态保护对象来看，大多沿海国家都渐次经历了从国家主权范围内的海岸带包含的陆域、内水、领海，逐渐向国家主权权利范围内的毗连区、专属经济区（或大陆架）及非国家管辖范围的公海（国际海底区域）拓展的过程，但这一拓展仅反映在海洋生态保护的某些方面（如渔业资源保护、生物多样性保护等），并未形成类型化的实践机制。

三 海洋生态系统方法管理的基本要素

海洋生态系统方法管理要素的研究目前已相对完善，对于本书具有重要的借鉴意义。此方面的研究目前主要包含五要素说、六要素说、七要素说、八要素说与十要素说。

Julia 等归纳出五要素，主要包括：①管理范围（Scales）的生态性，这表明管理地域范围的确立应以生态边界而不是政治或行政管理边界为核心；②管理内容的复杂性（Complexity），海洋生态系统管理应将海洋资源与海洋环境作为复杂的系统，并依据复杂性采取多重对策来实现管理目标；③管理方法的平衡性（Balance），此要素强调在保护海洋生态系统健康或生态功能中，要寻求平衡，整合不同个体与群体的需求；④合作性，由于海洋生态系统的非线性特征，不仅海洋管理内容复杂、管理对象众多，而且管理过程中所涉及的范围多具有跨区域性与跨领域性，因此，在管理过程中的多方协作与共同推进是必要的；⑤适应性管理的广泛应用，由于海洋生态管理必然会涉及大量的不可预知的困难与选择、动态的管理目标的变更等，适应性管理的广泛应用是必须具备的管理要求。[1]

叶属峰等列出了六要素，主要包括：①确定明确、可操作的目标，确定边界和管理单元，尤其是确定系统结构，以核心层次为主，适当考虑相邻层次内容；②收集适量的数据，理解生态系统的复杂性和相互作用，提出合理的生态模式及生态学理解，监测并识别生态系统内部的动态特征，确定生态学限制因子；③注意幅度和尺度，熟悉可忽略性和不

---

[1] Julia M. Wondolleck, Steven L. Yaffee, "Drawing Lessons from Experience in Marine Ecosystem-based Management", in *Marine Ecosystem-Based Management in Practice—Different Pathways, Common Lessons*, Washington: Island Press, 2017, pp. 2-3.

确定性，并进行适应性管理，确定影响管理活动的政策、法律和法规；④仔细选择可供利用的工具和技术；⑤选择、分析和整合生态、经济和社会信息，并强调部门与个人间的合作；⑥实现生态系统的可持续性。[①]该六要素与下述十要素在实质内容方面基本一致，是近些年来逐步发展完善起来的基于要件的内涵。而另一类六要素说则将管理的要素分为基础性、操作性与管理性三大类（参见图1-6），其中基础性要素包括对生态系统的识别与描述；操作性要素包括生态目标的设定、生态系统的评估与生态系统的估价；管理性要素主要是对人类活动实施管理。

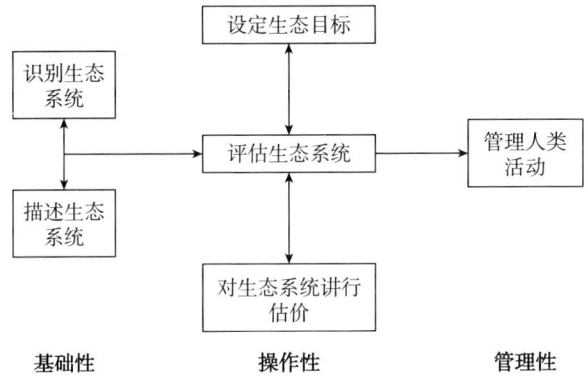

图1-6　生态系统管理六要素

资料来源：PAME（Protection of the Arctic Marine Environment），*Ecosystem Approach to Management*，https：//www.pame.is/index.php/projects/ecosystem-approach.

七要素说认为，基于生态系统方法管理的核心原则与重要的界定内容包括以下七方面：①阶段性，并与相应的社会价值及社会选择相关；②以既定地域范围为基础，并且在管理实践中要明确界定地域的边界；③以生态系统的维护为核心并同时以相应的社会利益为重要考量；④应充分利用生态系统自身的优势来应对各种自然的或人为的压力源，但不容忽视的是，所有生态系统在面临各种压力时其能力都是有限的；⑤可能会强调生物多样性，但也可能不会强调生物多样性；⑥"可持续性"

---

① 叶属峰、温泉、周秋麟：《海洋生态系统管理——以生态系统为基础的海洋管理新模式探讨》，《海洋开发与管理》2006年第1期。

应该要能被清晰地界定；⑦科学信息是有效性的重要构成因素，但不是唯一的决策因素。[①] 上述七方面要素可总结为社会性、地域性、功能性、灵活性、可持续性、科学性、不确定性，这是海洋生态系统方法管理所必须具备的核心要件。

八要素说由《美国生态学会关于科学基础委员会的报告》[②] 提出，八要素的提出时间远远早于其他几类。八要素主要包括：①可持续性。将代际可持续性作为首要目标而非目前的产出。②目的性。建立可测量的目标，指明可持续发展所必需的未来过程和结果。③健全的生态模式和合理的生态认知。实施有赖于不同层面、不同领域、不同主体对于生态的研究与认识。④复杂性与关联性。能够意识到生物多样性与结构复杂性增强了生态系统的抗干扰能力，并能有效提供适应长期变化所需的遗传资源。⑤生态系统的动态性。认识到变化和进化是生态系统可持续性所固有的特征，避免在特定的状态或情形下"冻结"生态系统的尝试。⑥确定管理的幅度与尺度。生态系统过程是在广泛的空间和时间尺度上进行的，并且在生态过程中的任何行为或给定的相应位置都会受到周围系统的极大影响。因此，任何单一尺度或时间序列内的管理模式都可能是不合适的。⑦人类是生态系统的一部分。尤其应重视人类在实现可持续管理目标中的积极作用。⑧适应性和可核验性（或可归责性）。必须要承认，目前对生态系统功能的认识或知识可能是临时性的、不完整的，甚至可能会发生变化。生态系统方法要求能通过现有的研究或监测予以验证与测试。

目前国内外普遍认可的是十要素说。在国外的研究中，Crumbine 在《何为生态系统管理？》一文中对十要素说进行了阐释。该十要素包括：①系统性。强调以系统性视野下的生物多样性谱系为背景，对生态系统进行综合性管理，Grumbine 认为在生态管理中仅专注于生物多样性谱系（如基因、物种、种群、生态系统、景观）中的某一方面是不够的，在处理任何一个生态学层次或尺度上的问题时，管理者必须寻求不同相关层

---

① Lackey, Robert T., "Radically Contested Assertions in Ecosystem Management", *Journal of Sustainable Forestry*, Vol. 9, No. 1-2, 1999.

② Norman L. Christensen, Ann M. Bartuska, James M. Brown et al., "The Report of the Ecological Society of America Committee on the Scientific for Ecosystem Management", *Ecological Applications*, No. 3, 1996, pp. 665-691.

次之间的相互联系。②生态边界。在生态系统方法管理中,需要跨越行政或政治边界并以适当的规模(尺度)来定义生态边界。③生态完整性。在生态管理中要尽可能保护整体上的本地生物多样性(包括物种、种群、生态系统等),同时要尽可能维护这种多样性的生态模式和过程。④数据收集。为了有效地对生态系统进行管理,更多的、系统的数据收集是必要前提。⑤监测的重要性。为了对其管理行为或活动进行有效的评测与不断改进,管理者必须对其行为进行有效持续的跟踪监测与评估。在某种程度上,监测行为创建了一个有效信息提供的良性循环圈。⑥适应性管理。适应性管理可以让管理能依据现有的管理效果与现实的管理需求适时做出调整,在面对未知风险或不确定性时具有灵活性和适应性。⑦部门间合作。生态边界与现有的行政区域或管理区域并不完全一致,这要求不同行政区域的监管主体之间要进行充分的合作才能达成管理目标。⑧组织机构的变革。Grumbine 认为,生态系统方法在管理实践中的实施需要改变现有土地管理机构的结构和运作方式,这种变革一方面与该类管理的生态性相关,另一方面也与管理内容的科学性、动态变化性相关。⑨人类是自然的一部分,人与自然密不可分,人类活动会对自然生态模式或过程产生根本影响,反过来又受到它们的影响。⑩人类价值观的影响性。无论科学知识的作用如何,人类价值观在管理目标的选择中起着主导作用。[1]

我国相关学者给出的十要素包括:①对象。根据管理对象确定的生态系统方法管理定义,必须把人类及其价值取向作为生态系统的一个组成部分。②目标。拟定明确的、可操作的目标必不可少。③范围。确定边界和单元,尤其是确定等级式的系统的管理结构,以核心层次为主,适当考虑相邻层次的内容。④信息。收集有关数据,了解生态系统的复杂性和相互作用,提出合理的生态模式及生态学理解。⑤监测。监测并识别生态系统内部的动态特征,确定人类行为活动中的生态学限制因子。⑥适应性。关注幅度与尺度问题,认识管理过程中的不确定性,并进行适应性管理。⑦对策。确定影响管理活动的政策、法律和法规。⑧认真选择并利用工具和技术。⑨整合与合作。选择、分析和整合生态、经济

---

[1] Grumbine R. Edward, "What Is Ecosystem Management?", *Conservation Biology*, Vol. 8, No. 1, 1994, pp. 27 – 38.

及社会信息，并强调部门与个人间的合作，实现生态系统的可持续性。⑩其他。主要包括时间尺度、基础设施和经费等问题。① 上述十个要素可以归结为：人类主导性（选择性）、目标确定性、管理边界性、数据充足性、信息充分性、对策明确性、管理综合性、生态适应性等。无论是国内学者，还是国外学者，在对生态系统方法管理要素的研究中，均将管理过程中的程序性与实体性要素综合起来进行认知。这也间接表明，在生态系统方法的实践应用与理论认知过程中，实体与程序这两方面是不可分隔的。

  无论是五要素、六要素、七要素、八要素，还是十要素，都是典型的以人类的选择与需求为中心的管理。所有的要素内容均与人类的不同认知、理解、选择等相关。从经济学角度来看，十要素学说是值得倡导的，但海洋生态系统的保护不能仅仅局限于经济视角，我们还应该从更广泛的文化与生态视角来进一步认识其管理要素。从宏观的角度来看，生态系统整体性的认知及保护目标的确立是最重要的。要真正确立生态系统的目标，首先必须解决认知问题，即承认生态系统整体健康的重要性；其次要以可持续性为核心设立管理的具体目标，这些目标至少应包括维护并促进生物多样性，以及从更广泛的空间来设计具体的保护对象与目标；最后，生态系统方法管理并不意味着全盘的自然化或绝对的生态保护优先，应充分考虑人类选择的合法性与正当性。从微观的角度来看，具体要素的确定是基础，上述这些要素都是从具体实施的角度来确立的，明晰了生态系统方法管理的基本要素。

  综上，无论以何种形式或哪些类别来确立其基本要素，都明确了生态系统方法管理是以通过适应合作的方式构建的综合考虑了自然、社会、经济及制度因素的未来愿景为基础的，适用于主要以自然生态边界界定的地理尺度为核心的"生态性"管理。本质上，此类方法应用于管理实践，就是为可持续地获得期望的生态系统服务而对生态系统实施的管理

---

① 张永民、席桂萍：《生态系统管理的概念、框架与建议》，《安徽农业科学》2009 年第 13 期；殷培红、和夏冰、王彬等：《生态系统方式下的我国环境管理体制研究》，中国环境出版社 2017 年版，第 205 页。

活动①，上述所列举出来的这些构成要素对于其管理框架的架构与管理特征的形成具有重要的价值。

第四节　海洋生态系统方法管理的主要特征

与传统管理模式相比，生态系统方法在环境保护中的应用具有如下优越性：综合性、系统性、动态性、持续性、科学性、灵活性、和谐性。② 美国国家海洋与大气管理局（U. S. National Oceanic and Atmospheric Administration，NOAA）在介绍生态系统方法管理应用于海洋渔业资源时，明确了其所具备的五大特征。一是适应性和灵活性，即在管理过程中必须对监测和研究结果及时做出回应；二是地域性，即应明确相应地理区域范围内的生态标准或生态参考值；三是管理的跨部门性，即该类管理需要多部门联合；四是积极主动性，这要求管理部门应充分权衡管理过程中的海洋、海岸带环境现状与其他相关活动之间的关系；五是包容性与协作性，该类管理鼓励不同政府部门、土著居民及其他利益相关者之间的合作。③ 我国学者给出了四大特征：综合性、公益性、区域性与灵活性④，这四大特征也具有借鉴价值。除学者们给出的这些特征，生态系统方法在海洋管理实践中的应用也为笔者的研究提供了参考源。在二十多年的应用实践中，有的地方通过政策、法律、法规等明确规定了生态系统方法的实践对象与范围；有的地方虽无明文规定，但依然会以具体项目、试点实践（主要是通过不同类型的合同）等方式展开，特别是对于一些重要的海洋生物资源、海洋渔业资源、典型海洋生态系统的保护区。一系列生态系统方法的海洋管理实践，呈现出明显的传承性、整体性与

---

① 张永民、席桂萍：《生态系统管理的概念、框架与建议》，《安徽农业科学》2009 年第 13 期；殷培红、和夏冰、王彬等：《生态系统方式下的我国环境管理体制研究》，中国环境出版社 2017 年版，第 205 页。

② 李忆春：《生态系统方法与中国〈环境保护法〉的完善》，载《环境法治与建设和谐社会——2007 年全国环境资源法学研讨会（年会）论文集》（第一册），2007 年，第 71—76 页。

③ NOAA, "Marine Ecosystem Based Management", https://ecosystems.noaa.gov/EBM101/WhatisEcosystem – BasedManagement. aspx.

④ 郭武：《论综合生态系统管理对生态环境保护立法模式的启示》，转引自吕忠梅主编《环境资源法论丛》（第 8 卷），法律出版社 2010 年版，第 139 页。

系统性、综合性、灵活性与适应性、不确定性等特征。因此，在文献引证与实证分析的基础上，笔者认为海洋生态系统方法管理的主要特征包括渐进性、整体性与综合性、灵活性与适应性、不确定性。

一　渐进性

海洋生态系统方法管理是作为一种综合性与整体性的管理在相关国家的实践中逐渐发展起来的，并没有明确规定具体的程序、标准与方式、评估依据等。伴随着其在海洋环境保护中实践范围的扩大与项目推广力度的递增，生态系统方法的地位与作用也在不断改变。起初，生态系统方法作为一种生态整体保护的理念或观念，后来慢慢演变成一种管理方法运用于生物多样性保护、海洋资源的保护等实践，再转化成区域性海洋生态系统保护的项目，并逐渐通过不同的措施或制度来保障其实施。这表明生态系统方法在海洋资源管理与海洋生态保护实践中的应用具有明显的渐进性。

首先，这种渐进性是一种科学性与层次性的体现。科学性是因为人类对海洋资源的开发利用及生态（系统）的维护保存都是随人类的认知与科技发展不断变化的；层次性是因为生态系统方法运用于海洋管理，不能仅专注于基因、物种、种群等某一方面，应该从丰富的生态学层次或尺度上寻求不同管理层次之间的相互联系，形成层次丰富、生态谱系完备的网格化的管理体系。

其次，这种渐进性是从海洋生态系统方法的管理实践中渐次呈现出来的。生态系统方法的管理地域从近海的小范围、海岸带地区逐步向大洋迈进，管理对象也逐渐由少量经济性鱼类资源的保护、海洋食品类资源的保护向海洋生物多样性、海洋生境、区域性海洋生态系统保护过渡。海岸带生态系统虽然仅占地球表面积的1.2%[1]，但却是高生产力生态系统，其生产力（光合作用）是全球生产力的4.1%[2]，对全球生态系统意义非凡，是人类活动最早涉足的区域，人类将管理范围最早定位于此区

---

[1] Kenneth E. Boulding, "The Economics of the Coming Spaceship Earth", in H. Jarrett ed., *Environmental Quality in a Growing Economy: Essays from the Sixth RFF Forum*, Baltimore: Johns Hopkins Press, 1966, pp. 3 - 14。该文作者所给出的海岸带生态系统在全球生态系统中所占比例，与该文作者对海岸带生态系统界定范围有关。

[2] Brown C., Corcoaran E., Hekerenrath P. and Thonell J. eds., *Marine and Coastal Ecosystems and Human Wellbeing: A Synthesis Report Based on the Findings of the Millennium Ecosystem Assessment*, New York: United Nations Environment Programme, 2006, p. 77.

域也是必然的。

最后，这种渐进性也与人类目前的有限保存相关。虽然研究范围不能决定实践与认知，但在一定程度上反映了人类对海洋的整体性认知是有限的。目前的研究主要集中在以下三方面：一是关于海岸带的著述较多，这与海岸带地理位置的特殊性与海岸带经济社会发展角色的重要性密切相关，是人类经济社会发展逐步向海洋迈进的一种间接呈现；二是关于特定区域渔业资源管理中涉及海洋的文献也不少，这与海洋资源管理过程中海域管理尺度与海洋资源的开发利用程度相关；三是在海洋污染防治过程中关于方法应用的文献也不少，此类研究主要集中于海洋保护区建设、近海资源保护与污染防治、陆源污染的排放监管与近海生境保护等方面。在早期基于海洋生态系统环境管理的界定与引入过程中，大多将其作为一种综合性或包容性的管理方式来对待，对于其中所包含的具体内容与主要要件并没有进行全面解读。因此，这种研究现状既反映人类对生态系统方法应用于海洋管理实践的认知程度，也反映出人类整体对此类方法应用的步伐与趋势。

二 整体性与综合性

海洋管理实践要求我们运用生态系统方法来规制人类行为，进而实现对海洋生态的整体性保护。生态系统方法是指遵循生态规律，从生态系统的独特性与完整性出发，综合运用各种手段，采取整体论方法管理环境资源的一种策略。[1] 它不是某一种具体的方法，而是一种综合各种方法来解决复杂的社会、经济和生态问题的策略。[2] 将生态系统方法作为一种策略而非理念来看待，虽然凸显了综合性与整体性，但具有明显的实践驱动性与功利性的特征。

相比于其他类型的管理，生态系统方法更强调综合管理与一体化管理，既囊括了海洋生态系统服务的内涵，也凸显对海洋生态系统服务功能的整体性、综合性保护。海洋生态系统服务具有以下内涵：①具有时空尺度，是在特定时间由特定生态系统提供的；②提供者是海洋生态系统及其组分，不是其他生态系统；③针对人的需求而言，能提高人类福

---

[1] 巩固：《"生态系统方法"与海洋环境保护法创新——以渤海治理为例》，《中国海洋法学评论》2010 年第 1 期。

[2] 周杨明、于秀波等：《自然资源和生态系统管理的生态系统方法：概念、原则与应用》，《地球科学进展》2007 年第 2 期。

利；④通过一定的生态过程实现，是生物成分和非生物成分共同作用的结果；⑤包括物质产品和服务两方面。① 就海洋生态系统服务而言，虽然强调整体性探讨的研究较多，但多停留于理论层面，将理论应用于实践并进行实证研究的十分缺乏。就生态系统方法的实践应用而言，海洋渔业资源的利用与保护研究是相对深入的，但时至今日，其核心的科学难题依然围绕着"是物理环境的变化（自下而上）还是渔业捕获的影响（自上而下）导致了海洋渔业丰度的重大变化？"② 这一主题。而围绕海洋渔业资源变化对整体海洋生态系统的影响展开实证性研究的则十分缺乏。由于关于海洋的许多基本科学问题目前仍是未知的，整体性保护在海洋生态管理中仍停留于观念上或理念上，因此，海洋生态环境的变化与海洋资源开发利用量（或度）之间的关系认知不清（或不确定），不仅表现在海洋资源开发利用（如海洋渔业管理）的各个环节中，而且在海洋生态功能的恢复与保护中存在。这表明综合性与整体性固然十分重要，但在实践中最难以达成。

海洋生态系统方法管理的综合性与整体性体现为这种管理实践应以较长的时间范围、一定的空间尺度为基础，而不是以某单一物种的短期保护为基础。因为海洋生态系统方法管理是在空间尺度内（如当地的、区域的或生态系统内的）对自然资源进行动态、自适应和迭代管理的一种方法。③ 本质上讲，这种方法，无论是对海洋资源管理还是对海洋生态管理，都应具有整体性、适应性与系统性的特征。虽然生态系统方法在生态保护中的应用、生态理念在资源保护中的利用都强调整体性与系统性，但这种方法在海洋生态保护中的应用却是在某类海洋资源利用（或保护）中不断发展并完善起来的，尤以某些海域渔业资源的养护或生态服务功能的保障最为显著。

三 适应性与灵活性

海洋生态系统方法管理是一种抽象的、概括性的管理策略，伴随海

---

① 郑伟、石洪华：《海洋生态系统服务的形成及其对人类福利的贡献》，《生态经济》2009年第8期。
② Larkin P. A., "Concepts and Issues in Marine Ecosystem Management", *Reviews in Fish Biology and Fisheries*, Vol. 6, No. 2, 1996, pp. 139 – 164.
③ Karen Mcleod and Heather Leslie eds., *Ecosystem – based Management for the Oceans*, Washington: Island Press, 2009, pp. 341 – 351.

洋管理的对象、范围、目标等更新而不断发展变化,这表明在实践中更强调其适应性与灵活性。然而,自人类整体开始大规模地开发利用海洋资源以来,所构造出来的人与海洋的关系"总体上是消费性关系"[1],往往只考虑向自然索取,而不考虑海洋的承受力和海洋的未来。以这种消费性关系为主导的海洋资源的开发利用与海洋生态环境保护,既短视且不利于海域资源的可持续性,亦功利且不利于海洋生态的整体性保护。在消费性关系下,生态系统方法的适应性与灵活性往往优先满足人类的需求、匹配人类的选择,而自然生态系统的保护会成为人们决策制订或对策选择中可能被忽视的对象。因此,海洋生态系统方法的适应性与灵活性既可能会促成生态保护的有序、有效,也可能会影响适应性对策的落地,尤其是在适应性制度的选择与实施中。

海洋作为一个庞大的自然地理单元,理论上似乎能够负担人类给予的一切危害,但实践证实:海洋是一个比较脆弱的系统,在一定的开发利用规模下,海洋能够保持自身的生态平衡,但过度的开发利用必将超出海洋承载力;过度的海洋开发利用所引起的海水污染、环境与资源损害等现象,也必然会影响人类自身的生存。因此,现实迫使人们改变以往对海洋的态度,人类整体应站在与海洋平等的立场上审视海洋的价值,从人与海洋共生共荣的生态系统中寻找海洋价值实现的合理方式。以此为前提,海洋实践活动的方式方法也应发生了相应的变化,人类作为海洋的管理者,不得不调整干预海洋的方式,采取与海洋友善的态度对待海洋。[2] 在海洋生态系统方法管理中,稳定不变的某项生态目标的确立对于某类物种的保护可能是可行的,但并不适用于海洋生态系统的整体。对于生态系统方法而言,海洋生态目标的渐进性确立是实现灵活性与适应性的基石,但问题是"生物学目标必须规定不同情况下产出中所需的不同物种组合,而这虽然在一般情况下理论上是可行的"[3],但在不同条件下生态系统的生态状况、生态目标与人类社会的影响等多重因素制约下的平衡如何实现,目前依然存在很大的不确定性。

---

[1] 王琪等:《海洋管理——从理念到制度》,海洋出版社2007年版,第34页。
[2] 王琪等:《海洋管理——从理念到制度》,海洋出版社2007年版,第34页。
[3] Larkin P. A., "Concepts and Issues in Marine Ecosystem Management", *Reviews in Fish Biology and Fisheries*, Vol. 6, No. 2, 1996, pp. 139–164.

四 不确定性

理论上,在任何管理过程中都会存在不确定性,但海洋生态系统方法管理的不确定性更突出。这种不确定主要源于三方面。一是我们对于海洋生态系统结构与过程的认知不完备。因为海洋生态系统的广袤性与难以监测性,如对于小范围内鱼群的计算就十分困难,对于大多数海洋生态系统而言,即使人们在制订对策中考虑到了必要的生态理解,但获取必要数据的高昂成本也可能会阻止高度复杂的管理予以匹配。[1] 二是我们不能直接评估与计算海洋中的事物。受科技手段及能力限制,我们目前并不具备完全计算与评估海洋中所有事物的可能性,这也可能导致我们目前所得到的海洋数据或海洋信息是不准确的,或对海洋的认知与对策评估是偏颇的。三是自然系统固有的随机性。这意味着,我们对任何系统未来状态的描述都只是一个大致范围内的可能结果,尤其是对复杂的海洋系统而言。[2] 从根本上讲,所有海洋管理过程中的不确定性均源自信息不充分,这种信息不充分性一方面源于人类对海洋生态知识的整体性匮乏,另一方面源于海洋生态系统的复杂性。一直以来,对于海洋生态系统保护与海洋资源利用中信息不充分的探讨都在强调不确定性问题。由于不确定性在本质上是与风险相关联并生的问题,因而如何正确认识理解这种不确定性,并尽量减少或转化其中的不可控因素是我们在海洋管理过程中必须解决的问题之一。

---

[1] Larkin P. A., "Concepts and Issues in Marine Ecosystem Management", *Reviews in Fish Biology and Fisheries*, Vol. 6, No. 2, 1996, pp. 139 – 164.

[2] Davor Vidas, *Protecting the Polar Marine Environment—Law and Policy for Pollution Prevention*, Cambridge: Cambridge University Press, 2000, p. 81.

第二章　生态系统方法在海洋陆源污染防治立法中的发展

在人类环境保护史上，生态系统方法的应用在环境保护立法进程中是缓慢演化并逐渐深入的，笔者认为主要经历了以下进程：以某种（或有限的几类）具有实用性与经济性的生物资源保护为核心→以某类具有经济效益（或明显生态效益）的生物资源保护为核心→以指定地域范围内具有典型特征的区域保护或生物多样性保护为核心→以系统性、区域性生态安全为核心。在这个进程中，每一个阶段都不是完全按照时间先后顺序次第出现的。在这一逐渐拓展并不断深入的演化进程中，人类对生态系统的保护与管理经历了从区域性、局部性的自然资源利用功能的保护逐渐发展到全球性、广域性的生态系统全面保护，这一发展过程既是人类社会演化过程中经验教训的总结，也是在人类环境伦理观不断革新与指导下人类发展观与环境伦理观逐渐改进的呈现。

第一节　生态系统方法在生态立法中的发展

生态系统方法在生态立法中的发展贯穿于人类的生态环境资源实践。在处理人与环境资源关系的实践中，人们认识到：生态系统和生态环境是一个紧密联系的统一整体，环境资源的开发、利用、保护、改善也是一个相互联系的整体；为了合理利用和有效保护生态环境和自然资源，建立人与自然的良好秩序，各有关环境资源的部门、行业、专业、学科的活动必须相互配合，必须打破原有的部门、行业、专业、学科界限，在环境资源领域实行跨部门、跨行业、跨学科的综合性行动。[①]

[①] 蔡守秋：《综合生态系统管理法的发展概况》，《政法论丛》2006年第3期。

有学者认为，第一个国家公园——美国黄石国家公园的建设是运用生态系统管理的典型案例[1]，《黄石国家公园法案》是生态系统方法应用于立法实践的最早法案。伴随着人们对陆地资源管理的理解不断发展，生态系统作为管理学意义上的概念最早于20世纪30年代就被人们认识到了。[2] 美国生物学家乔治·赖特和本·汤普森曾于1935指出，国家公园由于受到"边界和大小的限制"，并不是具备完全功能性的生态系统。乔治·赖特曾游说：为了满足大型哺乳动物的生物需求，要扩大国家公园的规模，重新划定其的边界。[3] 1950年，美国生态学会动植物群落研究委员会提出了实施谢尔福德（Shelford）自然保护区名录的战略。[4] 我们不难看出，这些法律实践多局限于对象与边界的法律确认。另外，其他区域在生态或景观层面上对土地资源管理的尝试（如美国或欧共体内一些国家在农用地方面的实践），虽然在生态系统管理中未取得整体性成功，但为后来在森林、海洋等领域生态系统管理的适用奠定了基础。1969年George van Dyne编著的《自然资源管理中的生态系统概念》一书首次对生态系统管理的概念进行了分析。[5] 20世纪70年代以后，生态系统管理概念的应用领域逐渐拓展。20世纪90年代以来，人们逐渐将生态系统管理与可持续发展紧密联系起来[6]，并在陆地资源林业管理中广泛应用。1992年，美国农林局局长Robertson F. Dale首次整合性地提出了"生态系统管理"一词，并将其界定为一种生态方法，是将人们的需要与环境价值整合起来的一种方法，这种方法以整合的形式（在满足人们需要的同时）确保国家的森林和草地资源的多样、健康、多产与生态系统的可

---

[1] 毕艳玲、冯源：《生态系统管理的原则——以美国黄石国家公园为例》，《安徽农业科学》2017年第8期。

[2] Shelford V. E., "The Preservation of Natural Biotic Communities", *Ecology*, Vol. 14, No. 2, 1933, pp. 240 – 245.

[3] See Grumbine R. Edward, "What Is Ecosystem Management?" *Conservation Biology*, Vol. 8, No. 1, 1994, pp. 27 – 38.

[4] Kendeigh S. C., Baldwin H. I., Calahane V. H. et al., "Nature Sanctuaries in the United States and Canada: A Preliminary Inventory", *The Living Wilderness*, Vol. 35, No. 15, 1951, pp. 1 – 45.

[5] See Larkin P. A., "Concepts and Issues in Marine Ecosystem Management", *Reviews in Fish Biology and Fisheries*. Vol. 6, No. 2, 1996, pp. 139 – 164.

[6] 刘树臣、喻锋：《国际生态系统管理研究发展趋势》，《国土资源情报》2009年第2期。

持续性。① 这种整合的生态方法是基于生态系统平衡而产生的概念，指一旦某一生态系统达到巅峰状态，理论上即可无限期地控制和维持该系统内物质的产出。② 这里所描述的生态系统"平衡"或"巅峰"状态，应是一种理想状态而不是一种实然状况。我们知道，某种或某类生态系统一直保持"平衡"或"巅峰"状态是不可能的，因此，人类对于生态系统方法的应用也应是动态与不断调整的。1994 年，Grumbine R. Edward 除了对生态系统管理进行概念界定，还概括出了生态系统管理的目标。③ 1996 年由 Christensen 等所组成的美国生态学会特别小组，出版《美国生态学会关于生态系统管理科学基础委员会的报告》④ 一文，对生态管理的概念与要素、生态学在生态系统管理中作用与地位、人类在生态系统中的角色、生态系统管理科学模型等方面做了全面的论证。⑤ 自此以后，生态系统管理或生态系统方法的应用逐渐在其他资源管理与自然保护方面不断拓展。

　　然而，将生态系统方法转化成可以被立法者所接纳的内容并通过具体的法律制度确定下来并非易事。在生态系统方法管理推行过程中，尽管其并不容易转化成具体的措施或对策，但将其转化成具体措施比通过具体法律确定下来要相对容易一些。理论上，生态系统管理要求生态学家、经济学家、政府官员与其他利益相关者通力合作⑥，且这种合作在现实中必须通过制度或机制来确立相应的合作机制才能真正达成其目的，也才有可能实现合作的长效性与稳定性。但实况并非如此。人们倡导并推行了多年的生态系统方法管理通过具体法律制度落实下来时，所遭遇

---

① See Merrill R. Kaufmann et al., "An Ecological Basis for Ecosystem Management", in Forest Service, Fire Hi, Marvin A. Stokes et al., *Rocky Mountain Forest and Range Experiment Station Research Paper*, U. S. Department of Agriculture, 1994.

② Ruth DeFries, Harini Nagendra, "Ecosystem Management as a Wicked Problem", *Science*, Vol. 356, 2017, pp. 265 – 270.

③ Grumbine R. Edward, "What Is Ecosystem Management?" *Conservation Biology*, Vol. 8, No. 1, 1994, pp. 27 – 38.

④ Christensen Norman L., Bartuska Ann M., Brown James H. et. al., "The Report of the Ecological Society of America Committee on the Scientific Basis for Ecosystem Management", *Ecological Applications*, No. 6, 1996, pp. 665 – 691.

⑤ See Steven Yaffee, "Marine Ecosystem – Based Management in Practice", in Ann Arbor M. I., *School of Natural Resources and Environment*, University of Michigan, June 2012, www.snre.umich.edu/ecomgt/mebm.

⑥ 刘树臣、喻锋：《国际生态系统管理研究发展趋势》，《国土资源情报》2009 年第 2 期。

的现实是，大多数生态系统方法依然停留于纸面上，尤其是适应性管理的应用，导致这种现状的主要原因在于不同主体有不同的立场与利益需求，在决策（对策）或具体制度的制订层面就存在着诸多差异。生态学家与环境学者往往强调政府部门和生态系统中的群体或个人应该用系统的生态学与环境科学知识更深刻地理解环境问题，理解生态系统结构、功能和动态的整体性，理解污染对生态的不同影响，强调要收集相应的科学数据，在行为过程中强调一定时空尺度上的生态整体性与可恢复性，强调生态系统的不稳定性和不确定性。[1] 但他们往往不愿承认或有意无意忽略了把社会价值等问题融入自然科学领域内，即便有生态学家曾尝试将社会因素纳入其中，但如何将人类社会与生态系统有效关联起来进行评估、取舍与决策的问题，仍难以攻克。

从科学的角度分析，生态系统方法的应用并不必然导致一个"最佳"解决方案和情形，而是意在改进和扩展信息收集和分析过程，从而加强对可行的可持续方案和实施该方案后的可能前景的辨认和理解。[2] 这恰好是对生态系统方法中的要素之一"不确定性"的一种解释。若生态系统方法的实践过于期待科学家给出确定的答案，则可能会对相应对策的产生有不良影响。在管理过程中，经济学家更注重区域的长期社会目标，强调制定经济稳定和多样化的策略，喜欢多种政策选择，期望生态系统的稳定性和确定性；而政府官员则考虑如何把多样性保护与生态系统整体性纳入法制体系，如何有效促进公共部门和私人协作的整体管理，如何用法律和政策促进生态经济的可持续发展，当然他们更希望在把被管理的生态系统放入景观背景中考虑时花费较少的代价。[3][4][5] 虽然生态学家、经济学家的这种要求从各自选择与立场上看，具有正当性与合理性，但却往往与政府部门及其他相关主体（尤其是相关利益主体）的理解存在明显差异。事实上，政府部门所需要的是稳定性与确定性，并侧重考

---

[1] 刘树臣、喻锋：《国际生态系统管理研究发展趋势》，《国土资源情报》2009 年第 2 期。
[2] 顾传辉、桑燕鸿：《论生态系统管理》，《生态经济》2001 年第 11 期。
[3] 刘树臣、喻锋：《国际生态系统管理研究发展趋势》，《国土资源情报》2009 年第 2 期。
[4] 任海、邬建国、彭少麟等：《生态系统管理的概念及其要素》，《应用生态学报》2000 年第 3 期。
[5] Merrill R. Kaufmann et al., "An Ecological Basis for Ecosystem Management", in Forest Service, Fire Hi, Marvin A. Stokes et al., *Rocky Mountain Forest and Range Experiment Station Research Paper*, U. S. Department of Agriculture, 1994.

虑如何用长久有效的制度去规范与约束生态系统里面的各类人的行为。这种立场差异、利益碰撞与选择冲突导致我们在考虑将生态系统作为一个整体纳入法律体系时特别困难。

综合生态系统方法在法学和法律上的兴起始于 20 世纪 90 年代，目前虽然已经有一些国家在积极采用综合生态系统管理的方法，但反映在法律上并不普遍和成熟。① 虽然我国有学者②对生态系统管理方式在我国环境监管体制中的应用进行了全面解读，但既没有对生态系统方法的立法及实践进行系统分析，也没有从实体法与程序法中相关制度的完善及生态系统管理方式在其中的作用与具体体现等方面做出充分的制度分析及给出相应的对策建议。近年来，也有学者认为，生态系统方法运用于环境法学，有利于"环境法学研究方法和思维模式的革新、构建自然—经济—社会综合生态系统观及环境法的完善和国际趋同化"③，这种宏观性的思索的确给现代环境法的发展带来了生机，但在生态系统管理目标实现过程中，行为模式、行为后果、法律责任与规制手段等之间如何被关联起来，依然是最大的障碍。还有学者认为，对法律—生态回馈关系更全面彻底的了解，是提高生态系统管理策略有效性的前提，也是为社会问题与生态视角二者之间如何平衡提供应对之策的有效手段④，但遗憾的是，法律—生态回馈之间的关系如何确定、如何评估等目前还没有解决之道。因而，目前生态系统方法在环境法中的应用，多以项目或工程为主。这一点在全球相关领域的生态系统管理应用实践中具有共同性。

尽管环境污染或生态破坏对生态系统的影响远远超出了一般人的理解范畴，但我们在制订对策过程中总是力图去认知、理解并评估这些影响，然后在此基础上确定我们认为相对科学的应用方案与具体措施，这是一般制度的产生过程。然而，法律制度产生过程更烦琐、更严格。生态系统虽是一生物学概念，但此概念目前的应用领域已渗透生态环境、

---

① 蔡守秋：《综合生态系统管理法的发展概况》，《政法论丛》2006 年第 3 期。
② 殷培红、和夏冰、王彬等：《生态系统方式下的我国环境管理体制研究》，中国环境出版社 2017 年版，第 178 页。
③ 李忆春：《生态系统方法与中国〈环境保护法〉的完善》，载《环境法治与建设和谐社会——2007 年全国环境资源法学研讨会（年会）论文集》（第一册），2007 年，第 71—76 页。
④ Carissa L., William E. Rogers, Urs P. Kreuter, "Legal Barriers to Effective Ecosystem Management: Exploring Linkages between Liability, Regulations, and Prescribed Fire", *Ecological Applications*, Vol. 25, No. 8, 2015, pp. 2382 – 2393.

管理、法律、政治、计算机等领域。其内涵已远远打破了该词原有的边界。生态系统方法在环境法中的应用，理应是一种生态实践理论在生态系统保护中的综合呈现与有序反馈。因为生态实践理性横跨事实与规范两个不同领域，关注环境与资源开发、利用与保护过程中的规律与意志、事实与规范、实然与应然之间的有机统一，主张纯粹理性的内化过程与实践理性的外化过程的相互结合。① 这种生态实践理性中实然与应然、内化与外化的结合，是环境保护进程中人类对生态本位法律观②的主动选择，既是法律—生态回馈相关性的一种正向呈现，也是环境资源保护立法思维生态化③的直接反映。

综观生态系统方法在我国环境保护立法中的发展，由于该方法的应用存在诸多的不确定性，我国并未制定真正法律意义上的"生态系统保护法"。首先，从生态系统方法所涉及的范围来看，主要包括耕地、林业、草地、海洋、渔业等资源保护，以及陆地与海洋等区域生态系统保护的立法或项目。其次，从法律体系或立法层次的角度看，与生态系统相关的法律主要有《宪法》《环境保护法》《海洋环境保护法》《森林法》《草原法》《水法》《野生动物保护法》《环境影响评价法》《水土保持法》《防沙治沙法》等。与生态系统方法管理有关的法规、规章或规范性文件主要有《自然保护区条例》《野生植物保护条例》《中国生物多样性保护行动计划》《中国 21 世纪议程》《全国生态环境建设规划》《全国生态环境保护纲要》《国务院关于落实科学发展观加强环境保护的决定》等。④ 再次，从生态系统立法的演化次序来看，逐渐从单项资源保护过渡到区域性、综合性资源保护，再演化为整体性的生态系统保护。最后，从生态系统方法在环境保护立法中所确立的法律制度或措施来看，逐渐由生态标准向生态规划方向演化，进一步突出了该方法在环境保护中的系统性与整体性。从语义学上看，"生态法"是呈现"综合生态系统管

---

① 柯坚：《生态实践理性：话语创设、法学旨趣与法治意蕴》，《法学评论》2014 年第 1 期。

② 王秀红：《生态本位法律观：现代环境法的法哲学基础》，《合作经济与科技》2005 年第 7 期。

③ 李爱年、刘翱：《立法生态化：生态文明建设的法制结构调整》，《江西理工大学学报》2016 年第 4 期。

④ 高明侠：《我国生态系统管理立法的问题及建议》，《西安邮电学院学报》2011 年第 6 期。

理"理念最接近的一种表述,且已有不少国家接受了"生态法"的概念;在某种意义上,生态法的理念和体系是当代环境资源法对综合生态系统管理最好的回应。① 综合上述国内外立法现状的研究分析,笔者认为,作为一种方法运用于环境保护不同领域比建构这样一部独立的法律更符合生态实践,更满足生态文明的要求,但对于如何将生态系统方法应用于立法,现有研究依然是缺乏的。

第二节 生态系统方法在海洋法中的发展

一 生态系统方法在国际海洋法中的发展

国际法上,生态系统方法在海洋管理中的应用最早起源于1901年海洋开发国际委员会第一次会议的提案。该提案提出,我们应意识到海洋资源的有限性并减少过度开发所导致的负面影响。② 自20世纪70年代中期以来,海洋开发国际委员会在海洋生物资源管理中越来越注重多物种保护方法的应用。③ 这种多物种保护方法由一定区域范围内的多物种保护逐渐演化成后来的生态系统方法。关于生态系统方法在海洋环境保护中的应用,目前的研究以不同海域渔业资源的保护、海洋自然保护区的管理、脆弱或敏感海域的开发利用、典型海洋生态系统保护等为主。其中,海岸带综合管理、海洋渔业资源保护这两方面的研究最为多见。这种研究现状一方面与人们对海洋资源的利用状况相关,另一方面也与人类对海洋的涉足范围相关。

生态系统方法的应用目前已有不少国际法律或规范性文件,例如《关于特别是作为水禽栖息地的国际重要湿地公约》《斯德哥尔摩人类环境宣言》《保护世界文化和自然遗产公约》《濒危野生动植物种国际贸易公约》《保护迁徙野生动物物种公约》《世界自然宪章》《南极海洋生物

---

① 蔡守秋:《综合生态系统管理法的发展概况》,《政法论丛》2006年第3期。
② Hanling Wang, "Ecosystem Management and Its Application to Large Marine Ecosystems: Science, Law, and Politics", *Ocean Development & International Law*, Vol. 35, No. 1, 2004, pp. 41–74.
③ Sherman K., "Introduction to Part One: Case Studies of Perturbations in Large Marine Ecosystems," in Sherman K. and Alexandered L. M., *Biomass Yields and Geography of Large Marine Ecosystems*, Colorado and London: Westview Press, 1989, p. 3.

资源养护公约》《生物多样性公约》《联合国气候变化框架公约》《防治荒漠化公约》等均体现了生态系统的保护或综合生态系统管理的理念。而从总体上提及海洋这一区域空间管理中应用生态系统方法或体现生态系统管理理念的，主要有下述几个文件。

（一）《斯德哥尔摩人类环境宣言》

对现代国际环境法而言，生态系统管理的理念最早出现在1972年的《斯德哥尔摩人类环境宣言》中，该宣言明确呼吁各国在保存、保护和恢复地球生态系统的健康和完整性方面进行合作。该宣言原则二中明确提出，"为了这一代和将来的世世代代的利益，地球上的自然资源，其中包括空气、水、土地、植物和动物，特别是自然生态类中具有代表性的标本，必须通过周密计划或适当管理加以保护"[①]。该原则虽然未明确规定生态系统方法，但表明了在自然资源的利用过程中，该方法对自然生态保护的重要性。自20世纪80年代以来，人们逐渐关注生态系统管理在海洋渔业方面的应用，这种关注涉及渔业的多物种、海洋学与鱼类资源丰富度之间的联系以及更全面的渔业管理方法等。而自那时开始，生态系统管理，作为资源管理更全面方法的简称，从渔业管理角度来看，是以多变的物理和化学环境中的多物种相互作用为中心的。[②]

（二）《世界自然宪章》

1982年通过的《世界自然宪章》在一般原则中提出：各项养护原则适用于地球上一切地区，包括陆地和海洋；独特地区、所有各种类生态系统的典型地带、罕见或有灭绝危险物种的生境，应受特别保护。《世界自然宪章》中对自然的养护包含了海洋，特别是各类生态系统的典型地带或生境，明确了自然生境与自然生态系统保护中区域性保护的重要性。

（三）《南极海洋生物资源养护公约》

1982年生效的《南极海洋生物资源养护公约》[③]是第一部用生态系统方法来管理海洋资源的全球性公约，该公约不仅为南极地区海洋生物

[①] U. N. Doc. A/Conf. 49/14/Rev. 1, 11 International Legal Materials 1416 (1972). See Sohn L., "The Stockholm Declaration on the Human Environment", *Harvard International Law Journal*, Vol. 14, 1973, p. 423.

[②] Larkin P. A., "Concepts and Issues in Marine Ecosystem Management", *Reviews in Fish Biology and Fisheries*. Vol. 6, No. 2, 1996, pp. 139 – 164.

[③] 该公约于1982年4月7日生效。中国于2006年9月19日加入，10月19日对中国生效。

资源的养护与可持续利用提供了依据，并在区域内生物资源的养护原则与养护措施的确立中明确提及了生态系统方法的应用。该公约明确提出要保护南极四周海洋的环境及其生态系统的完整性，推动南极海洋生态系统的综合认知与研究。[1][2] 该公约要求对南极地区的资源开发应该在考虑到自然资源与其物理环境之间复杂和共生关系的生态原则基础上进行。[3] 生态系统方法在南极地区的适用与南极所具有的这两个独有的区域特性相关：一是南极绕极流（Antarctic Convergence Current）[4] 的存在；二是磷虾处于南极食物链中的中心地位并将该食物链中的所有物种在不同程度关联起来[5]，以磷虾的利用捕捞作为该地区生态系统方法应用的切入点，是因为磷虾是南极圈食物链的基础，它的过度开发利用会威胁该地区其他相关海洋生物资源。[6] 这种生态地理的相关性充分证明了南极地区生物资源的开发利用和系统保护的科学性与合理性。《南极海洋生物资源养护公约》明确规定，禁止改变那些二三十年内不可逆转的区域内的海洋生态系统。尽管目前有关方面对《南极海洋生物资源养护公约》的有效性存疑，但其所构建出来的制度"通常被视为关于在海洋生物资源管理中实施生态系统方法的最佳做法的国际基准"[7]。《南极海洋生物资源养护公约》第2条第3款（b）和（c）两项界定了海洋生物资源保护的生态系统方法。其中（b）项规定应当维护南极生态系统中所有相关生物之间的生态关系，（c）项进一步规定要尽力避免南极海洋生态系统遭遇不可逆转的变化。《南极海洋生态资源养护公约》中所提出的保护南极生

---

[1] Molenaar E. J., "CCAMLR and Southern Ocean Fisheries", *International Journal of Marine and Coastal Law*, Vol. 16, No. 3, 2001, pp. 465 – 499.

[2] 蔡守秋：《综合生态系统管理法的发展概况》，《政法论丛》2006年第3期。

[3] Ronán Long, "Legal Aspects of Ecosystem – based Marine Management in Europe", in Chircop A., McConnell M. L., Coffen – Smou S. eds., *Ocean Yearbook*, The Hague: Hijhoff, 2012, pp. 417 – 484.

[4] 南极绕极流在一些英文文献被表述为 Antarctic Circumpolar Current，而非 Antarctic Convergence Current。

[5] Kaye S. M., *International Fisheries Management*, The Hague: Kluwer Law International, 2000, pp. 355 – 375.

[6] Hanling Wang, "Ecosystem Management and Its Application to Large Marine Ecosystems: Science, Law, and Politics", *Ocean Development & International Law*, Vol. 35, No. 1, 2004, pp. 41 – 74.

[7] Fabra A., Gascón V., "The Convention on the Conservation of Antarctic Marine Living Resources (CCAMLR) and the Ecosystem Approach", *International Journal of Marine and Coastal Law*, Vol. 23, No. 3, 2008, pp. 567 – 598.

态系统中所有相关生物间的关系，超越了以往单一物种保护的方法，是在多物种保护基础上的延伸，此处所提倡的保护是一种基于生态系统方法的保护，也是对整个南极圈生物资源与生态系统的一种整体性保护。而在南极生物资源养护中，预防原则或方法的应用是关键，这也对于全球生物资源或生物多样性保护提供了可供借鉴的立法模板。

（四）《联合国海洋法公约》

《联合国海洋法公约》是一项综合性、全球性法律文书，可被视为全球或区域研究、观察和管理方案的总体框架[1]，为沿海国在管理海洋环境及其资源方面的主权、权利和责任等问题提供了所需的国际或国家的法律框架。[2] 作为全球海洋环境保护与海洋资源利用最重要的国际条约，《联合国海洋法公约》虽未明确提出生态系统方法的运用，但该公约提出了国际与区域合作的必要性，以及运用科学的方法进行决策与海洋环境保护的重要性。不容忽视的是，《联合国海洋法公约》没有明确提出生态系统方法，导致海洋生态系统管理是否存在明确的国际法依据是存在争议的。尽管有人重申《联合国海洋法公约》已确立了海洋生态系统管理的法律原则和制度且已成为国际习惯法[3]，但依然有人认为，《联合国海洋法公约》中并没有将生态系统管理作为一项法定的原则或制度，生态系统管理也不属于国际习惯法。[4] 除了上述两类旗帜鲜明地认可与反对，还有人认为，尽管《联合国海洋法公约》没有为海洋生态系统管理提供明确的法律支撑，但其管理目标是与海洋生态系统管理是一致的，且该公约中相关的法律规定也是支持海洋生态系统管理理念的。[5] 笔者赞同此

---

[1] Churchill R. R., and Lowe A. V. eds., *The Law of the Sea*, 3rd., Manchester: Manchester University Press, 1999, p. 23.

[2] Kjell Grip, "International Marine Environmental Governance: A Review", *Ambio*, Vol. 46, 2017, pp. 413-427.

[3] Belsky M. H., "Legal Regimes for Management of Large Marine Ecosystems and Their Component Resources", in Sherman K., Alexander L. M. and Gold B. D. ed., *Large Marine Ecosystems: Stress, Mitigation and Sustainability*, the American Association for the Advancement of Science Press, 1993, pp. 227-236.

[4] Burke W. T., "Compatibility and Protection in the 1995 Straddling Stock Agreement", in H. N. Scheiber ed., *Law of the Sea: The Common Heritage and Emerging Challenges*, Martinus Nijhoff Publishers, 2000, pp. 125-126.

[5] Alexander L. M., "Management of Large Marine Ecosystem: A Law of the Sea – based Governance Regime," in Kumpf H., Sreidinger K. and Sherman K. eds., *The Gulf of Mexico Large Marine Ecosystem: Assessment, Sustainability, and Management*, Oxford: Blackwell Science, 1999, pp. 512-513.

第二章 生态系统方法在海洋陆源污染防治立法中的发展

观点。结合《联合国海洋法公约》中的相关条文来看，该公约的确没有明确规定海洋生态系统管理在海洋管理中的作用、角色、地位与实践机制等基本问题，但该公约第61、62、63、64、66、67、118、119、123、145、192、194条中间接指出了海洋生态系统保护与管理的重要性（参见表2-1），至于管理者或保护者采取何种具体的方式（方法）来保护海洋生态系统，沿海国家或区域性组织等有权依据海洋生态系统的状态来确定。虽然《联合国海洋法公约》中未明确提及生态系统方法的应用，但在生物资源养护、渔业资源的保护、不同类型鱼种的养护、区域海洋环境保护、整体性海洋污染防治与生态保护中，均涉及生态系统方法的应用问题。当然，我们不得不承认，这种应用并非系统的应用。

表2-1 《联合国海洋法公约》中涉及海洋生态系统方法的相关内容

条款	方面	内容
第61条	生物资源养护	科学证据的应用，区域与国际合作，捕捞鱼种的种群、方式等，信息交流
第62条	生物资源利用	最适度利用，专属经济区内生物资源能力
第63条	跨域鱼类种群的利用	确保鱼类种群的养护与发展，达成协议保护跨域鱼类种群
第64条	高度洄游鱼种的利用	合作保护高度洄游鱼种的最适度利用
第66条	溯河产卵种群的养护	溯河产卵种群的鱼源国养护责任、鱼源国与其他相关国家的合作养护
第67条	降河产卵鱼种的养护	降河产卵鱼的养护、管理等国家责任
第118条	养护和管理生物资源方面的合作	各国应互相合作养护和管理公海区域内的生物资源。强调公海区域内生物资源国家合作养护的必要性
第119条	公海生物资源养护	采取措施使捕捞的鱼种的数量维持在或恢复到能够生产最高持续产量的水平，并考虑相关联鱼种的影响
第123条	闭海或半闭海沿岸生物资源养护	闭海或半闭海沿岸国在生物资源养护、保全海洋环境方面具有协调合作的义务
第145条	采取必要措施保护区域内海洋环境	采取措施防止干扰海洋环境的生态平衡；保护和养护"区域"的自然资源，并防止对海洋环境中动植物的损害

续表

条款	方面	内容
第192条	海洋环境的保护与保全	各国有义务保护和保全海洋环境
第194条	防止、减少和控制海洋环境污染	采取的防止、减少、控制海洋环境污染的措施，应包括为保护和保全稀有或脆弱的生态系统，以及衰竭、受威胁或有灭绝危险的物种和其他形式的海洋生物的生存环境而很必要的措施

《联合国海洋法公约》上述这些条款（参见表2-1）中所涉及的内容，包含了对海洋生态完整性的认可，也蕴含着海洋生态保护要素、相关的保护机制或措施的规定，所有这些内容都是对生态系统方法在海洋管理中的一种支持。尤其是1995年达成的《执行1982年12月10日〈联合国海洋法公约〉有关养护和管理跨界鱼类种群和高度洄游鱼类种群的规定的协定》，除了在导言部分明确提出"保存生物多样性、维持海洋生态系统的完整"，在该协定第五条（g）款明确规定，"保护海洋环境的生物多样性"是沿海国和在公海捕鱼的国家的合作义务。此规定进一步表明：《联合国海洋法公约》虽未明确规定生态系统方法，但沿海国一般的生态环境保护义务等内容是支持生态系统方法应用的。尽管《联合国海洋法公约》没有明确规定在海洋环境资源管理中应用生态系统方法，但其目标和相关规定可以解释为是支持这种方法的。

虽然《联合国海洋法公约》部分包含了海洋生态系统要素保护及生态系统方法应用的内容，但这种保护与应用具有明显的局限性。这种局限性一方面体现为适用范围的有限性，依据《联合国海洋法公约》的规定，生态系统方法的应用主要适用于专属经济区与公海，而对于大陆架与国际海底区域内的生态系统保护问题并没有明确；另一方面体现为适用对象的局限性，该公约主要是对一定海域内可利用的渔业资源、生物资源的保护，并未涵盖完整意义上的生态系统功能维护与保护。

总体上，那些适用于海洋环境资源保护与管理的相对更复杂的生态系统方法类的国际机制均是在《联合国海洋法公约》之后发展起来的。[1]

---

[1] Hanling Wang, "Ecosystem Management and Its Application to Large Marine Ecosystems: Science, Law, and Politics", *Ocean Development & International Law*, Vol. 35, No. 1, 2004, pp. 41–74.

以《联合国海洋法公约》的实施为基础，1992 年《生物多样性公约》签订生效后，在国际海洋环境保护中，生态系统方法的应用也日渐被提上议程。2005 年，联合国大会要求联合国海洋和海洋法问题不限成员名额非正式协商进程（United Nations Open-ended Informal Consultative Process on Oceans and the Law of the Sea）第七次会议重点讨论"生态系统方法和海洋"。在 2006 年 7 月 17 日所发布的《联合国海洋和海洋法问题不限成员名额非正式协商进程第七次会议的工作报告》A 部分就"生态系统方法与海洋"商定了一些要点[1]，这些要点内容除了在意识层面上认识到保护生态系统完整性之优先管理事项设定的重要性，还认识到海洋管理的生态系统方法应以管理人类行为为重点。以这些基础性认知为基础，会议中提出，应对指导各国采用生态系统方法的法律法规、规定或其他相关文献进行回溯性梳理，与此同时应充分鼓励各国在生态保护方面的合作与协调，充分考虑到生态系统的完整性。就生态系统方法在海洋管理中应用问题进行探讨时，该次大会指出：虽然生态系统方法还没有普遍统一的界定，但强调保护生态系统的结构、功能与重要过程；强调不同系统间的互动等 14 项内容[2]是各国在应用生态系统方法管理海洋时须充分考虑的内容。除了对生态系统方法具体内容的建议性提倡，此次会议还就生态系统方法在具体执行方式或实施机制方面做出了探讨，其中提出将生态系统方法纳入国家政策和计划的制订工作中去，促进政府间的合作等具体方式。而在 2008 年 3 月 24 日所发布的"关于海洋与海洋法的 2007 年 12 月 22 日大会决议"（62/215 号决议），重申了生态系统方法在海洋管理中的重大意义，并提出各国应寻求建立和连接国内海洋保护区，以便更好地推动采用着眼于生态系统的方法。[3]

（五）《生物多样性公约》

1992 年的《生物多样性公约》，在前言部分提及"注意到保护生物

---

[1] United Nations General Assembly, *Report on the Work of the United Nations Open-ended Informal Consultative Process on Oceans and the Law of the Sea at Its Seventh Meeting*, https://undocs.org/A/61/156.

[2] 这 14 项内容请参见 *Report on the Work of the United Nations Open-ended Informal Consultative Process on Oceans and the Law of the Sea at Its Seventh Meeting*, https://www.openchannels.org/literature/9285。

[3] United Nations General Assembly, *Resolution adopted by the General Assembly on 22 December 2007: 62/215. Oceans and the Law of the Sea*, https://undocs.org/A/RES/62/215.

多样性的基本要求，是就地保护生态系统和自然生境，维持恢复物种在其自然环境中有生存力的群体"。并在该公约的第五次缔约方大会上明确提出以"生态系统方法"保护生物多样性①，还将生态系统方法描述成以公平的方式促进土地、水和生物资源的保护及可持续利用综合性管理策略。事实上，在全球范围内和区域层面上，生态系统方法管理在许多政治和法律中的推动都是在《生物多样性公约》的框架内进行的。② 在《生物多样性公约》的第8条、第9条，对于生态系统及一定区域内生态系统中物种多样性的就地保护、移地保护做出了明确规定，并给出了具体的管理策略和建议。

1995年在雅加达举行的《生物多样性公约》第二次缔约方会议，通过了题为"养护和可持续利用海洋和沿海地区生物多样性的雅加达任务规定"的第Ⅱ/10号决定，同时还通过了"关于执行《生物多样性公约》的部长声明"，重申迫切需要各缔约方处理海洋和沿海生物多样性的养护和可持续利用问题，并敦促各缔约方立即采取行动，执行就此问题通过的各项决定。此次会议所通过的《雅加达授权——从全球共识到全球行动：海洋和沿海生物多样性的保护和可持续利用》③强调了珊瑚礁和小岛屿发展中国家的脆弱性问题，并确立了以下六项基本内容：生态系统方法；风险预防原则；科学的重要性；专家名册的建立与充分利用；当地和土著社会的参加（本地知识的运用）；在国家、区域与全球这三个层面的实施。④ 而在1998年通过的《雅加达授权——从共识到工作方案》中明确了实施的五项主要内容：综合性海洋与沿海地区管理；海洋与沿海生物资源的养护；海洋与沿海保护区制度；海洋文化；外来物种与基因

---

① 薛达元、武建勇、赵富伟：《中国履行〈生物多样性公约〉二十年：行动、进展与展望》，《生物多样性》2012年第5期。

② Ronán Long, "Legal Aspects of Ecosystem – based Marine Management in Europe", in Chircop A., McConnell M. L., Coffen – Smou S. eds., *Ocean Yearbook*, The Hague: Hijhoff, 2012, pp. 417 – 484.

③ 即《雅加达授权——从全球共识到全球行动：海洋和沿海生物多样性的保护和可持续利用》(*The Jakarta Mandate—From Global Consensus to Global Work: Conservation and Sustainable Use of Marine and Coastal Biological Diversity*)，简称《雅加达授权》，是关于海洋和沿海生物多样性重要性的全球共识，是1995年在雅加达举行的关于《生物多样性公约》执行情况的部长级声明，于1998年在布拉迪斯拉发举行的缔约方会议上通过了其相应的工作方案。

④ Secretariat of the Convention on Biological Diversity, *Jakarta Mandate—From Consensus to Work Programme*, https://www.cbd.int/doc/publications/jm – brochure – en. pdf.

类型的监测管理。① 1998 年的马拉维会议中确定了生态系统方法的十二项原则②,这十二项原则在内容上均适用于海洋生态系统管理。

(六)《雷克雅未克宣言》

《雷克雅未克宣言》的全称为《关于海洋生态系统负责任渔业的雷克雅未克宣言》,于 2002 年在冰岛的雷克雅未克通过。该宣言在认识到渔业与海洋生态系统间存在的复杂关系基础上,强调纳入生态系统因素的可持续渔业管理,既要考虑捕鱼对海洋生态系统的影响,又要考虑海洋生态系统对捕鱼的影响。该宣言通过以下内容倡导生态系统方法在各方海洋渔业管理中的应用:①立即通过管理计划,鼓励可持续地利用生态系统;②加强治理;③防止非渔业活动对海洋生态系统和渔业的不利影响;④在科学进步的基础上将生态系统因素纳入管理范围(包括预防性办法的使用);⑤监测渔业与水产养殖之间的相互作用;⑥加强国际合作;⑦促进技术转让;⑧消除贸易扭曲;⑨收集有关管理制度的信息;⑩制定相关导则。③ 2002 年在冰岛雷克雅未克举行了以生态系统为基础的渔业管理专家磋商会,制订了侧重渔业管理的生态系统渔业办法的初步准则,建议采用"渔业生态系统方法"一词。渔业生态系统方法力求平衡多种不同的社会目标,考虑到有关生态系统的生物、非生物和人类等组成部分及其相互作用的知识和不确定性,对具有生物意义的域界内的

---

① Secretariat of the Convention on Biological Diversity, *Jakarta Mandate—From Consensus to Work Programme*, https://www.cbd.int/doc/publications/jm-brochure-en.pdf.

② 这十二项原则分别是:(1)土地、水和生物资源的管理目标是一个社会选择问题。(2)应将管理权下放到最低的适当一级。(3)生态系统管理者应考虑其活动对相邻和其他生态系统的(实际和潜在)影响。(4)考虑到管理可能带来的利益,因此,通常需要从经济的角度理解和管理生态系统:a. 减少对生物多样性有着不利影响的市场扭曲现象;b. 调整奖励措施,促进生物多样性的保护和可持续利用;c. 使特定生态系统的成本和效益内部化,直到实现可行性。(5)保护生态系统的结构和机能,以维持生态系统服务,这是生态系统方法的优先目标。(6)必须在生态系统的功能限度内管理生态系统。(7)应在适当的时空范围内应用生态系统方法。(8)由于生态系统过程具有的不同的时间尺度和滞后效应,生态系统管理的目标应当是长期性的。(9)管理必须认识到变化的必然性。(10)生态系统方法应寻求生物多样性保护和利用的适当平衡与统一。(11)生态系统方法应考虑所有形式的相关信息,包括科学知识、乡土知识、创新做法和传统做法。(12)生态系统方法应让所有相关的社会部门和学科参与。

③ Makino M., "Institutional Relationship Between Japanese Fisheries Management and the Ecosystem Approach", in *Fisheries Management in Japan: Its Institutional Features and Case Studies*, Fish & Fisheries Series 34, Springer Science + Business Media B. V. 2011, pp. 99–115.

渔业采用综合办法。①

（七）爱知生物多样性目标

2010年，《生物多样性公约》缔约方大会第十次会议在日本爱知县举办，会上通过了《生物多样性战略计划（2011—2020年）》，其中的五个战略目标及相关的20个纲要目标统称为"爱知生物多样性目标"（以下简称爱知目标）。五个战略目标分别为：采取法律和政策措施，将生物多样性纳入政府和社会工作的主流，从根本上消除导致生物多样性丧失的原因；减少生物多样性的直接压力和促进可持续利用；通过保护生态系统、物种和遗传多样化，改善生物多样性现状；增进生物多样性和生态系统带来的人类福祉；通过制定规划、知识管理和能力建设，加强执行工作。②

在爱知目标中，有以下几个目标与海洋和沿海生态系统保护相关：目标六中涉及水域生态环境修复、可持续渔业及水生耗竭物种的恢复计划，这些目标的设定均与海洋生态修复、海洋渔业的可持续性及海洋生物物种的恢复行为相关；目标八中涉及污染物（包括各类过量的营养物质）的排放对生态功能及生物多样性的影响及无害化，此目标对海洋生态功能的恢复、海洋生态多样性的保护有积极意义；目标九中涉及外来入侵物种的趋势、外来入侵物种造成的生物多样性损失、预防或控制外来入侵物种的政策或措施，该项目标的实施对海洋外来物种入侵及管控预防措施的实施具有指导意义；目标十中涉及气候变化对珊瑚礁及对其他脆弱生态系统的影响、减轻海洋酸化的措施等，此项目标的内容多针对海洋脆弱生态系统的影响及减缓措施，并要求相关缔约国在2015年底前实施；目标十一涉及陆地与内陆水域及沿海与海洋保护区建设、具有特殊生态系统服务重要性区域的建设与保护、保护区管理成效评估等，此部分目标对于海洋生态系统服务、海洋生物多样性保护十分重要；目标十四涉及生态系统服务恢复和保障生计贫困及弱势群体保护等内容，这与海洋生态修复、海洋资源利用和沿海地区的贫困缓解等相关；目标十五涉及生态系统复原力问题，目标要求至2020年至少恢

---

① 蔡守秋：《论生态系统方法及其在当代国际环境法中的应用》，《法治研究》2011年第4期。

② 中国生物资源保护国家委员会：《爱知生物多样性目标》，http://cncbc.mep.gov.cn/kpzs/rsswdyx/201506/t20150615_303654.html。

复15%的退化生态系统,这对于海洋生态系统恢复的紧迫性而言具有重要价值。①②

(八) 生态系统方法在其他相关软法中的发展演变

除了上述那些法律法规对海洋生态系统方法的立法及实践的影响,联合国环境与可持续发展的相关会议或软法性文件的发展变化也对海洋生态系统管理具有一定的影响,并在一定程度上促进了生态系统方法在不同海域、各沿海国家等的实践。

2002年,各国在可持续发展世界峰会上,承诺要促进海洋生态系统的可持续发展,并特别表明,希望到2010年能在国家层面实施生态系统方法,促进综合的、跨部门的海岸带和海洋管理。③ 此外,其他相关国际条约也在海洋生物资源保护、生态环境保护方面发挥了重要作用,如《濒危野生动植物种国际贸易公约》对海洋野生动植物物种的保护、《关于持久性有机污染物的斯德哥尔摩公约》在持久性有机污染物对海洋污染及海洋生物资源的危害等方面的规制等。

二 生态系统方法在区域海洋法中的发展

自1974年以来,已有143个国家成为区域海行动计划(Regional Seas Programme)成员国,涵盖了全球18个海域(参见表2-2)。综观生态系统的管理方法在欧洲四大海域(东北大西洋、波罗的海、地中海与黑海)的发展与演变,虽然不同区域的适用范围、实施进展、法律框架、执行方式等有明显的差异性,但该区域内前两大海域对于生态系统方法的贯彻与应用具有可借鉴意义。本书将主要介绍海洋生态系统方法在东北大西洋与波罗的海这两大区域海洋法的发展。

---

① UNEP, *Coastal Ecosystems—Values and Services: Intergovernmental Review Meeting on the Implementation of the Global Programme of Action for the Protection of the Marine Environment from Land - based Activities* (UNEP/GPA/IGR. 3), 2012, Jan. 25 - 27. http://sdg.iisd.org/news/third - intergovernmental - review - meeting - on - the - gpa - adopts - manila - declaration/.

② 戴蓉、吴翼:《"爱知生物多样性目标"国家评估指标的对比研究及对策建议》,《生物多样性》2017年第11期。

③ The Division for Ocean Affairs and the Law of the Sea, Office of Legal Affairs, United Nations, *Ecosystem Approaches: Ecosystem Approaches and Oceans at the General Assembly*, https://www.un.org/depts/los/ecosystem_ approaches/ecosystem_ approaches. htm. 本处内容的翻译参考了黄硕琳、邵化斌《全球海洋渔业治理的发展趋势与特点》,《太平洋学报》2018年第4期。

表 2-2　　生态系统方法管理在全球 18 个海域中相关的项目或内容

类型	海域	区域性法律法规或软法性文件	海洋生态系统管理的项目或内容
联合国环境管理区域海洋方案	加勒比地区	《保护和发展大加勒比区域海洋环境公约》（《卡那赫那公约》与系列议定书）	1. 加勒比海大海洋生态系统保护项目 2. 巴西北部陆架大海洋生态系统保护项目
	东亚海域	《东亚海区域与沿海地区海洋环境保护和开发利用行动计划》（以下简称 COBSEA）	1. 扭转南海和泰国湾的环境退化趋势项目 2. 利用绿鳍法保护 MFF[①] 国家海洋生态系统 3. 增强沿海社区、生态系统和经济体对海平面上升和海岸侵蚀的恢复力 4. 南海和泰国湾渔业保护区的建立和运行 5. 珊瑚礁恢复与管理——印度尼西亚珊瑚三角洲保护倡议 6. 菲律宾棉兰老岛的海岸带和海洋生物多样性保护
	西北太平洋地区	《西北太平洋海洋和海岸带环境保护、管理与开发利用行动计划》（以下简称 NOWPAP）	1. ICARM 与 EBM[②] 在中国胶州湾的适用与发展 2. EBM 在日本博多湾（Hakata Bay）的发展 3. EBM 在俄罗斯彼得大湾（Peter the Great Bay）的应用 4. EBM 在韩国马山湾（Masan Bay）的发展[③] 5. 减少黄海大型海洋生态系统的环境压力项目

[①] MFF 全称为 Mangroves for the Future，即为了未来的红树林，此项目所涉及的主要国家为马尔代夫与越南。

[②] 此表中 ICARM 的全称为 Integrated Coastal Area and River Basin Management，即一体化海岸带与流域管理；EBM 的全称为 Ecosystem-based Management。

[③] NOWPAP Pollution Monitoring Regional Activity Centre, *Regional Overview on Marine Spatial Planning and Ecosystem-based Management in the Selected Areas of the NOWPAP Region*, http://pomrac.nowpap.org/Pub/DOC/2013/ICARM%20report-2013-latest%20version.pdf.

续表

类型	海域	区域性法律法规或软法性文件	海洋生态系统管理的项目或内容
联合国环境管理区域海洋方案	西非地区	《保护、管理和发展西非、中非及南部非洲大西洋沿岸海洋和沿海环境合作公约》（以下简称《阿比让公约》）	1. 西非海岸带管理规划 2. 拯救西非海岸带资产伙伴关系
	东非地区	《西印度洋海洋与海岸带环境保护、管理与开发利用的内罗毕公约》（以下简称《内罗毕公约》）	1. 保护西印度洋免受陆源污染和活动的影响战略行动计划 2. 西印度洋大海洋生态系统战略行动计划的政策协调和机构改革 3. 肯尼亚和坦桑尼亚跨界海洋保护区 4. 国家管辖范围外深海生物海洋资源及生态系统的可持续渔业管理和生物多样性保护
	地中海地区	《保护地中海海洋及海岸带环境的巴塞罗那公约》与议定书（以下简称《地中海公约》与议定书）	1. 地中海大海洋生态系统战略伙伴 2. 地中海地区海洋垃圾管理战略框架 3. 减少地中海地区工业来源 BOD 排放行动规划 4. 地中海地区软骨鱼类保护的行动计划 5. 地中海海龟及鸟类保护 2014—2019 年行动规划 6. 地中海海域与海山、海底洞穴、峡谷、无土工程底栖无脊椎动物和化学合成关联的栖息地和物种保护行动计划
	里海	《里海海洋环境保护框架公约》（以下简称《德黑兰公约》）	里海海洋环境保护规划：建立区域协调机制，实现可持续发展和管理；完成优先环境问题的跨界诊断分析，指导必要的环境行动；制定和通过战略行动计划并通过里海周边相关国家的行动计划

续表

类型	海域	区域性法律法规或软法性文件	海洋生态系统管理的项目或内容
非联合国环境管理区域海洋方案	黑海	《黑海污染防治公约》	1. 黑海环境保护和恢复战略行动计划 2. 加强欧洲渔业生态系统管理 3. 黑海环境监测改进规划 4. 基于海洋风能潜力开发的海岸带及海洋保护区网络建设
	东北太平洋	《东北太平洋海洋和海岸带环境保护和可持续发展合作公约》（以下简称《安提瓜公约》）	—
	红海和亚丁湾	《红海与亚丁湾环境保护区域公约》（以下简称《吉达公约》）	红海和亚丁湾地区生态系统管理战略规划
	ROPME海域①	《合作保护海洋环境免受污染的科威特区域公约》（以下简称《科威特公约》）	—
	南亚海	《南亚环境合法规划》	南亚海地区珊瑚礁合作管理
	东南太平洋地区	《东南太平洋行动计划》《东南太平洋海洋环境和沿海地区保护公约》（以下简称《利马公约》）	—
	太平洋地区	—	关于14个太平洋岛屿国家的环境信息收集、存储与利用的"通知项目"
独立的海洋区域海洋方案	北极	—	1. 《北极海洋战略计划》中提及了综合生态系统方法的应用 2. 北冰洋中部综合生态系统评估
	南极	《南极海洋生物资源保护公约》	—

---

① 此处的"ROPME"海域由巴林、伊朗、伊拉克、科威特、阿曼、卡塔尔、沙特阿拉伯和阿拉伯联合酋长国八个成员国，ROPME 即 Regional Organization for the Protection of the Marine Environment 的简称。

第二章　生态系统方法在海洋陆源污染防治立法中的发展 | 47

续表

类型	海域	区域性法律法规或软法性文件	海洋生态系统管理的项目或内容
独立的海洋区域海洋方案	波罗的海	《波罗的海海洋环境保护公约》（以下简称《HELSINKI公约》）	1. 减少波罗的海富营养化 2. 减少有害物质对波罗的海的干扰
	东北大西洋	《东北大西洋海洋环境保护公约》（以下简称《OSPAR公约》）	通过区域内的物种、栖息地保护，海洋保护区、生物多样性监测与评估等来应用生态系统方法

资料来源：①UNEP, *Why Does Working with Regional Seas Matter?* https：//www. unenvironment. org/explore‐topics/oceans‐seas/what‐we‐do/working‐regional‐seas/why‐does‐working‐regional‐seas‐matter；②COBSEA, *The Action Plan for the Protection and Development of the Marine Environment and Coastal Areas of the East Asian Seas Region*, https：//www. unep. org/cobsea/resources/policy‐and‐strategy/action‐plan‐protection‐and‐development‐marine‐environment‐and‐coastal；③World Bank, *West Africa Coastal Areas Management Program（WACA）*, http：//www. worldbank. org/en/programs/west‐africa‐coastal‐areas‐management‐program；④The Commission on the Protection of the Black Sea Against Pollution, *Strategic Action Plan for the Environmental Protection and Rehabilitation of the Black Sea*, http：//www. blacksea‐commission. org/_bssap2009. asp；⑤UNEP, *North East Pacific Regional Seas Programme*, http：//www. unenvironment. org/explore‐topics/oceans‐seas/what‐we‐do/working‐regional‐seas/regional‐seas‐programmes/north‐east‐0；⑥The Regional Organization for the Conservation of the Environment of the Red Sea & Gulf of Aden, *Consolidated Jeddah Convention*, http：//www. persga. org/inner. php? id=61；⑦Regional Organization for the Protection of the Marine Environment, *Kuwait Action Plan（KAP）and ROPME Legal Documents*, http：//ropme. org/1_KAP_LEGAL_EN. clx；⑧UNEP, *Permanent Commission of South Pacific*, http：//www. unenvironment. org/explore‐topics/oceans‐seas/what‐we‐do/working‐regional‐seas/regional‐seas‐programmes/south‐east；⑨OSPAR Commission, *Ecosystem Approach*, https：//www. ospar. org/about/principles/ecosystem‐approach。

尽管生态系统方法在美国的应用要早于欧洲国家，但就海洋生态系统方法管理的系统化应用而言，《OSPAR公约》《HELSINKI公约》关于海洋生态系统管理制度的应用较其他海域更具典型性与代表性。

（一）生态系统方法在欧洲海洋管理中的应用

已有诸多学者对欧洲所涉海域海洋生态系统管理的法律框架与政策内容等进行了综合性研究，关于生态系统方法应用的研究涵盖了东北大西洋、波罗的海、地中海、黑海这四大海域。从现有的文献研究看，黑海海洋生态系统管理的内容相对较少，其他三个海域所涉及的研究范围都相对比较广，尤其是东北大西洋与波罗的海这两大区域及区域内相关国家。除了对这四个海域生态系统方法的应用进行研究，还在欧盟海洋立法的整体性研究中阐释了生态系统方法在欧盟的应用。

理论上，生态系统方法应用于海洋生态实践所要干预（或规制）的是人类行为（或其影响范围），而非自然环境。从欧盟及与之相关的那些海域所属国发展出来的那些政策来看，其最终目的都是区域海洋资源的可持续利用，目前这种干预分布于不同部门（参见图2-1）。Jesper Raakjaer等的研究认为，欧洲海洋生态系统管理中的治理体系是分散而非集中的，这主要是因为这种管理不仅发生于欧盟或区域海域层面，亦发生于欧盟与区域海域二者之间，还产生于不同海洋环境管理部门之间。① Suzanne等认为，欧盟在当地、国家、区域与国际这四个不同层面的海洋环境管理框架亟待融合，现有法律体系下不同领域的法律法规之间的相互分割（compartmentalisation）与分散，最终导致了碎片化方法在海洋环境保护中的应用。② 总体上，这种分散的、治理体系的存在既有其合理性，但也会在实践中产生一些问题。其合理性在于，这种治理体系不仅较完整系统地将现有海洋环境管理体系纳入其中，也充分利用了现有的机制体制等相关资源。但这种分散性很容易使相关政策或执行受到政治、经济、区域合作等因素影响，最终导致部分措施或目的难以达成。就欧洲目前的海洋生态系统方法治理结构而言，欧盟委员会内部的相关部门、区域海洋公约的理事机构和成员国以及不同的部门之间的治理安排缺乏协调，每个部门都有自己的法律、政治机制、利益相关者参与的机构设置及指南。③

（二）生态系统方法在东北大西洋海洋环境保护中的应用

1992年9月22日，《OSPAR公约》在巴黎公开对相关国家签署，1998年3月25日正式生效。缔约方包括欧盟、比利时、丹麦、芬兰、法

---

① Jesper Raakjaer, Judith van Leeuwen, Jan van Tatenhove et al., "Ecosystem-based Marine Management in European Regional Seas Calls for Nested Governance Structures and Coordination—A Policy Brief", *Marine Policy*, Vol. 50 (pt. B), 2014, pp. 373-381.

② Suzanne J. Boyes, Michael Elliott, "Marine Legislation—The Ultimate 'Horrendogram': International Law, European Directives & National Implementation", *Marine Pollution Bulletin*, Vol. 86, No. 1-2, 2014, pp. 39-47.

③ Troels Jacob Hegland, Jesper Raakjaer, Jan van Tatenhove, "Implementing Ecosystem-based Marine Management as a Process of Regionalisation: Some Lessons from the Baltic Sea", *Ocean & Coastal Management*, Vol. 117, 2015, pp. 14-22.

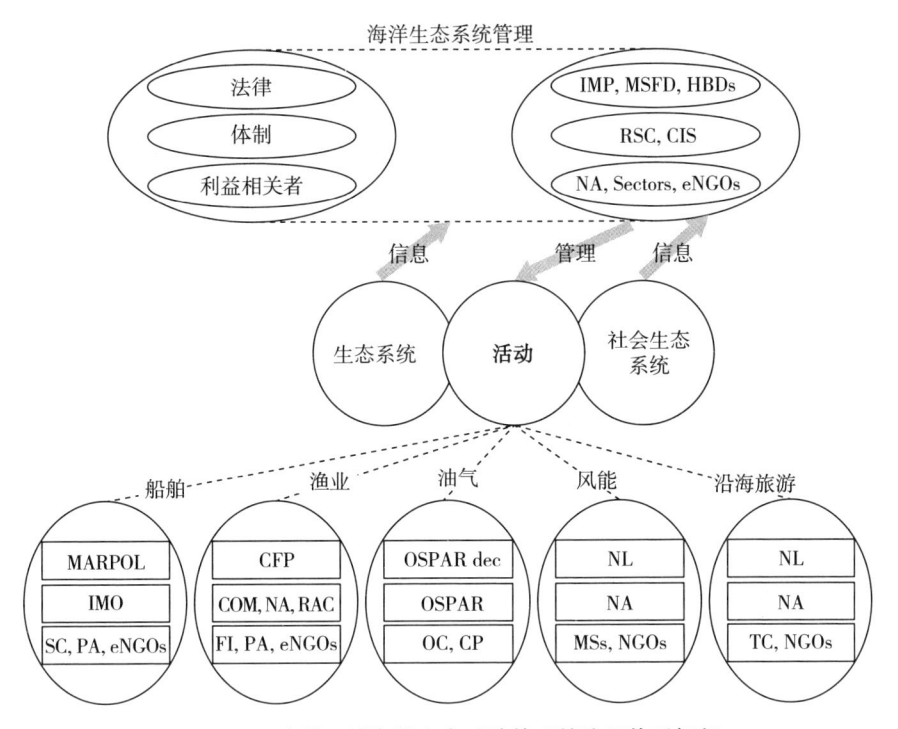

图 2-1 欧盟区域海洋生态系统管理的治理体系框架

注：IMP——综合的海洋政策；MSFD——海洋战略框架指令；HBDs——栖息地与鸟类指令；RSC——区域海洋公约；CIS——一般的实施体制；NA——国家管理当局；Sectors——相关部门；eNGOs——环境非政府组织；MARPOL——国际防止船舶污染公约；IMO——国际海事组织；SC——航运界；PA——港口管理局；CFP——一般渔业政策；COM——欧盟委员会；NA——国家管理部门；RAC——区域咨询委员会；FI——渔业产业；OSPAR——东北大西洋海洋环境保护公约；OSPAR dec——OSPAR 决定或决议；OC——石油公司；CP——化工生产者；NL——国内法；MSs——成员国；TC——旅游公司。

资料来源：Jesper Raakjaer, Judith van Leeuwen, Jan van Tatenhove et al. , "Ecosystem-based Marine Management in European Regional Seas Calls for Nested Governance Structures and Coordination—A Policy Brief", *Marine Policy*, Vol. 50（pt. B）, 2014, pp. 373-381.

国、德国、冰岛、爱尔兰、卢森堡、荷兰、挪威、葡萄牙、西班牙、瑞士、瑞典和英国。《OSPAR 公约》以生态系统方法为核心，要求区域性措施的实施应采取整体性与复杂性管理框架[1]，并将生态系统方法定义为

---

[1] Ronán Long, "Legal Aspects of Ecosystem-based Marine Management in Europe", in Chircop A. , McConnell M. L. , Coffen-Smou S. eds. , *Ocean Yearbook*, The Hague: Hijhoff, 2012, pp. 417-484.

"基于对海洋生态系统及其动态变化最佳的科学认知基础上的综合一体化的管理,其目的是识别行为对海洋生态系统健康的影响并及时采取行动,从而实现对生态系统产品和服务的可持续利用以及生态系统完整性的维护"[1]。从地理区域范围来看,《OSPAR 公约》适用于北极水域、北大西洋、凯尔特海、比斯开湾和伊比利亚海岸及更广阔的大西洋区域。[2] 在海洋生态系统方法的实践与进一步完善过程中,《OSPAR 公约》更强调预防性原则。2003 年,赫尔辛基委员会与 OSPAR 委员会在不来梅的联席会议上,同意采用具体的概念或方法来确定实施生态系统方法所需的全部措施,这一同意方案代表着生态系统方法在海洋管理中的应用取得了突破。[3] 2010 年,《OSPAR 公约》的缔约方重申海洋环境保护承诺,并通过了《东北大西洋环境战略:OSPAR 东北大西洋海洋环境委员会 2010—2020 年战略规划》(以下简称《OSPAR 战略规划》)。《OSPAR 战略规划》第一章除了明确 OSPAR 委员会的角色、东北大西洋环境保护的目标和基本指导原则,还特别规定生态系统方法实施的目标、主要战略方向、联合评价与监测等主要内容。[4]《OSPAR 战略规划》的实施为东北大西洋区域海洋生态系统方法的实施提供了依据。

在具体生态系统方法管理应用于海洋环境保护的过程中,OSPAR 委员会的工作特别集中于以下四方面:在人类活动的管理中促进所有利益相关者对生态系统方法的理解和接受,以及加强东北大西洋各个管理当局之间在实施这一方法过程中的协作;强化海洋环境中对生态系统的监测,以便充分了解和评估生物种群、非生物环境和人之间的相互作用;

---

[1] OSPAR Commission, *Ecosystem Approach*, https://www.ospar.org/about/principles/ecosystem-approach.

[2] Ronán Long, "Legal Aspects of Ecosystem-based Marine Management in Europe", in Chircop A., McConnell M. L., Coffen-Smou S. eds., *Ocean Yearbook*, The Hague: Hijhoff, 2012, pp. 417-484.

[3] Joint Meeting of the Helsinki & OSPAR Commissions 2003, *Statement on the Ecosystem Approach to the Management of Human Activities: Towards an Ecosystem Approach to the Managament of Human Activities*, https://www.ospar.org/site/assets/files/1232/jmm_annex05_ecosystem_approach_statement.pdf.

[4] OSPAR Commission, *The North-East Atlantic Environment Strategy: Strategy of the OSPAR Commission for the Protection of the Marine Environment of the North-East Atlantic 2010-2020* (OSPAR Agreement 2010-3), https://www.ospar.org/site/assets/files/1413/10-03e_nea_environment_strategy.pdf.

以监测为基础，以政策的制定与评估为支撑，制定具体的环境质量目标；评估人类活动对生物、人类环境的直接或间接影响，以及对非生物环境自身的影响。① 在实践中，OSPAR 委员会主要通过以下三方面来连续循环实施生态系统方法：生态目标及相关目标（或指标）的制定和协调；连续管理；定期更新生态系统知识、研究和建议。当然这三方面内容从法律制度能否有效实施的角度而言，仍存在值得进一步研究的地方。生态系统方法在海洋管理的实施过程中，监测评估以及适应性管理是核心要素。② 而适应性管理更强调预防性原则的具体应用。此外，《OSPAR 战略规划》中还明确给出生态系统方法的一些配套措施或相关联制度，如海洋空间规划、累积效应评估方法在保护海洋生物多样性及生态系统功能等方面的应用。

以实践应用为目的，OSPAR 委员会在大北海地区依赖生态系统方法的拓展性定义，开发出了更加精确的生态系统管理的方法与概念。③《OSPAR 公约》中，生态系统方法被定义为，在对以生态系统及其动态发展的现有最佳科学知识的认知基础上对人类活动所进行的综合性一体化管理。该方法适用的目的是确定那些对海洋生态系统健康有重要影响的活动并采取合适的行动，以实现生态系统产品和服务的可持续利用和生态系统完整性的维护。在《OSPAR 公约》适用的海域内，目前生态系统方法主要应用于生物多样性、富营养化、有害物质、近海工业、放射性物质及评估或监测六个方面。虽然生态系统方法适用范围不再局限于海域内生物多样性保护，但阐述生态系统方法的科学和管理方面的许多实质性工作依然由 OSPAR 生物多样性委员会负责，这是出于管理延续性的考虑，也是基于对海洋生态系统方法应用的核心内容的考量。

---

① OSPAR Commission, *Ecosystem Approach*, https://www.ospar.org/about/principles/ecosystem-approach.
② OSPAR Commission, *The North-East Atlantic Environment Strategy: Strategy of the OSPAR Commission for the Protection of the Marine Environment of the North-East Atlantic 2010-2020* (OSPAR Agreement 2010-3), https://www.ospar.org/site/assets/files/1413/10-03e_nea_environment_strategy.pdf.
③ Ronán Long, "Legal Aspects of Ecosystem-based Marine Management in Europe", in Chircop A., McConnell M. L., Coffen-Smou S. eds., *Ocean Yearbook*, The Hague: Hijhoff, 2012, pp. 417-484.

（三）生态系统方法在波罗的海海洋环境保护中的应用

1994年1月17日，《HELSINKI公约》生效，缔约方包括欧盟、德国、拉脱维亚、瑞典、爱沙尼亚、芬兰、丹麦、立陶宛、波兰和俄罗斯。该公约涵盖整个波罗的海地区，包括内陆水域以及海水和海床。该公约第15条规定了海洋自然保护与生物多样性保护的内容，明确提出所有缔约方应单独和共同对波罗的海地区及其受影响的沿海生态系统采取一切适当措施，以保护自然栖息地、生物多样性及生态过程。所采取的这些措施还应能确保波罗的海内自然资源的可持续利用。《HELSINKI公约》还在波罗的海的整个区域采取措施以减少陆源污染。《HELSINKI公约》涉及波罗的海地区的污染、海洋生物资源及其栖息地保护、生物多样性与生态过程等多方面内容。正如《HELSINKI公约》的执行秘书所指出的那样，应用生态系统方法的出发点是"波罗的海目前的健康状况以及波罗的海沿岸国家希望在未来看到的变化"[1]。基于波罗的海所具有的生态、社会、经济、文化、科学和教育价值，国际海事组织海洋环境保护委员会于2005年将其认定为特别敏感海域（Particularly Sensitive Sea Area，PSSA）。[2] 这一认定为波罗的海区域生态系统方法在实践中的应用奠定了基础。从该公约的文本内容来看，波罗的海生态系统方法体现了综合性、一体性与连续性。

2007年《波罗的海行动计划》生物多样性和自然保护部分明确提出，为了促进波罗的海地区沿海渔业生态系统管理的指导方针能达成一致，建立国际合作网络。从此时起，波罗的海海洋环境保护委员会（Baltic Marine Environment Protection Commission—Helsinki Commission，HELCOM）在海洋生态系统方法的应用中发挥了重要的引导作用。2014年HELCOM生态系统可持续渔业小组第一次会议召开[3]，HELCOM就生态系统方法在渔业生产中可持续水产养殖业的发展、人类对海洋环境影响的综合评估、

---

[1] Brusendorff A. C., "Case Study: The Success of Regional Solutions in the Baltic", *Sustainable Development Law & Policy*, Fall 2006, pp. 64–66.

[2] See Robert Aps, Mihhail Fetissov, Floris Goerlandt, "Maritime Spatial Planning as a Tool for Ecosystem–based Adaptive Safety Management of Maritime Transportation System in the Gulf of Finland (Baltic Sea)", *International Journal of Safety Science*, Vol. 2, No. 1, 2018, pp. 74–83.

[3] HELCOM, *First Meeting of HELCOM Group on Ecosystem – based Sustainable Fisheries*, https://portal.helcom.fi/meetings/FISH%201-2014-172/default.aspx.

洄游鱼类的保护、渔业发展与保护目标、海洋保护区等[1]进行了讨论。至2018年5月，HELCOM生态系统可持续渔业小组已经举办了八次会议，每次会议的召开都会选择将相应的行动方案、优先保护领域、具体的实施时间等作为重要议题。每次会议的参加方除《HELSINKI公约》各缔约方外，还有一些其他代表（如特邀代表、观察员及公约秘书处等）。2015年通过《基于生态系统的波罗的海海洋空间规划方法指南》，该指南有助于将生态系统方法应用于海洋空间规划的实践，同时也符合波罗的海国家现行的空间规划立法，并将生态系统方法作为海洋空间规划的基本原则。[2]

总体上，波罗的海区域海洋生态系统方法主要应用于海洋渔业资源的开发利用与保护、海洋空间规划、海洋保护区的设立这三方面，其中渔业是热点。海洋渔业的内容包括洄游鱼类、经济鱼类（如三文鱼和海鳟鱼）、观赏性鱼类等及其生境的保护。除了这些具体的渔业资源的保护，所涉及的措施包含区域合作、最佳可得技术与最佳环境管理方法的应用、数据交流等。

三 生态系统方法在外国海洋法中的发展

（一）美国

美国是较早将生态系统方法管理应用于海洋管理实践的国家。1972年美国的《海洋哺乳动物保护法》是将生态系统方法运用于海洋资源管理具有突破性成就的例子[3]，该法明确规定要求采取生态系统方法以确保一定生态系统内的"这些物种或种群的存量不能减少，因为此存量是这些物种成为生态系统内部有意义的元素的一部分"[4]。1994年，为了响应

---

[1] Baltic Marine Environment Protection Commission, *Outcome of the First Meeting of the Group on Ecosystem - based Sustainable Fisheries* (FISH 1 - 2014), https：//portal. helcom. fi/meetings/FISH%201 - 2014 - 172/MeetingDocuments/Outcome%20of%20FISH%201 - 2014. pdf.

[2] HELCOM, *New Guideline Adopted on Ecosystem - based Approach in Marine Spatial Planning in the Baltic Sea*, http：//www. helcom. fi/new - guideline - adopted - on - ecosystem - based - approach - in - maritime - spatial - planning - in - the - baltic - sea.

[3] Ronán Long, "Legal Aspects of Ecosystem - based Marine Management in Europe", in Chircop A., McConnell M. L., Coffen - Smou S. eds., *Ocean Yearbook*, The Hague：Hijhoff, 2012, pp. 417 - 484.

[4] Ronán Long, "Legal Aspects of Ecosystem - based Marine Management in Europe", in Chircop A., McConnell M. L., Coffen - Smou S. eds., *Ocean Yearbook*, The Hague：Hijhoff, 2012, pp. 417 - 484.

联邦政府采用生态系统方法的要求，美国 NOAA 在海洋管理中正式采用了生态系统方法管理，并于 2004 年重申了对国家海洋渔业服务战略计划的承诺。[1] 1996 年，Larkin 首次对生态系统方法在海洋系统中的应用进行了评估，通过评估，他认为 Grumbine 对陆地生态系统管理的定义并不适用于海洋环境管理[2]，以及渔业资源管理必须更加关注鱼类群落中的多物种相互作用以及它们对潜在生态系统动态的依赖性。[3] Larkin 的评估与分析，为明确生态系统方法在海洋生态保护与陆地生态系统保护中的差异性提供了有价值的研究。在 21 世纪前，世界上对海洋生态系统管理的兴趣大多源于对海洋渔业过度开发的担忧以及对渔业管理更广泛视角的认识需求。

2003 年，美国皮尤海洋委员会（Pew Ocean Commission）接纳了生态系统方法在海洋管理中的作用。[4] 2004 年，美国海洋政策委员会接受了生态系统方法管理在海洋环境保护中的应用[5]，并在其发布的《21 世纪海洋蓝图》中提出，适用生态系统方法的海洋管理不仅应反映所有生态系统组成部分，而且应基于生态系统而非行政边界进行管理，还要更新国家的海洋政策决策机制与监管体制。同时，《21 世纪海洋蓝图》中也给出了海洋生态系统管理的主要措施，例如：对海洋渔业、物种、珊瑚等生态系统进行评价，加强渔业管理与渔业增殖；评估人类活动对海洋种群的威胁，明确对海洋哺乳动物和濒危物种保护的责任、扩大保护等。[6] 当然，从美国当时所采纳的内容来看，海洋生态系统方法适用及实施的主

---

[1] National Oceanic and Atmospheric Administration of U. S. , *New Priorities for the 21st Century: National Marine Fisheries Service Strategic Plan*, Updated for FY 2005 – FY 2010, 2004, U. S. Department of Commerce, Washington DC, 转引自 Steven Yaffee, "Marine Ecosystem – based Management in Practice", in Ann Arbor M. I. , *School of Natural Resources and Environment*, University of Michigan, June 2012, www. snre. umich. edu/ecomgt/mebm。

[2] 相比于陆地生态系统，海洋生态系统并不具有明显的植被覆盖。

[3] Larkin P. A. , "Concepts and Issues in Marine Ecosystem Management", *Reviews in Fish Biology and Fisheries*, Vol. 6, No. 2, 1996, pp. 139 – 164.

[4] Pew Ocean Commission, *America's Living Oceans: Charting a Course for Sea Change*, http://www. pewtrusts. org/~/media/assets/2003/06/02/full_ report. pdf.

[5] U. S. Commission on Ocean Policy, *An Ocean Blueprint for the 21st Century—Final Report*, 2004, p. 63. https://oceanconservancy. org/wp – content/uploads/2015/11/000_ ocean_ full_ report – 1. pdf.

[6] 参见高艳、李彬《海洋生态文明视域下的海洋综合管理研究》，中国海洋大学出版社 2016 年版，第 120 页。

要目的还是以海洋渔业资源及相关生物资源的保护为基础,并没有涉及海洋生境及整体生态状况的保护。

2004年12月,由美国总统布什签署的《13366号行政命令》提出:"为了促进当代和未来美国人的环境、经济和安全利益,有关行政部门和机构应以综合有效的方式从事相关的海洋事务或管理活动;此外,该机构应适当地促进联邦、州、部落、地方政府、私营部门、外国政府和国际组织在海洋有关事项上的协调和磋商。"虽然颁布了这一行政命令,也明确应以"综合有效方式"管理海洋,但仍然"缺乏立法授权和相应的资金来推进相关海洋政策和项目"[1]。2010年,由美国总统奥巴马颁布的《13547号行政命令》明确提出:基于生态系统的管理是不同部门处理生态系统服务过程中保护、经济活动、使用者冲突与可持续利用关系的基础性方法。[2] 很明显,《13547号行政命令》是将生态系统方法作为处理生态系统问题的基础性方法来看待的。除了联邦层面的一些命令与实践项目,美国一些州也相继对生态系统方法管理在海洋环境或资源保护中的应用展开了实践,如2009年纽约海洋与大湖生态系统保护委员会的《我们的水、社区及未来:现在应大胆行动,以促进纽约海洋和大湖的长期可持续性》、2012年加州渔猎局的《加利福尼亚海洋生物保护倡议书》等。[3] 除了这些,亦相继有一些学者如Karen McLeod、Katie Arkema、Mary Ruckleshaus等对海洋生态系统方法管理的概念、要素、实践等进行了研究并提出了自己的观点。[4]

(二) 日本

生态系统方法在日本海洋资源与环境管理方面,SATO-UMI模式的

---

[1] Andrea Dell'Apa, Adam Fullerton, Frank Schwing et al., *Status of Marine and Coastal Ecosystem-based Management among the Network of U. S. Federal Programs*, https://ecosystems.noaa.gov/sites/ecosystems/Dell_ Apa%20EBM%20Seminar_ October_ 22_ 2015. pdf.

[2] The White House, *Executive Order 13547 by President of the United States Stewardship of the Ocean, Our Coasts, and the Great Lakes*, https://www.gpo.gov/fdsys/pkg/FR-2010-07-22/pdf/2010-18169.pdf. 此命令中使用的是"基于生态系统的管理",本书为表述一致性,均采用"生态系统方法管理"。

[3] Steven Yaffee, "Marine Ecosystem-based Management in Practice", in Ann Arbor M. I., *School of Natural Resources and Environment*, University of Michigan, June 2012, www.snre.umich.edu/ecomgt/mebm.

[4] Steven Yaffee, "Marine Ecosystem-based Management in Practice", in Ann Arbor M. I., *School of Natural Resources and Environment*, University of Michigan, June 2012, www.snre.umich.edu/ecomgt/mebm.

应用（参见图 2-2）得到了较为广泛的研究。在日语中，"SATO"指的是人们居住的区域，"UMI"指大海。SATO-UMI 最初被定义为通过人类的互动与合作来提高海岸带生物生产力和生物多样性的沿海区域，主要指传统的日本风景区[1]，在现在海洋生态管理中它具有更广泛的应用性，体现了系统中固有的社会和人类以及目前在全球范围内倡导的环境实践。该模式主要通过渔业生产和产品流通等方式来支持人们进行文化及社会交流，是一个生物生产力和生物多样性都很高的人类与自然共同作用的海岸带区域。[2]

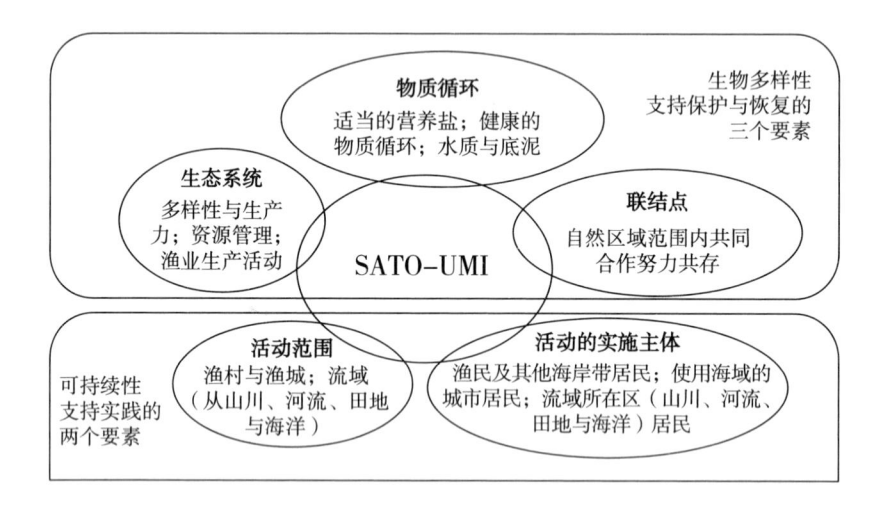

图 2-2　日本的 SATO-UMI

资料来源：① "Satoumi and Ecosystems"，http：//www.env.go.jp/water/heisa/satoumi/en/02_e.html；② "Definition of Satoumi"，http：//www.env.go.jp/water/heisa/satoumi/en/01_e.html.

SATO-UMI 的应用发展过程经历了两项有意义的重大的"社会—生态"变化：一是 20 世纪中期以来经济快速增长导致的生态系统破坏与恶化，1960—1990 年日本的浅滩与海藻床在濑户内海与其他区域分别减少

---

[1] Darien Danielle Mizuta, Eirini Ioanna Vlachopoulou, "Satoumi Concept Illustrated by Sustainable Bottom-up Initiatives of Japanese Fisheries Cooperative Associations", *Marine Policy*, Vol. 78, 2017, pp. 143-149.

[2] Ministry of the Environment of Japan, *Marine Biodiversity Conservation Strategy*, https://www.env.go.jp/nature/biodic/kaiyo-hozen/pdf/pdf_eng_honbun.pdf.

72%与53%；二是过去50年来日本近海渔业资源下降73%。① 这两大变化对日本海洋生态系统的保护产生了重大影响，并进一步促成了此模式在实践中的应用。2008年8月，日本环境部通过了启动SATO – UMI创建方案，也被《受援助的海岸带地区方案》所接纳。② 此后，SATO – UMI相继在日本的知床半岛海洋资源的联合管理③、英虞湾整合的海岸带管理④、冲绳珊瑚礁生态系统保护⑤等中得到应用。对于有效的SATO – UMI而言，积极参与和合作是重要因素。SATO – UMI 的五个构成元素，不仅包含大海洋生态系统管理中的五大模块，而且各个要素的内容更具体、更详细，并且与现有生态系统方法管理的五要素⑥内容相符合，是一种具有实践意义的海洋生态系统管理模式。SATO – UMI模式强调保护措施的主动性以及对人类行为活动的严格控制性⑦，其主要保护目标是生态系统，本地资源使用者是主要的决策者，海洋保护是资源使用的一个组成部分⑧，通过不断尝试与改进建立起适应性管理方法，为当地沿海地区海洋管理提供了可行的措施。日本在海洋资源管理中的这五个要素实质上包含了一个微型的社会系统与一个微型的海洋生态系统。这个微型的社会系统强调了人类社会的活动范围与人类社会中的主要活动主体；微型的海洋生态系统中侧重生物资源的可持续生产，其中生态系统、物质循

---

① Takuro Uehara, Ryo Sakurai, Takahiro Tsuge, "Cultivating Relational Values and Sustaining Socio – ecological Production Landscapes through Ocean Literacy: A Study on Satoumi", *Environment, Development and Sustainability*, Vol. 22, 2020, pp. 1599 – 1616.

② Osamu Matsuda, Satoumi: *The Link Between Humans and the Sea*, https://ourworld.unu.edu/en/satoumi – the – link – between – humans – and – the – sea.

③ Mitsutaku Makino, Hiroyuki Matsuda, Yasunori Sakurai, *Satoumi—Co – managing Marine Resources in Shiretoko*, https://ourworld.unu.edu/en/co – managing – marine – resources – in – shiretoko.

④ Hideki Kokubu and Osamu Matsuda, *Satoumi in Ago Bay: Embracing Integrated Coastal Managemen*, https://ourworld.unu.edu/en/satoumi – in – ago – bay – embracing – integrated – coastal – management.

⑤ Shinichiro Kakuma, Masahito Kamimura, *Satoumi in an Okinawan Coral Reef System*, https://ourworld.unu.edu/en/satoumi – in – an – okinawan – coral – reef – system.

⑥ Julia M. Wondolleck, Steven L. Yaffee, "Drawing Lessons from Experience in Marine Ecosystem – based Management", in *Marine Ecosystem – Based Management in Practice—Different Pathways, Common Lessons*, Washington: Island Press, 2017, pp. 2 – 3.

⑦ Joannes Berque, Osamu Matsuda, "Coastal Biodiversity Management in Japanese Satoumi", *Marine Policy*, Vol. 39, 2013, pp. 191 – 200.

⑧ Makino M., Matsuda H., "Co – management in Japanese Coastal Fisheries: Institutional Features and Transaction Costs", *Marine Policy*, Vol. 29, No. 5, 2005, pp. 441 – 450.

环基础是微型自然生态系统的基础，而联结点则为人类保护自然生态提供了相应的可供参考的或保护的对象与范围。

在日本除了上述典型的海洋生态系统的实践模式，有学者认为日本主要通过以下三类措施具体应用生态系统管理：一是推进海洋环境、海洋生态系统和生物多样性保护、保全与恢复；二是推进兼顾海洋生态系统的海洋资源开发；三是加强海岸带综合管理系统建设。[1] 由于这三类措施基本与《联合国海洋法公约》中的内容一致，且缺乏实践性的论述，笔者难以做出有价值意义的判断。虽然有学者研究此类问题，但日本的《海洋政策基本法》与《海洋生物资源养护与管理法》中均未明确规定生态系统方法的应用，仅在《海洋政策基本法》第 18 条海洋环境保护条款中规定了国家应当采取必要措施保护和改善海洋生物多样性及生境，减少陆源性污废水流入海洋给海洋造成污染等。此外，日本的《海岸漂浮物处理推进法》中虽然明确规定，对漂上岸的物品，应当采取措施，保护和恢复整个沿海环境，保障珊瑚礁、滩涂等的生物多样性，但此规定所针对的仅为有限的海洋生态保护，并不是一种综合性的生态系统方法应用或策略的体现。

四 生态系统方法在我国海洋管理中的研究

我国对海洋生态系统方法管理的研究要晚一些。从研究文献材料分析看，2006 年可作为海洋生态系统管理研究的时间分界线。2006 年前，我国对于海洋生态系统方法管理的研究以介绍国际或国外的研究为主，且大多是对海洋自然生态系统现状的一种描述并在此基础提出海洋生态系统管理的重要性。1983 年，我国开始出现海洋生态系统管理的研究文献，Ulf Lie 的《海洋生态系统管理：研究与管理》一文中介绍了海洋生态系统的类型后，提出了国际合作在海洋生态系统管理中的重要性。[2] 1994 年，《大海洋生态系统管理》[3] 一文，系统介绍了大海洋生态系统管理的概念、要素、发展趋势等。这是早期相对比较全面的对海洋生态系统管理进行系统研究的论文。2005 年，尽管有学者提出海洋生态系统的

---

[1] 参见高艳、李彬《海洋生态文明视域下的海洋综合管理研究》，中国海洋大学出版社 2016 年版，第 123—124 页。

[2] Ulf Lie：《海洋生态系统管理：研究与管理》，《科学与社会》1983 年第 12 期。该文是一篇关于海洋生态生态系统研究的译文。

[3] 范志杰、曲传宇：《大海洋生态系统管理》，《海洋通报》1994 年第 6 期。

保护要注重研究海洋生态规律和海洋生态系统的特性①，但这并不是一种生态系统方法在法律制度上的应用或实践的倡导。总体上，此阶段的相关研究以对国外海洋生态系统类型的介绍为主，结合我国海洋环境管理实践来研究并提出有建设性建议的十分有限。基于此，可以认为此阶段的研究以介绍性与引入性为主。与此相一致，此阶段的实践更是十分有限。

自 2006 年以来，关于海洋生态系统管理的基础性研究、对策性研究等快速增长，除了对海洋生态系统管理所涉及的不同范围、海洋生态系统管理的科学基础、海洋生态系统管理模式、海洋生态系统管理中的责任体制等研究，也开始逐渐将海洋生态系统的理论与实践相结合进行实证研究。自 2006 年开始，蔡守秋、赵绘宇、万宗成、杜群、殷培红等学者从不同层面就综合生态系统方法（管理）在环境法中的应用展开研究，为我国海洋生态环境管理中的理论与实践研究奠定了基础。2006 年，叶属峰等在综合分析国际海洋生态系统管理趋势与中国建立海洋生态系统管理制度的必要性后，系统提出了我国海洋生态系统管理的目标与主要内容。② 欧文霞等认为，区域海洋生态系统管理是海洋综合管理的新发展，同时指出区域海洋管理必须以生态系统管理为核心。③ 2008 年，丘君等结合我国国情，提出了为实施基于生态系统的海洋管理所急需开展的工作，包括开展海洋管理单元区划研究、制定科学的管理目标、建立和健全生态系统监测和评价系统、建立涉海机构和部门之间的有效合作机制以及扩展公众参与海洋管理的渠道五个方面。④ 2010 年，巩固、王淼等在对生态系统方法在海洋环境管理中的应用、基于生态系统方法的区域海洋环境保护实践做出系统论述后，对生态系统方法在我国渤海区域环境治理中的不足进行了分析，提出应根据海洋生态系统特征，结合经济、

---

① 田其云：《海洋生态系统法律保护研究》，《河北法学》2005 年第 1 期。
② 叶属峰、温泉、周秋麟：《海洋生态系统管理——以生态系统为基础的海洋管理新模式探讨》，《海洋开发与管理》2006 年第 1 期。
③ 欧文霞、杨圣云：《试论区域海洋生态系统管理是海洋综合管理的新发展》，《海洋开发与管理》2006 年第 4 期。
④ 丘君、赵景柱、邓红兵：《基于生态系统的海洋管理：原则、实践和建议》，《海洋环境科学》2008 年第 1 期。

政治、人文等社会因素，将全国管理海域分为几个"海区"①②，进而对每一海区进行综合治理。2013年，高晓露等指出，"中国海洋环境立法应以综合生态系统管理为指导，转变立法理念，完善法律体系，理顺海洋环境管理体制，重视多种管理机制及手段的综合应用"③。2016年宁凌等对基于生态系统的海洋综合管理的特征及要素、大海洋生态系统管理的特征、海洋生态系统管理的四种主要模式等进行了全面阐释与分析，并对中国基于生态系统的海洋综合管理现状做出了相应的评价。④

总体上，上述学者的研究主要集中于将海洋生态系统管理与海洋渔业资源的保护、海洋生物多样性保护、海洋生态补偿机制构建、海洋环境规划等关联起来。虽然有学者已经对海洋生态方法在我国的应用进行初步研究与引入性介绍，但系统地针对我国政策与法律法规的应用进行梳理的并不多。

第三节　生态系统方法在海洋陆源污染防治中的发展

20世纪70年代后主要的国际环境资源条约中有1/3是关于物种、生境、特殊区、气候保护的，其中大都涉及生态系统保护问题。⑤但遗憾的是，因陆源污染导致的生态保护问题在相关国际条约中鲜见。在现代环境保护法的发展历程中，与政府行政管理相伴随的一些命令—控制手段往往因地区间的竞争行为失效。⑥关于命令—控制手段在大气污染防治中所可能导致的"逐底竞争""竞次效应"等，国内外已经有不少学者对此

---

① 巩固：《"生态系统方法"与海洋环境保护法创新——以渤海治理为例》，《中国海洋法学评论》2010年第1期。

② 王淼等：《我国海洋环境污染的现状、成因与治理》，《中国海洋大学学报》（社会科学版）2006年第5期。

③ 高晓露、梅宏：《中国海洋环境立法的完善——以综合生态系统管理为视角》，《中国海商法研究》2013年第4期。

④ 宁凌等：《基于海洋生态系统的中国海洋综合管理研究》，中国经济出版社2016年版，第5—40页。

⑤ 蔡守秋：《综合生态系统管理法的发展概况》，《政法论丛》2006年第3期。

⑥ 熊波、杨碧云：《命令控制型环境政策改善了中国城市环境质量吗？——来自"两控区"政策的"准自然实验"》，《中国地质大学学报》（社会科学版）2019年第3期。

做了大量研究,提出大量的解决方案。但我们不能否认的是,在各国的环境监管中,纷繁复杂的行政监管与控制措施的确在其中发挥重要的作用,各国的陆源污染防治立法的发展过程中行政管控措施也发挥了重要作用。我国亦如此。此现状也表明:在海洋陆源污染防治中缺乏自下而上的、生态主导的立法与实践。

一　生态系统方法在全球海洋陆源污染防治中的发展

从现有文献研究与实证研究来看,生态系统方法最初被当作维持生态系统结构与功能的有效方法或理念运用于实践。① 这种方法或理念的应用,代表了从传统生态系统中单一受威胁物种的保护与某一部分的管理向复杂的自然和社会经济系统整合的大尺度管理策略的演变②。其目标是规划并维持海洋生态系统持续向人类社会输送产品与服务(如海洋食物、清洁的水及其他)的能力③,同时满足多重管理目标下的内在平衡。④ 自1982年以来,在联合国环境规划署(United Nations Environment Programme, UNEP)主持下制定的陆源污染防治的多边或双边公约都采用相同的一般格式:包含各国的一般义务,即采取适当措施,防止、减少和打击陆源污染,并同时将详细的法规纳入附加议定书供以后采用。⑤ 这种模式一直沿用至今,然而海洋陆源污染立法在国际法中的发展依然十分缓慢。

2003年,《生态系统与人类福利:评估框架》作为"千年生态系统评估"的第一项内容,将"海洋""海滨"这两类涉海区域的地域范围

---

① Mary Ruckelshaus, Terrie Klinger, Nancy Knowlton et al., "Marine Ecosystem – based Management in Practice: Scientific and Governance Challenges", *Bioscience*, Vol. 58, No. 1, 2008, pp. 53 – 63.

② Heather Tallis, Phillip S. Levin, Mary Ruckelshaus et al., "The Many Faces of Ecosystem – based Management: Making the Process Work Today in Real Places", *Marine Policy*, Vol. 34, 2010, pp. 340 – 348.

③ Simonetta Fraschetti, Joachim Claudet, Kinsten Grorud – colvert, "Management—Transitioning from Single – sector Management to Ecosystem – based Management: What Can Marine Protected Areas Offer?" in Joachim Claudet ed., *Marine Protected Areas—A Multidisciplinary Approach*, Cambridge: Cambridge University Press, 2011, p. 11.

④ Benjamin S. Halpern, Karen L. McLeod et al., "Managing for Cumulative Impacts in Ecosystem – based Management through Ocean Zoning", *Ocean & Coastal Management*, Vol. 51, No. 3, 2008, pp. 203 – 221.

⑤ Barbara Kwiatkowska, "Marine Pollution from Land – based Sources: Current Problems and Prospects", *Ocean Development and International Law*, Vol. 14, No. 3, 1984, pp. 315 – 335.

进行了明确界定①，为生态系统方法管理在海洋陆源污染防治中的应用提供了综合性的框架与指南。2005 年，《千年生态系统评估》不仅提供了综合性的维持生态系统服务框架，更进一步明确指出，综合性方法在维持生态系统服务、支持人类福利中的作用是单一分部门管理目标所难以达成的。②

2006 年，与《保护海洋环境免遭陆源污染全球行动计划》（Global Programme of Action for the Protection of the Marine Environment from Land - based Activities，GPA）进一步实施相关的《北京宣言》，确立基于生态系统的方法在海洋陆源污染防治中的角色。《北京宣言》第九条表明："为了进一步落实《约翰内斯堡实施计划》提出的生态系统方法于 2010 年在实践中的应用，我们应在流域、海岸带、海洋、大海洋生态系统与海岛管理中进一步实施海洋生态方法，并进一步加强国家、区域与全球合作。"同年，UNEP 发布了《基于生态系统的管理：评估进展标志》③，该文可作为评估海岸带及流域综合管理进程的实用性工具，强调了综合管理在海洋管理中的需求和效益，同时也为相关管理环节的建设提供了指南。《基于生态系统的管理：评估进展标志》给出并阐明了生态系统方法管理框架的四个方面：一是成功实施生态系统方法管理所应具备的条件；二是对实施进程中行为变化的分析；三是实施后的环境影响与社会利益的长效评估；四是着眼于环境与人类社会之间的平衡。④ 这四个方面包含了生态系统方法在海洋环境管理中的阶段性指标与内容。自此以后，国外许多学者如 Benjamin S. Halpern、Heather Tallis、Simonetta Fraschetti 等关于海洋生态系统方法管理的框架、原则、内容与指标等展开了研究。但国际社会关于生态系统方法管理在海洋环境保护中的应用性、实践性研究依然十分有限，主要探讨的内容也以大海洋生态系统的框架与应用、

---

① "千年评估"理事会：《生态系统与人类福祉：评估框架》，http://www.millenniumassessment.org/zh/Framework.html。

② Benjamin S. Halpern, Karen L. McLeod et al., "Managing for Cumulative Impacts in Ecosystem - based Management through Ocean Zoning", *Ocean & Coastal Management*, Vol. 51, No. 3, 2008, pp. 203 - 221.

③ UNEP, *Ecosystem - based Management: Markers for Assessing Progress*, pp. 17 - 20, https://www.cbd.int/doc/meetings/mar/mcbem - 2014 - 04/other/mcbem - 2014 - 04 - unep - 01 - en.pdf.

④ UNEP, *Ecosystem - based Management: Markers for Assessing Progress*, pp. 17 - 20, https://www.cbd.int/doc/meetings/mar/mcbem - 2014 - 04/other/mcbem - 2014 - 04 - unep - 01 - en.pdf.

海洋渔业资源的养护、某些海域海洋生物多样性的保护为主。

2012年，UNEP/GPA第三次政府间会议提出：鼓励生态系统与综合性管理方法在海洋与海岸带生态系统管理中的应用，并对海岸带地区的生态价值与生态服务的重要性、海岸带生态系统所提供的多重服务及相关价值、海岸带生态系统通过封存和海底储存碳来缓解气候变化的潜力等相关内容做了概括性的梳理。[①] 通常，海岸带地区人口稠密，世界上17个最大的城市中有14个位于海岸带上，据估计，世界上约60%的人口居住在海岸100千米以内。海岸带地区的珊瑚礁、红树林、海草草地和盐沼是全球最有价值的生态系统，因为它们提供了各种生态系统服务。这些生态系统经常与邻近（或相关）的经济、社会等发展密切关联，因此，极易受到开发、过度开发、物理变化和栖息地破坏以及气候变化相关压力的威胁，也极易造成生态系统的退化或破坏。就现阶段而言，营养物质管理、海洋垃圾和污废水的排海是海洋陆源污染防治工作的重点。为了解决这些问题，GPA秘书处建立并加强了三个全球多方利益相关者伙伴关系：营养管理全球伙伴关系（the Global Partnership on Nutrient Management，GPNM）、海洋垃圾全球伙伴关系（the Global Partnership on Marine Litter，GPML）和废水全球倡议（the Global Wastewater Initiative，GWI）。

2018年，GPA/IGR-4在印度尼西亚的巴厘岛召开。此次会议的主题是"海洋污染与陆地相连"（Pollution in Ocean and Land Connection）。虽然此次会议中依然存在诸多分歧，但最终还是达成了《关于保护海洋环境免受陆源活动影响的巴厘宣言》（以下简称《巴厘宣言》）。在《巴厘宣言》中，会议代表们承诺，就海洋生态系统的保护而言，加快执行以下两项建议：促进海岸带与海洋生态系统保护的主流化，特别是防止因营养物质、废水、海洋垃圾和微塑料等的排放增加而造成的各类环境威胁；在区域或全球范围内，就海岸带与海洋生态系统免遭陆源活动和污染源影响问题，通过与政府、私营部门、民众与专家的合作与伙伴关

---

① UNEP, *Coastal Ecosystems—Values and Services*: *Intergovernmental Review Meeting on the Implementation of the Global Programme of Action for the Protection of the Marine Environment from Land-based Activities*（UNEP/GPA/IGR. 3），2012，Jan. 25 – 27. http：//sdg. iisd. org/news/third - intergovernmental - review - meeting - on - the - gpa - adopts - manila - declaration/.

系的构建提升能力、理解与知识共享。①

从现在文献资源的研究来看，关于生态系统方法在海洋环境保护中的实践与应用，以欧盟、美国的研究居多。其中美国海洋生态系统管理应用具有典型性，但不难发现，这种应用中仍有一定的局限性。这种局限主要体现为，多以海洋资源的可持续利用为核心来应用生态系统方法，而不是以生态系统保护为核心，将广泛复杂的陆源污染纳入其中的应用亦特别有限。这或许能解释为其制约性因素主要是陆源污染的复杂性、综合性与不确定性，但这种解释背后蕴含着人类选择的自利性与利益衡量性。即便我们追求的是可持续性，但这种可持续依然是以人类的发展为核心的。不得不说，人类对海洋生态的关注，大多依然还是基于海洋、源于海洋且止于海洋的，将陆地上污染物排放（有意或无意）与海洋生态环境损害（或潜在损害）有效关联起来并进行预防的实践与应用，依然需要在科学、认知、价值选择等方面突破许多制约因素才能实现。

二 生态系统方法在区域海洋陆源污染防治中的发展

从生态系统方法管理在全球相关海域的发展情况来看，波罗的海区域与东北大西洋区域由于有明确的区域性海洋法公约作为支撑，生态系统方法或生态系统管理在这两大海域的适用具有相对完整性与典型性。虽然其他海域的区域性条约中也有陆源污染防治的内容，如《东非区域沿海与海洋环境保护、管理与开发利用公约》《泛加勒比海地区海洋环境保护与开发利用公约》及其陆源污染防治议定书等分别对这些区域的海洋环境保护作出了相应的规定，但一方面由于这些区域性海洋法条约制订具有明显的外源驱动性，另一方面这些条约中虽有陆源污染防治的内容，但均未将生态系统方法作为其主要内容。因此，本部分将选择波罗的海与东北大西洋这两个海域为典型区域进行研究。

（一）生态系统方法在东北大西洋区域陆源污染防治中的发展

东北大西洋是全球范围内较早实施生态系统方法的海域，也是生态系统方法实践机制相对完善的区域之一。不仅制定了区域性条约《OSPAR公约》明确规定东北大西洋海洋环境委员会有义务实施综合的生态系统

---

① Suharto, *Global Environment Ministers Conclude Meeting with Bali Declaration*, https://en.antaranews.com/news/120147/global-environment-ministers-conclude-meeting-with-bali-declaration.

方法，同时还借助于《OSPAR 战略规划》明确了生态系统方法的内涵与实施措施。在《OSPAR 战略规划》中，生态系统方法被定义为："根据现有的关于生态系统及其动态发展的可获得的最佳科学知识，明确对海洋生态系统健康有重要影响的事项并采取行动，为了实现对生态系统产品或服务的可持续利用以及维护生态系统的完整性，对人类活动所进行的全面综合性管理。"[1] 此定义既强调了生态系统方法的综合性，也强调了海洋生态系统管理中的复杂性和动态性。自 1998 年《OSPAR 公约》中明确规定缔约应采取生态系统方法保护海洋生物多样性与海洋生态系统以来，生态系统方法在东北大西洋区域的实践依据主要表现为以下几方面（具体参见表 2-3）。

表 2-3　　　生态系统方法在东北大西洋海洋陆源污染
防治中的应用及主要内容[2]

年份	条约或相关文件	涉及生态系统方法应用的主要内容
1998	《OSPAR 公约》	最佳环境实践、最佳可得技术与污染者负担原则在其中的应用，公约第 1 条界定基本概念、第 2 条指明缔约国的基本义务、第 3 条与附件 1 规定陆源污染防治的基本内容。总体上，该公约采纳了《生物多样性公约》中对生态系统方法的界定，明确以风险预防原则为核心
1998	《海洋生态系统与生物多样性的保护与保存》	公约附件 5 对海洋生态系统与生物多样性的保护与保存做了全面的规定，内容包括：阐明"生物多样性""生态系统"和"生境"概念的内涵出处；缔约国应单独和共同采取必要措施保护海域免受人类活动的不利影响，以保障人类健康和保护海洋生态系统；明确委员会的职责；本附件内容与海洋渔业管理的关系；就海洋运输与国际海事组织沟通与联系（尤其是对国际海事组织制定的关于指定特别区、特别敏感地区及其他事项）

---

[1] Joint Meeting of the Helsinki & OSPAR Commissions 2003, *Statement on the Ecosystem Approach to the Management of Human Activities*: "Towards an Ecosystem Approach to the Managament of Human Activities", https://www.ospar.org/site/assets/files/1232/jmm_annex05_ecosystem_approach_statement.pdf.

[2] OPSAR Ministerial, *Ecosystem Approach*, https://www.ospar.org/about/principles/ecosystem-approach.

续表

年份	条约或相关文件	涉及生态系统方法应用的主要内容
2003	《关于以生态系统方法管理人类活动的声明——迈向生态系统的人类活动管理》	HELCOM 和 OSPAR 委员会联合部长级会议通过了该声明。[1] 该声明中指出了生态系统方法的基础、生态系统方法的定义等，同时该声明中还列出《OSPAR 公约》与《HELSINKI 公约》中生态系统方法的应用框架，并要求缔约国到 2005 年确定生态系统方法的相应概念、方法及各种实施对策，到 2010 年应确立一整套与生态系统方法相一致的管理措施
2008	《欧盟海洋战略框架指令》	将以生态系统为基础的人类活动管理方法纳入了立法框架，融入了环境保护和持续利用的概念。该指令特别指出，海洋战略应采用生态系统方法，确保人类活动的集体压力保持在与实现良好环境状况相一致的水平，海洋生态系统对因人类行为引起的变化作出反应的能力不应受损害，同时使今世后代能够可持续地利用海洋产品和服务。该指令中所使用的"区域"是指生态意义上的区域，其划分基础不仅是政治因素，还基于对水文学、海洋学以及生物地理特性的考虑[2]
2008	《欧盟海洋空间规划路线图：在欧盟达成的共同原则》（以下简称《欧盟海洋空间规划路线图》）	明确了要进行海洋空间规划、欧盟在海洋空间规划中所获得的利益、海洋空间规划的一般原则与主要项目、首要目标等，此外还规定欧盟内部海洋空间的合作等相关问题

---

[1] Joint Meeting of the Helsinki & OSPAR Commissions 2003, *Statement on the Ecosystem Approach to the Management of Human Activities: Towards an Ecosystem Approach to the Managament of Human Activities*, https://www.ospar.org/site/assets/files/1232/jmm_annex05_ecosystem_approach_statement.pdf.

[2] 张义钧:《〈欧盟海洋战略框架指令〉评析》,《海洋开发与管理》2012 年第 4 期。

续表

年份	条约或相关文件	涉及生态系统方法应用的主要内容
2010	《OSPAR 战略规划》	该战略规划中第一部分规定了"生态系统方法的实施",指出了 OPSAR 委员会的角色,给出了清洁、健康和生物多样性的东北大西洋的总目标与战略目标,列举了适用的一些基本原则,明确了生态系统方法的目标与战略方向。在该战略规划的第二部分规定了关于生物多样性与生态系统保护的目标与主要策略,列出了实施生态系统方法的具体对策(如海洋保护区的建立等),指出水体富营养化、危险物质、放射性物质等陆源性污染物管控的对策应与生态方法适用的时间相对应与衔接①
2014	《欧盟海洋空间规划框架指令》	成员国在制定和实施海洋空间规划时,应考虑到经济、社会和环境方面的问题,以支持海洋部门的可持续发展和增长,采用生态系统方法,并促进相关活动和使用的共存

一是在《OSPAR 公约》中明确了海洋污染与海洋生态(系统)损害的基本法律概念及其关联性。这主要体现为以下几方面:一是在"污染"的界定中,明确指出海洋污染的危害与损害对象不仅包含人类健康,还包含海洋生物资源与海洋生态系统等。② 二是在风险预防原则的适用中明确规定,在有理由认为各种污染物可能对人类健康造成危害、损害生物资源和海洋生态系统时,缔约国有义务采取预防措施预防危害的发生。③ 三是在生态系统方法应用中,除了规定保护自然栖息地(生境)、生物多样性,还规定了自然保护中的生态过程保护。④ 四是明确规定了陆源污染防治的标准与具体措施。这四个方面基础性内容的确立,为生态系统方法在该区域海洋污染防治中的实践与应用奠定了法律认知的基础。

二是强化生态系统方法在海岸带综合管理实践中的应用。明确在海岸带地区的人类活动要以生态系统为基础开展;在海陆自然资源的开发

---

① 请参阅 OSPAR Commission, *The North – East Atlantic Environment Strategy*: *Strategy of the OSPAR Commission for the Protection of the Marine Environment of the North – East Atlantic 2010 – 2020* (OSPAR Agreement 2010 – 3), https://www.ospar.org/site/assets/files/1413/10 – 03e_ nea_ environment_ strategy.pdf.
② 请参阅《OSPAR 公约》第 1 条 (d) (e)。
③ 请参阅《OSPAR 公约》第 3 条。
④ 请参阅《OSPAR 公约》第 15 条。

利用过程中，要保持海岸带中陆海生态功能的完整性与一致性，加强对自然资源的可持续管理；海岸（线）的保护措施要适当兼顾其生态性；在生态保护中要保障可持续的经济发展、就业等社会情况；充分理解气候变化对沿海地区所构成的威胁并适当采取风险预防措施；强化实际行动中陆海不同管理部门的合作与协调；充分尊重与理解自然生态系统的承载能力，遵循自然规律。[①]

三是认定风险预防原则系生态系统方法管理的核心。根据风险预防原则，如果有合理的理由认为相关人类活动可能危及人类健康、损害生物资源和海洋生态系统、损坏相关设施或干扰海洋的其他合法用途，即使在没有确凿的因果关系证据情况下，也应采取预防措施。对于生态系统方法在东北大西洋海域的适用而言，风险预防原则不仅在《OSPAR 公约》中有明确规定，在其他相关文件如《关于以生态系统方法管理人类活动的声明——迈向生态系统的人类活动管理》《OSPAR 战略规划》等中均有明确规定，并明确风险预防是生态系统方法的核心。经过多年实践，有学者认为，风险预防原则在欧盟海洋生态系统方法中的应用亦可以通过环境影响评价和战略环境影响评价来实现。[②]

四是强调适应性管理的应用与作用。适应性管理不仅是将风险预防与生态系统管理联系起来的有效方法，也是应对环境管理中科学不确定性与科学不断发展的一项重要手段。因为，适应性管理要求应用风险预防原则，以便在科学确证的因果关系尚未完全建立情况下采取措施，并具有在将来获得更多知识时加以修改[③]的可能。《OSPAR 战略规划》中明确规定，监测和评估以及适应性管理都是实施生态系统方法的基本要素。《欧盟海洋战略框架指令》中也明确指出基于生态系统的适应性管理应与良好环境状态达成的目标一致；考虑到海洋生态系统的动态性及其自然

---

① David Johnson, *An Ecosystem Approach for the North - East Atlantic: OSPAR's View of Regional Implementation*, http://assets.wwf.org.uk/downloads/pisces_ nov_ 2011_ ospar.pdf.

② Christopher C. E. Hopkins, "International Agreements and Baltic Sea Environmental Management", in Brander K., MacKenzie B., Omstedt A. eds., *Climate Impacts on the Baltic Sea: From Science to Policy*, Springer Earth System Sciences, 2012, pp. 1 - 43.

③ OSPAR Commission, *The North - East Atlantic Environment Strategy: Strategy of the OSPAR Commission for the Protection of the Marine Environment of the North - East Atlantic 2010 - 2020*（OSPAR Agreement 2010 - 3）, p. 5, https://www.ospar.org/site/assets/files/1413/10 - 03e_ nea_ environment_ strategy.pdf.

变异性，并考虑到其压力和影响可能随人类活动范围与行为模式的变化而变化，随着时间推移可能要对良好环境状况加以调整。因此，在考虑到科技发展因素后，保护和管理海洋环境的措施方案应具有灵活性和适应性，相应的海洋战略方案也要适时做出调整。显然《欧盟海洋战略框架指令》中对生态系统方法中的适应性管理的运用更强调这种管理的动态性、适时性与科学性。适应性管理作为一种"边学习、边矫正、边适用"的管理，对于现代国家中相关行政机关的管理模式与管理方式都是一种极大的挑战。

五是强调海洋空间规划的应用与跨域协作。海洋空间规划实施 20 年来，得到了较快速的发展，尤其是在欧洲海洋生态保护中。海洋空间规划是改进决策的中立性工具，并为人类海上活动及其活动对海洋环境的影响提供了决策框架，其目标是平衡部门利益，实现海洋资源的可持续利用，优化海洋空间的利用。[①] 在欧盟相关学术研究及官方的文件中，海洋空间规划有两种表述：海事空间规划（Maritime Spatial Planning）与海洋空间规划（Marine Spatial Planning）[②]。"Maritime Spatial Planning"在学术论文中应用较多。在欧盟背景下，选择"Maritime Spatial Planning"这一术语是为了强调其实践中的跨部门性。[③] 关于海洋空间规划的主要内容，欧盟主要通过《欧盟海洋空间规划路线图（2008）》与《欧盟海洋空间规划框架指令（2014）》体现出来，其关键原则与对成员国的要求包括以下主要内容（参见表 2-4）。欧盟一级的海洋空间规划工作机制为成员国提供了一个适当的论坛，以讨论和制定符合生态系统要求的海洋活动管理综合办法。就内部市场而言，海洋空间规划为简化许可制度、降

---

① Nicole Schaefer, Vittorio Barale, "Maritime Spatial Planning: Opportunities & Challenges in the Framework of the EU Integrated Maritime Policy", *Journal of Coast Conservation*, Vol. 15, No. 2, 2011, pp. 237 – 245.

② 笔者认为，海事空间规划（Maritime Spatial Planning）更强调对人类在某些海域的行为进行规划，并在此规划的基础确立不同管理主体的职能、不同行为主体的开发利用活动；而海洋空间规划（Marine Spatial Planning）更强调对于海洋这一地域范围内的各类行为、活动与保护等进行规划。

③ Nicole Schaefer, Vittorio Barale, "Maritime Spatial Planning: Opportunities & Challenges in the Framework of the EU Integrated Maritime Policy", *Journal of Coast Conservation*, Vol. 15, No. 2, 2011, pp. 237 – 245.

低管理成本和行政程序成本提供了基础与一个透明和可靠的规划框架。①

表2-4　　　　　欧盟海洋空间规则的关键原则与要求

《欧盟海洋空间规划路线图（2008）》 关键原则	《欧盟海洋空间规划指令（2014）》 要求
·根据活动的领域和类型应用海洋空间规划 ·制订指导海洋空间规划的目标 ·以透明的方式发展海洋空间规划 ·鼓励利益相关者参与 ·成员国内部间相互协调，简化决策过程 ·确保国家海洋空间规划的法律效力 ·实施跨界合作和协商 ·将监测和评估纳入海洋空间规划进程 ·达成陆海空间规划的一致性 ·构建强大的数据库与知识库	各成员国 ·充分考虑陆地与海洋间的相互作用与相互影响 ·充分考虑环境、经济和社会影响，以及安全因素 ·旨在促进海洋空间规划与实施规划结果、规划与其他进程间的一致性，如海岸带综合管理或类似正式的或非正式的制度适用与海洋空间规划间的一致性 ·确保利益相关者的参与 ·组织最佳可得数据的应用 ·确保不同成员间的跨界合作 ·促进与第三方国家间的合作

资料来源：Angela Schultz-Zehden, Barbara Weig, and Ivana Lukic, "Maritime Spatial Planning and the EU's Blue Growth Policy: Past, Present and Future Perspectives", in Jacek Zaucha, Kira Gee, *Maritime Spatial Planning: Past, Present, Future*, Springer Nature Switzerland AG, 2019, p.136.

六是明确海洋生态质量目标的设定在生态系统方法应用中具有重要意义。到2020年底，将相关海域"达到或保持良好的环境状况"（Achieve or Maintain Good Environmental Status）作为《OSPAR公约》所设定的海洋生态质量的总体目标，该总体目标被表述为"保护海洋生态系统和保护人类健康，并在可行的情况下，防止海洋区域受到人类活动的不利影响，并恢复在东北大西洋受到人类活动不利影响的海域"②。OSPAR委员会的重点是保护生物多样性、防止富营养化、防止有害物质污染、预防

---

① EU Commission, *Roadmap for Maritime Spatial Planning: Achieving Common Principles in the EU*, https://sites.nicholas.duke.edu/cmspat/roadmap-for-maritime-spatial-planning-achieving-common-principles-in-the-eu/.

② OSPAR Commission, *The North-East Atlantic Environment Strategy: Strategy of the OSPAR Commission for the Protection of the Marine Environment of the North-East Atlantic 2010-2020* (OSPAR Agreement 2010-3), p5. https://www.ospar.org/site/assets/files/1413/10-03e_nea_environment_strategy.pdf.

和消除污染以及采取措施防止海上活动的其他不利影响、预防电离辐射污染,确保人类活动的综合管理,以维护生态完整性,保护生态产品和服务。[①]

(二) 生态系统方法在波罗的海区域陆源污染防治中的发展与应用

生态系统方法在波罗的海区域陆源污染防治中应用的基础性条约是《HELSINKI 公约》。《HELSINKI 公约》的目的是促进波罗的海生态恢复,消除各种来源的污染,并减少人类活动对海洋生态系统的不利影响。[②] 自《HELSINKI 公约》在波罗的海正式实施以来,生态系统方法的社会实践不断通过其他规范性文件或法规的完善而进一步得到完善。在该区域内,标志着生态系统方法在海洋陆源污染防治实践不断发展的规范性文件主要包括《HELSINKI 公约》《波罗的海行动规划》等(参见表 2-5)。《HELSINKI 公约》作为区域海洋治理的框架性条约在其中具有基础性地位。综观生态系统方法在波罗的海区域的应用与发展,结合不同学者的研究,笔者认为该方法在该区域海洋陆源污染防治中的应用与发展呈现出以下几方面特征。

第一,在基本法律概念与法律原则中明确海洋污染与海洋生态(系统)损害之间的关联性,强调特别敏感海域脆弱生态系统的防范。这一点与《OSPAR 公约》的处理方式相同[③],除了体现四方面内容[④],还在波罗的海的海上污染防治中,提出特别敏感地区的污染防治应关注脆弱生态系统地区,不得排放因使用水基钻井泥浆而产生的岩屑。[⑤]

第二,强调海洋空间规划在陆源污染防治中的作用与地位。海洋空间规划被各国视为保护海洋生态环境的有效手段,能够有效协调海洋生态环境保护中涉及的诸多利益。[⑥] 欧盟是海洋空间规划的推行者,先后制定了诸多法律来推进和保障这一制度的有效实施。波罗的海区域也是较

[①] OSPAR Commission, *OSPAR Regional Implementation Framework for the EU Marine Strategy Framework Directives: MSFD Road*, https://www.ospar.org/documents?v=7239.

[②] Veronica Frank, *The European Community and Marine Environmental Protection in the International Law of the Sea: Implementing Global Obligations at the Regional Level*, Utrecht, Jan. 2007, p. 33.

[③] 请参阅《HELSINKI 公约》第 2 条、第 3 条与第 15 条。

[④] 请参阅第二章第三节之二(一)中对《OSPAR 公约》的分析。

[⑤] 请参阅《HELSINKI 公约》附件 6 第 4 条。

[⑥] 王慧、王慧子:《欧盟海洋空间规划法制及其启示》,《江苏大学学报》(社会科学版) 2019 年第 3 期。

早推行海洋空间规划的海域之一。海洋空间规划，是在与国际和国家间商定的目标一致并充分平衡经济、环境、社会及其他相关利益的基础上，分析、协调和分配海洋地区人类活动的空间和时间分布的机制。[1] 海洋空间规划是以生态系统为基础的规划，是对海域人类活动的时空分布进行分析和配置的公共过程。[2] 这一公共配置过程中需要有政府的介入才能有效地完成。尽管就目前的管理现状而言，现有的资源管理与环境管理都是按照具体的国家或国家中的具体部门来实施的，影响波罗的海生态的国家虽然众多，但波罗的海生态系统是一个单一实体，其在生态完整性和可用空间方面并不会因为周边国家或地区的存在而被人为分割开来[3]，这对于该区域的生态保护与有效利用而言，要求最好能形成一体化的管理模式来进行。而生态系统方法所提供的跨部门和持续的管理为海洋空间规划提供了首要原则，也为实现健康良好的波罗的海生态系统提供了方法支撑。尤其是在生态系统方法应用过程将战略环境影响纳入其中，更是为海洋空间规划提供了良好的制度选择。[4] 在波罗的海海洋空间规划的实施过程中，不仅强调所有缔约方及相关机构应合作参与，还强调空间规划应为海洋环境和自然生境的保护提供指导，尤其是生境与海底完整性的保护；特别提出，要尽量通过减少人类活动过程中的矛盾冲突和不利影响，确保海洋资源的可持续利用。[5]

第三，特别关注陆源污染物排放导致的海洋水体富营养化及关联的

---

[1] VASAB (Vision & Strategies around the Baltic Sea), *Guideline for the Implementation of Ecosystem - based Approach in Maritime Spatial Planning (MSP) in the Baltic Sea Area*, http://www.helcom.fi/Documents/Action% 20areas/Maritime% 20spatial% 20planning/Guideline% 20for% 20the% 20implementation% 20of% 20ecosystem - based% 20approach% 20in% 20MSP% 20in% 20the% 20Baltic% 20Sea% 20area_ June% 202016.pdf.

[2] 伊勒、道威尔：《海洋空间规划：循序渐进走向生态系统管理》，海洋出版社2010年版，第16页。

[3] HELCOM and VASAB, *Baltic Sea Broad - Scale Maritime Spatial Planning (MSP) Principles*, http://www.helcom.fi/Documents/HELCOM% 20at% 20work/Groups/MSP/HELCOM - VASAB% 20MSP% 20Principles.pdf.

[4] VASAB, *Guideline for the Implementation of Ecosystem - based Approach in Maritime Spatial Planning (MSP) in the Baltic Sea Area*, http://www.helcom.fi/Documents/Action% 20areas/Maritime% 20spatial% 20planning/Guideline% 20for% 20the% 20implementation% 20of% 20ecosystem - based% 20approach% 20in% 20MSP% 20in% 20the% 20Baltic% 20Sea% 20area_ June% 202016.pdf.

[5] HELCOM Ministerial Meeting, *HELCOM Baltic Sea Action Plan*, Krakow, Poland, 15 November 2007, p.19.

海洋生态问题。富营养化是波罗的海自20世纪90年代以来所面临的最主要的海洋环境问题之一，而导致富营养化的主要原因是来自陆地的污染物氮、磷等过量的排放入海。据统计，约有75%的氮和至少95%的磷通过河流或直排进入波罗的海，此外还有大约25%的氮来自大气沉降。[①] 为了减少氮、磷等污染物的排放入海，在《波罗的海行动规划》中以波罗的海各子区域1997—2003年的国家数据或信息为基础，为七个子区域即博思尼亚湾（Bothnian Bay）、博思尼亚海（Bothnian Sea）、芬兰湾（Gulf of Finland）、波罗的海沿岸（Baltic Proper）、里加湾（Gulf of Riga）、丹麦海峡（Danish straits）、卡特加特海峡（Kattegat）制订了具体的减排量与营养物最大允许排放量。[②] 除了为七大子区域规定相应的减排量与营养物最大允许排放量，还规定了各缔约国及公共海域的临时减排量。

表2-5 生态系统方法在波罗的海区域海洋陆源污染防治中的主要内容

年份	条约或相关文件	涉及生态系统方法应用的主要内容
2000	《HELSINKI公约》	采纳了《生物多样性公约》中对生态系统方法的界定，指出预防风险原则是该方法的核心，同时指明最佳环境实践、最佳可得技术与污染者负担原则在其中的应用，公约第3条列出了基于生态系统方法相关缔约方的基本原则和义务
2003	《关于以生态系统方法管理人类活动的声明——迈向生态系统的人类活动管理》	具体内容同表2-3
2007	《波罗的海行动规划》	尤其在生物多样性保护中提及生态系统方法的应用，如海洋和海岸自然景观的保护、植物和动物群落的繁荣和平衡等方面
2008	《欧盟海洋战略框架指令》[③]	具体内容同表2-3
2014	《欧盟海洋空间规划框架指令》	具体内容同表2-3

① HELCOM Ministerial Meeting，*HELCOM Baltic Sea Action Plan*，Krakow，Poland，15 November 2007，p. 7.

② HELCOM Ministerial Meeting，*HELCOM Baltic Sea Action Plan*，Krakow，Poland，15 November 2007，p. 8.

③ 适用于欧盟成员国。《HELSINKI公约》的缔约国包括丹麦、丹麦、爱沙尼亚、欧盟、芬兰、德国、拉脱维亚、立陶宛、波兰、俄罗斯和瑞典。由于俄罗斯不是欧盟成员国，因此，该指令不适用于俄罗斯。

续表

年份	条约或相关文件	涉及生态系统方法应用的主要内容
2015—2020	生态系统方法在波罗的海海洋空间规划中的应用	基于生态系统方法的波罗的海海洋生态规划实施指南、生态系统方法在海洋空间规划中跨国协调应用指南、跨国协调一致并采用生态系统方法的波罗的海海洋空间规划

第四，促进适应性管理在该海域生物多样性保护与生态保护中的应用。在《波罗的海行动规划》中阐明要"遵循适应性管理原则，在管理实践中应采用协调的方法和最新的信息定期审查和修订目标和指标"，这种适应性管理一方面体现为营养物排海中减排量与最大允许排放量的确定，另一方面体现为污染物排放量与生态系统状况、国家流域规划、减排规划、经济发展等多方面的关联。

第五，强调最佳可得技术（Best Available Technology，BAT）与最佳环境实践（Best Environmental Practice，BEP）的应用。需要明确的是，最佳可得技术与最佳环境实践的应用是一项法定义务而非可选择的措施。这种法定性体现在以下两方面。一是在《HELSINKI 公约》第 3 条"基本原则与义务"中明确规定缔约方必须采用最佳可得技术与最佳环境实践，这是缔约方的义务；二是在该公约第 6 条"关于陆源污染防治的原则与义务"中明确规定，为了防止和消除波罗的海区域的陆源污染，缔约方应承诺，采用最佳环境实践防治所有来源的陆源污染、采用最佳可得技术防治所有点源污染。基于此，各缔约方还应在不损害其主权的情况下，在波罗的海的汇水区（相关流域所在区①）采取上述相关措施。这表明在海洋陆源污染防治中，对于点源污染必须采用最佳可得技术，对于所有来源的陆源污染均要采用最佳环境实践。同时，在该公约的附件 2 中明确规定了最佳可得技术与最佳环境实践的一般性条款、具体的措施等内容。

三　生态系统方法在我国海洋环境保护法中的发展②

从国家层面来看，生态系统方法在我国海洋环境保护立法中仍处于

---

① 在汇水区或相关流域所在的区的适用，表明此规定所涉及技术或管理手段的强调应用已经触及一国国内的环境管理中具体的管理方法或手段的应用。

② 第五章和第六章将对我国的相关内容展开研究，故在此部分仅简述。

萌芽状态，其在海洋环境保护法中的地位与作用正处于渐进性确立之中。这种确立的进程主要通过我国的一些法律法规与环境政策来进一步完善。从地方政府在海洋环境保护战略的实施与海洋生态保护地方性法律法规的制订与完善来看，生态系统方法在海洋管理的应用与实践机制正在逐步确立（本书后文将有系统分析，此处不再详述）。从总体上看，目前我国环境资源法律中的综合生态系统管理理念或原则还不明确、不具体，也缺乏一系列具体的生态系统管理制度（如生态环境影响评价制度、生态系统开发的申报登记制度、生态破坏的恢复与重建制度、征收生态补偿费制度、生态审计制度、生态保护基金制度等）的支持。因此，在将综合生态系统管理法定化、制度化方面，以及在加强综合生态系统管理的法制建设方面，我国还有大量的理论研究工作和实际工作要做。①

---

① 蔡守秋：《综合生态系统管理法的发展概况》，《政法论丛》2006年第3期。

第三章 生态系统方法的立法基石
——社会—生态系统

通过前面两章对生态系统方法、生态系统方法在管理中的应用、生态系统立法现状的梳理,笔者发现生态系统方法对于立法而言,缺乏的不仅有立法实践与具体对应的措施的设计,还有立法的理论基础。而近年来社会—生态系统研究的逐渐发展,则为此提供了更多的参照。在管理学、经济学层面,关于社会—生态系统框架、内涵与特征研究的逐渐明晰,不仅为现代社会生态系统管理提供了科学依据,也为应对社会或生态的挑战提供了关联点。从生态系统保护中所涉及的社会、经济与环境需求,以及生态功能保护所产生的社会、经济与生态效果来看,这种以社会—生态系统为核心的立法选择具有合理性与正当性。另外,社会—生态系统的理念、框架、模型等,在自然资源管理、区域范围内的自然生态系统管理等过程中所形成的社会系统与自然系统的联结点,进一步为生态系统方法在立法中的参照与应用提供"最基础"的本底值,也为我们以法律的方式来促进社会经济发展与生态环境间的和谐共存提供了自然生态的规律与基本认知,还为社会系统的良性发展提供了自然基础与物质条件。

第一节 社会—生态系统的概念

社会—生态系统的框架可用于"诊断"影响社会—生态系统可持续发展的关键变量和过程,同时社会—生态系统的框架为资源环境可持续发展研究提供了一个"最底层"架构,可以帮助收集与社会—生态系统及其相互作用过程相关的数据。① 尽管这种认知有明显的技术导向性特征，但却阐明了社会—生态系统的基础性地位。

一 与社会—生态系统相关的概念

"社会—生态系统"是一个在现代社会生态稀缺性日益严重的时代逐渐演化出来的一个组合性词语，此词语的变化一方面与人类社会发展进程中人类对生态环境破坏与依赖密切相关，另一方面与人类不断反思自我行为相关。在关于人类社会可持续发展概念的进一步阐释中，"智慧圈""生物圈""大气圈"与"人类世"（Anthropocene）这些词语被广泛用来描绘社会—生态的可持续性与可持续发展，特别是"智慧圈"与"人类世"这两个术语在相关软科学领域的广泛探讨为社会—生态系统的研究指明了方向。

（一）智慧圈

"智慧圈"一词系希腊语，与"大气圈"（Atmosphere）、"生态圈"（Biosphere）相对应。"智慧圈"一词首先由法国科学哲学家爱德华·勒·罗伊（Edouard Le Roy）和法国人类学家皮耶尔·泰尔哈德·德·查尔丁（Pierre Teilhard de Chardin）提出，后被俄罗斯自然科学家弗拉基米尔·伊万诺维奇·维尔纳茨基（Vladimir Ivanovich Vernadsky）进一步阐释解读。② 在维尔纳茨基看来，智慧圈是地球连续发展进程中处于地质圈（Geosphere）与生物圈之后的第三大重要圈层③，这一圈层是人类意识与精神活动的范围，而人类在这一圈层的活动也进一步影响着生物圈。④ 智慧圈是指地球上出现并感受到生命活动的地区，是地表包括微生物在内的所有有机体及其岩圈、水圈、气圈大环境的总称。⑤ 从定义来看，智慧圈是包人类社会与自然生态两大基本要素的圈层概念。如若生物圈是地球上最大的生态系统，那么智慧圈则是地球上人类智慧和技术的活动范

---

① 秦海波、李莉莉：《国外社会——生态系统耦合分析框架评介与比较研究》，《云南行政学院学报》2018 年第 3 期。

② Svoboda J., Nabert D., "Noosphere", in *Environmental Geology*, Encyclopedia of Earth Science, Springer, Dordrecht, 1999, p. 428.

③ Institute of Noetic Sciences, "The Global Consciousness Project Meaningful Correlations in Random Data", http://noosphere.princeton.edu.

④ Merriam Webster, "Noosphere", https://www.merriam-webster.com/dictionary/noosphere.

⑤ 欧索罗娃·塔基雅娜：《俄罗斯宇宙主义思想家对人与自然关系的认识》，博士学位论文，内蒙古师范大学，2012 年，第 39 页。

围,是"由于人类有意识的文化干预而发生变化的生物圈"[1];也是自然与社会之间有组织的、通过人的自觉活动相互作用的领域,它以人与生物圈的和谐发展为目标的。[2] 智慧圈的中心主题是生物圈和人类的和谐统一,维尔纳茨基揭示了这种和谐统一的根源,保护生物圈构成的意义在于人类的发展。[3] 此外,维尔纳茨基对生物圈的进化及其逐渐转化、智慧圈的必然性论证则进一步为社会—生态系统的有序管理提供了理论支撑。总体上,维尔纳茨基等及其后续学者对智慧圈的不断完善与解读,不仅进一步深刻认识到了"人类活动对地球的影响",也为"人类理性地从生物圈向智慧圈过渡",渐进有序地"保护地球的生态环境"提供了理论基础。[4]

在智慧圈理论支撑下,维尔纳茨基认为,整个地球外壳的化学状态都是受到各种生命(活生物体)影响的,他的理论不仅阐明了生物的主要特征以及非生命体对生物体的影响方式,而且阐明了两者间的反向关系(生物体对非生物环境的影响以及非生物自然物质的形成过程,如作为生物栖息地的土壤)的基础重要性。地球生物圈所包含的并不是与其环境不同的生命,而是一种生物物质,即与其周围生物圈环境有着错综复杂联系的全部生物。所有强大的地质因素与生物圈是分不开的。[5] 这种以智慧圈为核心、以自然科学为基础的人类宇宙主义认识论,在一定意义上为我们阐释了改善人与自然的关系的哲学基础,也为人类自身行为的不断改善与提升提供了科学认知,并在此基础上进一步为人类行为的理性选择提供了探寻方向。

---

[1] Klaus‐Jürgen Evert, Edward B. Ballard, David J. Elsworth et al., *Encyclopedic Dictionary of Landscape and Urban Planning*, Springer‐Verlag Berlin Heidelberg, 2010, p. 630. Online ISBN 978‐3‐540‐76435‐9.

[2] 欧索罗娃·塔基雅娜:《俄罗斯宇宙主义思想家对人与自然关系的认识》,博士学位论文,内蒙古师范大学,2012年,第39页。

[3] 欧索罗娃·塔基雅娜:《俄罗斯宇宙主义思想家对人与自然关系的认识》,博士学位论文,内蒙古师范大学,2012年,第41页。

[4] 欧索罗娃·塔基雅娜:《俄罗斯宇宙主义思想家对人与自然关系的认识》,博士学位论文,内蒙古师范大学,2012年,第29页。

[5] Danilov‐Danil'yan, Victor I., Losev K. S. et al., "Toward a Systemic Understanding of the Biosphere", in *Sustainable Development and the Limitation of Growth*, Springer Praxis Books, Springer, Berlin Heidelberg, 2009, pp. 99–115.

（二）人类世

"人类世"这个词在 2002 年因荷兰大气化学家保罗·J. 克鲁岑的推广而被广泛应用，但该词早在 20 世纪 60 年代就被苏联科学家用以指代第四纪（最近的地质时期）。保罗·J. 克鲁岑认为，近三个世纪以来，人类行为对地球环境的影响正在全面提升，特别是自 18 世纪英国工业革命开始以来，人与自然的相互作用加剧，人类成为影响环境演化的重要力量，地球已在人类数千来的改造中脱离了本有的自然面貌。① 现在的人类有能力破坏自然的一些基本循环，并在全球范围内改变自然。② 就人类活动给地球带来的影响而言，这可能是地球有史以来第一次出现单一物种给地球带来如此巨大变化的时代，也是将"人类世"作为一个地质学或地层学概念的重要原因。③ 人对自然环境的影响增长如此之快，不久就将变成一个主要的地质力量。④ 而人类作为一种全球性的、堪比自然力的地质力量，要为这一新的地质时代的到来负主要责任。⑤

"人类世"一词不仅道出了人类对种种全球系统日积月累的影响的程度⑥的认可，也阐释了近几个世纪以来，人类对整个地球的影响发生了巨大的变化。尽管，"人类世"把人类作为一个整体来考虑，这一概念倾向于忽视不同的人群对地球的影响的地区差异。⑦ 这种整体化的思考模式可能会导致不同群体或区域的无区别责任的确立。"人类世"也可能过于强

---

① Crutzen Paul J., "Geology of Mankind", in Crutzen Paul J., Brauch H. eds., *A Pioneer on Atmospheric Chemistry and Climate Change in the Anthropocene*, Springer Briefs on Pioneers in Science and Practice, Springer, Vol. 50, 2016.

② Massard‑Guilbaud G., Mathis C. F., "A Brief Introduction to the History of Pollution: From Local to Global", in Cravo‑Laureau C., Cagnon C., Lauga B. et al. eds., *Microbial Ecotoxicology*, Springer Cham, 2017, pp. 3–13.

③ 张旭鹏：《"人类世"与后人类的历史观》，《史学集刊》2019 年第 1 期。

④ 欧索罗娃·塔基雅娜：《俄罗斯宇宙主义思想家对人与自然关系的认识》，博士学位论文，内蒙古师范大学，2012 年，第 39 页。

⑤ Sophia Jeong, Stacey Britton, Kimberly Haverkos et al., "Composing New Understandings of Sustainability in the Anthropocene", *Culture Study of Science Education*, Vol. 13, 2018, pp. 299–315.

⑥ 克里斯托弗·J. 普雷斯顿：《多元人类世：打碎一种总体化话语》，王爱松译，《国际社会科学杂志》（中文版）2018 年第 4 期。

⑦ 欧索罗娃·塔基雅娜：《俄罗斯宇宙主义思想家对人与自然关系的认识》，博士学位论文，内蒙古师范大学，2012 年，第 39 页。

调经济和技术因素，而忽视政治和意识形态方面的内容。[①] 这种无视政治或意识形态的思考可能会导致实践中的生态霸权主义产生。尽管如此，但"人类世"作为一个新近出现的描述整体性人类行为的术语，在提醒人类对整个地球影响的规模以及在过去半个世纪左右对生态圈的增长或改变速度而言，具有很好的借鉴与警示意义。关于人类世，最普遍接受的观点是，人类世始于工业革命和化石燃料使用的增长之后。[②] 尤其是在第二次世界大战以后，整个人类社会都处于急速增长过程中，特别是工业的普遍增长、农业生产模式的变化、人口快速增加、全球化与城市化进程的进一步加剧等，使人类对化石能源的需求进一步增加，也导致人类对整个地球生态的影响进一步加剧。若要成功管理人类世的地球，采用地缘政治生态学的观点，把重点放在全球经济生产，而不仅仅是传统的环境保护观念，是未来的关键。[③] 这种人类世理念中所涉及的经济全球化与生态全球保护的总体趋势虽然在短期内很难有实质性突破，但从长远来看，在某些方面以人类整体作为行为规范对象来保护全球生态不失为未来生态管理的一个选择。

二 国内外关于社会—生态系统基本概念的研究

关于社会—生态系统基本内涵的研究颇多，不同称谓、不同视角、不同层面及不同群体的研究给出了不同的含义。从其所囊括的范围来看，广义上的社会—生态系统几乎可以涵盖地球上所有内容；从具体的文字表述来看，目前的说法颇多，如社会—环境系统、社会—资源系统、人类—生态系统等，虽然并未统一，但"社会—生态系统"是近年来被广泛接受的表述。综观现有的研究，我们可以从以下几方面来对"社会—生态系统"这个概念进行进一步研究。下文主要从区域与全球这两个层面进行解读。

[①] Massard-Guilbaud G., Mathis C. F., "A Brief Introduction to the History of Pollution: From Local to Global", in Cravo-Laureau C., Cagnon C., Lauga B. et al., eds., *Microbial Ecotoxicology*, Springer Cham, 2017, pp. 3–13.

[②] Steffen Will, Crutzen Paul, McNeill John R., "The Anthropocene: Are Humans Now Overwhelming the Great Forces of Nature?" *Ambio*, Vol. 36, No. 8, 2007, pp. 614–621.

[③] Simon Dalby, "Contextual Changes in Earth History: From the Holocene to the Anthropocene—Implications for Sustainable Development and for Strategies of Sustainable Transition", in H. G. Brauch et al. eds., *Handbook on Sustainability Transition and Sustainable Peace*, Springer International Publishing Switzerland, 2016, pp. 67–88.

(一) 国外关于社会—生态系统概念的研究

在全球层面上,关于社会—生态系统的系统性研究相对较少。近年来,虽然有学者从全球可持续管理的视角与社会—生态系统概念的整合性界定中,指出了全球化层面关于社会—生态系统研究的不足[1][2],但依然未就该层面的基本概念与要素给出明确界定。在全球层面上,社会—生态系统研究不足主要表现以下两方面的内容。一是未能在全球层面就全球范围内社会—生态系统的保护达成一致或形成具有共识的保护原则或协议。虽然近几十年来,发达国家积极利用社会—生态系统中的可持续管理工具,通过污染型产业转移或污染物转移等形式将污染产生的危险或污染直接转移出去,的确在一定程度上减少了国内的污染,但这种以局部或区域污染防治或生态保护为基础的解决方式,并不能有效解决全球范围内的生态问题,这种做法只是改善了某些国家的环境状况。[3] 在这种情况下,全球社会—生态系统的发展仍然是不可持续的。二是关于能否依据哲学意义上的"智慧圈""人类世"等综合地保护整个地球的社会—生态系统,目前的研究仅停留于哲学层面或理论研讨层面,并没有此方面的对策研究。虽然有学者分析了全球化进程对社会—生态系统的特性、适应性与脆弱性的影响,阐明了这三性不仅是社会—生态系统的一种能力,同时也给出了全球化的解释[4],但并未给出全球化层面社会—生态系统的具体内涵。

在区域层面上,一些学者或实践部门开展的关于保护、保存或管理生态系统的规划政策的设计或管理框架的构建,为生态系统方法应用于立法实践提供了有用的工具,此类研究相对较多,且涉及的范围包含森林、陆地、渔业、近海海域等不同领域或区域。目前在区域层面关于社

---

[1] Lina María Berrouet, Jenny Machado, Clara Villegas-Palacio, "Vulnerability of Socio-ecological Systems: A Conceptual Framework", *Ecological Indicators*, Vol. 84, 2018, pp. 632-647.

[2] Aleksey F. Rogachev, Viktoria N. Ostrovskaya, Alexandr S. Natsubidze et al., "Tools for Sustainability Management of Socio-ecological Systems in the Globalizing World", in E. G. Popkova ed., *HOSMC 2017*, AISC, Vol. 622, 2018, pp. 241-247.

[3] Aleksey F. Rogachev, Viktoria N. Ostrovskaya, Alexandr S. Natsubidze et al., "Tools for Sustainability Management of Socio-ecological Systems in the Globalizing World", in E. G. Popkova ed., *HOSMC 2017*, AISC, Vol. 622, 2018, pp. 241-247.

[4] Oran R. Young, Frans Berkhout, Gilberto C. Gallopin et al., "The Globalization of Socio-ecological Systems: An Agenda for Scientific Research", *Global Environmental Change*, Vol. 16, 2006, pp. 304-316.

会—生态系统的研究主要包括以下三方面。第一，通过生态系统为满足人类需要所提供的服务来分析生态系统的影响范围[1]，并进一步为一定区域提供宏观性战略规划或政策体系。第二，研究生态系统服务的需求和贴现的社会动态如何调整、改变或决定生态系统的生态完整性，为生态系统服务的价值评估等提供依据。第三，通过研究社会和生态系统对内生或外部驱动力的反馈来探寻社会—生态的反应方式与改变模式。[2] 总体上，虽然在区域层面关于社会—生态系统管理模式、原则、对策等的研究较多，但很少有人就其基本内涵给出明确定义。

对于社会—生态系统的研究，国外的研究相对较早也较系统。综观近些年来国外学者的研究，对社会—生态系统概念的界定主要包括下述两类。

一是以社会—生态系统的内部组成要件为其内涵或具体构成的实质要件来界定。马尔科夫在《社会生态学》中指出社会—生态系统是一个闭锁的功能系统，它包含了地理系统、生物系统与社会系统。[3] 奥兰·R. 杨（Oran R. Young）等对社会—生态系统的界定中给出了此系统所应具备的能力（这种能力是弹性、脆弱性与适应性的综合）[4]，总体上看这种能力的界定主要围绕自然生态系统来进行论述，没有综合性给出社会—生态系统的相关要素。除了认为人类实际上是所有生态系统的组成部分，查尔斯·L. 雷德曼（Charles L. Redman）等[5]还从以下四方面进一步定义了综合的社会—生态系统（Integrated Social - ecological Systems）：定期以有复原力、可持续的方式相互作用的生物物理和社会因素协调一致的系统；在多个空间、时间及组织尺度上被定义的系统，这一系统也可以

---

[1] Burkhard B., Kroll F., Nedkov S. et al., "Mapping Ecosystem Service Supply, Demand and Budgets", *Ecological Indicators*, Vol. 21, 2012, pp. 17 – 29.

[2] Van Oudenhoven et al., "Framework for Systematic Indicator Selection to Assess Effects of Land Management on Ecosystem Services", *Ecological Indicators*, Vol. 21, 2012, pp. 110 – 122.

[3] [苏] Ю·Г·马尔科夫，《社会生态学》，雒启珂等译，中国环境科学出版社1989年版，第4—5页。

[4] Oran R. Young, Frans Berkhout, Gilberto C. Gallopin et al., "The Globalization of Socio - ecological Systems: An Agenda for Scientific Research", *Global Environmental Change*, Vol. 16, 2006, pp. 304 – 316.

[5] Charles L. Redman, Grove J. Morgan et al., "Integrating Social Science into the Long - term Ecological Research (LTER) Network: Social Dimensions of Ecological Change and Ecological Dimensions of Social Change", *Ecosystems*, Vol. 7, No. 2, 2004, pp. 161 – 171.

是分层关联的；具备一系列关键资源要素（如自然、社会经济和文化），且这些要素的流动与使用是由社会—生态系统共同支配或主导的系统；具有持久适应性的动态复杂系统。同时，查尔斯·L. 雷德曼等所界定的社会—生态系统更强调社会系统与生态系统这两个系统间的相互作用。诚如查尔斯·L. 雷德曼等指出的那样，虽然在社会—生态系统的研究中存在着诸多差异，但大多数研究者都认为以下两类变量对生态系统的影响较大：生态驱动因素（如地质背景、气候及其变化、初级生产力模式、水文过程和其他生物物理因素等）；与人类活动直接相关的驱动因素。[1] 尽管与人类活动直接相关的驱动因素已经明确被提出且得到了较多的人文关注，但此类实证研究鲜有。

二是以社会—生态系统的相互关联为基础的综合性抽象性界定。如加洛潘（Gallopin）将社会—生态系统定义为"包括社会（人类）与生态（生物物理）子系统的相互作用的系统"[2]。安德烈斯（Anderies）等将社会—生态系统定义为"与一个或多个社会系统错综复杂地联系在一起并受其影响的生态系统"[3]。维罗尼卡·高比（Veronika Gaube）等给出了社会—生态系统模型（参见图 3-1）[4][5]，在此模型中，社会—生态系统包含纯自然生态系统、纯社会系统、社会与自然生态系统的交集三个领域。从维罗尼卡·高比等所构建的社会—生态系统模型中可以看出：从二者

---

[1] Charles L. Redman, Grove J. Morgan et al., "Integrating Social Science into the Long-term Ecological Research (LTER) Network: Social Dimensions of Ecological Change and Ecological Dimensions of Social Change", *Ecosystems*, Vol. 7, No. 2, 2004, pp. 161–171.

[2] Gallopin C., "Linkages Between Vulnerability, Resilience, and Adaptive Capacity", *Global Environmental Change*, Vol. 16, No. 3, 2006, pp. 293–303.

[3] Anderies J. M., Janssen M. A., Ostrom E., "A Framework to Analyze the Robustness of Social-ecological Systems from an Institutional Perspective", *Ecology and Society*, Vol. 9, No. 3, 2004. (online). Available at: http://www.ecologyandsociety.org/vol9/iss1/art18/.

[4] Veronika Gaube, Helmut Haberl, "Using Integrated Models to Analyse Socio-ecological System Dynamics in Long-term Socio-ecological Research—Austrian Experiences", *Long Term Socio-Ecological Research*, Vol. 2, 2013, pp. 53–75.

[5] 在社会—生态系统模式研究过程中，笔者对 Veronika Gaube 等所建构社会—生态系统模型做出了适当的修订，Veronika Gaube 等是从文化视角将社会作为一个完整的因子纳入整个社会—生态系统中去的，而本书将社会作为一个完整的因子纳入其中。另外，本图的制作也参考了下文对社会—生态系统的认知，具体请参阅 Haberl H., Fischer-Kowalski M., Krausmann F. et al., "Progress Towards Sustainability? What the Conceptual Framework of Material and Energy Flow Accounting (MEFA) Can Offer", *Land Use Policy*, Vol. 21, 2004, pp. 199–213。

的因果关联性上看,虽然二者间存在交集,但纯自然系统与纯社会系统并不总是相互作用的。阿尔明·哈斯(Armin Haas)等认为,社会—生态系统的概念由四个相互作用的子系统(社会、经济、生态和制度系统)组成。[①] 在阿尔明·哈斯等对社会—生态系统的界定中,经济与制度系统是独立作为子系统的,这种认知在一定程度上突出了经济系统与制度系统在社会—生态系统运行中的重要性。除了上述两类,还有学者将上述两者结合起来阐释社会—生态系统的内涵,如玛丽恩·格拉泽(Marion Glaser)等认为,社会生态系统包含了生物—地质—物理单元及其关联的社会角色和制度;社会生态系统是复杂的、适应性的和被空间或功能边界所分割的。[②]

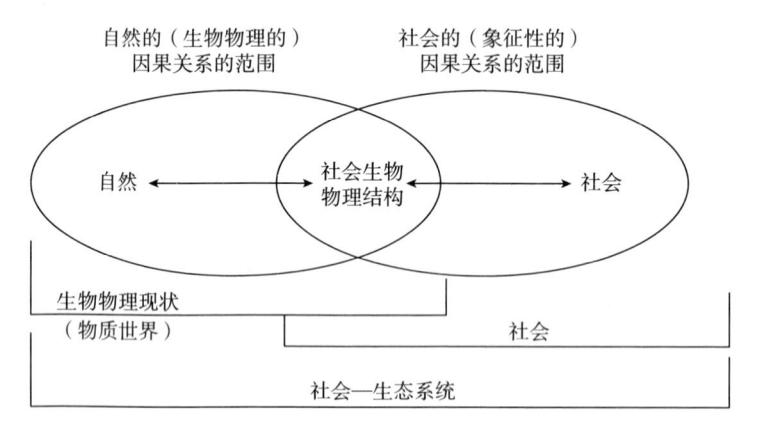

图 3-1 自然与社会因果关系层面上的社会—生态系统

综观国外的研究,多围绕自然资源的持续与有效利用而展开,并在此基础做出一些拓展,延伸至生态系统的保护;同时也有学者阐明了社会系统与生态系统的人为划分在某种程度上具有武断性。[③] 如上所述,虽

---

① Armin Haas, Qian Ye, Peijun Shiet al., "Transitions into and Out of a Crisis Mode of Socio-ecological Systems", in Fra. Paleo U. eds., *Risk Governance*, Springer Dordrecht., 2015, pp. 503 – 507.

② Marion Glaser, Gesche Krause, Beate M. W. Ratter et al., *Human – Nature Interactions in the Anthropocene: Potentials of Social – Ecological Systems Analysis*, Routledge Press, 2012, pp. 20 – 30.

③ Berkes F., Colding J. and Folke C. et al., *Navigating Social – ecological Systems: Building Resilience for Complexity and Change*, Cambridge University Press, 2003, 转引自 *Biological Conservation*, Vol. 119, Issue 4, October 2004, p. 581。

然目前的研究较多，但就其概念及应用而言，对于社会—生态系统的研究是在不同学科或共享隔离（Community Isolation）的条件下产生的，缺乏适当的手段使其成为相互聚合和共同受益的工具。[1] 此外，目前对社会—生态系统的研究涉及的范围依然十分有限，既未对社会—生态系统模型、要素等开展较为深入的研究，亦未就社会—生态系统的内涵界定给出相对一致的认知，而且这些研究亦未深入解构出社会—生态系统的概念所蕴含的基本特征与外延。正因此，这些研究亦为后续此问题的研究提供了多种可能与多种选择：一是是否应对社会—生态系统的内涵与外延进行深入研究，这种研究的现实意义与理论价值何在；二是社会—生态系统的建模、要素研究能否替代其内涵与外延研究；三是社会—生态系统的界定是以社会系统为基础还是以生态系统为核心；四是目前以经济学研究为主导的社会—生态系统的研究体系对于社会—生态系统的持久性保护会产生何种影响，这种影响对相关对策或制度的确立又会产生何种影响等。这么多待解问题的出现，从另一个层面表明了社会—生态系统研究的开放性与可拓展性，也进一步表明了社会—生态系统在实践中界定的困难性与难以统一性。

（二）国内关于社会—生态系统概念的研究

国内对社会—生态系统概念的界定最早是从哲学视角提出的，后来慢慢有学者尝试从经济学视角来研究社会—生态系统的要素与模型，其中对社会—生态系统的建模、要素等的理论性或基础性研究以引介国外的居多，对国内社会—生态系统的要素与模型等的特定性问题的研究较少。这种现状表明，社会—生态系统的概念、模式与要素等内容的研究在国内仍须进一步加强。尽管如此，国内的一些研究依然能提供许多有价值的可供借鉴参考的内容。

叶峻是较早对社会—生态系统进行研究的学者，认为社会—生态系统是"人类智慧圈的基本功能单元"，是人类社会系统及其生态环境系统在特定时空的有机结合；由无数形态各异、特征迥异的基本单元所组成的"智慧圈"是"极为庞大和复杂精巧的社会生态巨系统，也是社会生

---

[1] Stefan Partelow, "Coevolving Ostrom's Social–ecological Systems (SES) Framework and Sustainability Science: Four Key Co-benefits", *Sustainable Science*, Vol. 11, No. 3, 2016, pp. 399–410.

态系统的最高层次"①。此界定源自哲学视域,虽然在社会—生态系统的提出方面具有开创性与先导性,但对于生态系统方法立法中社会—生态系统的界定而言显得十分抽象与概括,仍有待进一步明确与细化。赵庆建等认为,社会—生态系统是由植物、动物、微生物群落以及无机环境构成的生态系统和社会经济系统相互作用而构成的一个动态、复杂的功能体。② 此界定结合了现有研究成果,是在社会与生态系统综合认知基础上的界定,对于生态系统方法在立法上的应用具有可借鉴性。但该界定仍主要局限于纯生态学视角下的社会—生态系统,而并没有有效地将不同层面的人类活动、社会活动在其中的作用融入。诚如2006年7月17日所发布的《联合国海洋和海洋法问题不限成员名额非正式协商进程第七次会议的工作报告》中所指出的那样,"生态系统方法应以管理人类行为为重点",若不将人类社会作为一个重要角色内置于社会—生态系统的界定中,那在具体法律原则的确立、相应法律制度的构建中便很难具有针对性与可实践性。就我国的研究而言,的确"社会—生态系统是错综复杂的网状结构,其运行轨迹很难确定"③,但由于其结构与运行轨迹的系统性研究目前依然十分缺乏,要想明确地认知其内涵,仍需结合国内外的相关研究,在综合系统分析的基础上给出。

总之,就我国关于社会—生态系统的内涵或界定而言,学者已逐渐习惯于用"社会—生态系统"一词来强调人与自然的整合,也倡导社会—生态系统管理在实践中的应用,但如何将社会系统与生态系统二者有效关联起来,仍相当困难,尤其是在具体对策的选择与制订中。就目前而言,如何将多年来人为划分的社会系统与生态系统关联起来,并非两个词的简单组合,更多的是需要建立二者之间的衔接机制、关联机制与回馈机制,将二者真正融合起来才能将社会—生态系统作为一个整体。

三 社会—生态系统概念的界定

目前,既没有就社会—生态系统的界定达成共识,也没有将其作为一个普适性的理念在实践中予以广泛应用。除了在部分区域的资源管理

---

① 叶峻:《人天观:人体科学和社会生态学的哲学》,《烟台大学学报》1997年第4期。

② 赵庆建、温作民:《社会生态系统及其恢复力研究——基于复杂性理论的视角》,《南京林业大学学报》(人文社会科学版)2013年第4期。

③ 王琦妍:《社会—生态系统概念性框架研究综述》,《人口·资源与环境》(专刊)2011年第3期。

中对此有相对系统的应用与认知,在大部分情况下依然是不明晰的。尽管现状如此,从第二章的研究内容不难看出,自20世纪90年代以来,生态系统方法在实践中的应用正一步步促进其发展。

大量前人的研究使得社会—生态系统的界定也逐渐清晰。关于社会—生态系统的界定,国内外研究为本书提供了极有益的参考,其中查尔斯 L. 雷德曼等所给出的概念框架(参见图3-2)具有典型参考价值。查尔斯 L. 雷德曼等所构建的概念框架,不仅明确给出了影响社会—生态系统的基本要素,还清晰地表明了这些要素的关系。事实上,在对社会—生态系统的界定中,自然生态、社会经济政治要素分别表明了其自然依附性与人类影响性,这是其自然性与社会性体现中的实体性要素。其中,自然生态是其自然属性与自然演进中不可或缺的,而社会经济政治要素则是其社会属性与人类社会发展中不可或缺的。仅给定这两个实体性要素并不能完全确定社会—生态系统的内涵,因其未阐明二者的交互性与影响机理。正是基于这种认知,查尔斯 L. 雷德曼等给出了生态模式与社会模式的进程,这两种模式在演进中通过相互作用发生关系,使社

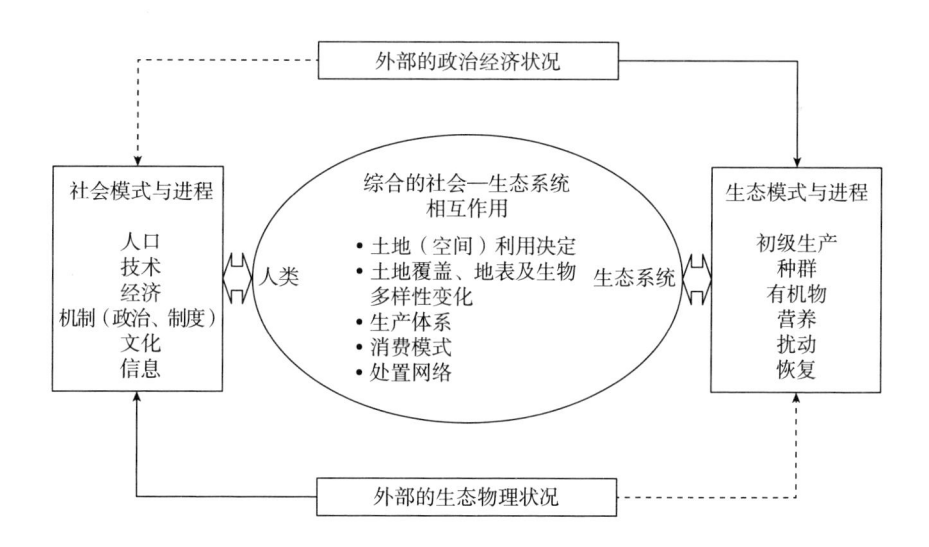

图3-2 社会—生态系统的概念框架

资料来源:Charles L. Redman, Grove J. Morgan et al., "Integrating Social Science into the Long-term Ecological Research (LTER) Network: Social Dimensions of Ecological Change and Ecological Dimensions of Social Change", *Ecosystems*, Vol. 7, No. 2, 2004, pp. 161-171.

会—生态系统成为一个紧密关联体。就社会—生态系统的界定而言，可综合考虑以下几方面来切入。

首先，社会性是社会—生态系统概念界定的核心。尽管我们强调生态系统保护的重要性，也强调在保护中的"环境优先"或"生态优先"，但"生态实践理性本质上属于应然性的社会实践范畴"[①]。这表明，如何对社会—生态系统进行界定，依然基于人的认知、人的选择以及人的取舍，也正是从这个意义讲，社会性是其首要因素。对于人类而言，如何让地球这一最大的生态圈更持久地存续与良性地发展，是社会经济发展与对策选择过程中必须有所取舍并有所限制的。就污染防治与生态保护的实质而言，最终都将在人类行为的限度内做出理性抉择，并基于这种抉择制订出相应的对策与制度。在生态系统方法的应用与相关制度的形成过程中，社会—生态系统及社会—生态系统的可持续能力是基础性概念，也是区别于其他污染防治措施与生态保护方法的核心。无论社会—生态系统以何种形式或何种名称表现出来，其最终的实践形式多是以对人类行为的规范或限制为基础展开的，从这个意义上讲，社会—生态系统的内涵仍需要围绕人类社会的发展来考量。将社会性作为社会—生态系统的核心要素予以考量并不代表忽略对生态性的认知，而是从更积极主动的视角对人类社会的整体性发展模式、规制方式等进行全面衡量。这是一种主动视角下人类社会整体性的自我认知、自我限制与自我规范的起源。

其次，生态性是社会—生态系统概念界定的基石。社会—生态系统的生态性是该系统存续与演进所具有的自然依附性、环境依赖性与相互关联性。从唯物辩证法的视角来看，本质上人类和自然界是矛盾的统一体，具有辩证统一且相互影响的关系。就社会系统与自然生态系统的关系而言，特定的环境状况（或自然生态状况）是社会运行的基础条件，没有这样的条件就谈不上社会系统的运行与发展，更别说良性运行和协调发展。[②] 自然生态环境既是社会运行的基础，也对社会运行具有重要的功能。[③] 一方面，人类生存在自然界中，属于整个自然界的一部分，无法

[①] 柯坚：《生态实践理性：话语创设、法学旨趣与法治意蕴》，《法学评论》2014年第3期。

[②] 郑杭生：《"环境—社会"关系与社会运行论》，《甘肃社会科学》2007年第1期。

[③] 童志锋：《"环境—社会"关系与中国风格的社会学理论——郑杭生生态环境思想探微》，《社会学评论》2017年第3期。

离开自然界单独存在，人类的繁荣与发展和自然界息息相关。另一方面，人类在依靠自然界生产生活的同时也在改造自然界，人与自然之间的辩证统一关系要求人类在自然界中的实践活动要遵循自然界的客观规律，否则人类将受到自然界的惩罚。① 自然界是人类进行一切生产和生活活动的场所，人与自然之间的互动以及人们的社会关系对自然有直接的影响。只要人类生活在这个世界上就必然与自然界发生联系，自然界就必然处于不断被改造的过程中。② 因此，社会—生态系统中的生态性作为其基石，不仅表明了整个人类社会对于自然生态环境的高度依赖性，也彰显出自然生态系统的保护与存续亦对人类的选择与干预具有密切的依附性，要想使整体社会—生态系统达至整体化演进的状态，必须形成良性的互动机制，更要充分反思现有人类社会发展、生产与生活模式。归根结底，对于社会—生态系统的生态性的认可也是人类社会的一种主动选择，是人类整体在反思基础上自我调适、自我反馈与自我改善的过程，这一过程也是对生态系统方法的一种传承与沿袭。当然这种传承与沿袭一定是在人类社会整体对自然生态规律的有效认知基础上的。

最后，非线性、复杂性与动态性是社会—生态系统概念界定中必须充分考量的基础要素。关于社会—生态系统的基本要素与框架，一直以来都是生态学、管理学、社会学等相关学科研究的难题，特别是对社会—生态模式演化进程中的非线性、复杂性与动态性问题的认知。在本书的研究中，除了充分参考图3-2中查尔斯 L. 雷德曼等对社会—生态模式与进程的观点，还将结合耦合性人类—环境系统③内部作用机理（参见图3-3，在下文的论述中将统一用"社会—生态系统"代替"人类—环境系统"）、过程与流程（参见图3-4）来论述。

从耦合性的社会—生态系统的内部作用机理（参见图3-3）来看：整体上，社会—生态系统是"作为一种功能闭锁系统"而存在的，在功能闭锁的条件下，社会活动的结果将通过自然环境重新作用于社会状态，

---

① 贾子贤：《马克思人与自然关系理论的时代价值》，《人民论坛》2019年3月（中旬）。
② 阮玉春：《解析马克思关于人的发展的自然观》，《马克思主义研究》2017年第9期。
③ 笔者认为，此处的"人类—环境系统"与本书中的"社会—生态系统"是同一个指称对象。本书中图3-3与图3-4均采用原作者的"人类—环境系统"的表述，这是对于原研究者的一种尊重，也是对二者（"人类—环境系统"与"社会—生态系统"）相同指向的认可。

并影响到整个系统的全球性动态平衡。① 社会系统（人类系统）与自然生态系统（环境系统）在发展演化进程中的相互作用与影响表现为以下两个层面五类影响。

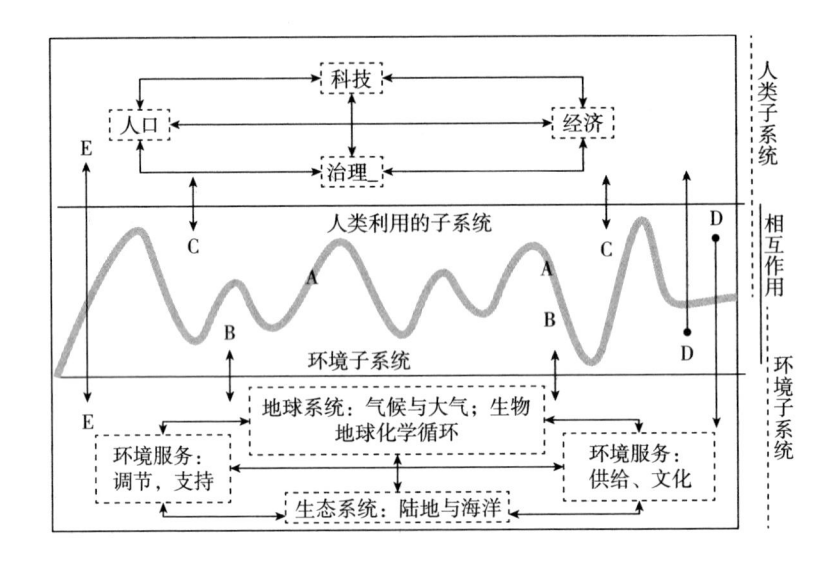

图3-3 耦合性人类—环境系统的内部作用机理

注：A——近邻端相互作用（两个子系统最密切相关因素）；B/C——每个子系统的影响及每个子系统所受相关进程的影响；D——最临近的水平动态学对其他子系统的直接影响；E——外部耦合系统相互作用可能改变上述ABCD的情形。

资料来源：William Clark, "Stainability Science SDG, Chapter 1. 3 The Human - Environment System", https://groups.nceas.ucsb.edu/sustainability-science/2010%20weekly-sessions/session-4-2013-10.4.2010-the-human-environment-system-a-conceptual-framework/required-reading-from-the-book/1_3_Human_Envt_System_vS1.pdf/view。该文献由剑桥大学的学生小组制作，由哈佛大学的William Clark指导。

第一个层面是人类系统与环境系统的直接近邻相互作用下所产生的影响，这一影响以曲线A的形式表现出来（参见图3-3与图3-4中的曲线A）。曲线A是人类子系统和环境子系统之间存在着直接的和近邻的相互作用，表明人类社会系统与自然环境系统的相互作用（或影响）是

---

① [苏] Ю. Г. 马尔科夫：《社会生态学》，雒启珂等译，中国环境科学出版社1989年版，第4—5页。

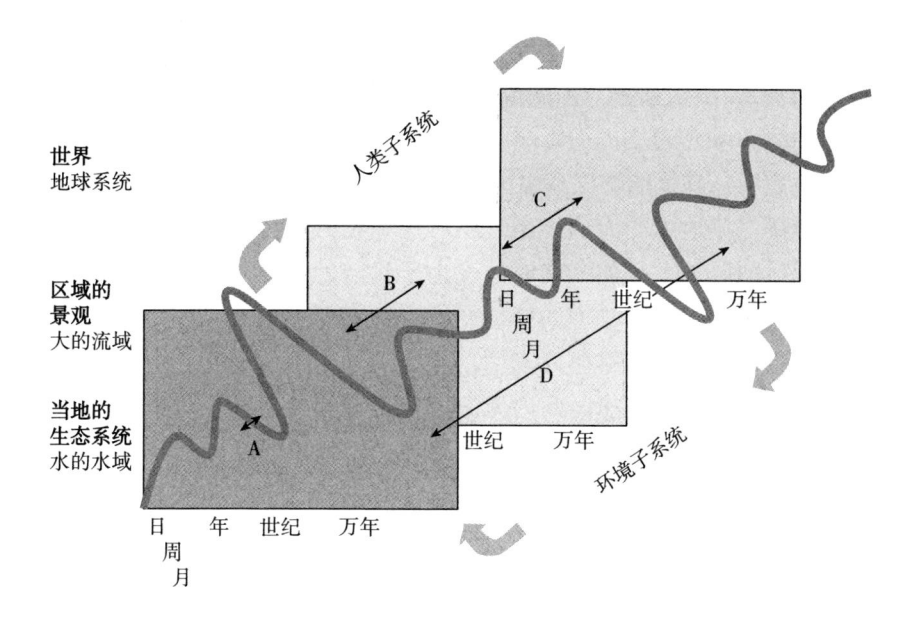

图 3-4　不同时空尺度下人类子系统与环境子系统的过程与流程

注：A——近邻端相互作用（两个子系统最密切的相关因素）；B/C——每个子系统的影响及每个子系统所受相关进程的影响；D——对其他子系统接近水平动力学程度的影响。

资料来源：William Clark, stainability Science SDG, Chapter 1.3 The Human - Environment System, https://groups.nceas.ucsb.edu/sustainability-science/2010%20weekly-sessions/session-4-2013-10.4.2010-the-human-environment-system-a-conceptual-framework/required-reading-from-the-book/1_3_Human_Envt_System_vS1.pdf/view.

最基础与最直接的，其中包含了人类对环境子系统的管理（如草原游牧管理制度与郊区化），这种管理的目的在早期常常是确保当地的或局部的（如草原或河漫滩）生态系统功能并使其能够提供预期的生态服务（尤其是生态系统所提供的供给服务）①；也包含了人类活动对可认知的影响范围内的其他干预（如水污染物向一定水域的排放控制与监管、大气污染物的排放控制），这种干预与人类的经济社会发展中的人类认知有关，且对生态系统的保护具有被动性。从现有生态系统方法在生态环境管理中

---

① William Clark, "Stainability Science SDG, Chapter 1.3 The Human - Environment System", https://groups.nceas.ucsb.edu/sustainability-science/2010%20weekly-sessions/session-4-2013-10.4.2010-the-human-environment-system-a-conceptual-framework/required-reading-from-the-book/1_3_Human_Envt_System_vS1.pdf/view.

的应用来看，目前主要从管理层面与立法层面通过相关的行为限制（附条件的鼓励）、事项禁止（限制或禁止）的方式来进行调控的内容，大多是围绕曲线 A 典型范围内的影响所展开的。如以科尔沁沙质草地为对象，通过研究表明：施氮能够提高中国北方半干旱地区沙质草地生产力。① 局部区域范围内草地生产力的提高表明，这种人为的行为改变了生态系统原来所提供的服务。另外，就频繁发生于我国的土地整理行为而言，土地整理所带来的生态影响也同样会产生这种近邻端的相互作用，如河北省涞源县的土地整治项目研究表明：开展土地整治后一年，由于原有生态系统平衡被破坏且在短时间内无法恢复至稳定状态，项目区内农田生态系统的单位面积生态系统服务价值降低，土地整治活动所涉及的各类型生态系统的单位面积生态系统服务价值较整治之前也有所降低，但项目区内的农田生态系统经过不同时间的恢复后，单位面积生态系统服务价值呈现先降低，后缓慢升高，再快速升高，最后趋于平缓的变化规律。② 人类行为通过土地整理行为对农田生态系统的这种近邻端的影响表明，在很大程度上，人类行为与小范围内的自然生态系统的变化间会发生直接的关联性。

然而，伴随着人类对自然生态系统影响范围与程度的逐渐扩张，以及人类对自然生态认知的不断拓展，人们开始认真考虑人类社会对整个自然生态的影响，特别是随着"地球圈""人类世"等重要概念的引入，人们更进一步加深了对二者间关系的认知。因此，也开始了对社会—生态系统中更长远事项的评估与考量，人类对环境子系统长远影响的认知与干预，可能会涉及更漫长的时间与更遥远的距离。这种直接的和临近的相互作用一直在社会—生态系统的演进中占据主导地位，也是人类对其行为及行为后果的影响进行干预的最直接体现，这是社会—生态系统进程中相互作用与影响的最根本的体现。③ 此层面的影响虽然以本地或局

---

① 孙学凯、林力涛、于占源等：《施氮对沙质草地生态系统碳交换特征的影响》，《生态学杂志》2019 年第 1 期。
② 杨金泽：《土地整治项目对生态系统服务的影响研究》，硕士学位论文，河北农业大学，2018 年，第 43 页。
③ William Clark, "Stainability Science SDG, Chapter 1. 3 The Human – Environment System", https: //groups. nceas. ucsb. edu/sustainability – science/2010% 20weekly – sessions/session – 4 – 2013 – 10. 4. 2010 – the – human – environment – system – a – conceptual – framework/required – reading – from – the – book/1_ 3_ Human_ Envt_ System_ vS1. pdf/view.

部有限地域范围内为主，但也会对地球生态系统的整体产生影响。总之，曲线 A 所呈现出来的是人类社会与自然生态这两者间的直接的相互作用，这种相互作用是在社会进程与自然进程中所展现出的社会—生态系统二者相互作用的主线，也是二者相互影响的最直接体现。

第二个层面是超越了直接近邻端相互作用之外的相互影响。这种相互影响包含了三种情况（参见图 3-3 与图 3-4 中 B、C、D 与 E）。第一种情况是社会—生态系统相互作用后再进一步对人类社会或自然生态系统所产生的影响。这种影响是由上述曲线 A 进一步对两个子系统（人类子系统与自然环境子系统）所产生的作用（参见图 3-3 与图 3-4 中的 B 与 C），其中 B 所表示的是社会—生态系统的近邻端相互作用与环境子系统间的相互影响（如岩石类型、土壤肥力、区域内的生物组织等），C 所表示的是社会—生态系统的近邻端相互作用与人类子系统间的相互影响（如人口压力、地租、市场等所产生的影响）。相较于曲线 A 而言，B 与 C 所显示出来的作用与影响具有一定的滞后性与广域性，主要是在较大地域范围内发生，其产生实际影响的时间可能也会更长。此方面的影响一般具有相对明显的时滞效应。对于这两方面的影响而言，通过立法干预所取得的生态效果可能不是特别明显，这方面可以考虑从国家宏观政策、战略规划的角度做出调整，然后再通过法律的方式予以调控。第二种情况是人类与环境两个子系统间直接的影响，这是一种对其他子系统的直接影响（参见图 3-3 与图 3-4 中的 D），此层面的影响包含了那些超越了近邻端相互作用的土地利用决定（如肥料的使用或其他管理实践）等可能会对更大范围的环境与社会状况产生的影响。[1] 如美国佛罗里达南部的土地整理与水文变化改变了该地区地表的敏感度与潜热通量，最终导致区域性降水减少、昼夜气温循环增加，影响了该区域长期的水循环。[2] 如以科尔沁沙质草地为对象，施氮不仅仅改变局部草地的生产力，提高其生态服务的供给能力，人为的施氮还可能通过改变光合和呼吸速率进

---

[1] William Clark. "Sustainability Science SDG, Chapter 1.3 The Human - Environment System", https://groups.nceas.ucsb.edu/sustainability - science/2010%20weekly - sessions/session - 4 - 2013 - 10.4.2010 - the - human - environment - system - a - conceptual - framework/required - reading - from - the - book/1_ 3_ Human_ Envt_ System_ vS1.pdf/view.

[2] Pielke R. A., Walko R. L., Steyaert L. T. et al., "The Influence of Anthropogenic Landscape Changes on Weather in South Florida", *American Meteorological Society*, Vol. 127, 1999, pp. 1663 - 1773.

而促进生态系统碳循环。① 此层面对海洋生态环境的影响案例在我国也有。如丹江口水库、葛洲坝水利枢纽工程、三峡水力发电工程建设以来，长江入海输沙量显著降低。② 同时，现有研究表明，三峡工程对长江流域及长江口的邻近海域有如下影响：南汇边滩淤积减缓，对滩涂涨淤不利；对长江的入海输沙量产生了间接的负效应；引起河口海域营养盐、污染物分布状况以及初级生产力等明显响应和生物种群的重新分布③。尽管我们不能否认在这些大型的土地利用工程规划过程中会有科学的声音，但B、C及D的这些影响可能一直是被大多数人所忽略，也可能是被立法所忽略的内容，但却是在生态系统保护中十分重要、不得不重视的问题。目前关于人类的短期行为所导致的生态影响正逐渐被重视，但对于这种间接的生态影响如何评估，如何进一步与人类行为的科学规范联系起来，是社会—生态系统认知中必须要正视的问题。第三种情况是人类子系统与环境子系统之间的相互影响，这种影响是上述近邻端相互作用的副产品（参见图3-3中的E），且两个不同子系统间的影响是深远且非直接的。④ 关于这种影响中最著名的例子是，印度恒河流域的燃料燃烧和工业污染物排放之间的相互作用，再加上该流域的地形和大气条件的共同作用，导致了相应的空气污染事件，但这种空气污染又进一步导致区域内水稻产量的降低。⑤

当然，我们不能忽视的是，这种处于生态系统管理端中B、C端的影响，并非仅显示为纯粹自然状态下的自然环境的变化，这也会促使人们对自然资源管理和生态系统管理做出更多的修正。如有学者通过对美国

---

① 孙学凯、林力涛、于占源等：《施氮对沙质草地生态系统碳交换特征的影响》，《生态学杂志》2019年第1期。

② 张志锋、韩庚辰、王菊英：《中国近岸海域环境质量评价与污染机制研究》，海洋出版社2013年版，第130页。

③ 叶属峰：《大型工程对长江河口近岸海域生态系统的影响及其机理研究》，博士学位论文，上海交通大学，2005年，第45页。

④ William Clark, "Stainability Science SDG, Chapter 1.3 The Human - Environment System", https：//groups. nceas. ucsb. edu/sustainability - science/2010% 20weekly - sessions/session - 4 - 2013 - 10. 4. 2010 - the - human - environment - system - a - conceptual - framework/required - reading - from - the - book/1_ 3_ Human_ Envt_ System_ vS1. pdf/view.

⑤ Auffhammer et al. , "Integrated Model Shows that Atmospheric Brown Clouds and Greenhouse Gases Have Reduced Rice Harvests in India", *Proceedings of National Academy of Science of the United States of America*, Vol. 106, 2006, pp. 19668 - 19672. https：//www. pnas. org/content/pnas/103/52/19668. full. pdf.

南佛罗里达大沼泽地150年（1845—1995年）环境变化的社会驱动力进行研究表明：纵观南佛罗里达州的历史，社会与自然环境的关系在这150年经历了五次大的转变，每一次转变都为新的资源认知和使用模式奠定了基础；反之，每一次新的资源开发利用周期都为下一次资源的转变奠定了基础。[①] 然而，在资源观念更新与资源开发利用拓展的背后，也逐渐伴随着出现了一定区域内的生态衰退趋势。这种趋势又促使地方和区域决策者和公众重新评估该地区生态系统的管理，促成了对该区域大沼泽地的修复。

综合上述研究，笔者认为，可从以下几个不同的尺度来界定社会—生态系统的内涵。从宏观尺度来看，社会—生态系统是指全人类社会系统与整体地球自然生态环境系统所组成的有机整体。此尺度下的社会—生态系统规则的构建应以国际法为主导，以国家责任的承担为核心。就中观层面而言，社会—生态系统是指一定区域（大的流域、景观尺度）范围内的自然生态系统与群体性的人类社会系统间所形成的有机的整体。此尺度下社会—生态系统规则的构建应以国际法或区域法为主导，倡导国家间的合作与协作。就微观层面而言，社会—生态系统是指局部地域（当地、小流域、小森林等）范围内的自然生态系统与一定的人类群体或行为个体之间所形成的联结体。就生态系统的管理而言，我们目前既要着手解决微观层面的社会—生态系统的不平衡与不和谐问题，也要密切关注中观与宏观层面的社会—生态系统的关系与影响。对宏观与中观层面社会—生态系统的认知、理解与观测，必然会为微观尺度的对策选择与制度确立提供科学依据；而在微观尺度内人类行为规则的改变也必然会对中观与宏观尺度的系统产生影响。

第二节　社会—生态系统的内容与特征

一　社会—生态系统的基本内容

凡由人类与其环境所组成的生态关系或生态系统，都可构成社会—

[①] William D. Solecki, John Long, Christine C. Harwell et al., "Human-environment Interactions in South Florida's Everglades Region: Systems of Ecological Degradation and Restoration", *Urban Ecosystems*, No. 3, 1999, pp. 305-343.

生态关系或社会—生态系统，这是生态系统方法运用于管理实践或法律实践的基础认知。每一个社会—生态系统均至少包含两个基本系统与一个复合交叉系统：两个基本系统分别为社会系统与生态系统，一个复合交叉系统指社会—生态系统的重叠或交互作用系统。

（一）社会系统的基本内容

社会系统是由人和人所围绕的时空实在物共存且稳定发展的有机整体[①]，是个人、群体和机构之间形成的一个连贯整体的模式化的关系网络，是在一个相对较小的稳定群体成员中逐渐发展起来的具有相应的地位和作用的正式组织体。[②] 社会系统具体由人口状况、科技文化、伦理道德、政策法规、社会制度、传统习惯等要素构成，要素的不同组合构成了不同区域的社会环境，也决定了人类的不同行为方式、消费习惯及对自然生态环境的不同态度。[③] 社会系统是社会中人与他们之间的经济关系、政治关系和文化关系构成的系统，此系统以人为核心。

美国社会学家塔尔科特·帕森斯（Pansons Talcott）依据社会系统的认知源于其行为理论，将社会系统定义为行为主体间相互关联的结构体系，由价值、规范、集体与角色四个结构范畴组成。[④] 塔尔科特·帕森斯将"社会系统"的定义建立在人与人之间的大众传播网络之上，并将社会本身定义为一个"自动模拟"系统，这意味着一个与环境不同的自我参照和自力更生的交互系统。尼古拉斯·卢曼（Niklas Luhmann）将社会系统定义为人与人之间相互交往的大众网络，认为这一网络社会系统是一个"自动模拟"系统，这意味着社会系统是独立于环境的自我参照和自我更生的系统。[⑤] 尼古拉斯·卢曼认为，社会系统包括组织与互动系统，且宗教、法律、艺术、教育、科学等均是由不同的互动领域所组成

[①] 刘邦凡、吴勇：《社会系统及其生态性研究》，《重庆大学学报》（社会科学版）2002年第2期。

[②] Merriam Website, "Social System—Definition of Social System", https://www.merriam-webster.com/dictionary/social%20system.

[③] 曹万林：《经济系统、社会系统与资源环境系统的耦合分析》，《周口师范学院学报》2015年第3期。

[④] 参见刘邦凡、吴勇《社会系统及其生态性研究》，《重庆大学学报》（社会科学版）2002年第2期。

[⑤] See Vermeer Hans J., "Luhmann's "Social Systems" Theory: Preliminary Fragments for a Theory of Translation, Frank & Timme GmbH, 2006, p. 23.

的封闭系统。显然，这些关于社会系统的认知并没有将生态系统全面纳入其中，也没有将社会循环与自然生态的基础性内容关联起来。虽然从纯粹社会视角来认知社会系统本身，忽略了社会运行中生态系统的支撑性作用，但这种视角下的社会系统认知观有助于更好地了解社会运行规律、社会结构的合理性等。

在社会系统中，整体社会价值对社会规范具有指导性作用，因此，若要从根本上保障社会系统与生态系统之间的融合，社会价值的变更与规范系统的升级是基础。然而，社会价值的变更并不容易，社会价值不仅受主流意识观念的影响，还会受到人们的生产生活方式、文化习俗、教育引导、经济状况等多种因素影响。现代社会，人、物质（多源于自然）、信息的生产都是一个循环圈，这三个循环圈耦合在一起构成一个超循环圈，共同构成社会基础，共同支撑着由政治、法律、军事、传媒和意识形态组成的社会管理系统。[①] 这是现代社会系统[②]的最新解说，也是寻解生态系统管理规律的客观依据。尽管查尔斯·L. 雷德曼等认为，社会系统是社会—生态系统整体的一部分，但也同时指出了社会系统与人类社会的独特性更值得研究者关注。同时，查尔斯·L. 雷德曼等指出，社会系统自身至少包括三方面内容：社会机制（应对普遍的或特定的社会挑战的共同的解决办法）、社会周期或分配人类活动的时间模式、社会秩序（组织个人或群体间互动的文体模式）。[③]

（二）生态系统的基本内容

"生态系统"一词自英国植物生态学家坦斯利于1935年提出以来，学者对其概念、组成、结构等有诸多研究，由于第一章中对生态系统已做系统解释，此处不再就其概念进行探讨。此部分主要对生态系统的社会性、经济性与保护必要性等问题做出探讨，以及对社会—生态系统中的生态系统的基本内容做出解读。

自然生态系统的基本特征是具有自行调控和不断更新的能力，并通

[①] 闵家胤：《社会系统的新模型、三种生产和综合评价标准》，《系统科学学报》2016年第1期。

[②] 闵家胤：《社会系统的新模型、三种生产和综合评价标准》，《系统科学学报》2016年第1期。

[③] See Charles L. Redman, Grove J. Morgan et al., "Integrating Social Science into the Long-term Ecological Research (LTER) Network: Social Dimensions of Ecological Change and Ecological Dimensions of Social Change", *Ecosystems*, Vol. 7, No. 2, 2004, pp. 161–171.

过各种生态系统过程为人类提供公益。① 自然生态系统作为动态的、可更新的生态体,其运行具有周期性,并能从过去的一些干扰中自我恢复。② 也正是因为自然生态系统这种自我恢复与自我适应能力,人类对各类自然生态系统的应用维持着社会的整体向前推进。自然生态系统在维持全人类的繁衍与存续中起着重要作用,其自身仅作为一种存在并不具有认知性,唯有通过人类认识的不断提升与完善才能得到足够的重视与观照。

从生态系统的社会性来看,每个生态系统都具备三重属性(生态的自然性、社会性和经济性)③,后两者以第一重属性(生态的自然性)为基础。生态系统的三重属性是以人类的认知与选择为基础的。其中,由人及人的延伸所支撑起来的社会系统"在保持人与人之间、人与自然之间的平衡中起着至关重要的作用"④。在坦斯利看来,生态系统不仅是自然单位,还是精神隔离体。这种认知从某种意义上将生态系统与人类世界隔离开来,强调了生态系统的自我循环与自我修复。但随着人类社会对各类生态系统的干预与影响渐增,尤其是人类整体性进入人类世以来,生态系统不再是单纯的自然单位。

生态系统是由内外部因素共同控制的。外部因素,也称为状态因素,控制着一个生态系统的整体结构和其中的工作方式,但本身不受生态系统的影响,其中最重要的是气候。⑤ 这种认知,在人类世中是否一定正确,值得自然科学与社会科学共同努力去厘清。与外部因素不同,生态系统中的内部因素不仅控制着生态系统的过程,而且也受其控制。因此,生态系统的内部因素经常受到反馈循环的影响。虽然资源输入通常由外部过程(如气候和母质层)控制,但生态系统内这些资源的可用性是由内部因素(如分解、根系竞争或遮阴)来控制的。另外,其他因素如干

---

① 蔡晓明、尚玉昌:《普通生态学》(下册),北京大学出版社1995年版,第1—27页。
② Chapin F. Stuart, Pamela A. Matson, Harold A. Mooney, *Principles of Terrestrial Ecosystem Ecology*, New York: Springer, 2002, pp. 281 – 304.
③ 叶峻、李梁美:《社会生态学与生态文明论》,上海三联书店2016年版,第8页。
④ 曹万林:《经济系统、社会系统与资源环境系统的耦合分析》,《周口师范学院学报》2015年第3期。
⑤ Chapin F. Stuart, Pamela A. Matson, Harold A. Mooney, *Principles of Terrestrial Ecosystem Ecology*, New York: Springer, 2002, pp. 11 – 13.

扰、演替或现有物种的类型等也属内部因素。① 生态系统通过其初级生产、能量流、分解、营养物循环等自我更新、自我修复与自我平衡，并在这种基础上进一步为人类社会的发展提供各种所需。作为生态系统中的消费者，人类在几乎所有的生态系统中都很重要。尽管人类整体作为内部因素是在生态系统中生存和运行的，但其累积效应足以影响生态系统的外部因素（如气候等）。②

生态系统提供给人们各种赖以生存的产品与服务。③ 所提供的产品包括食品、建筑材料、药用植物等生态过程所形成的有形物质产品。④ 而生态系统所提供的服务通常是指"现有条件的改进或有价值的事物的提升"⑤，包括维持水文循环、净化空气和水、维持大气中的氧气、作物授粉，甚至包括美丽、灵感和研究机会等。⑥ 随着人口和人均消费的增长，对生态系统的资源需求以及人类生态足迹的影响也在增长。自然资源系统脆弱且有限，人类行为对环境的影响越来越明显。遗憾的是，虽然生态系统所提供的产品是有形的，但人们并不会主动自觉地对这些无义务约束的有形的产品提供合理保护；同时，生态系统所提供的服务大多不能被市场价值所承载，进而导致人们在行为中会忽视对这些服务载体或服务对象的保护。目前，环境污染、气候变化和生物多样性丧失等几乎是所有的生态系统都不得不面临的棘手问题。今天的"新奇生态系统"，通常被定义为那些因非生物条件或生物构成的大规模改变而"已经被不可逆地改变"的生态系统。恢复以往时代的条件，不仅难以做到，而且

---

① Chapin F. Stuart, Pamela A. Matson, Harold A. Mooney, *Principles of Terrestrial Ecosystem Ecology*, New York: Springer, 2002, pp. 11 – 13.

② Chapin F. Stuart, Pamela A. Matson, Harold A. Mooney, *Principles of Terrestrial Ecosystem Ecology*, New York: Springer, 2002, pp. 11 – 13.

③ Christensen Norman L., Bartuska Ann M., Brown James H. et al., "The Report of the Ecological Society of America Committee on the Scientific Basis for Ecosystem Management", *Ecological Applications*, No. 6, 1996, pp. 665 – 691.

④ Brown Thomas C., John C. Bergstrom, John B. Loomis. "Defining, Valuing and Providing Ecosystem Goods and Services", *Natural Resources Journal*, Vol. 47, No. 2, 2007, pp. 329 – 376.

⑤ Brown Thomas C., John C. Bergstrom, John B. Loomis. "Defining, Valuing and Providing Ecosystem Goods and Services", *Natural Resources Journal*, Vol. 47, No. 2, 2007, pp. 329 – 376.

⑥ Christensen Norman L., Bartuska Ann M., Brown James H. et al., "The Report of the Ecological Society of America Committee on the Scientific Basis for Ecosystem Management", *Ecological Applications*, No. 6, 1996, pp. 665 – 691.

实际上是不可能做到的。①

(三) 社会—生态系统的基本内容

从生态系统方法在人类生态环境保护中的应用而论,社会—生态的交互作用系统才是我们关注的核心,且这种关注应以相应的生态规律为基础、对应的社会法则或规则为具体的行为指引。与人类息息相关的社会生态,是一个具有自然性、社会性和经济性三重性质的客观存在物。② 按照结构要素与功能特征来划分,社会—生态系统可以区分为社会要素和环境要素两大基本结构单元;按照社会职能和形态特征来划分,社会—生态系统可以分为实业生态系统、运载生态系统、文化生态系统、民居生态系统、军兵生态系统、管控生态系统③;按照对外进行物质、能量、信息交流的性质和程度来划分,社会—生态系统可以区分为开环社会—生态系统和闭环社会—生态系统两大系统。④ 社会—生态系统一般具有以下几个基本特征:具有一定区域和范围的空间结构特征;具有一定时期和阶段的时间系列特征;具有社会机体新陈代谢的有机生命特征;具有社会机体自动调控的系统功能特征。⑤ 其中,社会—生态系统的社会生产、能量流动、物质循环、信息传递等也是其功能发挥的进程,这一进程的发展变化与自然生态系统的原生状态、人类社会行为的干扰等密切相关。

社会—生态系统的精髓是将自然环境、生态系统和人类社会作为一个有机整体,强调它们之间的相互性、整体性、综合性、完整性、结构稳定性与功能协调性,以及社会生态过程和组分变化间的平衡关系。结构、功能与过程是社会—生态这一复杂系统的三个重要领域⑥,这三个领

---

① 克里斯托弗·J. 普雷斯顿:《多元人类世:打碎一种总体化话语》,王爱松译,《国际社会科学杂志》(中文版) 2018 年第 4 期。

② 叶峻:《关于人类社会的生态系统分析》,《烟台大学学报》(哲学社会科学版) 2004 年第 2 期。

③ 叶峻:《社会生态系统:结构功能分析》,《烟台大学学报》(哲学社会科学版) 1998 年第 4 期。

④ 叶峻:《关于人类社会的生态系统分析》,《烟台大学学报》(哲学社会科学版) 2004 年第 2 期。

⑤ 叶峻、文启胜、李红英:《社会生态经济协同发展论——可持续发展的战略创新》,安徽大学出版社 1999 年版,第 83—84 页。

⑥ 赵庆建、温作民:《社会生态系统及其恢复力研究——基于复杂性理论的视角》,《南京林业大学学报》(人文社会科学版) 2013 年第 4 期。

域在社会系统、生态系统与交叉的社会—生态系统中的表现也不相同。为了有效研究社会—生态系统的主要内容,查尔斯·L.雷德曼等认为,开发一个包含社会—生态弹性与复杂性的强大的综合性框架是进行社会—生态研究的关键步骤。[1] 尽管查尔斯·L.雷德曼的想法宏观而伟大,但就复杂的社会系统、生态系统而言,构建出一个如此强大的乌托邦式的综合性框架在理论上也许可行,但对于实践而言其作用仍十分有限。

就生态系统方法中的社会—生态系统而言,我们要找寻的是社会系统、环境要素与自然生态系统的交叉重合的主要特征,并从主要特征中找到二者的共性之处。就社会系统与自然生态系统二者的关系而言,自然生态系统是社会系统赖以存续的物质基础,社会生态系统中的人既是自然生态系统中的生物群落的组成部分[2],也是影响自然生态系统进程的最重要的行为主体。就社会系统与生态系统的交叉部分而言,目前生态系统中"弹性理论"以及社会学中"安全阀制度"理论研究均体现了这两个系统所具备的共同性特征,即这两个系统均有弹性与阈值,只要将人类的行为规范于这一弹性限度内或局限于一定的阈值范围内,人类在整个地球中的发展都是可持续的。在社会—生态复合交叉系统之中,人们的生活方式、生产方式的改变均会对弹性(或阈值)的突破产生直接或间接的影响,进而造成自然生态系统在不同程度上的变化。[3] 因而,从根本上讲,如何对自然人个人、人的组合、整个人类的行为做出合理选择与适当限制是关键。

在人类社会的演进与发展过程中,人类社会与生物圈之间日益增长的复杂性正使社会生态系统的结构变得脆弱和敏感,使社会生态系统向系统的临界点演化,社会—生态系统需要及时地调控和选择。[4] 而人类作

---

[1] Charles L. Redman, Grove J. Morgan et al., "Integrating Social Science into the Long-term Ecological Research (LTER) Network: Social Dimensions of Ecological Change and Ecological Dimensions of Social Change", *Ecosystems*, Vol. 7, No. 2, 2004, pp. 161-171.

[2] 马道明、李海强:《社会生态系统与自然生态系统的相似性与差异性探析》,《东岳论丛》2011年第11期。

[3] 马道明、李海强:《社会生态系统与自然生态系统的相似性与差异性探析》,《东岳论丛》2011年第11期。

[4] 范冬萍:《社会生态系统的存在、演化与可持续发展》,《科学技术与辩证法》1996年第5期。

为能动的调控者与自然的共同进化者[①]，在新的社会生态秩序的建立中，需要寻找社会生态功能互利互惠互补的平衡点与契合点，以期实现社会生态系统的超循环。在这一超循环系统的建立过程中，如何对人类行为进行整体有效的约束，如何全面认知与整合自然生态系统规律与人类社会的运行规则，是一个不断调整、不断发展、不断完善的内外循环相互结合的过程。

（四）从二者交互作用中再看社会—生态系统的基本内容

对于社会—生态系统而言，我们所研究的核心是两个子系统间的交互影响，也只有厘清了这种交互影响才能找到二者的联结点，只有对人类行为的影响范围、路径与变化轨迹进行追踪监测，并在有效追踪监测的基础上对人类社会行为与自然生态系统变化二者间的关系进行定位、测量与评估，找出人类行为与自然生态系统变化之间的关联性因素，才能为生态系统管理中的决策、规划提供有价值的参考。而对于立法而言，除了在现有的科学研究中明确社会—生态系统的特征，还要将这些特征与法律规范中的价值关联起来才能使其转变成真正意义上的立法基础。

二 社会—生态系统的基本特征

对于社会—生态系统而言，我们所要研究的对象既非单一的社会系统，亦非纯粹的自然生态系统，而是以人类活动及活动影响为基础，在对二者的交互影响进行科学研究与相对有效测评的基础上，进而对人类行为做出适当的调整。这种调整与适应是伴随人类科学技术的发展、认知水平的提升、社会治理观念的进步而不断变化的。因此，就管理层面或立足于法律的社会—生态系统而言，交互性与复杂性这两个基本特征，在协同进化中发挥的作用是居于核心的。

（一）交互性

首先，对于社会—生态系统而言，交互性往往与这一系统的复杂性相关联。这种交互性远远超出了单一的社会系统或纯粹的自然生态系统内部的关联与交互。一方面，社会—生态系统的交互运行与相互影响将两种不同的系统融合起来；另一方面，这一系统的复杂性也使人类对其交互运行规律的了解变得更加艰难，导致我们在生态管理过程中出现不

[①] 范冬萍:《社会生态系统的存在、演化与可持续发展》,《科学技术与辩证法》1996年第5期。

可预知的风险与诸多的不确定性。

　　社会—生态系统的交互性后生于复杂性，并与复杂性相联。这种交互性主要体现为以下方面。一是社会—生态系统中的两个子系统（社会子系统与环境子系统）并非独立运行的，而是相互影响、相互融合的，这种交互既有人类在自然生态或资源使用中的近邻端直接影响，也有由这种近端直接影响进一步产生的较大区域甚至全球范围的影响（交互影响的时空分布与规律具体参见图3-3与图3-4）。二是现有的社会—生态系统并不是纯自然的生态系统（尤其是生态经济系统），而是经过人工干预[①]或受到人类干扰的人工生态系统。尽管从理论上讲，生命系统与自然环境系统是自然世界与人类社会得以持续性存在下去的关键制约性因素，是动物、植物、微生物等各种生命有机体的集合，是构成生态系统精密有序的结构并使之充满活力的关键因素。[②] 但无论自然生态系统在自然漫长的进化中变得多么精密有序，在人类社会的多重干扰与反复干预下，纯粹自然意义上的生命系统与环境系统是不存在的，地球上任何一个自然系统都无法躲避人类社会的干预，都渗透着社会系统的影响；而任何由人及人类集合所组成的社会系统均是生命系统的一部分，也存在于现有的自然系统中。

　　自从有了人类，自然历史的演进受到人类社会的影响越来越大，自然生态系统也越来越多地承受着来自人类的压力与干扰。就地球上的自然生态而言，很难有完全不受人类影响的生态系统，这表明所有的自然生态系统都是受到人类社会影响的系统。相比于陆地生态系统，虽然海洋生态系统在整体上受人类影响较少，但人类大部分活动甚至绝大部分活动对海洋生态的影响是负面的，不利于生态系统稳定的。[③] 生态系统的人类影响性既表明了人类行为对自然生态的负面的、潜在影响性，这是社会—生态系统交互性中一面；也记载着人类行为对自然生态系统的认知、作用与反馈，这是社会—生态系统交互性中的另一面。随着人类对自然生态系统的认知与影响逐渐深入，人类关于生态系统的认知也发生了转变，逐渐摒弃社会系统独立于生态的观念，将生态系统与社会系统

---

① 赵玲主编：《生态经济学》，中国经济出版社2013年版，第55页。
② 赵玲主编：《生态经济学》，中国经济出版社2013年版，第41、47页。
③ 石洪华、丁德文、郑伟等：《海岸带复合生态系统评价、模拟与调控关键技术及其应用》，海洋出版社2012年版，第9—10页。

结合起来进行研究，并主动采取对策改变自身行为及行为的影响，这是未来的趋势。

理论上，社会子系统（人类子系统）、生态子系统（自然子系统）以及二者的交互作用构成的集合[1]，被认为是可持续发展最理想的研究单元。其中，社会子系统与生态子系统这二者的动态影响则构成了我们要研究的社会—生态系统的核心。实践中，无论何种管理方式与规范手段在生态环境保护中的应用，都应以这二者及二者的交集为基础展开，因为社会—生态系统是二者交互的结合。本质上讲，这一研究单元既是人类社会与自然生态环境的有机结合，也构成了人类行为选择的基点。无论人类自身在生态系统的开发利用、保护保存等过程中做何种对策选择，我们对于社会—生态系统的保护都是以对人类行为的限制、禁止与许可等为基础的。显然，这是对人的主动性与能动性所涉及的行为模式的一种选择。对于生态系统而言，人类的这种行为模式的选择应以自然生态为基础的，而不仅仅局限于人类需求的满足。这也说明，人类的主观性选择是受客观的自然条件与自然规律限制的，人类的需求与发展亦受到自然的限制。当然，这种自然的限制并不绝对以人的认识与理解为界限，在适度的范围内与程度上，必须充分考虑到人类行为对自然的干预与干扰是否会产生潜在的环境风险与生态风险，并进一步对人的行为与选择给出合理的界限。

关于社会—生态系统之间的交互性具体应包含哪些因素，是制度研究与立法研究中必须关注的。一般而言，这两个性质不同的系统能作为一个整体而存在，应该有可以使其相互关联或衔接的因素。这些因素主要包括科学或知识、机制或制度、人类有意识的行为选择或价值取舍等。Fikret Berkes 认为，普通的知识（如资源社区内的本地人或当地人所拥有的知识）与科学知识（通常是由政府或资源管理者所持有）在人类社会与生态这两个子系统间的互动承担着重要的衔接作用。[2] 的确，在我们将社会系统与生态系统二者融为一体时，知识起到了关键性的作用，没有

---

[1] See Gallopín G. C., Funtowicz S., O'Connor M. et al., "Science for the 21st century: From Social Contract to the Scientific Core", *International Social Science Journal*, Vol. 168, 2001, pp. 219 – 229.

[2] Fikret Berkes, "Environmental Governance for the Anthropocene? Social – Ecological Systems, Resilience, and Collaborative Learning", *Sustainability*, Vol. 9, No. 7, 2017, p. 1232.

人类对自然生态系统的进一步认识，没有人类对自身行为在自然生态系统中影响与作用的认识，则不具有将人类纳入自然生态系统的可能。而无论哪种制度或机制，都是将社会与自然生态这两个亚系统合并到一个体系去探讨的契机与入口，这种制度或机制可以源于伦理观的人类认知，也可以源于经济发展的紧迫需求，还可以源于人类对自然生态系统退化的一种主动介入。Ostrom E. 认为，制度，无论是调节人类如何相互作用的制度，还是调节人与环境关系的规则和规范，都为社会群体与资源利用的基础（往往以自然生态保护为核心）之间建立起了关键联系。[①] 当然，正是社会—生态系统这种交互性为我们的制度选择与立法衡量提供了机遇与入口。因此，对于社会—生态系统的交互性而言，知识（普通知识与科学知识）是衔接这两个不同性质系统的依据与自然基础，制度或机制是将这两个系统关联起来并进行人为选择的契机。

（二）复杂性

复杂性是所有系统具备的特征，因为系统本身就是一个复杂体。社会—生态系统的复杂性，一方面是此系统中两个子系统的结构、功能、运行、恢复等过程的复杂性，另一方面源于此系统中两个子系统相互作用与相互影响的复杂性。从科学的角度而言，复杂性其实是该事物的"非机械决定性"和"非统计性"，是机械性和统计以外的一种特性。[②] 就生态系统（自然生态系统与人工生态系统）的运行过程与运行机制而言，协同、突变、复杂自适应与自组织等均可能会贯穿于其中，也正是该系统运行的这些特征使其具有天然的复杂性。社会系统的结构、功能、形成与发展也具有复杂性。现代的社会系统是一种特殊的控制系统、信息系统、开放系统、动态系统，是一种复杂的自组织、自调节、自控制的系统。[③] 其复杂性也是不言而喻的。

对社会—生态系统的认知中，人在其中的作用与地位具有决定性的意义，除了人的主体性与能动性外，社会系统中政治、经济和文化因素

[①] Ostrom E., *Governing the Commons: The Evolution of Institutions for Collective Action*, Cambridge UniversityPress: Cambridge, UK, 1990. 转引自 Fikret Berkes, "Environmental Governance for the Anthropocene? Social–Ecological Systems, Resilience, and Collaborative Learning", *Sustainability*, Vol. 9, No. 7, 2017, p. 1232.

[②] 王志康：《社会系统复杂性与社会研究方法：跨层次的社会科学方法论研究》，广东人民出版社 2017 年版，第 4 页。

[③] 吴元彪：《社会系统论》，上海人民出版社 1993 年版，第 8 页。

的存在①不可忽视。在生态系统中,因为有人的能动性、价值观、选择性与文化因素在内,生态系统或生态功能的"阈值"很容易被突破,这种突破一方面是对人类行为边界选择的突破,另一方面是对生态系统中生态服务与产品的突破。这种突破可能会过度干扰生态系统,并导致生态系统破坏。从功能上看,因为结构复杂,所以一般而言,社会—生态系统远比自然生态系统更复杂,作用范围更加广泛。从价值选择与保护规则的设计来看,社会—生态系统的平衡与保护也比单纯的自然生态系统与人类社会系统更复杂。尽管从理论上讲,社会—生态系统中的人在了解与掌握了这一系统的特性后,充分利用系统的复杂功能,主动控制系统本身,是能够抵制系统的负面效应的出现的。但是,在这一理论实现的背后,既受制于大前提即理解不充分的制约(主要是受知识与信息不充分的限制),也受制于现有系统的"阈值"或弹性已经被违背或破坏难以复原的情形。

《千年生态系统评估》中将生态系统保护界定为既能造福于人类福祉亦能对标志性物种或生物多样性产生巨大影响的活动。很明显此定义基于以下两个前提:一是自然明显地提供了多重社会利益;二是生物多样性保护将有助于保护自然资产造福人类。② 一方面,这一定义的前提确认了现有生态系统保护是基于人类认知与人类可持续发展视角下的保护,即保护的人类选择性;另一方面,这一定义的前提重申了生态系统保护是基于社会认知和人类选择权衡后的保护,即保护的社会平衡性。有诸多研究表明了不同生态系统服务的相互联系以及不同服务之间权衡取舍的可能性与可行性。在保护对策与制度确定过程中,权衡与取舍尤其重要,因为这种权衡与取舍可能意味着一项生态服务的保护是以另一项生态服务的损失或退化为代价的。③ 就人类对生态系统的保护而言,在社

---

① 马道明、李海强:《社会生态系统与自然生态系统的相似性与差异性探析》,《东岳论丛》2011 年第 11 期。

② Rebecca L. Goldman, Gretchen C. Daily, Peter Kareiva., "Trade – offs in Making Ecosystem Services and Human Well – being Conservation Priorities", in Nigel Leader – Wiliams, Wallian M. Adams and Robert J. Smith, *Trade – offs on Conservation: Deciding What to Save*, Wiley – Blackwell Press, 2010, p. 56.

③ Rebecca L. Goldman, Gretchen C. Daily, Peter Kareiva., "Trade – offs in Making Ecosystem Services and Human Well – being Conservation Priorities", in Nigel Leader – Wiliams, Wallian M. Adams and Robert J. Smith, *Trade – offs on Conservation: Deciding What to Save*, Wiley – Blackwell Press, 2010, p. 57.

会—生态系统中如何找到合适的平衡点是选择的前提，只有找到恰当的平衡点才能做出相对科学的取舍与选择。已有的研究与事实也多次证明，在生态系统保护中，如果违背了系统弹性的原理，控制也可能造成弹性的丧失。所以当系统再无法加以控制，系统变革无法避免时，社会—生态系统便会遭到毁灭性打击。[①] 如何避免社会—生态系统遭遇毁灭性灾难，并在不可逆转的灾难或损毁发生前做出有效的应对也恰是现代社会—生态系统面临的最重大的问题。

除了上述两个特性外，综合性也是社会—生态系统的重要特征之一。这种综合性一方面是因为社会—生态系统的各个子系统本身就是一个巨型综合体，另一方面是因为社会—生态系统是在两个巨型综合体交互运行下的系统。首先，社会系统是以单体的人为基本元素组成的和围绕人的社会生活形成的各种系统[②]，社会系统本身是由不同类别的系统所组成的，是一个巨大而复杂的综合体。其次，这种综合性与上述的交互性与复杂性是密切关联的。在现代社会—生态系统的认知与保护过程中，不同视角下的人群总会选择不同的视角、不同的方式去处理此问题，很难在彼此之间达成一致。

第三节　社会—生态系统成为生态系统方法立法基石的原因

社会—生态系统何以能成为生态系统立法的基石呢？这是关于生态系统立法必须予以清楚解释的前置性问题。笔者将从一般认知、合理性与正当性三个方面来回答。

一　生态系统方法作为生态立法基石的一般认知

（一）社会—生态系统何以成为生态系统方法立法的基石

首先，社会—生态系统是人类社会应对自然生态—社会治理多重挑战最好的切入口与关联。在人类社会对自然生态影响越来越显著的今天，

[①] 马道明、李海强：《社会生态系统与自然生态系统的相似性与差异性探析》，《东岳论丛》2011年第11期。

[②] 若缺：《社会系统学的基本原理》，湖北科学技术出版社2012年版，第32页。

在全球生态系统范围内，没有完全不受人类社会影响的自然生态，这表明人类社会影响下的社会和生态挑战之间的关联性正在发生改变，这一改变对于短期或长期可持续性研究与社会变化类型的范式产生了深远影响。① 这种影响投射于我们人类社会管理活动的改进与社会规范的厘正，对于人类整体而言便是变革性与根本性的改观。人类在对来自自然环境的种种挑战而作出反应的过程中，是趋于避害，因势利导，利用和尽本身能力去改造的②，这表明人类在处理与自然的关系中，本质上是因为人类自身的内因发生了变化，然后由人类自身行为的改变进一步促成自然的改变。人类自身内因的变化既源自人类认知范围与认知对象的改变，也源自自然状态的变化对人类的启示或对人类整体（或部分）产生的压力。人类社会在意识到要整体性、局部性或小范围内对自然生态进行保护时，必须找到合适的切入口或关联。而社会—生态系统既是人类对自身行为进行反思与检视，又是人类对自然生态予以足够观照与保护的最容易理解的切入口或关联，因为此系统是人类社会系统与自然生态系统的交叉与重叠。因此，从人类有效应对自然生态与社会发展的双重挑战的角度而言，社会—生态系统的选择是所有范畴中最适格、最合理的对象。

其次，社会—生态系统是管理或规制对象选择中最基础的范围选择。就管理或规制的对象而言，往往都会被限定为人（或人的延伸）的行为或后果，这也是现代管理制度与法律制度不断发展变化的基础。随着人类自然环境保护意识的增强及人工智能的发展，两类新的法律主体逐渐产生：人工智能法律主体与自然物（或非人类存在物）法律主体。近些年来，关于人工智能法律主体的探讨已经逐渐取得共识，"电子人"的法律地位也越来越明晰，"现有法律主体根植之本体、能力与道德要素，'电子人'皆备"③。但对于自然物或非人类存在物可否成为法律主体并没有得到广泛的探讨，也未引起足够的社会关注，这也直接影响了关于生态保护对象的选择、范围与程度的探讨。有人主张确立自然物与动物

---

① Stefan Partelow, "Coevolving Ostrom's Social – ecological Systems（SES）Framework and Sustainability Science: Four Key Co – benefits", *Sustainable Science*, Vol. 11, No. 3, 2016, pp. 399 – 410.
② 刘钊：《社会系统论　结构、能量与自组织》，四川人民出版社1996年版，第9页。
③ 郭少飞：《"电子人"法律主体论》，《东方法学》2018年第3期。

的法律主体地位有利于增强人们的环境伦理道德观、绿色意识。① 有人认为，可以赋予自然人、环保组织以法定权利，允许其站在自然整体或具体自然物的立场上去代替自然或自然物考虑其利益，行使其应有权利。② 但从实践上看，的确动物的权利在某些条件下是存在的，但依据我国实体法律的规定，我国动物保护的实质边界是将野生动物之外的动物作为财产来进行保护，保护的边界锁定在财产的安全性方面，而对动物的主观感受法律不予关注。③ 更何况，动物也不能代表自然物的整体，将动物认定为法律主体也仅将法律主体向前拓展了一步。现有实在法的这种规定表明，非人类存在物的动物是不具备法律主体资格的。在人类社会的发展历程中，虽然自然物或自然资源能够成为被保护的对象，但若不与人类的行为或行为后果发生直接或间接关联，亦不能被直接定义为规范对象。从这个意义讲，人类社会的管理与规范发展进程亦即对人或人的延伸进行规范的进程。这也进一步表明，在人类社会发展的很长一段时间内，无论是国家的还是社会的管理与治理，都是对人的管理与治理，这种管理与治理要么基于人的行为，要么基于人的行为的后果或影响。尽管如此，人类在探索人类社会与自然环境的协同并进中，伴随着人类对自然资源利用范围的不断拓展、对自然生态系统干预程度的不断增加，不得不对人类行为或行为后果的影响面进行进一步的拓展与延伸，以期对整个社会、社会系统做出更有效的管理。综上所述，不难发现，目前的管理或规制对象的选择依然是以社会中的人为基础，而对于自然物、自然生态系统的保护则是通过对人的行为或结果的干预来实现的。然而，无论人类确立怎样的管理对象与范围，选择的法律关系的主体、客体、对象是什么，在实现人类社会与自然生态的协同并进中，社会—生态系统的重叠与交叉领域都应是基础。

最后，现代科学的发展与进步，使社会—生态系统的理论与实践有了足够的进展，并使其成为生态系统方法立法中最适合的论证对象。一方面，现代生物学、生态学、伦理学、环境工程学、管理学等相关学科

---

① 王紫零：《非人类存在物法律主体资格初探》，《广西政法管理干部学院学报》2003 年第 5 期。
② 任海涛：《论自然物的法律主体资格》，《社科纵横》2004 年第 3 期。
③ 高利红：《论我国动物保护的法律边界——以归真堂上市之争为切入点》，载高鸿钧主编《清华法治论衡》，清华大学出版社 2016 年版，第 21—36 页。

的发展为其管理对象的确立与管理范围的拓展提供了基础；另一方面，在各个领域中社会—生态系统的理论发展与实践延伸也为生态系统方法应用于管理与立法提供了更有效的、更多可借鉴的模板与方法。关于社会—生态系统的相关理论框架与实践范围，在本书第一章、第二章及本章中的研究均表明，这些研究已经为生态系统立法提供了相对充分的依据。

（二）生态系统方法作为立法基石之合理性与正当性

立法是一项社会活动，通常是指国家立法机关按照立法程序制定、修改或废止法律的活动①。依据立法所涉及的内容及具体的运行方式，作为规范性社会活动的立法有广义和狭义之分，对于立法的界定也存在些许差异，但总体上，立法是由特定主体，依据一定职权和程序，运用一定技术，制定、认可和变动法这种特定的社会规范的活动。② 就立法而言，合理性、正当性、合法性的探讨是立法行为得以成立、立法效果得以被社会认可的必要条件，因此，我们必须对这几个问题进行探讨。

合理性、正当性、合法性等都是歧义丛生的词语，在不同的领域中有不同的内涵，在不同学者的话语中也有不同理解。就生态立法而言，由于其中所关涉的主要是人与自然生态间的关系，立法的合理性、正当性在其中的论证更重要，也更符合该类立法背后所反映的生态需求与社会需求。关于合理性与正当性二者间的关系，目前并没有形成统一的认知。一种观点认为"正当性原则即合理性原则"③，因为正当性贯穿了真理、伦理与法理这三个理。④ 另一种观点认为正当性不能等同于合理性（关于正当性与合法性的问题将在下文予以简要分析），来源于政治与伦理哲学等领域的"正当性"，是统治者统治被统治者的权威来源，也是被统治者认同现有统治的理由所在。⑤ 合理性则表示"合乎理性"与

---

① 《法学辞典》，上海辞书出版社1984年版，第217页。
② 周旺生：《立法学教程》，北京大学出版社2006年版，第60页。
③ 注意此处用的正当性原则与合理性原则，这两个原则一致并不代表"正当性与合理性"的一致。
④ 崔歧恩：《正当及其合理性解释》，《哈尔滨工业大学学报》（社会科学版）2017年第3期。
⑤ 陈科霖：《合理性、合法性与正当性：地方政府改革创新的多重张力及其重构》，《当代中国政治经济研究报告》2016年第1期。

"合规律性"，是指符合事物发展的规律性。① 立法活动是一项重要的政治活动，也是现代法治社会实现一定社会治理目标的政治行为，因而，立法活动背后一定会有正当性问题。但合理性问题则更多的是对不同主体行为背后的科学性、合规律性的一种认知。所以，将立法的合理性与正当性这两方面作为生态—社会系统在生态系统立法中的基石是适当的。

明确了立法中的合理性与正当性并不足以对实践中的立法进行有效的指导。要体系化地明确这个问题，我们必须弄清楚该类立法中所涉及的指导思想和基本原则。在现阶段，我国在立法过程中所遵循的立法的指导思想为"以经济建设为中心、坚持四项基本原则、坚持改革开放"②，这种指导思想在一定程度上为立法中政治正确性、社会保障性提供了基础，但与现有的国家治理中重视生态文明观的导向如何保持一致并不清晰，若生硬地坚持"以经济建设为中心"，必然会产生一些污染问题、生态损害问题，这一点已经被实践所证实，因此，对于"以经济建设为中心"的指导思想，我们应该从更全面的角度在优先综合考量生态需求与环境保护现状的基础上做出究竟应以何者为中心的判断。

生态系统方法在立法中的应用，并不是单一的立法技术与立法方法的选择问题，而是如何运用这种方法思考复杂的自然生态认知，并进一步思考将认知、事实、规则、制度进行衔接、转换与融合的问题，因此，生态系统方法在立法中的应用必然属于科学立法范畴。目前对科学立法的界定具有典型的人本主义与实践主义特征，既没有将科学立法与自然生态系统有效关联，也没有将科学立法与科学认知系统对应起来。一般意义上，科学立法要求立法活动符合实际和立法工作的自身内在要求，从实际出发，实事求是，积极探索和掌握立法规律，同时善于运用合理的立法技术，提高立法的质量和效益。③ 对立法而言，政治正确与方向正确是关键，因此目前有研究从政治正确来论述科学立法的"五维度"④，

---

① 胡波：《"法的正当性"语义考辨》，《甘肃政法学院学报》2009 年第 7 期。
② 杨临宏：《立法法：原理与制度》，云南大学出版社 2011 年版，第 17—19 页。
③ 王琦：《地方立法民主化和科学化研究》，《河南省政法管理干部学院学报》2008 年第 5 期。
④ 指科学立法中解决的以下五个维度：立法的立场和站位问题，改革与立法的关系，扩大立法过程中的民主基础，立法与"善治"相结合，中央与地方的关系。参见甘藏春《科学立法的五个维度——对全面推进依法治国基础性工作的思考》，《紫光阁》2014 年第 9 期。

此五维度下的科学立法，贯穿了立法中的"合宪性、合法性与民主性"，是对我国《立法法》中的立法基本原则的认同与诠释。还有研究从立法技巧来论述的"三维度"①，从科学理念、科学内容与科学方法来诠释的科学立法是对立法的正当性与合理性的一种保障。当然如何在实践中让这种理论上的保障得以落实，仍需要结合不同的立法内容来做出进一步的解读与诠释。就生态系统方法立法的科学性而言，合理性与正当性（合法性）是其核心与基础。

二 社会—生态系统作为生态系统方法立法基石的合理性

合理性是要使人类的思想和言行合乎科学、客观规律，即合乎"理"。"理"既包括客观事物之理，也包括人本身之理，可表现为真理、道理、理由。② 在立法中是否会存在绝对的真理是需要进一步探讨的哲学问题，而道理与理由则是人们在对客观规律及发展基础上不断探索出来，并建立在理性认知、科学发展和社会认知基础上的。立法中的"理"无论是真理，还是道理与理由，都承载着立法主体的价值选择。不同主体对社会—生态系统的认知与理解在不同程度上决定立法的选择。

立法活动的合理性由立法主体的合理性、立法事项的合理性、立法程序的合理性和立法结果的合理性构成。③ 在本书中，将社会—生态系统作为生态系统方法立法基石的合理性主要是从立法事项来讨论的。就社会—生态系统能否作为生态系统立法基石的合理性问题而言，一是要对社会—生态系统的科学认知及人们对这种科学认知是否可转换成法律认知之间的关联性进行分析论证，这种分析论证反映了自然科学的进步，是人们向真理意义上的事实的接近；二是要考量将社会—生态系统作为生态系统立法的基石，能否从价值论与伦理观方面确保该立法能在立法实践中被立法者所接纳并能被法律实施的主体所接受，只有能被接纳与接受，才能确保该立法顺利，在生效后产生相应的适用效果；三是我们在考虑能否将社会—生态系统作为生态系统立法的基石时，还必须要充分衡量这种立法能否与现代意义上的生态立法的法理基础相适应，以及能否与基本的法理基础相一致。因此，本书将选择从真理意义上的合理性、

---

① 指科学立法的三个维度，即科学理念、科学内容、科学方法。参见田有成《科学立法的三个维度》，《人大研究》2018 年第 7 期。
② 周世中：《法的合理性研究》，山东人民出版社 2004 年版，第 16 页。
③ 沈太霞：《立法合理性问题研究》，《暨南学报》（哲学社会科学版）2012 年第 12 期。

伦理意义上的合理性、法理意义上的合理性[①]三个不同的方面来探讨。

就法的合理性而言，一般都会选择从实质合理性与形式合理性这两个方面来论述。本书将选择从真理意义上、伦理意义上与法理意义上这三方面来论证，主要原因如下。一是本书中所要解决的是立法事项的合理性问题，这与该事项能否作为立法的方法或目的予以规范，并能否被法律予以规范的特征相关。在确定立法事项能否被纳入立法范畴时，除了要考察立法事项所囊括的价值需要、人们对该事项需要立法干预的主观意识，还要综合考察立法事项涉及的科学问题、客观必然性、可行性程度等[②]，这是保障科学立法的关键。无论是对生态系统进行保护，还是就生态系统中的某些方面进行立法干预，从立法角度而言虽然只占据了整个社会—生态系统中极其微小的一部分（参见图3-5），但这部分内容涉及对社会的理解、对自然生态的理解、对社会—生态运行的双重理解，不是单纯的社会问题的解决与社会价值观的衡量与选择，而在很大程度上蕴含了对科学及"理"的认知与理解。因此从这个意义讲，本书所要解决的是，该事项能否成为立法对象的科学性认知问题，探求真理意义上的合理性比实质合理性更合适。二是本书中所探讨的社会—生态系统能否成为生态系统方法立法基石，必须解决相关的伦理性问题，即在人类选择对自然生态进行保护的过程中，以何者为基础、自然生态系统在人类的选择中占据什么样的法律角色与地位都必须通过自然伦理或环境伦理来阐释，当然这当中也不能否认人类社会道德伦理的影响。三是本书中还要解决的核心问题是，社会—生态系统能否被纳入法律体系之中，生态系统方法可以通过何种法律理论、何种形式的法律规范或何种模式呈现出来。

（一）真理意义上的合理性

对真理意义上合理性的追寻，是立法过程中对立法活动与立法内容实质合理性的一种确保。生态系统方法立法中的实质合理性是要寻求立法背后的生态系统保护的社会之理与自然生态保护之理。这种"理"是指立法所反映的社会发展的需要和规律，既要与社会发展相适应[③]，又要

[①] 崔歧恩：《正当及其合理性解释》，《哈尔滨工业大学学报》（社会科学版）2017年第3期。

[②] 周世中：《法的合理性研究》，山东人民出版2004年版，第18页。

[③] 沈太霞：《立法合理性问题研究》，《暨南学报》（哲学社会科学版）2012年第12期。

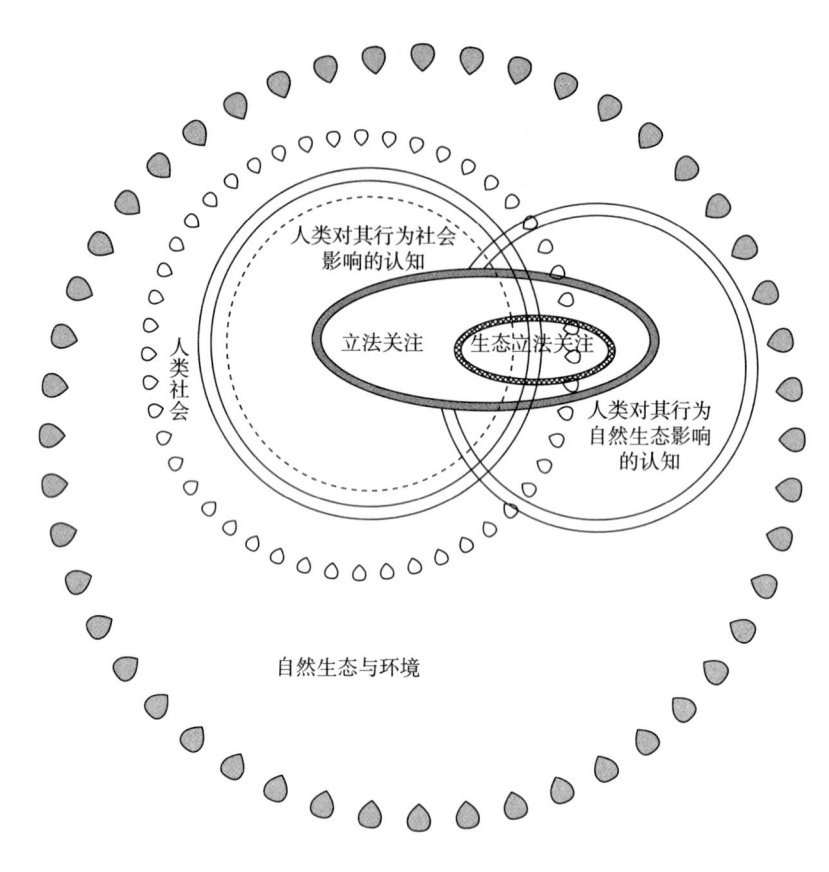

图 3-5 社会—生态系统中生态立法关注的范围

符合现有的生态状况与自然存量的制约。因此，在立法中应以"生态系统服务级联作为联结纽带"①，明确要求在生态制约的基础上对社会各种利益进行权威性的调控与规范。很显然，这种立法制约与现有的立法选择是存在巨大落差的。对于生态保护与人类社会经济的持续发展而言，真理意义上的合理性在立法方面体现为立法内容的科学性与立法事项选择的合理性。

首先，对真理意义上的合理性而言，在立法事项确立前，立法者进行充分的甄别与选择是良法得以形成的关键。一方面，立法事项的甄别与选择是为了给将要进行的立法提供"好理由"。在条件成立时，充分理

---

① 李双成：《科学衡量自然对人类的贡献——一个基于生态系统服务的社会—生态系统分析框架及其应用》，《人民论坛》2020 年第 11 期。

由是"好理由"的一种强形式①，这种强形式的"好理由"也将为立法事由的选择趋近于真理提供认识的可能性。必然真理的充分理由在于对该真理的否定是不可能的②，这种不可能性不仅为真理意义上的合理性提供认识论上的依据，也为真理意义上的合理性提供方法论上的依据。另一方面，对于社会—生态系统而言，人类不仅不可能对人类社会的发展给出完全充足理由，也不可能给自然生态的演化给出充足理由，这表明我们对未来立法所给定的理由并不是充足理由，而是非充足理由，这种非充足理由的客观存在必然会将"好理由"自动区分为强弱程度不同的各类理由。

其次，真理意义上的"好理由"只能是趋近于真理的理由，这对立法中合理性的证成会产生实质性影响。真理作为人类的独特存在方式，是人们对作为自身安身立命之根的本真性存在的探寻和追问。③ 在人类社会的发展过程中，人对于本真性问题的探寻与追问也会随着人类社会的发展而不断发展演变，世界上并不存在永恒不变的真理。而人类在寻求生态系统方法的立法基石时，对真理意义上的合理性认识的背景性条件是自然生态现状以及自然生态保护立法的现状。这种背景性条件的寻找与选择虽然具有明显的人为性因素，但该因素背后也渗透出人类在不断发展过程中对自然生态规律的不断追寻，并在追寻自然生态规律时逐渐摆脱人的主观性，向人的生态自在性进化。康德认为，无论人们如何认识自然、征服自然，都不可能赢得在自然面前的真正自由，因为人们认识自然的根本目的是满足人自身的物质欲求。④ 显然，康德对于人类自由本真的探讨，强调的是人类中心主义视角下的自由。康德这一命题的危害是否认了人在自然面前拥有自由，人在自然面前只能遵循弱肉强食的生物法则，道德地对待自然万物在学理上不具有可能性。⑤ 康德的这种认知也是传统立法中基于以经济社会发展为中心的立法理念的认知选择。然而，当人类对社会认知的真理性发生转变时，过去发挥作用的认知论

---

① 对于是否构成充分理由，在生态系统立法中应依据一定的科学事实与社会事实为基础。在生态系统立法中，若保护范围的确立、对象的选择与具体保护程度的认定选择难以确定，并存在较大的不确定性，或未形成充分理由时，也可以成为立法的目标。
② 何向东：《论莱布尼茨充足理由原则的哲学意蕴》，《自然辩证法研究》2011年第9期。
③ 王景华：《社会真理论》，博士学位论文，华中科技大学，2012年，第4页。
④ 参见曹孟勤《论自由的生态本质》，《伦理学研究》2017年第1期。
⑤ 曹孟勤：《论自由的生态本质》，《伦理学研究》2017年第1期。

也必然会相应地发生变化。在人类社会对自然生态系统影响日益严重，自然生态系统损害越来越危及整体地球生命体的存续时，人类作为地球生命体中的一部分，必须从自身出发，找到合乎地球生态整体性的真理，并在这种合理性中继续完善人类社会的发展规则。

最后，将真理与合理性二者放置在同一语境中并不是相互矛盾的，二者之间具有辩证统一的特征，这种统一性特征的寻求在本质上是对人的自然自在性的一种寻求。而社会—生态系统作为生态系统立法的基石无疑为这种自然自在性的寻求提供了契机。在这种自然自在性的寻求中，人会通过自己的选择不断将自然界内化为人类自己的本质或将人类自身内化为自然界中的一部分。当人将自然界的有机整体性内化为自己的本质时，人就必然从弱肉强食的生存竞争中超拔出来，以一种更高的生存方式和活动方式立足于世界中，像大自然那样，以和谐的方式，以让自然万物存在、生长的方式对待自然万物。[①] 而当人将自身内化为自然界中的一部分时，也是人类对自然生态认知达到自由的状态之时，这种情形下的人应然地也成为自然的一部分。

（二）伦理意义上的合理性

伦理意义上的合理性往往承载着立法的终极观照与价值选择。伦理意义上的合理性包含着价值合理性与实质合理性的因素，伦理意义上的价值合理性反映了人类对生态系统立法中的价值选择与观照对象的目的性；伦理意义上的实质合理性则反映的是人的行为的合理性，而这种实质合理性的得来一定是基于人在行为过程中的伦理选择的。尽管目前对于合伦理性的认知多是从纯粹的人与人之间的关系展开的，但生态系统立法并不能以此为核心展开。

首先，生态系统方法在立法中伦理意义上的合理性，应充分呈现出生态伦理与社会伦理的价值追求。合于"人伦之理"[②] 是我们传统的立法中对于伦理意义上的合理性最常见的认知，这种认知基于法律制定中的人为主导性而往往会认为合伦理性系"基于人与人相处的良心和道德善而行事"[③]。但随着环境污染、生态破坏对人类社会生产生活和自然生态

[①] 曹孟勤：《论自由的生态本质》，《伦理学研究》2017 年第 1 期。

[②] 严存生：《法的合理性研究》，《法制与社会发展》2002 年第 4 期。

[③] 崔歧恩：《正当及其合理性解释》，《哈尔滨工业大学学报》（社会科学版）2017 年第 3 期。

系统的影响日益加深，人类在思考这种生产生活与经济社会发展模式的同时，形成并演化出了不同类型的生态伦理观。在这些生态伦理观中，无论是西方的"弱式人类中心论"、动物平等论、生物中心论、生态中心论，还是中国"天人合一"的和谐理念、道家自然无为的价值理念、佛家仁慈好生的生命关怀[①]这些生态伦理理念，均为生态系统立法中伦理意义上的合理性提供了理论研究的借鉴。这些伦理思想的完善与演进一方面为自然价值的认识提供了理论依据，另一方面为自然权利的存在提供了理由。

其次，生态系统方法立法中伦理意义上的合理性，除了理性看待社会系统中的人伦之理的主观性与引导性、对待生态系统中自然之理的客观性与被动性，更重要的是如何将"人伦之理"与"自然生态之理"融入不同阶段的立法理念与立法实践中去。理论上不同类型的伦理学发展的确为我们认识自然、了解生态、保护生态系统提供了参照，为如何进一步促进与自然生态间的和谐提供了理论参考，但这些理论能否转化为法律上的理念、原则与制度，仍需要我们进一步研究。虽然目前有研究相继提出了生态人、生态体、生态域等关于生态保护（或生态系统保护）的一些概念，并就这些基本概念与生态系统保护立法的可行性做出理论上的探讨，但总体上，"非人类中心主义""自然价值论""自然权利论"等都不存在逻辑自洽性和价值合理性，且无法付诸实践。[②] 对于立法层面伦理上的合理性而言，我们需要将这种伦理认知与具体的行为关联起来，并转化为不同法律关系的主体行为才能使其具有可实现性。在我们探讨"自然之理""生态之理"如何被"人伦之理"立法理念与立法实践所接纳时，更多考虑的是如何限制或控制人的行为以满足这种"理"，或者如何让人类成为其代理人或管理人，来代替自然行使相应的保护权益。

最后，生态系统立法中伦理意义上的合理性，目前亟待解决的是"自然之理""生态之理"与"人伦之理""社会之理"间的连接与沟通。"自然之理""生态之理"是自然生态系统存续演化的基本规律，这一部分在自然演化过程中完成，人类的认知只是完成了对这种自然演化的解读与理解；而"人伦之理""社会之理"是人际交往与社会运行的规则体

---

① 潘丹丹：《生态伦理及其实践研究》，博士学位论文，北京交通大学，2016年，第7页。
② 巩固：《环境伦理学的法学批判》，博士学位论文，中国海洋大学，2008年，第3页。

系，这一部分由人类社会依据人类自身的发展需要与自我完善而不断完善并改进，人类既是这些规则的制定者，也是规则的适用者，对于此部分，人类具有主动权，而不是被动地认知与理解。当然，伴随着人类对自然生态系统干预程度的增加，未来人类对自然生态的解读与理解如何被有效运用，仍依赖于人类制定出相应的规则对人类的活动做进一步的干预与限制。

（三）法理意义上的合理性

尽管我们的生态保护立法只是整个社会—生态系统中极其微小的一部分（参见图3-5），但这部分内容却因关涉自然生态认知与社会认知的多重牵连与交织，想要将这些内容通过法律的形式予以调控，必须要将社会—生态系统的产生、发展、运行理路与既有的法律体系关联起来，进行充分的法理分析并得出合理性的结论，才能保障立法顺利进行下去。就法理基础而言，社会—生态系统能否作为生态系统立法的基石，有以下几个问题亟待明确，只有对这几个问题做出合理解释，才能证成其法理意义上的合理性。

1. 社会—生态系统在生态系统方法立法中的角色

社会—生态系统在生态系统方法立法中处于什么角色？是法律关系的主体、客体，还是内容？前面已经论述过社会—生态系统在生态系统方法立法中的联结与切入点，但这与法律关系中的主体、客体、内容并不能形成一致性的理论解说。

首先，就社会—生态系统的特征来看，社会—生态系统并不是传统法律关系的主体。因为这一系统本身是由人类社会与自然生态所构成的复杂统一体，并不具备法律关系主体的特征。作为抽象意义的系统，虽然不具备明确的法律关系主体特征，但这一系统中却包含了主体中的人或人的集合，这一特征表明在该系统中嵌入了法律关系中的主体，如何将嵌入于其中的主体与法律关系中的其他内容区分出来，这是我们生态系统立法中难以解决的问题。

其次，就社会—生态系统所囊括的对象范围而言，很难将其直接划归为或分解成不同主体的具体权利义务的对象。虽然在现有的自然资源、环境保护、生态保护等相关法律法规中有将生态系统中的某类物种、典型生态系统的某些区域作为具体的保护对象来看待，但这种条件下的保护对象不是以系统保护的形式呈现的。社会—生态系统与法律关系中的"物"[①]"行为"等存在明显差异。在立法中,将社会—生态系统简化为"物",或将应对社会—生态系统问题的活动分解成不同主体的"行为",都是对生态系统方法运用的一种机械主义的做法。

最后,就社会—生态系统的存在意义而言,其定位解决的应是生态保护中的外部冲突问题。这种外部冲突是人类社会与自然生态间的冲突,而不是人类社会内部的冲突。在外部冲突方面,主要是指不合理(超过环境承载力)利用生态利益的行为所产生的法律关系,不合理利用生态利益的行为主体负有对生态利益的赔偿义务,而相对应的生态权主体享有要求他人予以赔偿的权利。[②] 从这个角度而言,社会—生态系统便具备了作为法律关系中内容的某一方面的可能,这也说明了其在生态系统立法中的角色。

法律关系中的三个构成要素,是人们为了立法的便利性所设计并阐释出来的基本概念,这些概念背后所指称的对象或范围虽然与人类社会的长期发展相关,但也会随着人类认知范围与立法规制对象选择的差异性而发生变化。因此,从这个角度而言,社会—生态系统能否成为法律关系中的一个基本构成要素,与人类在某项立法背后所选择的内容与保护的价值具有极大的相关性。

2. 社会—生态系统在生态系统方法立法中的法律功能

社会—生态系统在生态系统方法立法中承担何种意义上的法律功能?是生态系统保护立法得以形成并确立的核心,或是在生态系统立法确立后得以实施的核心,还是二者兼具呢?虽然笔者在前文明确了社会—生态系统在立法中所被赋予的角色是法律关系中的内容,但却并没有将这种角色的赋予与现有法律关系中的内容有效关联起来。要明确其内容究竟是什么,必须要明确在生态保护中的外部冲突究竟是什么,这种外部冲突为何能成为法律关系的内容。若要明晰此内容,首先必须要明晰社会—生态系统在生态系统立法中所担负的法律功能是什么。

法的功能,一般是指法律在社会中发挥的引导、评价、预测、教育、

[①] 无论是将其界定为服务、环境与资源/生态产品与非物质财富和功能;可满足权利主体需要的行为

[②] 陈志荣:《生态法律关系研究》,博士学位论文,福州大学,2014年,第110页。

强制这五个方面的作用，这五个方面的作用均源于法的社会性。然而，从生态系统立法而言，诚然社会性功能的呈现将其作用与传统法关联起来了，但却并没有将该立法背后隐藏的生态性功能表达出来。而社会—生态系统这一模型或概念的引入，虽然在本质上具有抽象性，但其无疑是联结生态性与社会性的最好的模型或概念。当然，在本部分还要明确的是：在未立法前论及法律的功能，是否本末倒置。对于生态系统立法而言，这并非本末倒置。一方面是因为人类所演化出来的"合理性"，不限于形式合理性与实质合理性，这一合理性精神更多地"蕴涵于人的超越性、反思性与生活实践性之中"①。在人类以前的经历中，对于未涉足的领域我们更多地秉持实践理性来指导立法，这是我们对于法律更慎重更科学态度的体现。另一方面是因为社会—生态系统中仍存在许多未知的东西，这可能会导致立法会因不确定性而处于停滞状态，或因立法风险太高而搁置对自然生态的保护。因此，我们在立法前应该对此问题先期进行考虑，并尽可能地以综合性科学认知、社会认知为基础展开论述，这无疑为该项立法及立法后的实施提供更大的可靠性与可行性。

三 社会—生态系统作为生态系统方法立法基石的正当性

从字面含义上讲，正当性是指正当合法的状态或性质。在对立法事项的正当性界定中，国内外诸多研究均对合法性与正当性进行了比较分析，虽然比较分析的内容颇多，但由于合法性与正当性这两个术语在评价立法或社会决策上的复杂性，目前并没有达成共识。关于正当性，我国目前主要有三种不同认知：第一种认为正当性系狭义的合法性，即合乎法律性；第二种认为正当性包含广义的合法性与狭义的合法性②两类；第三种认为正当性即正统性或正规性，是在经验和理性两个维度上寻求最高的"合法性"③，与广义的合法性一致。综合上述这三种认知以及本书对正当性的理解，笔者认为生态系统方法立法中的正当性是广义上的正当性，这种视角下的正当性依其背后所承载的价值不同，可分为合道德的正当性、合规律的正当性、合社会需求的正当性和合法（此法指狭义的法）的正当性，这表明正当性一语暗合着不同种类的价值认可与社

---

① 崔月琴：《合理性：理性精神的当代意蕴》，《社会科学战线》2003 年第 4 期。
② 曾祥华：《行政立法的正当性研究》，中国人民公安大学出版社 2007 年版，第 29 页。
③ 刘杨：《正当性与合法性概念辨析》，《法制与社会发展》2008 年第 3 期。

会认知。从这个层面讲,这种正当性的认知与上述合理性的认知具有交叉重叠之处。为了尽量减少研究过程中的重复性,本部分仅对合规律的正当性、合社会需求的正当性与合法的正当性进行研究。

(一) 合规律的正当性

合规律的正当性在一定范围内与前面的"真理意义上的合理性"具有交叉重叠之处,这种交叉重叠之处主要体现为人类社会的发展规律与自然生态的演化规律都是社会—生态系统认知的基础,对于这两类不同规律及其相互影响规律的追寻既是科学探索的目标,也是人类反思自我并不断改进自我的起点。

首先,合规律的正当性在一定范围内与传统立法中的实质正当性一致,这种一致性体现为法律对稳定的社会秩序、维护社会良性发展的一种符合社会规律与社会发展的正当性。这是法的正当性的核心,是法律存在的必要性的证明,是衡量良法与恶法的最基本的标准。[①]

其次,合规律的正当性,在符合社会规律的基础上,更需要兼顾到自然生态规律的演化进程,这是对现代文明观的一种贯彻,也是对人类发展史上的价值观的一种自我反思后的行为。对于生态系统方法立法而言,生态人的培育、生态文明的建设都是必不可少的环节。建设生态文明是消解环境资源供求紧张关系、克服生态危机、使人类免于毁灭的必然选择;是创造和谐天人关系,使人类享受长久安宁与幸福的必由之路;是反思传统发展模式的局限性和不可持续性,进行文明转型的必然结果。[②]

(二) 合社会需求的正当性

合社会需求的正当性是一种应然正当性与实然正当性的综合,这种正当性从社会实践出发,对社会生产生活中的正当性问题进行实践性认知。生态系统方法立法总体上应隶属于以人类的选择、人类的认知、科技发展为基础的环境保护与生态保护立法。因而,此类立法与环境立法、生态立法中的正当性认知及理论发展密切相关。在关于环境立法或生态立法的正当性阐释中,不同的学者有不同的认知。有学者系统地从立法法理基础的路径(契约法、自然法理论与人权理论)、人的需求与法律、

[①] 曾祥华:《行政立法的正当性研究》,中国人民公安大学出版社2007年版,第42页。
[②] 江必新:《法治国家的制度逻辑与理性构建》,中国法制出版社2014年版,第229—231页。

正义理论、法律对利益冲突的解决之道等几个方面论述了环境立法的正当性[①]，这五个方面的内容对本书具有一定的借鉴意义。也有人回避了立法背后的价值观与社会需求，从立法的正当性所包含的范围来进行论述，指出立法的正当性包括形式正当性、程序正当性与实质正当性[②]，将形式正当性与程序正当性分别单列出来的做法强调了形式正义与程序正义的不同，并指出了程序正义强调过程与互动，形式正义是相对于实质（或实体）正义而言的。这种选择特别适用于人与人之间互动所形成的各类法律关系，但对人与自然生态、人与区域环境之间的关系而言，很难形成有价值的互动，其立法过程中也基本上是基于人类的认知范围、科技发展与理性选择的。

（三）合法的正当性

立法的正当性一方面与立法主体对某项立法活动的政治认可、社会接纳，并通过一定的形式将这种立法活动或行为予以正当化的过程相关；另一方面与整个社会对该立法事项的认知与理解，及不同层次的公众所表达出来的利益选择与社会需求相关。人类在处理与自然的关系中，立法上往往会通过自身行为的限制或约束来达成目的。虽然在表现形式上是自然生态系统这一外因发生了变化，但本质上是人类自身的内因发生了变化而促成了人类对自然生态的关注、认知与了解，然后由人类自身行为的改变进一步影响或改变自然。从人类自身的反思对自然生态的作用而言，这种自我反思对自然生态的影响虽然目前并没有发生特别显著的正向改观，但人类出于趋利性必然会进一步对自我行为做出反思与改良，这种改良是一种动态的外因引导下的社会需求的整体性变革与改观。

[①] 胡静：《环境法的正当性与制度选择》，知识产权出版社 2009 年版，第 46—83 页。
[②] 曾祥华：《行政立法的正当性研究》，中国人民公安大学出版社 2007 年版，第 29—42 页。

第四章 生态系统方法在海洋陆源污染防治立法中的法理基础

陆源活动对海洋环境的影响不仅是20世纪末最棘手的环境问题，也是21世纪最棘手的环境问题，其对海洋环境的影响被定义为这个行星体系（地球）内主要部分之间彼此相关联的问题。[①] 就现有陆源污染防治立法的产生及实施进展而言，相关国家或区域多从经济发展、利益分配、资源利用、环境公平等方面来探求海洋陆源污染问题的解决之道[②]，这种层面的答案寻求在某种程度上仍是以人类行为主导，以社会经济发展需求为基础的。虽然这种解决问题的导向在一定程度上能有效地促进制度产生与实施的进程，但基于这种理念主导下的海洋陆源污染防治，不仅没有从根本上充分考虑海洋生态状况，也很难真正做到从山顶至海洋的一体化防控，其实施后的最终目标可能背离最初的生态需求与生态向度。以生态系统方法为基础的海洋陆源污染防治立法，从根本上改变了以功利性社会经济发展需求为核心、以短效性制度或对策实施为基础的体系，是以社会—生态系统的综合保护为核心，以生态系统结构完整性的有序维护、自然生态功能的全面维护、生态过程持续性的维护及动态平衡的生态健康保护为基础的长效性制度或对策。

第一节 生态系统方法在海洋陆源污染防治立法中的合理性与正当性阐释

本书第三章对生态系统方法作为立法基石的合理性与正当性进行了

[①] Arthur Lyon Dahl, "Land-based Pollution and Integrated Coastal Management", *Marine Policy*, Vol. 17, No. 6, 1993, pp. 561–572.

[②] 戈华清：《海洋陆源污染防治法律制度研究》，科学出版社2016年版，第12页。

论证，这一论证结果表明：就立法的科学性而言，合理性与正当性（合法性）是核心。然而第三章中关于合理性与正当性的解读仅仅说明生态系统方法立法在普遍意义上与理论上是成立的，并不能有效地阐释生态系统方法立法在海洋陆源污染防治这一事项中的合理性与正当性。因此，本节中将结合海洋陆源污染防治进行阐释。

一 为何要从生态、经济与社会三方面阐释合理性与正当性[①]

首先，综合性的生态保护需求决定了我们的立法需要从生态、经济与社会这三方面阐释其合理性与正当性。在现实的物质世界中，无论我们如何看待生态保护综合性、生态系统管理一体化，不容忽视的事实是，这些都是人类出于自身的认识所做出的反馈。在这种反馈背后，一定是有相应的生态关系认知的，这种认知，并不能全然脱离于人类社会生存发展所依赖的自然生态系统、经济运行体系与社会系统，在这些系统背后均牵涉错综复杂的生态存在、经济理性与社会需求，而在这些内容中均潜藏着人们对生态、经济与社会的合理性与正当性的反思与分析。因此，生态、经济与社会这三方面必然是我们进行人类反思中必须权衡的因素。

其次，综合性的事实判断与价值选择，需要我们从生态、经济与社会这三方面阐释其合理性与正当性。尽管我们不能否认，环境立法的正当性主要由价值、形式、事实三个基本维度构成。[②] 但这三个维度下立法价值的选择、法律形式的设计与法律事实的确认等都必须源于对现实生态制约条件下的经济社会发展的全面考量。另外，从各国的经历来看，在海洋陆源污染防治中应提倡一种最适合各国（或区域）相应自然条件、文化背景、法律体制和经济情况的战略性的"混合"机制。[③] 显然，这种"混合"机制与传统的单一管控的方式是有明显区别的。这种"混合"机制必然要求我们对此类机制得以形成、产生及实践的自然生态、经济发展、社会背景进行全面分析。

[①] 笔者认为，生态系统方法在海洋陆源污染防治立法中的社会正当性的最核心体现应是社会公平性，因此，本书第四节将围绕海洋陆源污染防治的社会合理性与公平性展开论证。

[②] 周永：《环境法的正当性研究》，博士学位论文，福州大学，2017年，第29—40页。

[③] David Osborn, Anjan Datta, "Institutional and Policy Cocktails for Protecting Coastal and Marine Environments from Land-based Sources of Pollution", *Ocean & Coastal Management*, Vol. 49, No. 9/10, 2006, pp. 576–596.

最后，对于海洋陆源污染防治立法而言，此类立法应具有整合各要素之义，综合视域下的立法必然要求我们对现有生态、经济与社会状况制约下的合理性和正当性问题进行充分的诠释。"整合"可能是海洋管理领域中使用最宽泛的词之一，但同时也是可持续发展的关键性原则。[1] 整合包括了以下几种需要：将环境和社会经济因素纳入所有决策部门中去；克服管理当局的职责或行政许可/许可程序的碎片化；依据生态系统的实际情况调整管理计划或方案；克服特定领域的使用（或使用权）冲突以及跨学科整合不同类型的知识。[2] 这表明，海洋陆源污染防治立法无论是从哪个角度而言，均需要具有综合性与整合性特征，而这要求立法中必须全面考虑生态、经济与社会现状。

二 海洋陆源污染防治的特性决定了从三方面阐释的应然性

首先，作为海洋陆源污染防治的主要主体，相关国家在立法前必然会将生态、经济与社会这三个因素作为重要的考量因素。其原因一方面在于，根据《联合国海洋法公约》，国家是海洋中唯一的"财产所有人"，在国家主权和管辖权下，政府有合法的权利和责任颁发与海洋使用和保护有关的许可或许可证。[3] 这表明，国家作为该国际法框架下唯一的"所有权人"理应对海洋环境承担保护的义务与责任。虽然陆源污染物的排放主体在实践中会很多，包括自然人、企业、社会团体、国家机关等，但由于"陆源污染是一种累积性污染转移的消极后果的集中体现"，"也是陆地经济社会发展在海洋环境中一种负效应的集中体现"[4]，所以，陆源污染物的排放会对不同海域造成不同程度的污染或损害，且这种危害（或潜在损害）无一例外地会对整个海洋生态（或整个沿海地区）产生不良影响，这种不良影响在生态损害发生时，按照目前的法律安排很难由直接的排污主体充分地承担责任，若在污染累积到一定程度危及一定海

---

[1] Vander Zwaag D., *Sustainable Development in the Maritime Sector: Ocean Law and Policy Challenges*, Ocean Institute of Canada, Halifax, 1996, p. 23.

[2] Kjell Grip, "International Marine Environmental Governance: A Review", *Ambio*, Vol. 46, 2017, pp. 413–427.

[3] Jacobsson M., *Folkrätten, havet och den enskilda människan (International Law, the Sea and the Individual Man)*, Liber, Stockholm, 2009 (In Swedish). 转引自 Kjell Grip, "International Marine Environmental Governance: A Review", *Ambio*, Vol. 46, 2017, pp. 413–427。

[4] 戈华清：《海洋陆源污染的产生原因与防治模式》，《中国软科学》2014年第3期；戈华清：《海洋陆源污染防治法律制度研究》，科学出版社2016年版，第13页。

域的生态安全或资源使用效益后,依然还是由全社会或部分区域性居民所承担。而在目前的法律责任体制下,社会承担或区域承担,往往都会转换成不同形式的国家负担,因而从这个层面上讲,海洋陆源污染防治的主要责任主体应该是国家。然而,全球海洋是一个整体的大生态系统,由于海水的流动性与资源的流动性,它不以国界或地界为限,在自然生态的演化进程中只遵循自然规律,并在空间上表现为连续性、互动性。从这个意义上讲,对于海洋陆源污染的防治,原则上应是无区域限制也无疆域束缚的,但事实并非如此,"作为人类忠诚的聚焦点和实施政治权力的一种结构"的国家,除了在立法中充分考虑生态因素,经济与社会也是其必须要重点考量的,因为在现有的国际法体系与国际社会关系中,"每一个政府所追求的国家目标都是用经济增长、国家稳定和国际形象来定义的"[①]。因此,从国家作为海洋陆源污染防治主要责任主体的特征来看,一个国家或区域在立法时,应充分考虑生态、经济与社会现状,对不同情形下的陆源污染分类实施"现状保持、危险防御与风险预防"[②]的国家环境保护义务。

其次,海洋陆源污染从本质上看是综合污染。虽然在字面上暗含着污染物源自陆地,但并不能排除它是一项综合性污染,这种综合性污染的排放监管与有效预防均不能脱离于生态保护目的的确立、经济发展方式或手段的调整、社会生活方式的改良或社会法律法规的改进。在对海洋陆源污染的认识中,为了表述方便,人们将其归并为海洋污染中的一类,但这种归类是否适当是值得商榷的。诚如巴罗斯和约翰斯顿所认为的那样,把海洋污染定义为一种与生物圈整体污染相分离的现象是错误的[③],尽管单独看待或处理海洋污染在政治上更方便,在法律上更可行,但这样分国别或区域单独地处理海洋污染可能是很危险的。[④] 陆源污染是海洋污染中最广泛、占比最大的一类,由于此类污染的累积性与综合性,在某些情形下更不适宜在不考虑生态环境状况的条件下,用单独的分国

---

① 张海滨:《论国际环境保护对国家主权的影响》,《欧洲研究》2007 年第 3 期。
② 陈海嵩:《国家环境保护义务的溯源与展开》,《法学研究》2016 年第 3 期。
③ Barros J. & Johnston D. M., *The International Law of Pollution*, Free Press, New York, 1974, p. 234.
④ Caroline Williams, "Combatting Marine Pollution from Land – based Activities: Australian Initiatives", *Ocean & Coastal Management*, Vol. 33, No. 1 – 3, 1996, pp. 87 – 112.

别或分区域的治理方式来对待。而在陆源污染防治中，若要采用综合性的方式来处理，最优的选择应是在现有的生态制约下，充分考量一定生态域范围内的经济社会发展情况下做出相应的立法抉择。海岸带或沿海地区环境的生态完整性是否能得到保障，与社会的、经济的、机制的和监管的规则密切相关，因为这些规则不仅要规定人类的海上行为，也要规定人类的陆上行为。[1]

最后，海洋陆源污染防治法本质上是具有行政法与社会法属性的生态法，这一属性决定了在生态系统方法立法中必须充分考虑生态、经济与社会因素。在生态文明视域下，污染防治法是具有行政法和社会法属性的生态法，是国家建构和社会生成高度统一的实用法。[2] 这一属性决定了在海洋陆源污染防治中，为了减少环境污染、保护生态环境必然会涉及对自然人、法人或其他相关组织的行为的许可、限制或禁止，而这些许可、限制或禁止不仅仅涉及具体行为人的权益或发展，也会涉及一定时间或空间范围内社会经济的发展（如区域性产业发展规划的实施）。虽然，我们不能否认，作为管理法的行政法对于一定时期国家的经济发展、社会秩序的稳定的确带来了积极作用[3]，但也会在生态保护立法中，因价值目标的选择、规范内容的差异、实现方式的不同而导致一些不可预见的经济、社会、生态问题。

三　海洋陆源污染防治的现状决定了从三方面阐释的实然性

海洋陆源污染的污染源众多，污染物种类庞杂，污染物排放数量巨大，污染的阵线长、周期长、持续性强，潜在危害巨大，污染物溯源困难[4]，导致人类整体上对此类污染的关注与防治都与现实需求存在明显落差。另外，海洋陆源污染预防与治理还会涉及复杂的经济社会利益的配置、沿海国与内陆国的权责分配、保护范围确立等复杂的国际法问题，导致陆源污染防治的立法在国际法上是整体滞后于现实需要的。就现有国内外海洋陆源污染防治的现状而言，虽然欧盟相关国家自1974年制订

---

[1] David Osborn, Anjan Datta, "Institutional and Policy Cocktails for Protecting Coastal and Marine Environments from Land – based Sources of Pollution", *Ocean & Coastal Management*, Vol. 49, No. 9/10, 2006, pp. 576 – 596.

[2] 魏胜强：《生态文明视域下的污染防治法研究》，《扬州大学学报》（人文社会科学版）2019年第1期。

[3] 江国华：《中国行政法总论》，武汉大学出版社2012年版，第36页。

[4] 戈华清：《海洋陆源污染防治法律制度研究》，科学出版社2016年版，第2—4页。

并实施了相关的条约以期协作应对陆源污染问题，但整体上目前的陆源污染防治进程是缓慢而滞后的。尤其是，现有的海洋陆源污染防治立法与整体上的海洋生态系统保护（或生态环境保护）的现实不契合、不匹配，除了极少数重点的生物多样性或自然生境保护海域，大多海域陆源污染日益严重的势头并没有从根本上得到缓解。海洋陆源污染防治立法整体上呈现以下几个方面的不足（参见图4-1），这些不足则进一步导致海洋陆源污染防治中的生态整体性保护、社会整体公平性保护、经济综合性发展的不足。

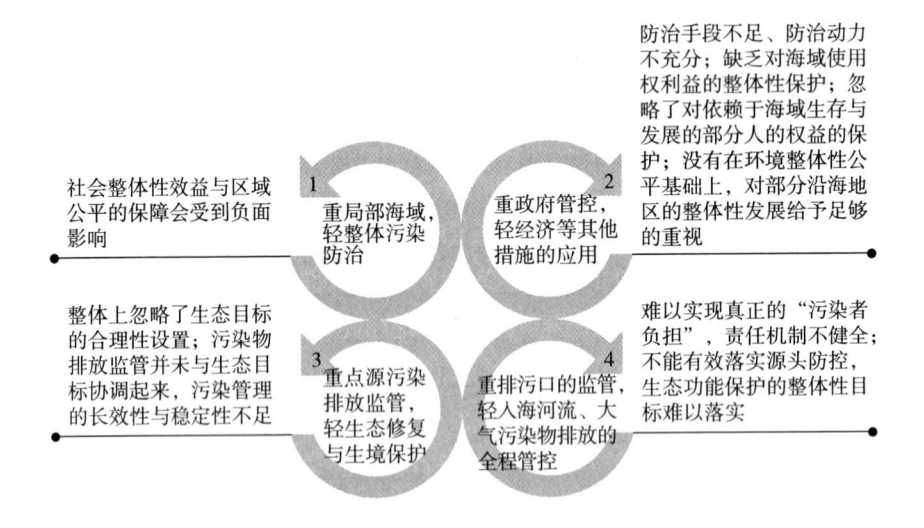

图4-1 海洋陆源污染防治的不足与消极后果

（一）重局部海域，轻整体污染防治

对累积影响的最新评估证实，全球海洋的任何一部分都不会没有人类的影响，几乎整个海洋（97.7%）都受到多重压力源的影响。[1] 但就人类相关行为进行干预的却仅限于局部区域。重局部海域的陆源污染排放监管，或者在一定环境压力下重视局部近岸海域的陆源污染排放监管，不仅是我国海洋陆源污染防治中的法律规范现状，也是其他相关海域的

---

[1] Benjamin S. Halpern, Melanie Frazier, John Potapenko et al., "Spatial and Temporal Changes in Cumulative Human Impacts on the World's Ocean", *Nature Communication*, No. 6, 2015, p. 7615.

法律规范现状。笔者的研究并不绝对否认这种立法选择的正确性。在人类海洋资源的开发利用与对海洋生态环境的干扰过程中，人类通过立法来规范自身行为必然与人类自身的认识关联起来，从人类社会经济发展的理性角度来看，对自然的保护必然与人类自身具有亲缘性，且这种亲缘性还与人类一直坚持的功利主义立法中的"多数人权益保障"相关。但伴随人类对海洋干扰程度的增加，我们不能依然停留于人类经常活动的区域，而应该将限制排放所涉及的惠益范围进行拓展，这既是一种社会整体性效益改进与提升的表现，也是对代内公平的一种保障，更是对代际公平的一种有益探索。就海洋整体保护而言，宏观上，小岛屿国家不仅是海洋污染与海洋生态破坏的最敏感的受害者，也是海洋生态保护最直接的受益者；微观上，沿海地区的居民或海域使用权人也是受海洋污染与生态破坏影响最大的群体，但这些国家（区域）或群体却不一定是陆源污染物排放的最大群体。因此，对于陆源污染应在一定程度上根据生态因素而不是政治边界采取控制措施。[1] 对陆源污染整体上的防控在一定意义上是整体性社会公平的保障，也是整体性社会公平发展的基础。所以，我们在对海洋陆源污染防治立法时，必须全面综合此中所涉及的生态、经济与社会问题。

（二）重政府管控，轻经济等其他措施的应用

海洋陆源污染防治并不是一项持续受到全球政治关注的话题，这导致严峻的污染形势与治理需求间存在明显的落差。受地理因素等多种条件的影响，虽然陆源污染对局部海域的危害会更大，但因为海水的流动性，陆源污染的跨区域性与全球性特征也不容忽视。在早期处理全球性污染问题时，人们往往将污染问题归结为两个截然不同的问题：一是在允许人类发展的同时阻止环境恶化，二是人类社会处理国际问题的模式。[2] 这两个问题的症结即南北冲突以及海洋污染政策和法律的发展。[3] 在这种理念支配下，不同国家或区域的人们往往会将污染问题的处理与

---

[1] Daud Hassan, *Protecting the Marine Environment from Land – based Sources of Pollution: Toward Effective International Coorperation*, Aldershot: Ashgate, 2006, pp. 37 – 38.

[2] Cynthia Enloe, *The Politics of Pollution in Comparative Perspective*, New York: David McKay Co. Inc., 1975, pp. 3 – 4.

[3] Elizabeth Van Davis, "Global Conflicts in Marine Pollution: The Asian Pacific", *The Journal of East Asian Affairs*, Vol. 10, No. 1, Winter/Spring 1996, pp. 192 – 222.

南北差异、经济发展关联起来。无论当时占据支配地位的理念是什么，在那时的生产生活方式主导的大背景下，无论是美国的浪费性污染还是发展中国家或地区的粗放式发展，污染防治制度都是不可持续的。[1] 但随着污染问题的全球化及人们对陆源污染治理理念的转变，污染不再被不同阵营的国家机械地划分为两类[2]，人们整体上对污染问题产生的认知更理性，政府对污染防治的重视程度也越来越高。政府对陆源污染重视的直接后果是管控行为的增加，这种管控的增加一方面促进了局部海域陆源污染排放的减少，另一方面间接促进了陆域排污主体或监管主体的环境改良行为与对策跟进。

陆源污染的影响范围多具有跨区域性，海洋生态系统是作为一种典型的公共物品而存在的，所以，许多沿海国家或地区都自觉地将政府管控陆源污染物排放作为主要的防治手段在立法上予以确立，但这种强制性的命令—控制型规制因其经济效率低下、负作用明显且行政程序烦琐而广受批评。[3] 其固有的缺陷包括：一是对于被规制的行业（或目标产业）而言，遵守法规的代价通常是昂贵的，这就是为什么命令—控制型规制常导致污染转移，而不是减少污染的原因；二是企业的合规成本被规制扭曲了；三是在严格的命令—控制型规制下，没有或根本没有激励手段（或其他激励对策）能促使企业去改进治污技术，进而按法律要求做得更好。[4] 对于我国的海洋陆源污染防治而言，我们更多的是注重单一行政区域内污染防治目的的实现，对于整体的海洋环境并没有有效的制度约束，这是导致我国陆源污染势头难以扼制的重要原因。[5] 或者说，我国的海洋陆源污染防治并没有与整体性的健康的海洋生态系统的维护关联起来。总体上，我国在海洋陆源污染防治中过多应用了行政力量与行

---

[1] Elizabeth Van Davis, "Global Conflicts in Marine Pollution: The Asian Pacific", *The Journal of East Asian Affairs*, Vol. 10, No. 1, Winter/Spring 1996, pp. 192 – 222.

[2] 这种机械划分的两类为：发展中国家认为污染是工业发展的标志，不是低效或粗放式的生产所致；工业化国家认为纯粹的浪费会产生大量的污染。

[3] Elliot E. D., "Environmental TQM: Anatomy of a Pollution Control Program that Works", *Michigan Law Review*, 1994, p. 1847.

[4] David Osborn, Anjan Datta, "Institutional and Policy Cocktails for Protecting Coastal and Marine Environments from Land – based Sources of Pollution", *Ocean & Coastal Management*, Vol. 49, No. 9/10, 2006, pp. 576 – 596.

[5] 戈华清：《海洋陆源污染防治法律制度研究》，科学出版社2016年版，第143页。

政规制去干预，而忽略了通过海域使用权人的利益保护、海域使用权人的自我保护来促进陆源污染物排放的公众监督。

(三) 重污染物排放监管，轻生态修复或生境保护

从字面意义上讲，海洋陆源污染是一种源自陆地上的污染物排放所导致的海洋污染，但我们不能忽略了这种污染背后潜在的生态损害或生态风险。就现有的海洋陆源污染防治措施而言，包括中国在内的许多沿海国家均将污染物的排放监管作为一种主要手段，而忽略了被污染海域的生态修复或生境保护。虽然在政策层面有宏观的修复规划与某些典型海域的修复实践，但这种修复更多的是以沿海资源开发利用为基础的。这些都是陆源污染防治忽视生态整体性修复与保护的一种体现，也是陆源污染防治中对海域使用权人的合法权益保护的一种忽略。被污染或严重污染的海域必然存在一定的生态风险，这种风险是否对相应海域的使用权人的潜在利益造成损害，现有立法中对此直接忽略掉了，也忽略了对相关权益人的请求权的保障。海洋陆源污染对经济社会的影响，不仅具有当地负外部性与国际负外部性，还具有全球负外部性。① 而我们在陆源污染防治中的污染物排放监管措施，往往会与污染物排放标准关联起来，即使每个排污口都达标，也不能保证一片海域内的海水质量是达标的，以及不能确保一片海域内生态系统是健康的，这是由陆源污染的累积性与分散性所导致的。另外，由于大多沿海国家都不是十分重视污染海域的生态修复，这导致海域一旦被污染，一定区域甚至更广范围内的生态风险会一直存在。

(四) 重排污口的监管，轻入海河流、大气污染物排放的全程管控

海洋陆源污染相较于其他各类陆地上的污染而言，受到的关注更少。许多沿海国家，虽然会在相应的计划或规划中规定面源污染或远距离污染物来源的管控，但在实践中，这些措施却很难真正实施。对于沿海地区排污口的严格管控的确能在一定程度上缓和部分近岸海域陆源污染物的排放，在一定范围内改善海水水质。但就我国现有的陆源污染物排放

---

① 关于负外部性的这三个分类，具体参见 Thomas Koellner, *Ecosystem Services and Global Trade of Natural Resources—Ecology, Economics and Policies*, London: Routledge, 2011, pp. 32–33。当地负外部性是指影响在一个区域内的负外部性；当负外部性出现在一个国家的边界以外时便产生了国际负外部性；全球外部性的影响更为复杂，因为一个国家或区域的行为可能影响到全人类，而且参与的缔约方数量越多，越难找到有效的解决办法。

监管而言，除了沿海地区的各类排污口，入海河流的污染物排放一直是不容忽视的重要来源。从我国2006—2018年入海河流断面水质的监测数据（参见图4-2）可以看出：虽然劣Ⅴ类水在入海河流断面水质监测中的百分比整体在减少，但劣于Ⅲ类水的水质（包含有Ⅳ类、Ⅴ类、劣Ⅴ类）入海河流监测的百分比依然较高。这表明，总体上我国入海河流的水质在排放入海前并没有得到根本改善这个问题。什么原因导致入海河流水质多年没有得到根本改善，这个问题值得深思。

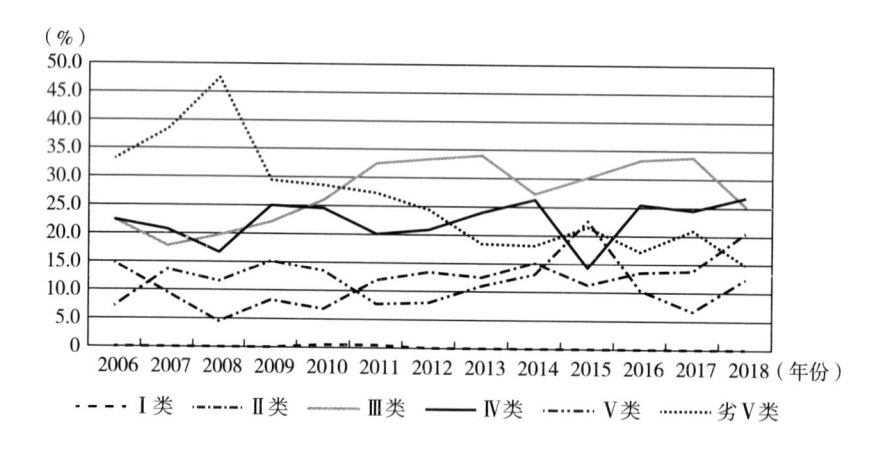

图 4-2　我国 2006—2018 年入海河流断面水质

资料来源：本图中所有数据均来源于相应年份的《中国海洋生态环境状况公报》与《中国近海海域环境质量公报》。

除了入海河流的全程监管十分重要，大气污染物排放监管在海洋陆源污染防治中也十分重要，但受制于现有的监测技术、控制手段、责任溯源等多重困难，无论是我国还是其他沿海国家对于通过大气沉降途径进入海洋的污染物防治立法都有待更进一步研究与推进。虽然《联合国海洋法公约》《蒙特利尔议定书》等中指出了此类陆源污染物的来源应该引起足够的重视，但目前在监管手段、规范对策等方面都还没有有效的措施。当然伴随着各国（尤其是沿海国家）对海洋大气污染物沉降中气溶胶污染物含量、湿沉降通量等监测数据的进一步完善，未来对此类污染物的排放监管也终将会进入法律的调控范围之内。

第二节　生态系统方法在海洋陆源污染防治立法中的生态合理性与正当性

自20世纪80年代中期开始，我国陆续有学者提出应将生态因素纳入环境保护或生态保护中去。这种观点逐渐被一些环境立法实践所接纳，我国的自然保护区、自然资源保护等方面的立法均在一定程度上考虑了生态因素。然而，对将生态系统方法作为整体性保护理念（或对策）纳入污染防治立法的探讨十分有限，现有研究多限于如何将污染物的排放及环境容量与一定区域环境的自净能力结合起来。就陆源污染防治立法而言，将海洋生态系统的保护融于其中，不仅是对生态整体性保护是否符合社会规律性的一种衡量与测评，也是对生态保护制度或对策选择是否符合自然伦理性与人文伦理性的一种解读，还是对一定海域（甚至是全海域）生态功能的维护、生态过程的遵循、生态结构的保护是否符合自然法则（或遵循自然规律）的一种确认。

一　陆源污染防治在海洋生态整体性维护中的合规律性

对于海洋陆源污染防治而言，其最终目的是维护海洋生态整体性。生态整体性的维护，一方面是为了人类自身的可持续发展，为了人类持续地开发利用海洋资源，因为只有更好地保护海洋生态整体性，才能保证海洋资源利用的可持续性；另一方面也是在人类对自身破坏性行为的自我反思与觉醒基础上，对海洋生态的一种观照，尽管我们不能否认这种主动观照的自利性，但这种观照并不仅仅是出于人类自我的发展，其动机中还夹杂着人类对自然及自然之物的怜悯与主动惠益。

海洋生态整体性维护的合规律性包括两方面的含义：一是这种维护的合自然规律性；二是这种维护的合社会规律性。就生态整体性维护的合自然规律性而言，全球海洋生态系统就是一个大的生态系统，这个大的生态系统的整体性决定人们只能够从整体上对其加以认识和把握，这是生态学研究的基本要求[①]，也是人类合规律性选择的基础与自然认知的

[①] 刘卫先：《生态法对生态系统整体性的回应》，《中国海洋大学学报》（社会科学版）2008年第5期。

前提。在人类的自然实践中，人类行为实践的尺度不仅关系到人类社会的发展，也事关自然生态环境的维护，这就内在地要求人类在采取实践行为时应树立一种自觉的责任意识，充分意识到自身行为可能导致的风险和代价，切实履行相应的责任。① 这表明，在立法中对于合自然规律性的选择更多的是人类责任限定的一种表现。

就生态整体性维护的合社会规律性而言，主要是指我们在立法过程中，所选择的具体立法目标、价值选择、实施方式等均应符合一定的社会发展需求与社会现状。从环境保护策略的选择来看，任何策略都具有双重性。这种双重性一方面体现为我们在选择中理性的行动模型，这种模型的选择会"剥离"一些制度性或社会因素的变化或变化影响②，导致人为设计的实施模型与具体的实情不符（甚至完全背离）。另一方面是由于人们在制度或对策选择中的人为性因素较大，如何保持对策出台的中立性与科学性也必须予以关注。从不同区域海洋陆源污染防治的多边条约或双边条约体系来看，能否通过有法律制约力的条约来规范一定海域的陆源污染物排放，在很大程度上并不取决于该区域的自然生态状况与陆源污染物排放是否一致，而是取决于区域内不同主权国家复杂的社会、政治（尤其是海权争议的处理）、技术发展、经济布局等。这一现象也说明，在海洋陆源污染防治立法的选择中应充分考虑这种生态整体性背后的合社会规律性，而不能仅凭其合自然规律性而做出选择。合自然规律性一定程度上只反映了需要立法的生态选择，并不担保这种选择能被主权国家（或区域政府）接纳、承认与执行。

二 陆源污染防治在海洋生态系统保护中的合伦理性认知

伦理包含自然伦理、人文伦理、经济伦理等。在海洋陆源污染防治立法选择中，必须会涉及对不同视域的伦理观的认知、理解与接纳（本部分仅就自然伦理与人文伦理展开论述）。伦理观直接关乎不同主体（立法者、执法者、守法者等）对自然与社会的认知，因此，这些主体必须要对海洋生态运行过程有相对科学的认知，才能保障我们在立法选择中

---

① 张建辉：《价值哲学视域中生态正义实践研究》，博士学位论文，山西大学，2017 年，第 37 页。

② Jon Birger Skaerseth, "Managing North Sea Pollution Effectively: Linking International and Domestic Institutions, International Environmental Agreements", *Politics, Law and Economics*, Vol. 3, No. 2, 2003, pp. 167 – 190.

的合伦理性。

在我们对环境伦理与生态伦理的研究过程中,颇费周章地对各种不同的伦理观展开了说理与研究,但这些研究依然是限于对伦理观的认知,并未将这些伦理观的认知与立法活动有效关联起来。当然我们也不应该否认,这些基础性研究在决策选择或对策制订中所产生的指导作用。"人类中心主义"伦理观因强调人类是自然界的主人,自然本身的价值不被人们承认而形成的"个人本位"和"社会本位"观念受到了不同观点的辩证看待;但是"非人类中心主义"伦理观在纠正"人类中心主义"的反自然倾向时,却陷入了纯自然主义的泥沼之中,没有认识到人的主体性。[①] 虽然不同类型的"人类中心主义"与"生态中心主义"交融出来的理论产物(如现代人类中心主义、可持续发展的人类中心主义、生态人本主义等)依然在不断发展着,但并不妨碍我们在污染防治过程中应秉持科学理性的态度正视伦理问题,将人与自然生态的问题、人与人之间的问题摆在合理的地位去看待。无论我们选择从哪个视角或哪项理论来看待生态保护中的伦理问题,都应该明白,环境伦理学的自然价值叙事并不是与自然界或自然物的对话,而是对人的责任诉求。[②]

在对陆源污染防治的失败或无效原因进行总结时,我们大多会将"投入不足、合作与交流不畅以及应对机制弱等"[③] 归为其要因,这种归因的确反映了不同地区在陆源污染防治中人为性因素所导致的失败,但这种总结却忽略了陆源污染物排放、污染物的海洋自净、海域使用权等多种因素的综合性影响。诚然,由于海洋超强的自净能力与巨大的环境容量,人们在制度选择时易产生误解与错觉,这种误解与错觉会直接导致陆域行为主体在海洋环境保护中的短视或弱视。这种短视或弱视与人们的伦理认知相关,也与人们的习惯性行为相关。在制订相关对策时,如何将沿海区域人们的生产模式、生活习惯、认知方式、行为习惯等与自然生态状况的认知联系起来是关键。一方面应强调在人与自然生态的相处中,以自然生态保护的理性为基础,通过法律手段约束人类的自由

---

① 阮李全、李文练:《论生态文明背景下环境立法理念的演进》,《重庆师范大学学报》(哲学社会科学版)2010年第5期。
② 李培超:《环境伦理学视阈下的自然价值叙事》,《伦理学研究》2015年第5期。
③ Ramesh Ramachandran, Purvaja Ramachandran, Kem Lowry, "Improving Science and Policy in Managing Land – based Sources of Pollution", *Environmental Development*, No. 11, 2014, pp. 4 – 18.

行动，应该保障其在不违反自然规律的范围内利用自然，实现人与自然的和谐相处。另一方面应把人与自然和谐相处的实现作为其首要的价值追求①，通过法律的引导与相关软机制的倡导强化对一定区域自然状况的认知与理解。

从生物学角度来看，生态系统管理的基本原则通常是为了满足人类消费产品的可持续产量，并以此可持续产量的维护为基础，进而维护生物多样性和保护其免受污染和栖息地退化的影响。② 这种生物学意义上的生态立法本质上是以人类中心为基础的，虽然不是真正意义上的生态系统方法在立法的体现，但对于人类的法律选择而言，这是目前的优选方案。因此，我们必须承认：不同条件下，海洋生态系统立法的目标或指向的对象应是有所区分的，这种区分应以人类社会的可持续发展、自然生态的有序自我演化为基础。

三 陆源污染防治在海洋生态功能维护中的合自然规律性

海洋为碳储存、人类食物需求以及废物稀释提供了服务，也是地球上最重要的气候调节器与生物多样性储备库。仅海洋鱼类就为世界20%以上的人提供了蛋白质的主要来源。③ 海洋对于整个地球生态系统及地球中的人类社会都是必要的存在基础。防治污染，一是为了维护人类社会的存在基础能在最大限度内按照其自身规律运行下去，二是为了人类未来的发展能更理性地按照自然规律的原则运作下去。事实上，海洋生态功能的维护并不是一个纯粹自然的符合科学原则的术语，而是一个具有明显的人类选择性术语。这一术语不仅反映了人类对海洋生态功能的认知，也是人类对海洋生态功能维护具有可行性的一种确认。对于原本存在的自然生态环境或状况而言，没有人类的干扰或介入，自然也会按照自身的规律演化下去。从这个意义上讲，对于海洋生态功能的认知与了解是进行维护与运作的基础。

海洋生态功能是海洋生态系统中的一个自然过程与环节（参见图4 -

---

① 阮李全、李文练：《论生态文明背景下环境立法理念的演进》，《重庆师范大学学报》（哲学社会科学版）2010年第5期。

② Larkin P. A., "Concepts and Issues in Marine Ecosystem Management", *Reviews in Fish Biology and Fisheries*. Vol. 6, No. 2, 1996, pp. 139 – 164.

③ Thomas Koellner, *Ecosystem Services and Global Trade of Natural Resources—Ecology, Economics and Policies*, London: Routledge, 2011, p. 18.

3)，不能脱离生态系统构成要素的限制，也不能离开生态系统过程的制约，因此，对生态系统功能的维护，应是对整个生态系统所有环节有一定认知与了解基础上的维护。从生态系统服务的产生机理可以看出：虽然并非所有的环节、所有的情形都具有人类可干预性，但人类的干预行为却可能破坏其中的任何一个环节。从生态系统的过程、功能与其所提供的服务类型看，并非所有的过程与功能都能通过法律予以调控或规范，但人类的行为或活动却可能影响生态系统的过程与功能。如赤潮是海岸带生态系统复杂性的实例之一。当陆源排污带来的营养盐超过一定阈值后，海岸带水域的稳定状态会发生快速变化，从清澈见底、多营养层的稳定状态转变成极其浑浊、较高营养层生物消失的富营养化状态①，在富营养化状态下，海洋中的浮游生物暴发性繁殖造成海水颜色异常，形成赤潮，而赤潮一旦形成，不仅会导致海域内鱼、虾、蟹、贝类大量死亡，对水产资源破坏很大，严重的还会因形成沉积物而影响海港建设。但陆源排污带来的营养盐，在不同的生态状况下，不同种类营养盐的阈值或许并不完全相同，若按照统一的环境标准来进行规范，可能并不一定适用。诚然，陆源污染物的累积性排放对海洋生态的影响，不仅会危害生态系统中的构成要素，还会对生态系统的过程产生负面作用，最终影响生态功能的发挥与正常生态系统服务的提供。但这种因营养盐排放所导致的海洋生态环境累积性影响，若要通过法律来解决，科学有效的解释、政治意愿的投入、决策主体的认可、技术解决办法的追踪及行为主体的确立是基础。

在自然科学所构建起来的海洋生态系统服务产生机理（参见图 4-3）中，很难将人类行为、人类活动对海洋生态系统服务的影响归入其中，这种纯粹生态意义上的产生机理描述在生态学上的重要性不言而喻，在人类认识论的发展上也至关重要，但却并不能反馈出社会—生态系统的交互性，此方面的科学认知与理解仍需要进一步拓展。

对于自然生态系统具备科学的认知与相对全面的了解是生态系统服务管理的基础，也是在立法时必须要慎重对待的科学性问题。从科学上讲，即便人们对海洋生态系统服务类型在整体上有了一定认知，但对陆

---

① Murray Patterson、Bruce Glavovic：《海洋与海岸带生态经济学》，陈林生、高健等译，海洋出版社 2015 年版，第 66 页。

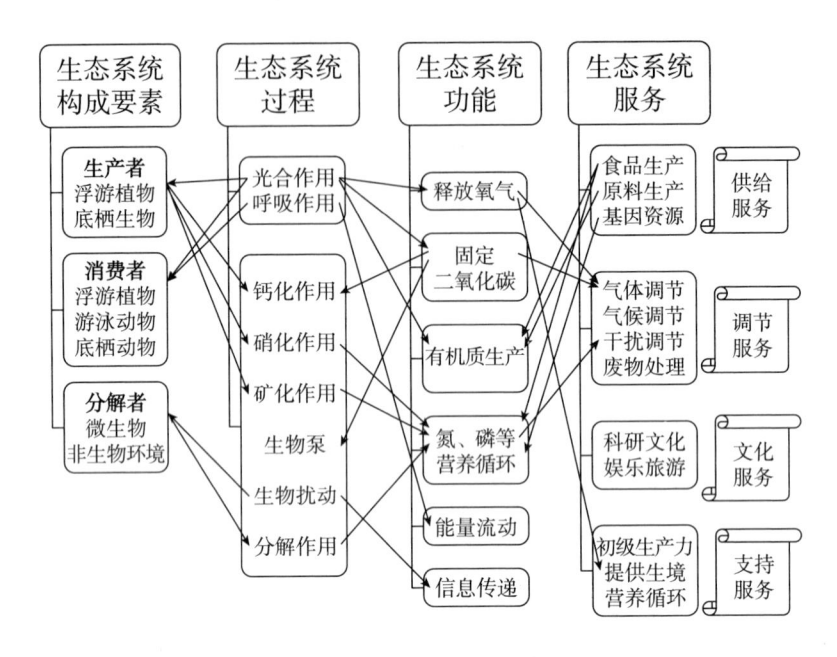

图 4-3　海洋生态系统服务产生机理

资料来源：FAO, *The State of World Fisheries and Aquaculture 2016: Contributing to Food Security and Nutrition for All*, Rome: FAO, 2016, 转引自赵晟、李璇、陈小芳《海域生态价值补偿评估》, 海洋出版社 2017 年版, 第 24 页。

源污染和海洋生态系统服务功能提供间的关联性却并不是十分清楚；进一步讲，即使对二者有相对充分的了解，也不能确保人类的制度选择是适当的。从立法上讲，要想将科学认知与科学理解转化为具体的法律制度，还需要一个相对曲折的转换过程。尽管有学者认为，只有承认了生态规律的真理性和不可抗拒性，才能发现生态系统的稳定平衡对人类生存利益的价值性，因而为了人类的生存利益才能得出"应当保护生态自然"的道德选择。[①] 有了以"人类生存利益"为基础的道德选择，才具有了"把生态自然的'是'同'要保护生态自然'的'应当'联系起来的价值论基础"[②]。但我们依然不能从这种抽象的道德选择的"是"中有

[①] 刘福森：《自然中心主义生态伦理观的理论困境》，《中国社会科学》1997 年第 3 期。

[②] 笔者结合刘福森的观点，认为本书中此处界定"是"指"生态自然规律"，"应当"指"人类保护自然生态的道德行为"。参见刘福森《自然中心主义生态伦理观的理论困境》，《中国社会科学》1997 年第 3 期。

效推导出"应当"。① 因为客观认知中的"是"不可能直接转化为主观规范中的"应当"。在人类的理念认知与行为转换过程中，要将"是"直接转换为"应当"不仅要逾越对自然规律认知不足所导致的不确定性问题的制约，以及人类将科学认知转换为道德行为的客观性与可能性的约束，还涉及如何将合伦理性与合道德性关联到价值判断与行为约束的理性抉择中。尽管理论上将存在论意义上的"是"转换成价值论意义上的"应当"② 似乎并不困难，但在实践层面，人类在对自然生态系统的保护中，所要跨越的障碍并不仅仅限于认识上的不足，更多的是在价值权衡基础上对自身行为合规性的约束。就大多数陆地上的人（包括人的集合）而言，海洋生态保护都显得遥远而抽象，因此，人们对海洋缺乏体己的关注与切身的体会，这也会削减人们为保护海洋而限制自身行为的动机与意愿。为了保护海洋生态系统而减少自身的排污行为或对自身的非海洋生态友好行为做出限制，不是单纯道德层面的约束或法律宣示意义上的保护可达成的。

四 海洋陆源污染防治之生态系统保护的正当性

将保护海洋生态系统纳入陆源污染防治立法中源于人类公平利用海洋资源与海洋环境容量的客观需求，这种需求是公平的经济社会发展观的体现，也是区际海洋资源与环境容量公平利用观的体现。将生态系统保护纳入海洋陆源污染防治立法中也源于人类对海洋生态系统的自然观照，这种观照既是为了人类自身的生态与发展之需，也是出于人类对海洋生态系统的惠益之情。将保护海洋生态系统纳入陆源污染防治立法中亦源于国家对海洋这一公共物品的国际法保护之义务，是一种基于《联合国海洋法公约》下的"财产所有人"的生态保护义务③，也是一种国家生态责任与生态义务由陆至海的延伸。

首先，防治陆源污染是为了不同区域（包括地理不利国）的人更公平地使用海洋资源与海洋环境容量。陆源污染物排放所进入的海域与海洋生态系统保护所包含的海域，在地域属性上具有同一性，在性质上具

---

① 刘福森：《自然中心主义生态伦理观的理论困境》，《中国社会科学》1997年第3期。
② 巩固：《环境伦理学的法学批判——对中国环境法学研究路径的思考》，博士学位论文，中国海洋大学，2008年，第101—102页。
③ Kjell Grip, "International Marine Environmental Governance: A Review", Ambio, Vol. 46, 2017, pp. 413 – 427.

有同源性。作为典型公共物品的海洋环境容量，若被用于不加限制地容纳污染物则可能会减损其自然生态功能，导致海洋资源的开发利用受损。虽然在海洋自净力范围内，纳污与资源利用二者间具有相容性，但一旦超出了自净力，便具有竞争性与排他性。因此，从陆地上污染物的排放源入手，减少各种不同类型污染物的排海，可能会增加陆源排污主体的负担，但却增加了海域使用权人（或其他用海主体）的权益，这是一种海洋资源与环境容量利用中区域公平性的体现，也是对海域使用权人生态权益与潜在经济利益的一种确认与保障。就此观点，也许有人会对其中的公平性提出质疑：若强化陆源污染防治，各类陆源污染物排污主体的治污费用会相应增加，是对其排污权的一种限制，限制了陆源污染物排放主体对海洋环境容量与自净力的充分利用，就是不公平的体现。这种质疑虽有一定的合理性，但并非完全站得住脚，其原因有二：一是强化陆源污染防治不仅能有效减少入海污染物的量，也会促进陆域主体环境污染防治理念、技术、方法等的革新，虽然在短期内会遭遇一些变革的困境，但从长远来看对陆域主体而言是双赢的；二是强化陆源污染防治并不代表只对陆源污染物的排放主体强化监管，对海源性污染物的排放主体也同样地加强监管，这表明对于陆域与海域而言污染物排放监管是一致的、公平的。

其次，将海洋生态系统保护纳入陆源污染防治立法并非全部出于人类的自利之心，在一定程度上也反映出了人类在自身发展的同时对自然生态系统的一种主动观照。从最广泛意义上讲，在人类对海洋环境保护进程中，除了面对旨在改进当前实践与化学品评估和预测的可靠性和科学性问题、对于发展长期保护海洋环境所需的基础知识还不具备这两大挑战[1]，在海洋环境保护中，人类应更多地改变开发利用理念、态度、模式与行为，将海洋生态系统的独立保护与海洋资源利用间的关联适当地予以区分，充分体现人类在海洋自然生态系统保护中的自觉性与非利益牵连性。通过立法（包括国内与国际）来主动承担海洋生态系统的保护义务，不仅是立法生态化的全面体现，也是对该类立法所反映的生态保

---

[1] Bewers J. M., Wells P. G., "Challenges for Improved Marine Environmental Protection", *Marine Pollution Bulletin*, Vol. 25, 1992, pp. 112–117.

护价值诉求①的一种定位，这种定位既承认和尊重了自然的内在价值，确立了生态主义的立法理念②；也促成了法律制度的生态化，促进了人类社会整体可持续发展。

最后，就海洋陆源污染而言，通过生态系统立法来进行防治既是国家或区域承担所有权人保护义务的体现，也是国家或区域对人类整体生态利益进行保护的一种体现。对海洋环境的保护，符合人类基本道德价值和国际社会共同利益，是一项"对一切义务"③，也是一项涉及人类共同利益保护的"普遍义务"。对于《联合国海洋法公约》的缔约国而言，更是一项法定的国际义务。立法者把环境保护义务设置为一种"普遍义务"，其法理基础就在于这种制度安排遵循了自然规律。④ 这种抽象的观念虽然在实践与理论研究中均遭到了不同的质疑，但这种理念依然在合理评估与衡量生态价值、生态理念、生态本位、生态合理性等方面具有重要的价值。

第三节　生态系统方法在海洋陆源污染防治立法中的经济合理性与正当性

世界上的海洋和海岸——蓝色的世界——是人类的聚宝盆，为我们人类提供食物、氧气和生计，也为未来发展空间的拓展提供了可能。但近年来却因人类经济社会发展过程中无节制的污染物排放与无序开发利用，海洋资源的利用受到了制约、海洋生态系统功能受到了严重损害。在关于陆源污染物对海洋生态系统损害的研究中，陆源性营养物质的排放一直是重点话题。这一方面在于陆源性营养物质的排放源多且难以有

---

① 祁雪瑞：《以地方立法引导自然资源生态与经济效益契合》，《中国国土资源经济》2015年第12期。

② 阮李全、李文练：《论生态文明背景下环境立法理念的演进》，《重庆师范大学学报》（哲学社会科学版）2010年第5期。在立法过程中，承认与尊重自然的内在价值的确十分重要，但是否一定要确立"生态主义"的立法理念值得商榷。

③ 曲波、喻剑利：《论海洋环境保护——"对一切"义务的视角》，《当代法学》2008年第2期。

④ 胡中华：《论环境保护之为普遍义务》，博士学位论文，中国海洋大学，2011年，第114页。

效管控，另一方面在于陆源污染营养盐过度排放所产生的近海生态问题越来越严重。从陆地往海洋（和沿海地区）的营养盐排放水平比工业化前增加了约三倍，且这些营养盐多来自农业生产和未经处理的污水。[①] 主要是由于人造氮的大量使用，进入地球生物地球化学系统的活性氮量比工业化前增加了约150%。[②] 自20世纪80年代以来，虽然世界上大多沿海国家对陆源性营养物质的排放入海都十分重视，但却没有找到有效的解决途径。目前对此类污染物的防治多采用命令控制或确定排海指标（或配额）等方式来处理。然而，对于诸如此类排放量大、来源广且排污主体众多的陆源污染物排放而言，仅靠没有（或缺乏）长久激励手段的强制措施难以达成其目的，我们需要将更多的经济因素纳入其中来考虑如何减少诸如此类的陆源污染物的排放。

就我国与世界上其他国家的陆源污染防治立法中的制度选择而言，多重视命令控制手段的应用，这些手段包括但不限于各类环境标准（或污染物排放标准）制度、禁止或限制各类污染物排放的名录制度、入海排污口的选择与许可条件等。虽然这些制度对于防治直排海污染物的排放在理论上是有效的，但实践效果却并非如此。为什么会出现这样的局面呢？从经济因素来看，国家立法中所设置的那些管控制度虽然具有强制性，但在实践中由于标准与名录的变动性不大，人们在满足这些法定的条件后，由于无相关的激励很难再有动力去改进这些标准与名录。但若通过制度选择给相关排污主体更多的经济激励，必会推动排污主体在治理手段与治污技术改进方面的积极性，并进一步推动陆源污染防治的持久有序展开。

一 经济学中海洋陆源污染防治与生态保护的契合点

生态经济学的发展为我们寻找陆源污染防治与海洋生态系统保护二者的契合点提供了理论依据。生态经济学从整体的、演化的视角看待发展，将人类的经济社会活动看作整个生物圈运行的一部分，重视经济系

---

① UNEP, *Green Economy in a Blue World—Synthesis Report*, www.unep.org/greeneconomy and www.unep.org/Regionalseas.

② UNEP, *Green Economy in a Blue World—Synthesis Report*, www.unep.org/greeneconomy and www.unep.org/Regionalseas.

统与生态系统的协同演化，所提出的发展观更加科学也更具现实意义。[①] 生态经济学在整合生态学和经济学的过程中，在对经济帝国主义与生态还原论进行质疑的基础上，提出了经济系统是生态系统中的稳态子系统（具体参见图4-4）的观点，这种稳态的子系统改变了原有的以寻求一种单一物质或原则去解释导致经济帝国主义和生态还原论两方面过于简化的所有价值所存在的缺陷，认为"人类子系统由边界界定的规模存在一个最佳状态，而且生态系统维护和补充经济子系统的能量必须具有生态可持续"，这样让不同子系统均处于一种动态的均衡状态，使财富和人类的存量总是处于生态系统的再生和吸收能力范围内。[②] 尽管关于生态经济学中的稳态经济理论并没有在实践中得到充分的确证，但该理论无疑为生态系统保护与经济发展过程中的相关行为（资源利用、污染物排放等）间的动态均衡提供了一条可供优选的途径。

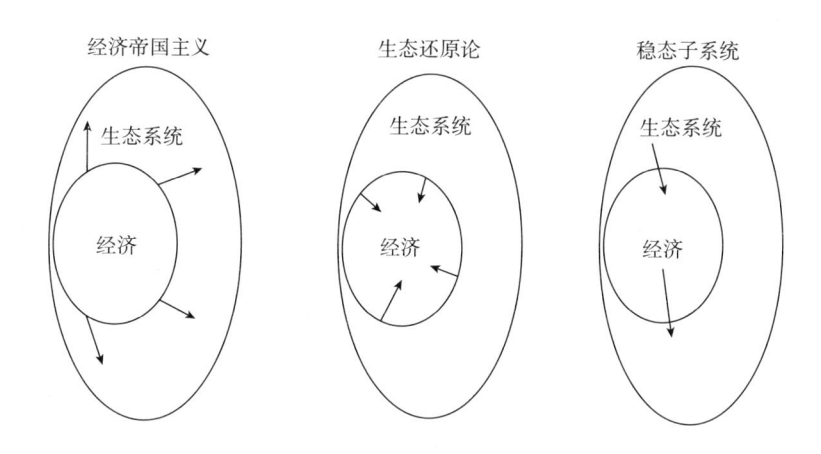

图4-4 整合生态学与经济学的三种策略

资料来源：[美] 赫尔曼·E. 戴利、乔舒亚·法利：《生态经济学：原理和应用》（第二版），金志农等译，中国人民大学出版社2014年版，第46页。

向海洋排污与开发利用海洋资源都是对海洋的一种开发利用，这二

---

① 杨珂：《分歧还是融合：制度主义与生态经济学发展观辨析》，《贵州社会科学》2018年第9期。

② [美] 赫尔曼·E. 戴利、乔舒亚·法利：《生态经济学：原理和应用》（第二版），金志农等译，中国人民大学出版社2014年版，第49页。

者在本质具有一致性，是契合的，只是二者的表现方式不同致使我们选择了不同的处理手段与对待方式。而现有的这种处理手段与对待方式是有违于经济发展与生态保护的协同并进的。从经济学的角度来看，无论是向海洋排污还是开发利用海洋资源，对于排污者与资源利用者而言都会从其行为中获得相关利益，只是获益的表现形式、认同方式、法律对权益的确认程度不同。就陆源污染主体向海洋排污而言，按照现有的法律规定与污染物的治理要求，在不超过排放标准与总量控制要求的情形下，排污者不用负担治理义务，这是对部分环境容量或自净力的一种合法利用，这种合法利用既是对传统的排污权的一种认可，也是对部分环境容量或自净力无市场交易性的一种默认。当然，这种认可也表明，海洋环境容量是一种基于海水的自净力而产生的特殊海洋资源。[1] 就海洋资源的开发利用主体而言，在利用海洋资源的过程中，经过相关行政法的许可并交纳相应费用后，即可享有一定海域内资源的使用权、收益权与部分处分权。但海洋资源开发利用的权利主体所缴纳的费用（海域使用金）反映的是资源的使用价值、市场交易价值，还是其自然资源的管理费用、资源本身的存在价值？我国《海域使用管理法》并没有明确说明。[2] 因此，向海洋排污与开发利用海洋资源这二者都是不同形式的资源开发利用，且二者有一个共同存在的基础：一定区域的相对健康的海洋生态系统的存在。若海洋生态系统不健康，对于正常的排污与资源使用均是存在明显障碍的。这表明，在海洋排污权的法权归属的寻找中，海洋生态系统状况不仅决定了可接纳的污染物的质与量，也在一定价值主导下决定了具体的立法选择。当然，若一定海域的生态系统不健康或生态功能受损，也会直接涉及资源利用主权对该区域内的资源有效利用，还可能会直接影响立法选择中对资源开发利用权的许可和准入门槛。

二 合理利用海洋资源与削减污染负外部性的动态平衡

首先，一定范围、一定条件下海洋资源的利用与陆源污染防治是可量化的，这为二者之间的动态平衡提供了经济考量的基础。在海洋生态系统提供的四大类服务（参见图4-3）中，为人类普遍认知并理解的主

---

[1] 邓海峰：《海洋环境容量的物权化及其权利构成》，《政法论坛》2013年第2期。
[2] 就我国对不同类型海域使用权所征缴的海域使用金而言，依我国《海域使用管理法》《海域使用金征收标准》《无居民海岛使用金征收标准》等既未充分反映其使用价值，也未充分实现其市场价值。

要是供给服务与文化服务，特别是供给服务中的食品提供、原料供应、基因资源。海洋开发利用实践反复证明了人类整体对海洋资源的依赖。理论上，四大类海洋生态系统服务都具有被量化的可能性，研究者也给出了系列量化指标（参见表4-1），但这种理论上的量化指标的确立，能否被市场化途径接纳、能否具有交易的可行性、能否由现有的社会机制所接纳等相关论证依然不充分。虽然从四种不同类型服务的表现特征（参见图4-3与表4-1）来看，人类可以依据自己的认知与理解，将这些服务归为三类：人类可见的显性服务、人类不可见的隐性服务，以及介于二者之间的中间服务。但这里有个问题难以通过实践或量化的技术路径来解决：生态系统服务所提供的可见的显性服务并不代表其一定能被市场途径核算出来，并最终以价格的形式体现。因此，这种量化的完全性与彻底性问题如何解决，对于海洋生态系统的全面经济量化而言，依然任重道远。尽管如此，这些研究无疑为我们在制度选择中的资源合理利用与污染物去除（或减少）的动态平衡提供了技术性指导与参考。

表4-1　　　　海洋生态系统的表现特征与量化指标

服务	表现特征	可用的量化指标
食品供给	海洋生态系统为人类直接提供各种海洋食品，包括从海洋里捕捞的产品，也包括养殖产品，但有些无法统计	可食鱼类、虾蟹类、贝类、藻类生产量；其他可食海洋产量（如海参）
原材料供给	为人类间接提供食品及日常用品、燃料、药物、添加剂等生产性原材料、生物化学物质。将人类不能直接使用的部分转化为可间接利用的各种物质	鱼肝油、鱼粉、几丁质、海洋药物、藻粉、藻胶等的产量；其他可利用的原材料产量
基因资源	动植物繁育和生物技术的基本和基本信息	野生物种的数量
气候调节	海洋生态系统及各种生态过程对温室气体的吸收，对区域或全球的气候调节	温室气体的吸收数量；二氧化碳固定量
空气质量调节	向大气中释放有益物质和吸收有害化学物质等，并进而维持保护空气的质量	氧气、臭氧的释放量；其他有害气体的吸收量
水质净化调节	海洋生态系统帮助过滤和分解化合物及有机废弃物，通过生态过程吸收和降解有毒有害化学物质的过程	环境容量、主要污染物排放量；从环境中移除污染物数量

续表

服务	表现特征	可用的量化指标
有害生物与疾病的生物调节与控制	对一些有害生物与疾病的生物调节，可明显地降低相关病害与灾害的发生概率。如浮游动物、贝类等对有毒藻类的摄食，生态系统对病原生物的控制等	养殖贝类而减少的赤潮发生次数和面积；浮游动物减少的赤潮发生次数和面积；自然生态系统与人工生态系统病害发生次数及损失差异
干扰调节	对各种环境波动的包容量、衰减及综合作用。例如，海洋沼草群落、红树林等对海洋风暴潮、台风等自然灾害的衰减作用等	有保护与无保护地区的损失差异，减少的各种灾害经济损失
精神文化服务	海洋生态系统满足人类精神需求、艺术创作和教育等的非商业性贡献。如产生精神文化多样性、产生创作灵感、增加教育和实践机会	对某些海洋生态系统进行的科学研究投入数量及获得的科研成果数量
知识扩展服务	海洋生态系统的复杂性和多样性，产生和吸引的科学研究以及对人类知识的补充贡献，通常具有潜在商业价值，即依靠获得的知识可产生其他收益	对某些海洋生态系统进行的科学研究投入数量以及获得的科研成果数量
旅游娱乐服务	由海岸带和海洋生态系统所形成的独有景观和美学特征，进而产生的具有直接商业价值的贡献，如海洋生态旅游、渔家游和垂钓活动等	来此旅游及娱乐的人类及费用支出数量
初级生产服务	有机体对能量和养分的吸收和累积，并为其他生态过程提供初始能量，如各种植物及微生物利用光能、化学能的生产	初级生产力水平
物质循环服务	一切生态过程中对所需要物质不断的形式转化及流转的过程。包括氮、磷等营养物质循环及水循环	物质的循环速率在不同组分中的比率

续表

服务	表现特征	可用的量化指标
生物多样性服务	生物多样性是指由海洋生态系统产生并维持的遗传多样性、物种多样性与系统多样性，对于维持生态系统的结构稳定与服务可持续供应具有重要意义	生物多样性指数；物种数量；系统类型的数量
提供生境服务	主要指由海洋大型底栖植物所形成的海藻森林、盐沼群落、红树林以及底栖动物形成的珊瑚礁等，对其他生物提供生态生活空间和庇护场所	各种索饵场、栖息地、产卵场和生物避难所的面积大小和环境质量好坏

资料来源：张朝晖、叶属峰、朱明远：《典型海洋生态系统服务及价值评估》，海洋出版社2008年版，第98—99页。转引自赵晟、李璇、陈小芳《海域生态价值补偿评估》，海洋出版社2017年版，第98—99页。

其次，海洋陆源污染防治与生态系统服务利用的同区域性，为二者间的平衡找到了立足区域。人类对海洋资源的开发利用系对海洋生态系统供给服务的一种利用，而污染物的排放与处理总体上属于对海洋生态系统调节服务的一种利用，在这两种生态服务的利用中，供给服务多能被划归为具有直接利用价值的种类中，其被市场量化的可能性要高许多；而大多数的调节服务能够被准确评估与量化的可能性较弱，既不易被市场所调控，其所提供的间接利用价值也很容易被人们忽略。在这种情形下，就需要通过法律或政策来促成间接利用价值的显性化，我们可以考虑借鉴大气污染防治与陆地上水污染防治中的排污许可证与排污权交易制度来推动海洋陆源污染物排放的有序市场化，在部分领域或海域逐步促成海洋生态系统调节服务功能的市场化与可交易化。如近20年来我国东海陆扰海域铜、铅、锌、镉排海主要来源于以河流为主的陆源排放，88%左右来源于河流排放，7.5%左右来源于排污口，4.5%左右来源于大气沉降。[①] 这种相对精确的计算结果与污染物来源统计无疑为相应污染物排海量的计算及市场化提供了条件。

---

① 王长友、王修林、李克强等：《东海陆扰海域铜、铅、锌、镉重金属排海通量及海洋环境容量估算》，《海洋学报》（中文版）2010年第4期。

最后，海洋陆源污染严重威胁近岸海域的资源开发利用，而这一区域是人类目前可知晓，也是沿海国可控的范围，这一基础为二者的动态平衡提供了社会学基础，也为二者动态平衡的经济措施的寻求找到了试点区域。陆源污染对海洋环境的威胁特别严重，主要原因在于其影响的是近岸海域，而这些被影响的海域恰好是生物生产力最高的。[1] 这一点在世界范围内的大海洋生态系统（Large Marine Eco - systems, LMEs）管理中也得到了确认，在73%的LMEs中，有超过一半的总DIN[2]的排放出自陆源排污[3]，而在全球现有的64个LMEs中，大多处于生产力最高的区域，但这些区域也是受陆源污染危害最严重的区域。从经济上讲，陆源污染主要是单向输入的陆域经济活动的外部不经济性，是陆上排污行为对海洋环境负效应的集中体现[4]，由陆地向海洋排污的负外部性所隐含的意蕴是，一定程度的海洋污染可能代表了陆地上相关排污主体的"实际上的经济效率，甚至是社会效益的最终体现"[5]。但在这种经济效率与社会效益的体现中，人类的选择是带有偏见的，这是对海陆经济效率与社会效益认知的不同所造成的偏见。因而，通过各类经济手段或方式减少近岸海域陆源污染物排放，不仅是对该区域内生物资源及生境的一种有效保护，更是整体性经济效益提升的一种动态平衡。

三　海洋"资源库"的价值再确认与生态保护目标的协调并进

海洋"资源库"的价值是不断拓展的，这种拓展伴随人类对海洋生态系统服务认知的扩充而不断深入。对于早期海洋生态系统管理而言，其首要的目的是必须处理好如何保护特定物种以实现海洋生物资源的最佳利用。[6] 仅限于特定物种的保护，表明海洋生态系统服务中部分供给功能是被重视的，这种重视源于不断拓展的人口规模与不断扩充的发展规

---

[1] Kuwahara S., *The Legal Regime of Protection of the Mediterranean Against Pollution from Land - Based Sources*, Dublin, 1984, p. xvii.

[2] DIN的全称为Dissolved Inorganic Nitrogen, 即可溶解无机氮。

[3] Rosalynn Y. Lee, Sybil Seitzinger, Emilio Mayorg, "Land - based Nutrient Loading to LMEs: A Global Watershed Perspective on Magnitudes and Sources", *Environmental Development*, Vol. 17, Sup. 1, 2016, pp. 220 - 229.

[4] 戈华清：《海洋陆源污染防治法律制度研究》，科学出版社2016年版，第14页。

[5] Garrrod B., Whitmarsh D., "The Economics of Marine Pollution Control", *Marine Pollution Bulletin*, Vol. 30, No. 6, 1995, pp. 365 - 371.

[6] Larkin P. A., "Concepts and Issues in Marine Ecosystem Management", *Reviews in Fish Biology and Fisheries*. Vol. 6, No. 2, 1996, pp. 139 - 164.

第四章　生态系统方法在海洋陆源污染防治立法中的法理基础

模的社会需求，也源于人类整体在发展过程中对于可得利益（或潜在利益）不断扩展的利益需求。各种需求背后反映的是人类整体的自利性与自我满足性。在人类社会经济发展过程中，海洋"资源"的利用对象与可利用范围的不断扩充与拓展是人类社会不断发展的现实需求，这种需求整体上是人类趋利性的体现，也是为了满足人类在地球上的繁衍存续。人口对自然资源的压力，是从古到今的全部世界史和环境史的核心。[1] 在陆地资源不能满足人类社会整体性良好生态发展的前提下，海洋资源的开发利用自然会成为人类整体考虑的对象。人类海洋史上的这些巨大损失今天正在发生，即使我们设法减缓或扭转推动全球变暖的大气碳含量不断上升的趋势，这些损失仍将继续加速。[2] 同时，人类对陆地资源的开发利用与生态保护的历史也说明：在资源的稀缺加剧与可持续性利用受到威胁时，人类会开始自我反省并采取措施来减缓或消除这种威胁，这一过程是人在自然资源开发利用中的理性回归与自我审视后的生态复位。而人类在资源利用理性的整体性回归中，也会对海洋"资源库"的价值再次进行寻找与确认，这一寻找与确认的过程也是寻求利用与保护协同并进的过程。

从经济理性上讲，人类在海洋污染防治与资源开发利用中的自我约束是为了对资源更有效地利用，这种自我约束在很大程度上以人类经济发展为核心，具有明显的经济自益性特征。无论人类在何种程度上选择对陆源污染物的排放进行监管或控制，海洋资源能被人类有效利用或永续利用都是终极目的之一。随着科技的发展及人类认识的增长，在对海洋生态系统服务有更科学理性认识的同时，也对海洋生态所具有的独立于人类开发利用的存在价值给予了更多关注，虽然这种关注或多或少受到了生态伦理观的影响，但不可否认的是，这种关注虽然不都是人类自我发展与繁衍功利性的体现，但功利观在立法或对策选择中的影响依然是深远而广泛的。对于海洋资源的利用在目前及将来的相当长时间内都始终居于主导地位，这表明海洋在人类社会的经济发展中所占据的地位与角色是不可或缺的。目前，居住在低海拔沿海地区的人数，以及百年

---

[1] ［德］约阿希姆·拉德卡：《自然与权力：世界环境史》，王国豫、付天海译，河北大学出版社2004年版，第7页。

[2] Jon McVey Erlandson, "As the World Warms: Rising Seas, Coastal Archaeology, and the Erosion of Maritime History", *Journal of Coast Conservation*, Vol. 16, 2012, pp. 137–142.

一遇风暴潮的受灾人数，亚洲是最高的。中国、印度、孟加拉国、印度尼西亚和越南在基准年的沿海总人口暴露量最高，预计这一排名在未来将基本保持不变。[1] 在沿海地区人口增长的过程中，沿海地区自然灾害的发生频率、陆源污染对海洋生态的影响都是我们必须正视的客观现实。人口的增长是沿海地区发生变化的关键驱动力，不断增加的海洋资源利用率和海洋污染，也给沿海生态系统和自然资源造成了巨大压力。[2] 在这种压力下，人类必须通过对策与人类自身行为的改进来修正自我。而在这一过程中，人类对海洋"资源库"价值的重新定位与选择及对人类自身排污行为的限制，二者必须协同提升，才能真正保障整体的可持续发展。尽管海洋生态服务是复杂的，但在科学不断进步的基础上，人类逐渐厘清了海洋生态系统服务的类型（参见图4-3）。当然不排除随着科学的进一步发展及人类认知的不断提升，海洋生态系统服务的类型会发生变化。同时，海洋生态系统的表现特征与量化指标（参见表4-1）对作为"资源库"意义上的海洋而言，已经奠定了一定的经济学基础，这种基础性认知也为人类如何在经济持续发展的目标下确立生态保护目标奠定了基础。

　　海洋自然资源的开发利用与向海洋排污都是一种广义上的环境资源利用行为，这种利用行为与人类社会的经济行为密切关联。海洋资源作为一种准公共物品，属于公共资源性物品，具有竞争性与非排他性，并由政府部门提供管理与调节[3]，在使用过程中，其受益范围（或受损害范围）并不局限于特定的行政区域或自然区域，而是受到自然力的作用，并对其他行政区域或自然区域产生明显的外溢性，特别是伴随污染物的扩散与污染累积，不仅会损及一定海域内自然资源的开发利用，也会直

---

[1] Barbara Neumann, Athanasios T. Vafeidis, Juliane Zimmermann et al., "Future Coastal Population Growth and Exposure to Sea-level Rise and Coastal Flooding—A Global Assessment", *PLOS One*, March, 11, 2015.

[2] Patterson M., Hardy D., "Economic Drivers of Change and Their Oceanic-Coastal Ecological Impacts", in Patterson M., Glavovic B. C. eds., *Ecological Economics of the Oceans and Coasts*, Edward Elgar Publishing, 2008, pp. 187 – 209; Crossland C., Baird D. et al., "The Coastal Zone—A Domain of Global Interactions", in Crossland C., Kremer H., Lindeboom H. et al. eds., *Coastal Fluxes in the Anthropocene*, Berlin, Heidelberg: Springer, 2005, pp. 1 – 37.

[3] 王雯：《地区间外溢性公共品供给研究——以环境治理为例》，经济科学出版社2017年版，第26—27页。

接影响一定区域内污染物排放总量配额的发放。在这种情形下，需要由国家通过立法解决污染物排放与资源使用间的协调问题。虽然我国在《海洋环境保护法》中规定了重点海域总量控制制度，但这种制度并不必然以一定区域内的动态的生态状况为基础，其在实践中的效果打折不少。而从生态系统立法来看，海洋生态系统管理是在保持生态系统健康的基础上提供人类所需的产品和服务[1]，更强调跨地区、跨部门、多元主体参与的综合管理[2]，这种管理不仅为海洋资源利用与污染防治的协同管理提供了支撑，也为二者在同一区域的协调提供了支撑。

第四节 生态系统方法在海洋陆源污染防治立法中的社会合理性与公平性

为何要从社会生态的合理性与公平性角度来论及海洋陆源污染防治立法问题？海洋陆源污染防治的社会合理性与正当性本质上是为了实现一定时空范围内的环境正义与环境公平。理论上讲，环境正义的实现只能依靠人类自身，遵循普遍义务和共同但有区别责任原则以及能者多劳原则，在国内和国际上公正地分配义务和责任。环境正义的实现应以环境义务为本位，所有公民（不包括后代人和自然体）对大自然都负有环境保护的责任和义务。[3] 其中社会总环境净福利正是实现环境公平的先决条件。[4] 很显然，污染若超出环境的自净能力，则社会总环境净福利会受损，这种情况下也很难实现陆地与海洋在资源开发利用与生态保护中的区际公平与代际公平。从实践上讲，这种社会合理性与公平性的出发点既基于沿海地区人们生存发展的需求，也基于陆海社会经济运行一体化的需求，更是保障全球海洋生态系统健康的需求，这些需求背后的实践是对代内公平中区域公平的一种确认。一方面，海岸带地区人们的生存

---

[1] Rachel D. Long, Anthony Charles, Robert L. Stephenson, "Key Principles of Marine Ecosystem-based Management", *Marine Policy*, Vol. 57, 2015, pp. 53–60.

[2] 吴彬、张占录：《基于生态系统一体化的海岸滩涂综合管理体制研究》，《中国土地科学》2017年第3期。

[3] 苑银和：《环境正义论批判》，博士学位论文，中国海洋大学，2013年，第7页。

[4] 吕力：《论环境公平的经济学内涵及其与环境效率的关系》，《生产力研究》2004年第11期。

发展对海洋生态环境的依赖性更高，可以说"沿海人口的生存取决于海洋环境"①，这决定了在社会公正性的层面我们必须对这一类人现在及未来的生存发展给予充分的关注。另一方面，在生态系统方法付诸海洋立法实践的构建过程中，生态系统的尺度把握、保护程度、资源保护与开发利用的同一性②等相关因素均会影响具体措施与对策的形成。若我们仅从习惯的角度出发来考虑陆地上资源开发主体的利益而肆意向海洋排污，则必然会危及海洋资源开发利用主体的权益。因此，为了有效减少或控制陆源污染物排放对海洋环境及生态系统的消极影响，人们在制订或建构相应的海洋生态系统管理制度与机制时，作为决策主体的人必须对海洋生态系统管理与陆源污染排放控制等问题进行审慎综合考量。这是在一定的生态制约下对人类的整体利益与局部利益的选择与平衡，在这种选择与平衡中的人类社会发展的合理性与公平性是基础性因素。

一 防治海洋陆源污染国家义务的履行与社会整体公平性保障

在海洋陆源污染防治法中，国家义务的履行是其必要性和前置性条件，这种前置性条件也是保障社会整体公平性的前提。国家履行海洋陆源污染防治义务的必要性在于陆源污染危害后果的非确定性与责任主体的难以明晰性，陆源污染相较于其他不同类型的海洋污染（如海上船舶漏油污染、海上石油钻井污染等）而言，其不仅来源广泛、污染过程漫长，而且污染物排放与污染危害的发生存在明显的时空不一致性，这些特征导致很难明确某类（或某行业、某流域等）污染物的排放会直接对应何种危害后果（尤其是陆源污染所导致的生态损害、生态系统退化等）。这种必要性反映出国家在海洋陆源污染防治立法、监管等方面所应承担的担保责任与兜底责任。将立法作为国家履行海洋陆源污染防治义务的前置性要件，其主要原因在于唯有在国家层面予以充分关注才能保障海洋陆源污染防治的有序有效开展，虽然陆源污染物是由不同主体在陆地范围内所排放的，但最终进入海洋的污染物究竟源自何处、是何时排放等这些基本问题，在现有的管理体制与科技条件制约下还依然很难

---

① UNEP, "Global Programme of Action for the Protection of the Marine Environment from Land-based Activities", para. 2. The text is available at http://www.gpa.unep.org/bin/php/home/index.php.

② 孟伟庆、胡蓓蓓等：《基于生态系统的海洋管理：概念、原则、框架与实践途径》，《地球科学进展》2016 年第 5 期。

第四章　生态系统方法在海洋陆源污染防治立法中的法理基础

明晰。因此,从这个层面上讲,海洋陆源污染防治最终应以政府为主导,在国家层面优先开展防治工作,并进一步推动该项工作的全面落实。为了保障陆海环境资源的公平配置与合理享有,一体化海洋政策是基础,至少包含三个相关因素,除了环境与经济这两个基本内容中的所有相关因素,环境正义的实现途径也是必不可少的要素。[1] 而要实现陆源污染防治中的环境正义,国家责任的承担与国家义务的履行是前提。

通过立法防治海洋陆源污染是履行国家环境保护义务的一种最有力的方式,也是保障社会公平的有效手段之一。国家环境保护义务系现代国家之核心职能,"增进(或维护)环境公共利益"之职责要求已将国家环境保护义务纳入现代国家职能的有效涵摄范围。[2] 海洋生态系统保护必然是一项涉及全球性公共利益的重大事项,这种公共利益相互依存的现实不仅对国家主权的传统形式提出了日益严峻的挑战[3],也对一国主权范围内资源利用所产生的环境后果提出了挑战。尤其是在那些全球共同的生态系统和不属于任何国家管辖的全球性的公共区域内表现得最为突出。虽然,就海洋陆源污染的影响范围,一般会认为"污染最严重的区域为沿海海域"[4],这一点也的确在我国及其他相关国家的相关的海洋环境公报中有明确的呈现,但我们依然不可忽视的是,由于海水的流动性,污染的影响不可能仅仅局限于沿海海域,如除了持久性有机污染物(POPs),包括氯化塑料和农药等,对海洋和近海环境产生的累积影响[5],自陆源排放出的重金属类污染物对近海与远洋生物的累积性影响也不容忽视。如有学者对两种南极罗非鱼中POPs类污染影响的研究显示:其中的一种罗非鱼的大小(包括重量和长度)明显与HCB、BDE-47、

---

[1] Neal C., House W. A., Jarvie H. P. et al., "Conclusions to the Special Volume of Science of the Total Environment Concerning UK Fluxes to the North Sea, Land Ocean Interaction Study River Basins Research, the First Two Years", *The Science of the Total Environment*, Vol. 194, 1997, pp. 467 – 477.

[2] 余德厚:《环境治理视域下国家环境保护义务的证立与展开》,《法学杂志》2018年第7期。

[3] 参见张海滨《论国际环境保护对国家主权的影响》,《欧洲研究》2007年第3期。

[4] Churchill R. R. and Lowe, *The Law of the Sea*, Manchester University Press, 3rd, 1999, p. 332.

[5] Saetevik S., *Environmental Co - operation Between the North Sea States*, Bel Haven Bell, 1988, p. 15.

BDE – 100、6 – MEOBDE – 47 和 CN 的浓度相关[①]，之前也曾有人研究过 POPs 积累对鱼类大小的影响并证实了上述研究。[②] 对于这种超出国家管辖范围的影响，仅靠某一个国家或区域采取行动是不充分的，必须要全球所有国家行动起来才能有效防止这些生态危害进一步影响其他海洋生物。

当然，不得不正视的事实是，海洋陆源污染防治立法并不是简单的加法或减法运算，需要国家作为义务主体在对策制订与制度设计时给予充分的评估、衡量与合适的选择。应对陆源污染的影响，不仅需要利益相关主体的积极参与，还需要巨额的财政投入、充分的政治意愿与有效的技术分析。[③] 明确污染损害的责任和责任规则对于保护海洋环境至关重要，因为它们对处理陆源污染防治类公约的有效性具有决定性作用。在陆源污染防治中国家采取哪些措施进一步明确责任方面，区域性条约或公约的生效与实施一直是国际社会努力予以实践的事情，但通过全球普遍适用的国际条约来解决此问题，目前仍不具备实践性。就现有的国家责任体系及陆源污染防治现状来看，无过错责任的实施与应用是最重要的。但在海洋陆源污染防治中，此原则并不被目前的相关国际法所接纳，各国遵循的依然是"合理的注意义务"（Due Diligence Obligations）原则[④]。而这种"合理的注意义务"原则往往会在实践中受到国家社会经济发展中其他因素的影响，各国会将"合理的"与"注意义务"作扩充解释，因而，此原则并不能保障国家能充分履行防治海洋陆源污染的义务。基于此，考虑到各主权国家通常不愿采取有力措施来规制陆上活动，限

[①] Ríosa J. M., Lanaa N. B., Ciocco N. F. et al., "Implications of Biological Factors on Accumulation of Persistent Organic Pollutants in Antarctic Notothenioid Fish", *Ecotoxicology and Environmental Safety*, Vol. 145, 2017, pp. 630 – 639。此文中的"HCB"指 hexachlorobenzene（六氯酸酯），BDE – 47、BDE – 100、6 – MEOBDE – 47 系 polybrominated diphenyl ethers（多溴联苯醚）中的一类，CN 系氯丹中的一类。上述这些物质是均属于 POPs 中的一类。

[②] Ríos J. M., Lana N. B., Berton P. et al., "Use of Wild Trout for PBDE Assessment in Freshwater Environments: Review and Summary of Critical Factors", *Emerging Contaminants*, Vol. 1, No. 1, 2015, pp. 54 – 63.

[③] Ramesh Ramachandran, Purvaja Ramachandran, Kem Lowry, "Improving Science and Policy in Managing Land – based Sources of Pollution", *Environmental Development*, No. 11, 2014, pp. 4 – 18.

[④] Akiko Takano, "Land – based Pollution of the Sea and Due Diligence Obligations", *Journal of Law, Policy and Globalization*, Vol. 60, 2017, pp. 92 – 99.

制国家自由裁量权的法律手段是保护海洋环境免受陆地污染的核心。[1] 然而，对于如何限制国家在海洋陆源污染防治中的自由裁量权，不仅是法律问题，也是政治问题。因此，不同经济状况、不同海洋战略发展需求、不同地理位置等的国家或区域，其海洋陆源污染防治国家义务的履行往往会在实践中打折。

二 海洋资源权与污染物排放权的平衡

由于受不同国家或区域的经济、科技、制度等因素的影响，不可能对所有沿海国与内陆国实现在海洋资源利用与污染物排放中的一致对待。目前，发展中国家与发达国家在海洋资源的开发利用、海洋环境容量的充分利用中存在明显的差异性，这种差异性客观上决定了不同国家在海洋获益上的落差。综观许多国家的经济发展史，它们在陆域经济发展过程中均在不同程度上将海洋作为污染物最终接纳地，有些情况下污染物的排放行为是故意为之，有些是无意为之，如20世纪70年代前普遍多发的海洋倾倒便是故意为之（从污染物的产生源所在地来看，大多海洋倾倒的废弃物源自陆地），而源于入海河流的污染物则二者兼之。无论如何，海洋曾经（现在也）是人类污染物（或各类废弃物）的最终处置地。但伴随人类开发利用海洋资源的能力进一步提升、人类整体性在沿海地区聚居的增多，人类的相关活动对海洋污染越来越严重，对海洋生态环境的破坏也越来越明显，在这种情形下，诸多国家（或区域）开始出台法律法规来控制这种污染。在这种控制由临时性政策逐步转向法律的同时，也衍生了"污染物排放权"这一术语。就污染物排放权的理论研究与实践状况而言，我国在向大气与水两类环境介质中排放污染物的研究颇多，而对于涉及其他环境因子的污染物排放权的研究相对较单薄。关于污染物排放权，不同的人有不同的界定。有学者认为，依据自然法则，人享有排污的自然权利，在不违背自然规律的前提下使用自然环境具有正当性[2]；至于这种自然权利源于何处，由何人授权享有则目前并没有统一认知；至于违背自然规律排污与违法排污、超标排污之间的关系如何

---

[1] Yoshifumi Tanaka, "Regulation of Land-based Marine Pollution in International Law: A Comparative Analysis Between Global and Regional Legal Frameworks", *ZaöRV*, Vol. 66, 2006, pp. 535-574.

[2] 李义松：《论排污权的定位及法律性质》，《东南大学学报》（哲学社会科学版）2015年第1期。

认定，目前也没有科学的定论。也有人认为，排污权是人类在生产和生活中向环境排放适量污染物的权利[1]，至于多少为适量、不同的排污主体向不同的环境因子排污是否应按照同一性原则来处理等，目前也没有详细的研究（目前的研究多限于单环境因子的研究）。还有人认为，排污权是权利人在符合法律规定的条件下向环境排放污染物的权利[2]，这一权利存在的基础是排污许可。当然还有学者并不认为"排污权"或"污染物排放权"这种说法，因为"以防治环境污染为目的的环境法要保护'污染权'在逻辑上是说不通的"[3]。

无论对污染物排放权做出怎样的内涵界定或法律认知，其出发点却是基于排污许可与排污权交易的，也多从应然的层面来做研究，并将污染物排放权与物权关联起来。在排污权的界定中，无论是自然资源使用权说、准物权说、自然资源占有权说、用益物权说，还是工具性财产权说或新型民事财产权说等，均将污染物排放权与物权、财产权联系起来。这些的确让污染物排放权的研究有了传统的法律归属，也能在现有的法律体系中找到角色依附。但这些均是从污染物排放的实践出发，针对不同情况从应然的角度对污染物排放权的一种静态界定（或回应性的法律解释），这种界定与污染物排放权的动态变化性特征并不相符。我们从人类的污染防治历程来看，伴随人类整体对自然环境干扰程度的加大与自然生态状况的变化，人类整体的污染物排放权是一直处于变化之中的，并不是恒定的，这与我们所占有或持有的某项财产存在明显差异。本书在研究海洋的污染物排放权时所坚持的是一种动态的权利，这种动态的权利与海洋生态系统健康、海洋生态功能的现状、海洋自净能力、海洋环境容量等自然因素的变化相关，也与人类活动中对自然环境的干扰、排污等因素密切相关。

相比于污染物排放权，资源使用权是人类社会发展历程中重要的自然权利，这项权利的法律化过程与人类的发展史几乎一致。人类的进化史与人类社会的发展史在一定程度上就是一部自然资源的开发利用史。在科学与技术的双重作用下，为了满足不断膨胀的需求，人类一直在竭

---

[1] 曹金根：《排污权交易法律规制研究》，博士学位论文，重庆大学，2017年，第8页。
[2] 张梓太：《污染权交易立法构想》，《中国法学》1998年第3期。
[3] 吕忠梅：《论环境使用权交易制度》，《政法论坛》（中国政法大学学报）2000年第4期。

力冲破自然束缚争取更多的资源开发利用机会,海洋则为人类的未来资源的开发利用提供了更多的机会与可能。对于海洋资源的开发利用并不仅仅给沿海部分区域的发展提供了机会与可能,也给非沿海国提供了机遇。但由于大多海洋区域不属于国家主权管辖范围,这些非国家管辖的海域在给全球所有国家提供发展机遇的同时,也接纳了大量的污染物。然而,对于不同国家或区域而言,发展机遇的核心物质基础应是健康的海洋生态系统以及完整的海洋生态功能。然而,在对海洋资源的开发日益密集、海洋资源的各类权属也日臻完善的今天,全社会在整体上依然是疏于海洋污染防治的,尤其是陆源污染防治,这是国家、政府、公司、自然人等在海洋上自益性的体现。显然,这种自益性与海洋生态整体保护(或维护)是不完全一致的。对于海洋资源的开发利用而言,目前最紧迫的任务是优化资源开发、采取最有效的生产方式和自然资源恢复手段及加强环境保护。[1] 海洋自然资源开发必须与环境保护相协调,才能保持正常的生态循环,也才能保持资源的有序协调开发利用。因此,从有效的陆源污染防治中寻找未来海洋资源开发利用权的存量是关键,这种存量寻找不能单纯地停留于现有的污染防治法中排污标准、排污许可、排污收费等有限的制度制约中,而应更多地在资源开发利用主体与污染排放主体间寻找突破,寻求这两类不同主体的平衡点,将资源权与污染权放在同一位置来考虑,而不单纯地就污染论污染,就资源论资源。

从海洋生态立法角度来看,对于海洋生态系统的整体性保护即对海洋生态资产的一种保护,这种保护背后既关乎一个国家整体性资产净值的增加,也关乎这个国家内所有使用海域的人的利益及发展。海洋生态资产是国家拥有的,现在和未来能够提供各种产品和服务的适应性、进化性生态实体,包括海洋生物和非生物环境,其价值体现为海洋生态系统的各项服务。[2] 海洋生态资产价值是历史的产物,其价值内涵与外延随认知变化而不断变化。海洋资产保护虽然是为了经济发展,但可持续的海洋经济发展的背后需要有系统的海洋伦理观与道德观的支撑。对于远

---

[1] Aleksandr V. Souvorov, "Chapter 1—Marine Natural Resources Management: Ecology and Economics", in *Marine Ecologonomics: The Ecology and Economics of Marine Natural Resources Management*, Developments in Environmental Economics, Vol. 6, 1999, pp. 7–32.

[2] 张朝晖、叶属峰、朱明远:《典型海洋生态系统服务及价值评估》,海洋出版社2008年版,第61页。

离人类的海洋自然环境的保护，没有法律或其他相关规则的主动介入，仅靠人类的自我意识很难确保不同区域、不同时间范围内的相关主体能享有公平的海洋资源利用权，因此，通过立法保护海洋生态（或海洋生态系统），在一定意义上也是人类对于自我行为的一种自我控制与自我干预。这种干预与控制一方面是为了促进社会的整体公平，另一方面是通过干预提升人类整体的海洋生态保护道德与伦理观。

第五章　生态系统方法在我国海洋陆源污染防治中的立法现状

伴随我国海洋活动范围的不断拓展及人类活动对海洋环境的影响越来越大，立法者也逐渐认识到海洋生物资源、生物多样性及生态系统保护的重要性，生态系统方法也逐渐在我国海洋环境保护的立法中有所体现。从我国《海洋环境保护法》的修订（或修正）过程来看（参见表5-1、表5-2与表5-3），虽然该法中海洋生态保护的内容逐步增多、海洋陆源污染防治的内容也逐渐完善，但总体上并未将生态系统方法系统地运用于海洋环境保护中去。这种现状一方面与我国环境保护法中对生态系统方法综合应用的不够重视有关，另一方面也与生态系统方法应用中的科技依赖性、综合性、相对完备的信息依赖性等相关。

第一节　我国海洋环境保护法中的生态（系统）保护与陆源污染防治

自1979年以来，中国环境立法的发展与完善是各种因素共同作用的结果，既有国际社会的外在影响又有政府的主动回应，既有政府自上而下的推动又有民众自下而上的努力。[1] 而我国环境立法发展的前20年主要是通过法律移植建立起本国的环境法体系，这种法律移植主要是移植西方发达国家的法律。[2] 后20多年环境立法虽然逐渐彰显出我国政府推动与民众努力的效果，但总体上依然以自上而下政府推动为主。从环境

---

[1] 郑少华：《中国环境法治四十年：法律文本、法律实施与未来走向》，《法学》2018年第11期。

[2] 周训芳：《论环境立法中法律移植问题》，《林业经济问题》（双月刊）2000年第6期。

立法的发展轨迹看，虽然我国环境立法在不断发展完善中逐渐树立自身的话语规则与表达方式，但总体上受到国际环境条约的影响更明显。对于这些国际环境条约有一个不容忽视的事实是：现有的大多数国际环境条约①都是在发达国家的倡导或推动下制订的，虽然会反映发展中国家的部分要求，但总体的话语体系与表达方式都有明显的立场选择，其中的生态保护与资源养护也有明显的价值选择性。本章主要结合我国法律展开讨论，其他相关法律法规也有生态保护理念的体现，笔者将在第九章立法模式选择中予以部分分析。

一 《海洋环境保护法》中的生态（系统）保护与陆源污染防治

我国海洋环境保护立法的演变轨迹与环境保护立法总体上具有一致性。1982—1999 年，我国海洋环境保护法的内容具有明显的法律移植性，这一点可从《海洋环境保护法》的各篇章及主要内容的变化反映出来；而自 1999 年以来，我国逐渐开始重视立法的本土化，但这种本土化的影响十分有限；自 2014 年以来，立法的本土化影响明显增强，这与《环境保护法》中环保优先、国家整体上更注重生态保护密切相关，但本土化对法律规范文本的影响依然有限。因此，我国海洋生态（系统）保护与陆源污染防治立法中的对策选择与制度设计依然具有十分明显的国际法影响性。虽然我们可以认为，这种国际影响性不但是国际经济一体化和国际政治经济合作的需要使然，也是全球环境唇齿相依的特点使然。② 但不容忽视的是，每项环境立法背后所面对的都是不同文化传统、思维模式、行为方式、生产方式所影响的不同的群体或个体，不同的群体或个体会有不同的资源开发利用习惯、排污习惯与行为习惯、法律传统等。将"环境问题的共同性、立法理念的共同性和法律对策的共同性"作为"环境法移植的外在动力"③，在一定条件下是可行的，毕竟共同性承载着环境保护法存在的客观基础。然而，任何法律法规的有效实施都必须以人的认知、理解与接纳为前提，不同地区与国家的人在思维方式、行为

---

① 国际环境条约包括条约、公约、议定书等，一般表述为"多边环境协议"（Multilateral Environmental Agreements，MEAs）。

② 周训芳：《论环境立法中法律移植问题》，《林业经济问题》（双月刊）2000 年第 6 期。

③ 王宏巍：《法律移植与中国环境法学发展的新趋向》，《东北林业大学学报》（社会科学版）2011 年第 2 期；王宏巍、王跃光：《冲突与融合：环境法律移植与本地化》，《东北林业大学学报》（社会科学版）2012 年第 1 期；郑少华：《中国环境法治四十年：法律文本、法律实施与未来走向》，《法学》2018 年第 11 期。

习惯、文化传统、法律意识等均是有区别的，移植而来的那些海洋环境保护制度或管理措施能否完全适用仍有待实践来检验。

我国海洋环境保护法整体上具有明显的移植性与外力驱动性特征，这种特征也影响了我国海洋生态（系统）保护范围的确立与具体生态（系统）保护措施的确定。一方面，我国有关综合生态系统管理的法律与国外和国际社会的生态系统管理的法律具有关联性，主要出现在20世纪80年代以后的立法中，主要由我国所参与的国际性环境资源活动（特别是国际履约）影响和带动。① 另一方面，我国海洋生态（系统）保护中不断拓展的适用范围与逐渐科学的法律用语（参见表5-1），均与相关国际法的发展相关。伴随着1992年《生物多样性公约》的签订与实施，我

表5-1 《海洋环境保护法》中生态（系统）保护与陆源污染防治

制订或修订	相关的国际条约	《海洋环境保护法》	
		生态（系统）保护	海洋陆源污染防治的
1982年制定	1982年《联合国海洋法公约》	保护生态平衡，划出海洋特别保护区、自然保护区与海滨风景游览区并采取措施予以保护，在海洋滩涂开发利用过程中，禁止毁坏海岸防护林、风景林、风景石和红树林、珊瑚礁②	沿海单位向海域排放有害物质应达标；禁止在海上自然保护区、水产养殖场、海滨风景游览区内新建排污口；禁止或限制含放射性物质的废水的排放；含传染病原体的医疗污水和工业废水，必须消灭病原体后排入海域；控制含有机物和营养物质的工业废水、生活污水向海湾、半封闭海及其他自净能力较差的海域排放；含热废水控制排放；沿海农田农药化肥施用要符合规定；禁止在岸滩弃置、堆放尾矿、矿渣、煤灰渣、垃圾和其他废弃物；加强入海河流管理③

---

① 蔡守秋：《综合生态系统管理法的发展概况》，《政法论丛》2006年第3期。
② 请参阅《海洋环境保护法》第1条、第4条和第9条，1982年8月23日第五届全国人大常委会第23次会议通过。
③ 请参阅《海洋环境保护法》第四章，1982年8月23日第五届全国人大常委会第23次会议通过。

续表

制订或修订	相关的国际条约	《海洋环境保护法》	
		生态（系统）保护	海洋陆源污染防治的
1999年第一次修订	1992年《生物多样性公约》；1992年《控制危险废物越境转移及其处置的巴塞尔公约》；1995年《保护海洋免遭陆源污染全球行动纲领》等	维护生态平衡。渔业行政主管部门负责渔业水域生态环境工作。海洋功能区划与海洋环境保护规划。专章规定的海洋生态保护内容包括：典型性、代表性海洋生态系统保护；海洋生态恢复整治；海洋保护区设置与保护；渔业与海洋生态；物种引进与海洋生态保护；沿海地方建设与部分典型生态系统保护①	相较于1982年《海洋环境保护法》的内容，新增如下内容：建立并实施重点海域排污总量控制制度，并对主要污染源分配排放控制数量；入海排污口设置条件与相关要求；在有条件的地区，应当将排污口深海设置，实行离岸排放；强化省级相关部门入海河流水质监管职责；陆源排污单位的申报责任；严格控制与禁止各类污废水的排海（相较于1982年的规定更严格）；规定沿海农田、林场应当合理使用化肥和植物生长调节剂；禁止经海跨境转移危险废物；城市污水处理厂的建设与运营；提出国家应防止、减少和控制来自大气层或者通过大气层造成的海洋环境污染损害。海洋倾倒废弃物的措施与监管更严格②
2013年第一次修正		与1999年修订一致③	与1999年修订内容一致
2016年第二次修正		在1999年修订基础上添加海洋生态保护红线与海洋生态补偿④	与1999年修订内容一致

---

① 请参阅《海洋环境保护法》第1条、第6条、第7条和第8条、第三章及第六章，1999年12月25日第九届全国人民代表大会常务委员会第十三次会议修订。

② 请参阅《海洋环境保护法》第3条、第四章及第七章，1999年12月25日第九届全国人民代表大会常务委员会第十三次会议修订。

③ 请参阅《海洋环境保护法》第1条、第6条、第7条、第8条与第三章，2013年12月28日第十二届全国人民代表大会常务委员会第六次会议修订。

④ 请参阅《海洋环境保护法》第1条、第3条、第5条、第7条、第8条与第三章，2016年11月7日主席令第56号第九届全国人民代表大会常务委员会第十三次会议修订。

第五章　生态系统方法在我国海洋陆源污染防治中的立法现状 | 163

续表

制订或修订	相关的国际条约	《海洋环境保护法》	
		生态（系统）保护	海洋陆源污染防治的
2017年第三次修正		与2016年第二次修正内容一致①	与1999年修订内容一致

国海洋生物资源（尤其是海洋渔业资源）、海洋生物多样性保护也被纳入法律之中，并不断通过相应的法律制度得以落实。另外，从我国海洋生态（系统）保护不断完善的具体措施或制度看来（参见表5-1），如海洋自然保护区、海洋保护区的设立与保护，除了与相应的国际法、区域法相关，也与本国海洋战略规划相关。从国家层面来看，基于生态系统方法的理念在我国陆源污染防治中的地位与作用正在逐渐确立。这种确立未来将通过我国一些主要政策的出台与法律制度的完善进一步推进。

我国《海洋环境保护法》中陆源污染防治内容也受国际法（软法或硬法）的影响较明显。如伴随1992年以来《控制危险废物越境转移及其处置的巴塞尔公约》《关于持久性有机污染物的斯德哥尔摩公约》等的签订与实施，关于海洋倾倒废弃物的管理不断强化，经海跨境转移危险废物也被国内立法所禁止；而在中国加入《保护海洋免遭陆源污染全球行动纲领》和UNEP的"区域海行动计划"以来，不仅在《海洋环境保护法》修订中体现了部分该纲领中所提及的措施，也通过该纲领倡导实施的国家行动计划（如渤海碧海蓝天计划）进一步强化部分海洋陆源污染防治工作及部分海域典型生态系统的保护工作。

《海洋环境保护法》在某些领域延展了生态系统方法在海洋环境保护中的应用。《海洋环境保护法》第三章在海洋生态功能的修复整治、海洋保护区域的确立、典型海洋生态系统的保护等方面都贯彻了以生态系统保护为基础的理念。特别是2016年修订的《海洋环境保护法》第3条第1款与第24条第2款关于海洋生态保护红线的规定，宣示性地明确了生态系统方法管理在海洋环境保护中的地位与角色。《海洋环境保护法》第

---

① 请参阅《海洋环境保护法》第1条、第3条、第5条、第7条、第8条与第三章，2017年11月4日第十二届全国人民代表大会常务委员会第三十次会议修订。

3条规定，国家在重点海洋生态功能区、生态环境敏感区和脆弱区等海域划定生态保护红线，实行严格保护。海洋生态红线不仅包括对生态要素的"定量限制"，还包括对不可替代的生态功能区的"定位限定"，红线区域内的保护对象往往都是因为其附有独特的自然人文特征，或者具有独特的生态功能，而在空间地理上有着显著的不可替代性。[①] 海洋生态保护红线在《海洋环境保护法》中的确立，为重点海洋生态功能区、生态环境敏感区和脆弱区等海域的生态保护提供了有法律约束力的规定与兜底性条款。[②] 这种约束是我国为了海洋生态系统保护，对一定区域内相关行为所作出的限定。

综上可知，我国海洋环境保护法中生态（系统）保护与陆源污染防治措施的不断完善与扩展，近年来虽有本土化趋势，但总体上受国际法影响较明显。这种影响与环境问题的共性特征相关，其合理性不言而喻，但也使我国海洋生态（系统）保护与陆源污染防治具有明显的由政府推动的自上而下的特征，这往往会使政府所出台的一些海洋环境保护措施或生态对策在实践中因缺乏合理的社会实施基础而流于形式。诚如第三章所论述的那样，生态系统方法之所以能通过现有的立法得到有效实施，关键还是要将社会—生态系统作为一个整体来对待，而仅论生态，忽略将某一生态系统中人的思维习惯、行为方式、接纳程度等融入生态整体的度与范围，是难以达成相应的目的的。诚如人类环境史中的生态经验所表明的那样：生态理念不是通过国家的万能权力，而是在国家主管机构和公众舆论监督的共同制约下滋生的。[③] 若生态（系统）保护失去公众的支撑与社会的理解，失去社区的行动与社会大众的推动，便从根本上失去了执行力。因此，在有效评估与科学测定的基础上，结合我海岸带地区不同群体、不同区域的海洋文化、用海习惯、排污行为的认知等有针对性地制订不同区域的海洋生态（系统）保护目的、范围、对策，才更有执行力。

---

① 黄华梅、谢健、陈绵润：《基于资源环境承载力理论的海洋生态红线制度体系构建》，《生态经济》2017年第9期。
② 戈华清：《海洋生态保护红线的价值定位与功能选择》，《生态经济》2018年第12期。
③ ［德］约阿希姆·拉德卡：《自然与权力——世界环境史》，王国豫、付天海译，河北大学出版社2004年版，第340页。

二 其他海洋法律法规中的生态（系统）保护与陆源污染防治

除《海洋环境保护法》有相对全面的关于生态（系统）保护与陆源污染防治的规定，其他涉及海洋资源利用、海域使用管理等法律法规也对生态（系统）保护有所规定，弄清楚这些相关的法律中的主要内容（参见表5-2与表5-3），对系统研究生态系统方法在我国海洋环境保护中的应用十分重要。

表5-2 我国其他相关法律中的生态（系统）保护与陆源污染防治

法律法规	生态（系统）保护主要内容	海洋（陆源）污染防治的主要内容
《海域使用管理法》	海域使用权取得应符合海洋功能区划，海洋功能区域编制原则中要求应按照海域的区位、自然资源和自然环境等自然属性，科学确定海域功能[1]	—
《海岛保护法》	将周边海域生态系统保护作为其目的之一，明确规定保护优先，规定了系统的保护规划与具体的保护内容，包涵了海洋生物物种、海岸线、珊瑚礁、红树林等的保护[2]	有居民海岛开发利用应符合海岛环境容量要求；新建、改建、扩建建设项目，必须符合海岛主要污染物排放、建设用地和用水总量控制指标的要求；优先考虑污水再生利用；开发利用应防止退化和生物多样性降低[3]
《深海海底区域资源勘探开发法》[4]	深海海底区域的开发利用应保护海洋环境，促进深海海底区域资源可持续利用，维护人类共同利益；提升环境保护能力；保护和保全稀有或脆弱生态系统，保护海洋生物多样性	承包者应利用可获得的先进技术，尽量减少或防止污染或损害

---

[1] 请参阅《海域使用管理法》第二章与第三章。
[2] 请参阅《海岛保护法》。在一定意义上这是一部以海岛资源保护与海岛生态保护为核心的法律。
[3] 请参阅《海岛保护法》第三章第一节与第二节。
[4] 该法所指的深海海底区域是指中华人民共和国和其他国家管辖范围以外的海床、洋底及其底土。

结合表5-2与表5-3中的内容,可以看出:在我国海洋开发利用战略不断深化与转型的过程中,以及我国生态文明建设的整体大背景下,不仅在制度或措施上强化了对各类污染与各种来源的污染物排海的监管与预防,而且正在逐渐地向生态优先保护的目标迈进。但在这种向生态保护优先迈进的过程中,生态系统方法应用范围的覆盖面或生态(系统)保护目标的实现率依然相对有限。

尽管整体上法律的制订(或修订)相对缓滞于生态系统方法的现实需求,但这种相对缓滞的特征也正好与法律的相对稳定性、普适性一致。在海洋生态(系统)保护与(陆源)污染防治对策的共同完善与发展过程(参见表5-2与表5-3)中,相关措施或对策的完善一方面与我国生态文明建设的步伐一致,另一方面与国际海洋环境保护的趋势一致,这两个一致体现了我国对海洋环境保护国际义务的积极主动承担,也体现了海洋保护中污染防治、资源利用、生态保护的多向融入理念的实践。生态系统方法应用于我国海洋立法的发展演化具有如下特征:一是法律的规定相对抽象,而相关规章、实施办法等相对要具体一些,这种处理方式能很好地将法律适用的普遍性、前瞻性与法的实施的可操作性融合起来,最大限度地保护生态系统方法能运用于海洋生态(系统)保护;二是海洋环境保护始终与我国生态文明建设的步伐保持一致,这表明在法律法规的确立中具有明显的政治影响性;三是现有法律法规依然将海洋生态(系统)保护与海洋(陆源)污染防治分开处理,这与现有管理体制与实践机制相关;四是对于生态(系统)保护或管理内容的处理依然是以单一要素为主,较少体现出综合性与一体性,这一点与我国环境立法中总体上的技术性与技术依赖性相关。

三 海洋政策中的生态(系统)保护与陆源污染防治

自20世纪90年代以来,海洋政策在我国海洋生态(系统)保护与陆源污染防治中发挥了重要作用。在《海洋陆源污染防治法律制度研究》一书中,笔者相对系统地研究了我国海洋陆源污染防治的所有法律法规与相关政策,此处不再重复。[①] 下文仅就海洋生态(系统)保护的相关政策展开。

---

① 请参阅戈华清《海洋陆源污染防治法律制度研究》,科学出版社2016年版,第三章第三节与第四章第一节。

表 5-3　其他相关法规中的生态（系统）保护与陆源污染防治

法律法规	生态（系统）保护主要内容	海洋（陆源）污染防治的主要内容
《海洋倾废管理条例》	防止倾倒对海洋环境的污染损害，保持生态平衡及海洋资源	海洋倾倒物的分类、运载、监管及责任等
《防治陆源污染物污染损害海洋环境管理条例》	禁止在海洋特别保护区、海上自然保护区、海滨风景游览区等保护区域内兴建排污口①	与1999年《海洋环境保护法》修订一致，未规定来自大气层或通过大气层造成的海洋环境污染损害
《海洋功能区划管理规定》	编制应遵循海域自然属性；区划编制工作基础的准备阶段要充分考虑沿海地区经济社会发展、海洋产业发展和规划、海洋资源供给能力、海域使用状况、海洋环境保护状况等②	—
《海洋使用权管理规定》	项目用海应符合海洋功能区划；在传统赶海区、海洋保护区、有争议的海域或涉及公共利益的海域不可采取招标、拍卖方式出让海域使用权	—
《关于加强区域农业围垦用海管理的若干意见》	对沿海淤涨型滩涂区域的农业围垦用海活动实行整体规划管理	—
《关于促进海洋渔业持续健康发展的若干意见》	坚持生态优先、养捕结合和控制近海、拓展外海、发展远洋的生产方针，着力加强海洋渔业资源和生态环境保护	严格控制陆源污染物向水体排放，实施重点海域排污总量控制
《湿地保护管理规定》	低潮时水深不超过6米的海域的自然湿地，以保护湿地生态系统、合理利用湿地资源为主要内容及法律责任	加强湿地保护管理，主要是生态功能与生态特征的保护

① 请参阅《防治陆源污染物污染损害海洋环境管理条例》第8条。此条的规定以排污口设置的规范为基础，依然是以污染防治为基础，但考虑到了部分海域的生态重要性。
② 请参阅《海洋功能区划管理规定》第二章第8条与第13条。

续表

法律法规	生态（系统）保护主要内容	海洋（陆源）污染防治的主要内容
《海上风电开发建设管理办法》	海上风电场建设应满足海洋规划要求，统筹考虑开发强度和资源环境承载能力。在各种海洋自然保护区、海洋特别保护区、自然历史遗迹保护区、重要渔业水域、河口、海湾、滨海湿地、鸟类迁徙通道、栖息地等重要、敏感和脆弱生态区域，以及划定的生态红线区内不得规划布局海上风电场①	项目单位在提出海域使用权申请前、核准后及建成后均应满足环境保护规定
《自然保护区管理条例》	系统规定了海洋自然保护区的建设、管理与法律责任等	—
《海洋工程环境影响评价管理规定》	工程选址（选线）和建设应符合海洋主体功能区规划、海洋功能区划、海洋环境保护规划、海洋生态红线制度及国家有关环境保护标准，不得影响海洋功能区的环境质量或者损害相邻海域的功能；并规定了相关违法责任②	—
《海洋倾废管理条例实施办法》（第二次修正）	—	规定了陆源性向海洋倾倒废弃物的基本内容，包括废弃物的种类划分、倾倒区的划分与确定、相关责任等
《南极活动环境保护管理规定》	保护南极环境和生态系统，最大限度减少活动对南极环境和生态系统的影响和损害	根据南极自然和生态环境承载能力，分区域建立南极活动总量控制；造成污染损害的南极活动组织者、活动者应承担清除污染和修复损害的一切费用③

---

① 请参阅《海上风电开发建设管理办法》第 6 条与第 7 条。
② 请参阅《海洋工程环境影响评价管理规定》第 3 条、第 9 条与第 13 条。
③ 请参阅《南极活动环境保护管理规定》第 1 条、第 5 条与第 6 条。

续表

法律法规	生态（系统）保护主要内容	海洋（陆源）污染防治的主要内容
《关于贯彻落实〈国务院关于加强滨海湿地保护严格管控围填海的通知〉的实施意见》（2019）	完善围填海总量控制；合理安排年度围填海规模，强化生态保护修复，最大限度保护海洋生态环境	—

国家环保总局于 1997 年发布了《中国自然保护区发展规划纲要（1996—2010 年）》（以下简称《自然保护区发展规划纲要》），在该纲要中提出"从抢救应该保护的生态系统和珍稀濒危物种出发，把该保护的关键地区尽可能划定为自然保护区。因开发时间较长原生态环境消失，但其次生环境有代表性，或经人工恢复，或在保护条件下能自然恢复为有保护价值的生态系统，也应划定为自然保护区"，并将"海洋和海岸生态系统"自然保护区作为加强建设的重点。[1]《自然保护区发展规划纲要》的颁布既是为了有效落实我国的《自然保护区管理条例》，建成体系化的自然保护区网络体系，也是为了"保护有典型意义的生态系统、自然环境、地质遗迹和珍稀濒危物种，以维持生物的多样性，保证生物资源的持续利用和自然生态的良性循环"。同时，国家海洋局也编制了《中国海洋保护区发展规划纲要（1996—2010 年）》（以下简称《海洋保护区发展规划纲要》）。该纲要提出"在 2010 年前建立类型比较齐全、系统均衡的海洋自然保护区网络，基本实现对中国具有代表性、典型性的海洋资源、环境及海洋生物多样性的有效保护，实现对珍稀海洋生物种本底和种质资源的强化保护"[2]。《海洋保护区发展规划纲要》的宗旨与内核与《自然保护区发展规划纲要》基本一致，均明确提到生物多样性保护的重要性。虽然两个纲要中的内容依然呈现出明显的资源保护性与经济主导性，但不可否认的是，海洋自然区域的设立对海洋生态系统保护是

---

[1] 国家环境保护局、国家计划委员会：《中国自然保护区发展规划纲要》，http：//www.mee.gov.cn/gkml/zj/wj/200910/t20091022_171892.htm。

[2] 转引自刘兰《我国海洋特别保护区的理论与实践研究》，博士学位论文，中国海洋大学，2006 年，第 23 页。

有效的。

《渤海碧海行动计划》[①] 明确要求"以恢复和改善渤海的水质和生态环境为立足点""陆海兼顾、河海统筹，以整治陆源污染为重点，努力增强海洋生态系统服务功能""至 2015 年，初步建立可持续生态系统，提高生态系统服务功能"。[②]同时，还确定了生态系统修复的目标。但遗憾的是，目前笔者并没有查询到关于此行动计划实施相关生态效果与污染治理效果的全面验收报告。在《渤海碧海行动计划》实施第二阶段期间，《渤海环境保护总体规划（2008—2020 年）》出台，该总体规划进一步提出要"初步实现海洋生态系统良性循环"，还明确"实施渤海受损环境与退化生态系统修复工程""开展重点河湖及河口水生生态系统修复与综合整治"。环保部《沿海省份"十二五"碧海行动计划编制纲要》中明确提出，要"以维护海域生态系统健康、保障人类生存和发展为根本"，进一步"增强海洋生态系统服务功能"，并具体要求对近岸与离岸海域控制带的监控都要强化生态系统响应的监测与评估，另外，还提出了应加强一定区域生态系统管理的研究。《中国生物多样性保护战略与行动计划（2011—2030 年）》中确定了"黄渤海保护区域、东海及台湾海峡保护区域和南海保护区域等 3 个海洋与海岸生物多样性保护优先区域"。2018 年，三部委[③]联合发布《渤海综合治理攻坚战行动计划》，该计划提出"加快解决渤海存在的突出生态环境问题"，明确"陆海统筹、以海定陆"的基调，并给出了七类[④]陆源污染治理行动、五类[⑤]海域污染治理行动、三类[⑥]生态修复行动。

---

① 《渤海碧海行动计划》由十一部门（国家计委、国家经贸委、科技部、财政部、建设部、交通部、水利部、农业部、国家环保总局、国家林业局、国家海洋局）四省份（天津市、河北省、辽宁省、山东省）共同编制，是我国首部综合性的海洋环境保护与资源利用的行动计划，该计划中明确指出了四省份人民政府渤海环境保护的主要责任主体。在该行动计划实施的第一个五年期满后，曾有学者认为取得了良好效果；第二个五年期满后，并没有相关的信息或数据来明确说明此计划的实施效果。
② 具体内容来源于《渤海碧海行动计划》指导思想与编制原则、行动时期与目标。
③ 这三部委分别是生态环境部、国家发展和改革委员会与自然资源部。
④ 这七类分别是入海河流污染治理、直排海污染源整治、"散乱污"企业清理整治、农业农村污染防治、城市生活污染防治、水污染物排海总量控制、严格环境准入与退出。
⑤ 这五类分别是海水养殖、船舶、港口及海洋垃圾污染防治以及建立实施湾长制。
⑥ 这三类分别是海岸带生态保护、生态恢复修复、海洋生物资源养护。具体内容来源于《渤海综合治理攻坚战行动计划》。

第五章　生态系统方法在我国海洋陆源污染防治中的立法现状　　171

2011年,国务院颁发《全国海洋主体功能区规划》①,为海洋空间开发提供基础性和约束性规划的大前提。2015年,国务院颁布《全国海洋主体功能区规划》,将"陆海统筹"作为基本原则,明确提出应"构建陆海协调、人海和谐的海洋空间开发格局"。依据主体功能的不同,将海洋划分为四大类(优化开发区域、重点开发区域、限制开发区域与禁止开发区域),并将后两类(限制开发区域与禁止开发区域)作为海洋资源养护、海洋生物多样性保护与海洋生态保护的重点区域。② 关于这种依据主体功能不同进行区域分类的做法,虽然有学者认为是"对空间利用的功能属性进行分区"③,是以经济区为基础兼顾生态区的一种选择,本质上是对经济优先的一种默认。但我们必须承认,这种划分具有生态合理性,一是这种宏观上的指导区域产业发展、优化国土开发格局的做法,是对不同地区生态系统类型的空间分异规律和分布格局的一种确认,这种确认以自然生态系统的分布为基础,这是对自然规律的一种尊重与认可;二是这种在规划基础上的分区域管理与分类管理是对部分区域生态功能维护、生态系统保护的一种认可,在最大限度上保障了发展规划中的生态理性。

上述这些不同层面政策或规划的制订与实施,对生态系统管理的理念在海洋管理工作中的贯彻起到了积极的作用。④ 尤其是在我国的海洋环境保护体制下,这些政策在特定的时代背景和一定的政治压力下,的确会在短期内发挥重大的影响力,但由于这些政策并没有与相关的法律制度的实施、修订与完善密切关联起来,实施的范围、对象及相关主体的责任并不明确,这导致我们既难以对相应的实施后果进行长效的追踪与跟进,也难以对这些政策落实过程中的懈怠不执行或消极应付等行为进行追责。因此,若要保持这些政策的有效落实,必须要将政策与相关法律法规中对应制度的修订或制订关联起来,并明确不同主体的责任,才能保障海洋生态保护的持续性与长久性。

---

① 参见国务院政策法规司《国务院关于印发全国主体功能区规划的通知》(国发〔2010〕46号),http://www.mee.gov.cn/zcwj/gwywj/201811/t20181129_676510.shtml。
② 参见国务院《全国海洋主体功能区规划》(国发〔2015〕42号),http://www.gov.cn/zhengce/content/2015-08/20/content_10107.htm。
③ 吴人坚:《中国区域发展生态学》,东南大学出版社2012年版,第137—138页。
④ 管岑:《海岸带生态系统管理法律研究》,硕士学位论文,中国海洋大学,2011年,第18—19页。

第二节　现有立法中未系统应用生态系统方法

综合本章第一节的研究发现：在我国海洋环境保护法律法规与政策中，既未明确规定生态系统方法的应用，也未系统性地将海洋生态（系统）保护与海洋陆源污染防治这两者关联起来。针对生态系统方法在我国环境保护立法中的现状与实践，有学者认为"保护生态环境就是保护生态系统"，进而指出"保护生态平衡和保护生态环境这种规定是我国法律对生态系统方法的最初反映"。[①] 这种说法阐明，生态平衡的维护与生态环境的保护中具有生态系统方法应用的萌芽，对后续研究具有一定的参考价值，但这种过于笼统抽象的表述并未系统阐明生态系统保护、生态保护、生态系统方法在环境保护立法中的应用，也未明晰这些不同说法之间的关系。生态环境并不等同于生态系统，生态系统方法应用于环境保护中的综合性、系统性、整体性特征在传统的以单一环境因子为主体的生态环境保护法中是没有系统体现的，这一事实不容忽视。不得不承认，虽然有生态保护目标的确立，但目前生态系统方法在我国环境立法中总体处于虚位状态，主要表现为：既缺乏资源保护与生态保护的综合法，也缺乏生态系统保护的综合性规范。[②] 而现今的海洋环境立法还只是在形式和表面的层次上符合综合生态系统管理的要求，忽视了综合生态系统管理的内涵需求。[③]

一　现有的环境立法既未系统应用生态系统方法，亦未体现生态保护的综合性

生态系统方法作为一种综合性、整体性的方法，在国际、区域与国内的海洋环境保护中可能产生的良好效果都得到期许与认可，但在立法中的表现却并没有如此美好。大多数国家环境资源立法进程经历了从零

[①] 万宗成、李高协、殷悦贤：《综合生态系统管理法律制度研究》（上），甘肃人民出版社2008年版，第101页。

[②] 杜群：《生态保护法论——综合生态管理和生态补偿法律研究》，中国高等教育出版社2012年版，第282页。

[③] 高晓露、梅宏：《中国海洋环境立法的完善——以综合生态系统管理为视角》，《中国海商法研究》2013年第4期。

散的法律条款,到针对某种污染或某种资源的单行法规,到比较综合的法律;从"重在资源"或"重在防污"的法律到"资源和环保的结合"发展的法律;从"重在利用""重在规则"的法律到"重在系统"的法律;从单项措施、末端治理的法律到综合措施、全过程管理的法律。[1] 自2006年以来,对生态系统综合管理(或综合生态系统管理)、生态系统方法在环境法的应用与实践的研究逐渐增多,但我国的环境保护立法中并未形成体系,也未对生态系统方法的应用做出系统化的适用。

第一,我国现行的环境法存在着体系性缺陷。这种体系性缺陷致使我国环境保护法不具备生态系统方法的综合性,也不满足生态综合法的要求。这种体系性缺陷在生态系统保护方面的主要体现为:一是现行的自然资源立法采取单因子资源立法,且以资源经济的最有效利用为立法目标,资源保护不是资源立法的目标,因此现行资源立法缺乏对资源生态属性、资源生态系统的法律认可与法律保护。二是缺乏对生态环境的整体性功能进行保护的立法,缺乏"保护生态功能"或"保护生态系统服务功能"或"保护生态平衡"的立法确认或法律规定。三是《环境保护法》这一基本法中虽然具备对生态环境整体性功能进行保护的法律框架,但缺乏生态监督管理的手段和制度,而没有实际承担"生态保护法"的历史使命[2];也缺乏系统完整的制度或对策支撑,无法体现生态系统方法应用的综合性,也无以确定生态系统保护平衡性的目标。

第二,2014年修订的《环境保护法》第三章仅对生态保护相关的制度与要求作出了原则性规定,并未明确生态系统方法的整体性、综合性、灵活性与适应性如何在相关的法律制度中呈现出来。这种原则性规定主要体现在该法第29—31条之中。第29条规定了两项重要的与生态系统保护相关的制度:一是生态保护红线制度即"国家在重点生态功能区、生态环境敏感区和脆弱区等区域划定生态保护红线,实行严格保护",法律中的这种规定不仅确定了与生态功能保护直接关联的"生态空间保护领域"[3] 的法定性,也确立了这些区域生态系统保护的必要性;二是自然

---

[1] 蔡守秋:《综合生态系统管理法的发展概况》,《政法论丛》2006年第3期。

[2] 杜群:《生态保护法论——综合生态管理和生态补偿法律研究》,中国高等教育出版社2012年版,第267页。

[3] 陈海嵩:《"生态保护红线"的法定解释及其法律实现》,《哈尔滨工业大学学报》(社会科学版)2017年第4期。

保护区制度，即"各级人民政府对具有代表性的各种类型的自然生态系统区域，珍稀、濒危的野生动植物自然分布区域，重要的水源涵养区域，具有重大科学文化价值的地质构造、著名溶洞和化石分布区、冰川、火山、温泉等自然遗迹，以及人文遗迹、古树名木，应当采取措施予以保护"。这两项制度，对一定区域范围内生态功能的修复与健康生态系统的保护都具有重要的意义。第30条规定了生态安全与生态修复的原则性要求，明确要求在开发利用自然资源时，应当合理开发，保护生物多样性，保障生态安全。除了保障生态安全，生境修复也是开发利用中及利用后须关注的重要事项。第31条规定了生态补偿制度。这些规定虽然没有明确生态系统的综合性实践要求，但确立了生态系统保护在环境立法中的理论基础与法律依据。《环境保护法》中所规定的生态保护红线与自然保护区这两项制度，都是为了保护一定区域内生态系统的健康，从这个意义上讲，其目的是以区域性生态系统的保护为基础的；生态安全与生态修复的原则性要求，则进一步为生态系统管理目标在区域的应用提供了明确的原则；生态补偿制度则是从另一个侧面来确保生态系统完整性与生态功能健全性修复的一种经济性措施，这种措施的出台将从可执行或可实施的层面进一步保障了生态系统保护的可得性。虽然我国的立法在法定区域范围内（生态红线区、自然保护区等）强调了生态系统保护的重要性，也强调了整体性的观念，但这些区域的范围有限，从总体上讲，制度的普惠性十分有限，生态系统方法应用于法律实践应确保制度适用的生态普惠性，进而达成生态整体性要求。总之，上述三个条文制度并未将污染防治与生态（系统）保护二者有效结合起来。

第三，立法中所规定的生态管理体制与管理制度并未体现生态系统方法的综合性与整体性要求。对于我国而言，不仅生态系统保护管理体制的立法存在缺陷，缺乏具体的生态系统管理制度，生态系统管理立法中的法律责任也不完善。[①] 而且管理体制的设计受具体的职能分工、责任承担等方面限制，依然处于应急性、临时性与碎片化的合作状况。与此同时，我国生态（系统）保护立法，在具体制度设计上并未反映出应用的综合化与科学化。生态系统管理方面的立法主要应反映在

---

① 高明侠：《我国生态系统管理立法的问题及建议》，《西安邮电学院学报》2011年第6期。

第五章　生态系统方法在我国海洋陆源污染防治中的立法现状 | 175

环境资源法的综合化、科学化趋势上①，若不能反映这种趋势，则表明这种立法并非真正意义上的生态系统方法，不同制度与不同管理体制中的重复性、交叉性、冲突性问题也不可能得到有效解决。如我国自然资源部下属的国土空间生态修复司与生态环境部下属的海洋生态环境司都明确应负责海洋生态修复及其他相关工作，虽然从相关政府部门信息公开渠道可了解的内容看不出这两个不同部门在海洋生态修复的事由、范围、标准等方面是否一致或相冲突（或重叠），但对于这种监管职能存在交叉或重复的部分，若不能由法律法规做出清楚界定则对生态修复工作的高效有序开展是不利的。对于这两个不同部门的政府职能可能存在交叉与重叠的情形，可能会有人认为，只要分清管理的地域范围或让两个不同部门充分合作即可达成目的，但事实并非如此。一方面，我国相关管理部门，总体上存在着合作意愿不强、合作能力薄弱和合作协调乏力②的情形，仅通过形式上、文本上或临时性的多部门合作进行管理很难达成生态管理的目的与要求；另一方面，仅分清不同部门的管理地域范围是不能达成目的的，海水的流动性代表着污染是可流动的、生态保护有外溢性，这种生态特征表明，我们不能通过简单的地域界定，或通过属地管理原则的实施来达成其目的。对于生态系统保护而言，政府监管职能设置中事务完整性与责任可追究性应是相互关联的。即便是在生态系统保护中，我们也切不可忽视现代政府发展过程中部门利益追求与部分官员政绩角逐的力量，以公共利益为基点的海洋生态（系统）管理机制的合理设计与法律责任的有效承担在什么条件下方能达成多方利益主体的合理均衡状况，这些问题仍有待我们在实践中进一步解决。

第四，环境立法中与生态系统方法综合应用相关的具体措施不明确、不具体。这主要表现在未将保护生态系统或生态平衡作为体系化立法的立法目的之一③，以及与生态平衡相关措施的规定也不明确、不具体。一

---

① 蔡守秋：《综合生态系统管理法的发展概况》，《政法论丛》2006年第3期。
② 陈曦：《中国跨部门合作问题研究》，博士学位论文，吉林大学，2015年，第11—25页。
③ 虽然《野生动物保护法》与《海洋环境保护法》中将"维护生态平衡"作为该法的目的之一，《生物安全法》界定生物安全是也提及"生态系统相对处于没有危险和不受威胁的状态"，但由于没有系列的法律法规就此作出明确规定，生态保护的系统性与综合性要求依然难以达成。

方面，我国还缺乏系统的生态系统管理的相关制度，如生态系统开发的申报登记制度、生态系统的恢复与重建制度等。[①] 另一方面，现有的生态（系统）保护的立法仅止步于在立法体系上较为全面地涵盖生物系统各要素，但在我国由于该理念与法律尚未进行良好对接，现有的众多环境资源立法从根本上来看并没能够真正有效地体现出综合生态系统管理理念。[②]

第五，生态系统方法在立法中综合应用的范围、适用的领域有限，也未将传统的"污染防治法"领域的内容融入生态保护中。目前，主要以"资源生态保护法"和"特殊客体生态法"[③] 这两项为基础。在立法实践中，侧重于将资源生态保护纳入资源保护范畴（主要体现为某类具有经济价值资源的保护或濒危野生动植物物种的保护）；而"特殊客体生态法"注重将具有特殊生态价值或生态功能的区域（主要涉及对自然原生景观、自然生态系统的原貌等通过区域禁止或限制开发利用等）作为生态系统方法应用的对象，忽略了将"污染防治法"中的内容纳入生态系统综合管理中去。从污染物的空间流转与污染物在自然环境中消解过程来看，虽然并非所有的污染物都是对生态环境有害的，但污染达到一定限度后必然会对生态环境中的相关成分构成危害或损害，任何忽略污染防治的生态（系统）保护都是不完整的。

二 海洋环境保护立法未系统应用生态系统方法

世界上许多沿海国家及我国海洋环境保护立法经历了"零散→单一→综合""重资源或重污防→资源与污染双重结合→资源、污染与社会等多重综合"或"重利用、重规则→重保护、重系统"的过程。海洋环境保护立法这种演变总体上与环境保护立法一致，但也稍有差别，在海洋环境保护立法的发展过程中，海洋资源开发利用中的环境管理往往是滞后于近海污染防治的。这一方面与人类对海洋资源的开发利用受现代科技影响较大相关，另一方面与海洋所能提供的充分的供给服务相关。

[①] 万宗成、李高协、殷悦贤：《综合生态系统管理法律制度研究》（上），甘肃人民出版社2008年版，第103页。

[②] 薄晓波、冯嘉：《论综合生态系统管理理念的法律化——兼谈法律思维的作用》，《昆明理工大学学报》（社会科学版）2009年第9期。

[③] 杜群：《生态保护法论——综合生态系统管理和生态补偿法律研究》，高等教育出版社2012年版，第3页。

海洋生态系统及资源服务功能的强大足以让人们在很长时间内忽略海洋生态承载力的有限性。我国在21世纪以前的海洋环境资源立法多以《海洋环境保护法》为核心，侧重于陆源污染物的排海管控、海洋废弃物倾倒管理、海洋（或海岸）工程建设过程中的污染防治与船舶污染防控这几方面内容，既没有系统的海洋资源开发利用的法律规范，也没有系统规范海洋生态环境保护问题。1999年《海洋环境保护法》第一次修订，之后逐渐纳入海洋生物多样性保护、生态（系统）保护、海洋生态恢复或修复等相关内容，并于2001年制定《海域使用管理法》强化了对海洋资源的有序利用。同时也逐渐丰富了海洋生态（系统）保护的一些制度或措施如海洋区划制度、海洋规划制度、重点海域海洋生态保护红线与污染物总量控制制度、海域使用权制度等，在资源维护、生态保护及其他相关制度的共同促进下，生态系统方法在我国海洋管理中的地位逐渐得到相关实践部门的认可并在某些领域予以实践（具体参见第八章）。虽然如此，但生态系统方法在我国海洋生态保护立法中的应用还处于萌芽阶段。生态系统方法在立法实践中的体系不成熟、应用也不普遍。

中国的海洋环境立法从内容上看属于环境法中的子类，其立法的理念及主要规则与环境法基本相通，未真正体现生态系统方法的综合应用，也缺乏有关生态系统方法应用相关的具体制度安排。时至今日，中国海洋环境立法仍沿用海洋资源利用和海洋环境保护分别立法，海洋资源依要素分门别类、依部门、依地区分割管理的传统模式[①]。在这种模式下的海洋环境法既不能综合体现出立法所应承载的生态合理性与经济合理性，也不能充分反映出海洋环境资源与海洋生态（系统）之间的整体性与系统性。

（一）综合生态系统方法在《海洋环境保护法》立法中的不足

我国《海洋环境保护法》自1982年制定以来，历经一次修订三次修正，无论是海洋污染防治、生态保护，还是海洋环境监管体制、法律责任等均发生了较大变化。尤其是海洋生态（系统）保护在历次的修订（修正）中都得到一定的关注。虽然如此，但生态系统方法在《海洋环境保护法》的立法中仍存在以下明显不足。

[①] 高晓露、梅宏：《中国海洋环境立法的完善——以综合生态系统管理为视角》，《中国海商法研究》2013年第4期。

一是《海洋环境保护法》未与相关的资源管理法结合起来，未将污染防治、资源利用、生境保护等有效结合起来，管理的综合性在制度设计与监管机制等方面均没有充分的体现。在生态系统方法应用中，薄弱的跨部门整合和国家层面的冲突不仅阻碍了一个国家在国际层面采取一致行动[1]，也直接阻碍了一个国家内部不同部门间的一致行动与有效合作。

二是我国《海洋环境保护法》中两大核心制度"重点海域生态保护红线"与"重点海域污染物总量控制制度"未有效地将海洋生态（系统）的保护与关联区陆地生态（系统）的保护、海洋污染防治与关联区陆地污染物排放控制融合起来；在具体环境指标的配置、环境标准的设计、入海排污口（区）的选择与生境保护、陆源污染物的排放与海域使用区域的划分等所有环节中也未能将上述两项核心制度无缝嵌入其中。这种立法与制度设计虽然在一定程度上契合了现有行政管理体制与法律适用的传统，但并不能保障这两大核心制度的适用发挥最大的社会效用并最终达成最佳生态效果。

三是《海洋环境保护法》中的生态保护与污染防治（包括陆源与海源）制度间的互补性缺乏。如《海洋环境保护法》中虽然规定了海洋生态补偿制度与海洋功能区划、海洋生态保护红线等相关制度，也明确了开发利用海洋资源时应遵循海洋功能区划，严守生态保护红线[2]，但却忽略了海洋生态补偿制度的实践应该如何与海洋自然保护区、特别保护区、海域使用权行使等关联起来。在我国《海洋环境保护法》中，海洋生态红线区是否包含了各类海洋保护区、各类海洋生态（系统）的保护因素等，目前仍不明确。若忽略了对具有重要生态意义的区域的生态补偿，仅从海洋经济或产业发展而论补偿，则无疑致使该生态补偿失去了应有的生态本意。

四是《海洋环境保护法》中的污染防治并未从生态（系统）保护的角度综合考虑污染防治问题。从《海洋环境保护法》第四章至第八章来看，均没有规定海洋中的噪声污染问题。为何会忽略这个问题？究其根

---

[1] Kjell Grip, "International Marine Environmental Governance: A Review", *Ambio*, Vol. 46, 2017, pp. 413-427.

[2] 参见《海域使用管理法》第24条。

源是现有法律规范所管控的污染多是从人类健康的视角来考虑的，而忽略了海洋中其他动物可能因各种噪声污染而导致的存续、健康及其他生态问题。有研究结合上海东海大桥海上风电场运行期噪声特性及褐菖鲉的听力曲线，推测近岸风电场等人类活动产生的低频噪声可能对褐菖鲉的声讯交流产生影响。[1] 研究还表明，海洋噪声可能会影响鱼类、甲壳类动物和其他海洋生物。[2] 海洋噪声作为人类活动产生的干扰海洋动物在海洋中听到自然声音中的一种声音，对于许多依赖于不同类型的声音进行水下交流的海洋生物而言可能是致命的或危险的。虽然对于海洋噪声规制的忽略不能成为谴责人类是出于利己的目的而有意忽略海洋动物（我们暂且认为是有听觉的动物）的生态环境的保护的，但对于海洋噪声规制的忽略的确是出于人类自身的立场而做出的选择，这一点不可否认。这也进一步推导出我们目前通过法律规范对海洋环境的保护依然是出于人类自身的认识且多是源于对人类健康及人类经济发展的考虑，这种考量很明显并不是以生态系统为核心的，也不是以生态整体性保护为基础的。因此，从上述几个方面来看，我国《海洋环境保护法》中所规定的生态（系统）保护并未体现充分的生态合理性，而更多的是从经济社会的合理性与正当性来考虑的。

（二）现有立法未充分整合海洋资源利用与生态（系统）保护关系

现有立法中没有充分发挥区域规划、海洋空间规划（海洋主体功能区规划）的功能，来整合海洋资源有效利用与海洋生态（系统）合理保护二者的关系。这从我国《海域使用管理法》与《海洋环境保护法》本应存在交叉（或重叠）领域的无相关性体现出来。在立法应对的现实需求中，污染防治和资源利用本应是平衡发展的两个方面，但由于人为原因，这两方面是分割的，使得本来可以相互促进的体系发生分离，不利于整个生态系统的保护。[3]《海域使用管理法》规范了用海秩序，对改变海域资源开发利用中的无序、无度、无偿状态发挥了重大作用，但该法

---

[1] 张博：《海上人为噪声及其对海洋鱼类影响的初步探究》，硕士学位论文，上海海洋大学，2015年，第7页。

[2] Elena McCarthy, Flora Lichtman, "The Origin and Evolution of Ocean Noise: Regulation Under the U. S. Marine Mammal Protection Act", *Ocean & Coastal Law Journal*, Vol. 13, No. 1, 2007, https://digitalcommons.mainelaw.maine.edu/oclj/vol13/iss1/.

[3] 管岑：《海岸带生态系统管理法律研究》，硕士学位论文，中国海洋大学，2011年，第23页。

中仅有三个条款提及海洋环境保护问题[1]，其中一项是政府义务，另两项涉及海域使用权人义务。总体上，该法中关于海域污染防治与生态保护的规定是存在明显缺失的。因此，必须将"规范用海秩序与保护海域生态环境"二者[2]充分结合起来，才能确保生态系统方法在海洋立法中的作用得以体现。在推进海洋生态文明建设的战略背景下全面考虑海洋资源的开发利用，须通过法律规范的实施，权衡资源的生态价值和经济价值，增强海洋开发的综合性与整体性。[3]

（三）其他涉海的相关法律法规对海洋生态（系统）保护的整体性缺失

海洋生态（系统）保护之规范性要求并非专属于《海洋环境保护法》，其他涉海的相关法律法规也应从生态整体性出发，规范与其相关的海洋生态（系统）保护问题。尤其是与海洋资源利用密切相关的《海域使用管理法》中并未明确资源利用中的生态（系统）保护，这一点导致我国海域使用权行使过程中难以找到明确的法律依据保护相应海域的生态环境。这不仅表明海域使用权生态化的进程相对滞后于保护的需求，更凸显出了立法对于资源利用中经济合理性与正当性核心地位的维护。虽然有研究认为：首先可以从海域使用权的取得、流转与消灭[4]进行生态化，然后再健全相应的管理制度、生态补偿和破坏救济制度[5]来实现其生态化的目标，但该流程下的生态化仍然是以资源利用秩序保障为核心的，既未充分考虑海洋生态（系统）保护或维护的要求，亦未能充分体现出一国不同区域内相关主体对海洋污染防治及资源利用的合理平衡。

（四）生态（系统）保护的核心地位在相关法律中并未充分体现

2009年的《海岛保护法》明确规定了海岛及其周边海域生态系统保

---

[1] 参见《海域使用管理法》第11条（海洋功能区划编制中的生态环境保护）、第24条（使用海域自然状况发生重大变化时的报告义务）与第29条（海域使用权终止后对可能影响海洋环境的设施或构筑物的拆除义务）。

[2] 周珂：《〈海域使用管理法〉与〈海岛保护法〉〈物权法〉的立法配合》，《中国海洋报》2011年5月14日第2版。

[3] 高艳、李彬：《海洋生态文明视域下的海洋综合管理研究》，中国海洋大学出版社2016年版，第100页。

[4] 原文用的是消灭，从法律上讲，应该是海域使用权的撤销或取消。

[5] 陈静文：《海域使用权生态化研究》，硕士学位论文，贵州大学，2017年，第38—51页。

护的核心地位①，但该法未充分体现生态系统方法的作用与功能，也未明确海洋生态生态系统保护的目的。我国《海岛保护法》第三章第二节规定了有居民海岛的生态系统保护，第三节规定了无居民海岛的保护，但这些保护制度或措施中并未全面贯穿生态系统方法的综合应用。对无居民海岛而言，我国存在立法目标多元、罚则规制不科学、生物保护制度疏漏、污染防治规制匮乏、生态保护优先制度缺失等②问题，并未将生态（系统）保护作为其核心目标。我国无居民海岛有6528个③，在1900多个已经利用的无居民海岛中，特殊用途海岛有1020个，公共服务用岛有365个，旅游娱乐用岛有73个，农林牧渔业用岛有340个，工业、仓储、交通运输用岛有49个，可再生能源、城乡建设等其他用岛有80多个。④虽然从数字对比来看，我国无居民海岛总体利用率不高，但我国无居民海岛所面临的生态环境脆弱且逐渐恶化的趋势应引起足够的关注。我国多数无居民海岛区周围水域具有较高的初级生产力，生物种类和数量较为丰富。但由于入海生活污水和工业废水的增加，营养物质和有机质过多排放入海，大部分岛区海域呈富营养化。⑤若继续按照目前的状况没有生态规制地发展下去，则可能会继续造成进一步的生态系统退化。对于有居民海岛而言，在现有的管理实践中"普遍存在忽视海岛生态脆弱性的空间分布差异性与动态变化特征的问题"⑥，很难通过有针对性的、具体的措施来管理不同区域的海岛生态。虽然《海岛保护法》第三章第二节中直接使用了"有居民海岛生态系统的保护"这一表述，明确了有居民海岛生态系统保护的核心地位，但从该法所规定的具体措施（环境影响评价、环境容量评估、环境规划、生态修复、围填海的合理禁止或管控等）来看，依然以陆地上相关污染防治法中的制度或措施为基础，并

---

① 参见《海岛保护法》第一条：为了保护海岛及其周边海域生态系统，合理开发利用海岛自然资源，维护国家海洋权益，促进经济社会可持续发展，制定本法。
② 李嵩誉：《无居民海岛立法的生态保护优先原则与制度设计》，博士学位论文，中国海洋大学，2015年，第2页。
③ 刘容子、齐连明等：《我国无居民海岛价值体系研究》，海洋出版社2006年版，第3页。
④ 国家海洋局：《全国海岛保护规划》，http://www.mnr.gov.cn/gk/ghjh/201811/t20181101_2324822.html。
⑤ 刘容子、齐连明等：《我国无居民海岛价值体系研究》，海洋出版社2006年版，第16页。
⑥ 李荔：《居民海岛生态脆弱性仿真分析与管理调控研究》，硕士学位论文，大连理工大学，2018年，第23页。

没有授权相关主管机构或沿海政府可以依据有居民海岛资源利用特点、污染物的来源与污染的特点等，做出具体有针对性的规定。因此，我国《海岛保护法》虽然具有明确的生态系统保护的目的性，但既没有具体的有针对性的制度予以落实，也没有将生态系统方法运用于海岛管理的全过程。

单方面强调对海洋某些特定资源的保护和某些污染的防治，不论是对海洋生态系统生物成分的单方面保护或是对非生物成分的单方面保护都不全面，更谈不上将它们按海洋生态系统规律有机地协调起来。[1] 这种将资源与环保分开进行立法的做法，在一定程度上对于一定时期我国海洋环境保护与资源有效开发利用发挥了重大作用，但并不利于从系统角度保护海洋环境，从资源开发利用的约束中去寻求环境污染防治的契机。立法选择在某种程度上是人们认识观与价值观在法律上的一种体现，人们对海洋价值的定位与观念变化也会在一定程度上影响人们法律理念的更新与法律规则的选择。总体上，海洋价值的展现表现为物的有用性不断丰富和提高，价值对象的数量和种类不断扩大和增多，而海洋价值的实现过程取决于人们的认识程度、科技水平等，是一个由应有到现有的转化过程。[2] 法律的制定很难脱离于人们对海洋价值的定位及实践选择，因此，从这个角度来讲，我们的立法保护范围起源于单方面的或某些海洋资源的保护是有其选择的社会合理性的。但当生态合理性与社会经济合理性相互交叉时，人们所选择的立法对象与立法制度对二者都是有益的；但若当二者相互矛盾或冲突时，往往会以自益性选择为基础。

第三节　生态系统方法在我国海洋陆源污染防治立法中的结构性缺失

生态系统立法首先寻求的是一种以立体的、全面的、系统的关系模式，而不是单一的、单向的点模式为基础的立法。[3] 生态系统方法在立法中的体现也应该是一种全面的、系统的、立体的模式，而不仅仅体现为

---

[1] 田其云：《海洋生态系统法律保护研究》，《河北法学》2005 年第 1 期。
[2] 王琪等：《海洋管理——从理念到制度》，海洋出版社 2007 年版，第 31—33 页。
[3] 赵绘宇：《生态系统管理法律研究》，上海交通大学出版社 2006 年版，第 3 页。

对单一事项或单一内容的规范。从单一事项或单一内容的点模式定位生态系统方法在海洋陆源污染防治中的地位的确不合理，这种不合理是因为人们对陆源污染的误解，以为陆源污染仅仅是海洋污染中的一个领域、一个方面，很难体现生态系统方法的综合性与整体性。若这样看待，不仅将陆源污染问题简单化了，也忽略了陆源污染所可能产生的海洋生态损害、生态（系统）退化等问题。

一 衔接陆源污染防治与海洋生态（系统）保护科学支撑的缺乏

首先，现有的立法虽然将陆源污染防治与海洋生态（系统）保护统一纳入《海洋环境保护法》，但在具体规则或具体措施上往往是分开的，这种分开的现状不仅不利于制度实施中的整合，也间接导致环境监测与科学研究中将二者区别对待。这种立法认知一方面源于海洋生态保护法律制度实施中对工具理性的推崇，另一方面源于海洋开发利用过程中的陆源污染防治的后知后觉性［相比于始于海洋资源保护的生态（系统）保护而言］。这种立法选择忽略了海洋陆源污染的复杂性与综合性，海洋陆源污染具有"污染源广，污染物种类多；污染物排放数量大；污染阵线长、周期长、持续性强；溯源困难"[1]的特征。这表明，陆源污染不能简单地被分割成"点"（固定源污染）、"线"（线源污染）和"面"（面源污染）进行控制与监管。在海洋陆源污染物的排放与转化过程中，瞬时点源污染与连续点源污染可以转化成线源污染，而线源污染物在时空转移过程中也可能会转化成面源污染。海洋污染物在随不同的环境介质（水、风、土或资源等）而发生空间转移时，污染物的形态与类型、污染物的危害等会发生怎样的变化，由于缺乏长久系统的研究与科学支撑，很难给出定论。经过多年发展，虽然我国的海洋"监测体系逐步完善，监测能力显著提高，监测内容不断丰富，为海洋生态环境综合管理积累了海量的基础数据并提供了决策支撑"[2]，但监测数据只能表明环境现状，既不能为法律制定或修订提供确切的因果联系，也不能为法律实施或具体责任的承担提供完整的数据支撑。虽然环境科学、海洋科学、海洋生态学以及各种环境评估与监测手段的发展为我们提供了体系化的认知基

---

[1] 戈华清：《海洋陆源污染防治法律制度研究》，科学出版社 2016 年版，第 3—4 页。
[2] 李潇、杨翼、杨璐等：《海洋生态环境监测体系与管理对策研究》，《环境科学与管理》2017 年第 8 期。

础,但如何将科学认知、监测与评估结果转化成现有的法律制度,并使其被现有的以权利义务为基础的法律体系所容纳,将法律制度细化为不同的人(包括人的集合)的权利、义务、责任、职能,对于生态系统的管理或保护而言,仍相对困难。

其次,陆源污染物对海洋环境所产生的影响,只能从目前相对碎片化的自然科学的各类研究中去推导。现有的基础科学研究,对陆源污染物的溯源及析源并未形成系统的理论认知与实践体系,不足以对立法或决策提供有说服力的科学支持。以目前研究较多的陆源污染物排放对渤海生态环境保护、生物资源养护、生态系统退化的影响为例加以说明。根据不同类型陆源污染物的来源与所占比例,现有研究主要证明了陆源污染防治的基础性与重要性。渤海的 DIN、TDP、PO_4^{3-}、COD、石油烃和重金属 Hg（Ⅱ）、Pb（Ⅱ）、Cd（Ⅱ）等污染物主要来源于以河流为主的陆源排放①,其中前五者的陆源排放平均占渤海污染物排放总量的 75%左右,而后三者则高达 98.5%左右;大气沉降和海上污染源所占比例很小,前五者分别只有 17% 和 8% 左右,而后三者合计只有 1.5% 左右。②其中,对渤海湾生境影响严重的主要排污陆源是入海河流和入海排污河③。这些研究为界定渤海主要污染物的类型与比率奠定了基础,用科学的数据确证陆源污染防治在海洋（尤其是近海）污染防治中的基础性地位,也为部分陆源污染物的严格监管（尤其是排污河的监管）提供了科学依据。但并未明确地证明,我们应该具体从哪些方面着手控制哪些陆源污染物的排放,更重要的是,这些研究对不同区域陆源污染物监管的环境标准、管理措施、监管程度能否提供科学依据也不明晰。后续的相关研究虽然进一步证明了渤海地区不同类型污染物的空间分布与演化特征,但却对于污染物的排放与渤海生境、资源及生态系统间的直接关联性问题并没有从科学上予以系统的解答。关于污染物的时空分布与转移输送路径与特征研究,目前也未对所有的污染物进行有效的监测与追踪。

---

① 类似此类结论对于政策决策制订的确具有重要意义,但对于具体法律责任的明确仍有待进一步细化与明晰。

② 王修林、李克强:《渤海主要化学污染物海洋环境容量》,科学出版社 2006 年版,第 1—45 页,转引自郑丙辉等《渤海湾海岸带生态系统的脆弱性及生物修复》,中国环境出版社 2013 年版,第 73 页。

③ 郑丙辉等:《渤海湾海岸带生态系统的脆弱性及生物修复》,中国环境出版社 2013 年版,第 23 页。

第五章　生态系统方法在我国海洋陆源污染防治中的立法现状 | 185

1978—2009年渤海表层沉积物重金属空间分布与时间演化特征，揭示出渤海表层沉积物重金属Cu、Hg、Cd、Pb和As的含量空间变化趋势：近岸重金属含量高，离岸距离越远，重金属含量逐渐降低。[①] 渤海湾水体几种超标的重金属元素，从空间分布特征上看主要受水动力条件的影响，陆源输入的重金属主要随水动力向北部海域输运。[②] 这些研究分析了陆源性重金属污染物的空间变化趋势，这种空间变化虽间接证明了陆源污染性重金属排放的区域性，的确对于陆源污染防治中的定性分析给出了重要的依据，但不同污染物如何溯源、如何追踪等在现有的监测体系安排下能否得到有效解决仍不明确。对于不同类型的陆源污染物排放与海洋生态损害（海洋资源损害、海洋生态退化或海洋灾害等）之间因果联系的科学性，也有待进一步更准确更科学的研究结论提供支撑。关于渤海湾近年来频发的赤潮，根据渤海1990—2009年调查监测统计数据分析，赤潮发生的关键控制要素是DIN、氮磷比和DIP，这表明在渤海海域赤潮频发的主要原因可能与养分的输入，尤其是过量的氮养分输入所造成的营养结构失衡有关。[③] 虽然指明了渤海赤潮的多发与营养物质（尤其是氮）的陆源性输入关系具有重要决策价值与意义，但目前却并没有实证研究确证这些营养物质的输入主要源于哪些产业、行业或主要的陆源区域。这样在对策的选择中便会出现一些问题。这也表明，我们对于污染的时空分布、污染损害的时空差异性等方面的研究虽然在形成有系统价值的定性与战略决策性方面提供了参考与依据，但对于如何与具体法律制度的确立关联起来仍缺乏科学依据。对于海洋生物资源及海洋生态系统而言，一定海域的生物资源、生境等指标也是重要的参数。目前，在渤海湾、锦州湾、大连湾、胶州湾等贝类鱼类产品中均检测出PCBs和PBDEs这两类持久性有机污染物。同时，渤海湾河口区重金属污染对野生泥螺种群的遗传多样性和遗传距离均产生了一定的影响；渤海湾大型底栖生物的物种组成趋向于小型化、低质化，底栖生物群落受到一定程

[①] 霍素霞：《渤海沉积物重金属分布特征及生态风险研究》，博士学位论文，中国海洋大学，2011年，第75页。
[②] 郑丙辉等：《渤海湾海岸带生态系统的脆弱性及生物修复》，中国环境出版社2013年版，第23、84页。
[③] 林国红、董月茹、李克强等：《赤潮发生关键控制要素识别研究——以渤海为例》，《中国海洋大学学报》（自然科学版）2017第12期。

度的干扰，底栖生态质量明显降低。① 这些数据虽然在不同程度上显示出污染对海洋生物资源、海洋生境所产生的负面影响，但哪些是陆源的，哪些是海源的，如何在具体的物种检测或生境监测中体现出来，这类研究在监管工作中是十分重要，但目前仍相对不足。当然，是否有必要对陆源污染与海源污染所产生的危害进行分类跟踪监测与评估？这是科学问题更是政策层面的问题。另外，由于每年调查范围不同，加之缺乏20世纪50—90年代的大型底栖生物原始数据，无法进行长时间序列的比较，所以无法对渤海湾的环境质量变化状况做出合适的决断；由于缺乏必要的历史数据，无法做时间序列上的纵向比较，难以判定渤海湾生物群落状况的退化或改善程度。②

再次，在我们的科研体系中，传统视角下以生态系统中单一要素为核心的生物监测，或以污染物排放为中心的环境监测往往是独立且分开的，这种现状不仅导致了科学研究的分离，也使我们对环境污染与自然生态这两种不同的监测数据难以有效整合。因此，在以技术工具理性为核心的这种基础科学指导下的对策或决策，很难脱离原有的轨迹而转向真正意义上的综合。尽管从现有的数据资源与信息机制共享的角度来看，关于海洋生态系统退化及陆地污染来源影响的详细科学信息（包括关于生态退化所可能产生的成本或额外支出的信息）随时可得③，但这些面向决策者和公众传递的信息，并不一定都是决策者或公众所理解并熟知的，尤其是对决策者而言，这些信息若要能在决策中发挥应用的作用，必须要有相应的认可机制、转化机制与融入机制，才能保障这些信息能被决策者所吸纳，这些信息只有被有效吸纳了才可能转化成真正意义上的法律制度或应用对策。若要系统地完成这种转化，加强科学家和决策者之间的互动与沟通十分重要。

最后，宏观性管理框架的构建与解读很难成为立法规则选择的依据。现有大量海洋管理类文献是通过系统的框架或模型构建来证成海洋生态

---

① 郑丙辉等：《渤海湾海岸带生态系统的脆弱性及生物修复》，中国环境出版社2013年版，第23、114、126、139页。

② 郑丙辉等：《渤海湾海岸带生态系统的脆弱性及生物修复》，中国环境出版社2013年版，第23、143页。

③ Ramesh Ramachandran, Purvaja Ramachandran, Kem Lowry, "Improving Science and Policy in Managing Land-based Sources of Pollution", *Environmental Development*, No.11, 2014, pp. 4–18.

系统综合管理的可行性的。国内外研究中较常见的 DPSRC（Drivers – Pressures – State – Responses – Control）框架与 DPSIR（Drivers – Pressures – State – Impacts – Responses）框架为海洋生态系统或综合管理提供了理论支撑。相较于 DPSIR，DPSRC 给出了控制对策，这种控制对策的实质也是一种响应机制。因此，笔者认为这两类的差异并不大。下面对 DPSRC 加以说明。虽然 DPSRC 框架（参见图 5 – 1①）将复合生态系统的各种要素纳入一个完整的框架体系内，也将生态系统所承载的功能尽可能归入其中，但问题是如何将海洋生态系统保护与海洋污染防治的科学知识系统化并转化成决策者（立法者）、公众等完全理解的内容，并将相关过程完整地表述出来。另外，在管理者眼中，法律只是其中很少的一部分。这种现状表明，生态系统方法在立法实践过程中，仅有科学认知还远远不够，唯有将科学认知转化成可实施的对策或可接受的制度，或者将科学认知吸收进现有的制度或对策中去，才是能真正解决问题的思路与方向。

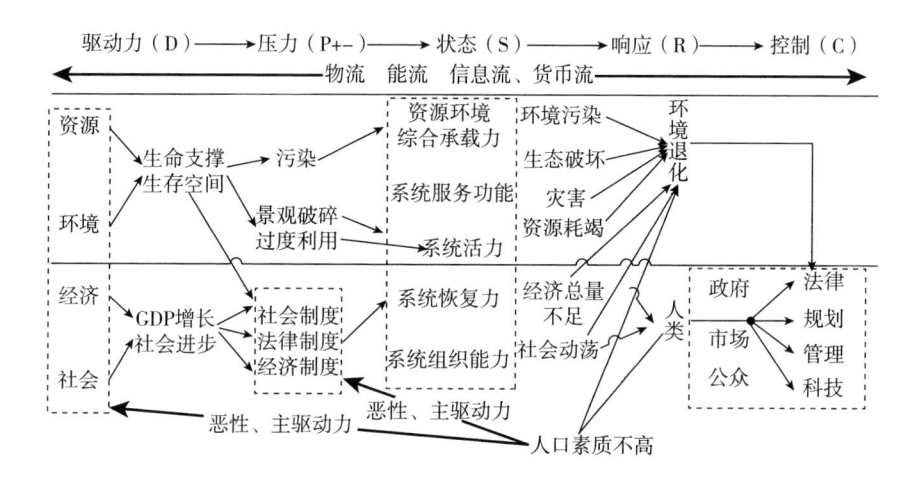

图 5 – 1　海岸带复合生态系统管理的 DPSRC 框架

正是基于海洋生态（系统）保护中诸多问题在科学认识方面的有限性，多数区域或国家都赞同风险预防原则的适用。但在实践中，我们

---

① 石洪华、丁德文、郑伟等：《海岸带复合生态系统评价、模拟与调控关键技术及其应用》，海洋出版社 2012 年版，第 9 页。

不得不重视的问题是，作为原则的风险预防如何转化成具体的法律规则仍有待进一步研究。也正是由于海洋环境保护的复杂性与综合性，以及相关管理框架或管理模型（如 DPSRC）在实践中逐渐成熟，综合性海洋管理也开始被不同沿海国家立法所推崇，但如何将这些具有综合性的管理制度真正转化成法律制度并保障履行仍需依靠实践来验证或完善。

二 海洋陆源污染防治与海洋生态（系统）保护目的一致性的缺失

海洋陆源污染防治与海洋生态（系统）保护目的一致性的缺失主要包括两个层面：一是二者保护目的不一致，这是现有法律法规中体现最明显的；二是二者对海洋生态（系统）保护的目的不系统也不充分。

首先，我国《海洋环境保护法》与《防治陆源污染物污染损害海洋环境管理条例》在陆源污染防治中并未将海洋资源的合理开发利用、海洋生物多样性保护、海洋生境的保护等内容融进来。从这两个不同位阶的法律规范的内容来看，二者的目的性并不完全一致[1]，《海洋环境保护法》中的目的提及了"生态平衡"，而《防治陆源污染物污染损害海洋环境管理条例》规定的是防止损害海洋环境，这两者如何在目的上统一起来，从立法的角度来看是不言自明的，因为《海洋环境保护法》是全国人民代表大会常务委员会制定的基本法律，而《防治陆源污染物污染损害海洋环境管理条例》则是国务院制定的行政规章，下位法应与上位法一致，这是基本原则。但事实上并非如此。《海洋环境保护法》历经多次修订，其中陆源污染防治的目的也伴随《海洋环境保护法》立法目的的变化而变化，特别是在 1999 年修订中将环境改善、资源保护、污染损害等诸多目的列入其中，这不仅体现了其保护目的的综合性与系统性，也体现了生态、经济、社会三者融合的目的性。但《防治陆源污染物污染损害海洋环境管理条例》从 1990 年至今，没有再做出任何修订，这无疑与其上位法不相符，也与海洋生态（系统）保护的整体性需求不相符。

其次，我国相关立法中对海洋陆源污染防治与海洋生态（系统）保护都存在着保护目的单一化与简单化的表征，这种单一化、简单化与生态系统保护的综合性是不一致的。海洋陆源污染防治的目的在具体规则

---

[1] 笔者认为这里还有一个问题值得思考，即如何从法律上界定海洋环境保护中"生态平衡"与"防止损害海洋环境"二者之间的关系。

中往往被简化为对海水水质的保护，从上述两个不同位阶的法律规范所规定的具体措施来看，虽然提及了固废、大气污染防治等问题，但有约束力的措施仍体现为对海水水质的保障，且监管措施主要涉及禁限各类污废水排放、入海排污口的选址与设置等。保护目的的简化往往与具体措施简化密切关联，这种简化便于法律的实施但并不利于生态系统的综合管理与保护。从我国《海洋环境保护法》所规定的具体措施来看，第四章（第29—41条）共计13个条款规范陆源污染物的排海问题，涉及污废水排放与监管的占10条，而其他类型的污染防治仅占3个条款（第29、39及41条）。虽然单凭法律条文数量的多少并不能说明对某类排污行为的重视程度，但从现有涉海生态环境保护的标准来看，也仅涉及水质，并没有其他类型污染物的排放标准、质量标准等。[①] 如我国《环境空气质量标准（GB3095—2012）》明确其依据是《大气污染防治法》，然而《大气污染防治法》并未明确国家管辖海域的大气污染防治能否适用此法，仅在附则中规定"海洋工程的大气污染防治，依照《海洋环境保护法》的有关规定执行"。然而，《海洋环境保护法》仅仅在第41条中抽象地规定国家应"采取必要措施，防止、减少和控制来自大气层或者通过大气层造成的海洋环境污染损害"。很明显，这一条并不适用于上述附则中所规定的情形。因此，这种没有明确细则与实施规划的法律条文上的规定既不能体现综合性保护目的，更不能满足生态保护整体性的需求。从《防治陆源污染物污染损害海洋环境管理条例》来看，该条例共计37条，有30个条文均涉及污废水[②]排放入海监管与责任，其他内容基本与《海洋环境保护法》中的要求一致（参见表5-3），大多法律制度或措施均被简化为对污废水排放入海的禁止、限制与监管。虽然海水水质与陆

---

① 此处仅从国内法角度来论述。从国际法层面来讲，除了水质标准，还有关于在海上航行的船舶等大气污染物的排放标准等。但这种标准所针对的主要是海源性的污染，而未涉及陆源的大气污染。

② 在《海洋环境保护法》第四章与《防治陆源污染物污染损害海洋环境管理条例》中所包含的污废水排放监管主要包括两类。一类是依据区域情况而设定，包括入海排污口位置选择、沿海地区陆源污染排放单位的排污申报、沿海地区农药化肥使用与陆源污染防治、沿海地区污水处理厂及处置工程。另一类是依据不同类型的污废水排放而明确规定的禁止、限制或控制排放，包括油类、酸液、碱液、剧毒废液的污废水，包含高、中、低水平放射性废水，含有不易降解的有机物和重金属的废水，含病原体的医疗污水、生活污水和工业废水，含有机物和营养物质的工业废水、生活污水，含热废水等。

源性污废水的排放监管的确是重点，但这并不能表明我们立法可以忽视或简化其他方面的内容。

三 海洋生态（系统）保护在海洋陆源污染防治中的制度性缺失

虽然我国在海洋生态（系统）保护的某些方面有具体规定，但未形成系统化的海洋生态（系统）保护的理念、原则与制度，更未形成系统化的实践机制。在现有的法律规定或实践机制中，陆源污染防治中的生态（系统）保护存在明显的制度性缺失，这种缺失主要体现为以下几方面。

首先，以典型自然区域保护为基础的海洋保护区制度的确立或LMEs在我国部分海域保护实践中的应用，并不代表生态系统方法能在我国所有海域的陆源污染防治中予以适用。虽然《海洋环境保护法》明确规定应"保护红树林、珊瑚礁、滨海湿地、海岛、海湾、入海河口、重要渔业水域等具有典型性、代表性的海洋生态系统，珍稀、濒危海洋生物的天然集中分布区，具有重要经济价值的海洋生物生存区域及有重大科学文化价值的海洋自然历史遗迹和自然景观"[①]。从根本上讲，建立自然保护区保护海洋生态系统只是对一些特殊的生态系统进行保护，未涉及从生态系统内部相互作用的规律出发进行海洋生态系统保护这种一般性立法[②]；也未涉及对所有海洋资源开发利用过程及陆源活动综合性影响下对海洋生态系统的保护；还未涉及对所有海域生态过程及生态功能的整体性维护。尤其在该条第二款中规定"对具有重要经济、社会价值的已遭到破坏的海洋生态，应当进行整治和恢复"，进一步明确该类区域保护所承载的是区域的经济社会价值，而非生态价值。因此，这种保护依然是以对海洋资源的有效利用（如旅游资源、渔业资源等）或海洋资源的可持续利用（如资源的可再生性）为基础的。虽然我们不否认这种保护所兼具的生态性，但其生态惠益有限，适用领域有限。而LMEs在我国三个海域（黄海、东海与南海）生态保护实践中的应用[③]，也依然局限于生物多样性的保护、渔业资源的养护、局部海域生态功能的修复等，并没有从海洋生态（系统）的生物化学特性、生态现状与历史条件等出发系统

---

① 参见《海洋环境保护法》第20条。
② 田其云：《海洋生态系统法律保护研究》，《河北法学》2005年第1期。
③ 参见第六章的实践模式。

客观地对待这些海洋生态环境所面临的问题,这种实践在总体上仍然是以海洋资源的可持续利用为基础的。虽然我国关于海洋生态系统管理的研究颇多,关于海洋生态系统管理的部分实践也不少,但并未将生态系统方法作为一种手段系统地应用于我国海洋环境保护的立法实践。这种立法实践表明,我国的海洋保护法仍以海洋资源开发利用中的资源保护与海洋污染防治中的污染物达标排放为基础。

其次,以重点海洋生态功能区、生态环境敏感区和脆弱区等海域划定生态保护红线为核心的重点海域修复与保护制度,虽然在一定程度上彰显了我国对海洋生态功能保护的重视,但亦不具有普适性,其适用范围依然有限。已经初步确定的海洋生态保护红线区划的基本思路是分区—评价—区划,但已有的海洋生态保护红线划定工作由于针对的海域尺度大,都是在初步筛选出重点海区基础上进行评价和划定[1],这样确定的海域在一定程度上满足了生态空间完整性保护的需求,但与现有的海洋环境行政监管体制并不吻合,要想真正落实海洋生态保护红线,仍需要进一步明确这种大尺度下区划的效力与类型。

再次,我国海岸带地区、入海河流所涉流域及相关区域的产业分布、产业结构等在最初的布局中更多地考虑交通、经济与资源等因素,并未充分考虑到海洋的自净能力,也未充分考虑到海洋资源的可持续利用,更多的是在决策过程中考虑到沿海区域的资源可得性、交通便利性、信息可获取性等各种有利于经济发展的合理性,而对于布局中的生态性因素考虑较少或不全面。其实,这种布局模式一方面与国家的决策相关,另一方面与沿海国在社会经济发展中对海洋的依赖性相关,但却往往忽视了这种布局背后的区域不公平性与生态不平衡性,这恰恰是对生态合理性与社会合理性的一种忽视。从这个角度来讲,某些沿海地区在确定一定时空范围内的产业规划、产业布局、产业结构等经济社会发展时,并未能全面有效衡量其生态整体性要求,也未能在生态限制的条件下全面衡量区域公平发展的要求。不得不承认,决策者在做出一定时空范围内的产业发展、经济规划时,必然会受到相应的价值观、环境观念、管理需求、社会认知、科技发展等各方面的限制,对于客观原因约束下的

---

[1] 陈甘霖、胡文佳、陈彬等:《海洋空间规划技术在小尺度海洋生态红线区划中的应用——以东山县海域为例》,《应用海洋学学报》2017年第1期。

规划与布局，要求一定时空范围内的决策者在任何条件下都能全面虑及环保要求与生态系统保护的客观制约是不现实的。在既有格局下，要完全改变这种模式不仅要付出巨大的社会经济代价，同时也要耗费大量的环境资源。因此，基于目前的客观条件制约与海洋生态系统保护，如何逐步改变因规划或决策等导致的环境问题，仍需要国家从不同层面来综合权衡。

最后，海洋陆源污染防治立法在某种程度上依然是陆地上水污染防治法的部分延续。这种延续主要体现为，《海洋环境保护法》与《防治陆源污染物污染损害海洋环境管理条例》中对陆源污染防治的制度或措施选择多与我国《水污染防治法》中的一致。但这种延续并不是全盘的延续，而是有选择的、有限的延续，这种有限性主要基于对一定程度内海洋纳污能力的一种默认许可。从制度内容所涉及的规制限度与对水生态的保护力度而言，海洋陆源污染防治的制度或措施所对应的标准是低于《水污染防治法》的。以《水污染防治法》中的总量控制与《海洋环境保护法》中的总量控制加以说明。在《水污染防治法》中的总量控制适用的是"重点水污染物"[①]，而在《海洋环境保护法》中的总量控制所适用的是"重点海域"内"主要污染物"[②]。前者无适用区域限制，而后者有明显的区域限制。这一比较表明，《海洋环境保护法》对于污染物排放中的总量监管，适用的区域范围是有限的。另外，我们还应注意到的事实是，在立法中我们对于海洋陆源污染防治与海洋生态保护的目的过于单一化。这导致我们在立法过程中可能会犯错：一是将海洋陆源污染防治简化为海水水质的保障，并进一步导致有针对性的措施多以海水水质的清洁为最终目的，从而使我们在制度选择中忽略对海洋生物资源、海洋生境、生物栖息地等其他相关生态环境因素的考量；二是人为地缩减了需要进行全面综合防治的各类海洋陆源污染物排放，尤其是在对策选择中会忽略掉大气沉降途径或其他面源污染问题，尽管我们在科学层面关注到这两类污染问题，但在对策选择或具体措施中并没有有效地体现出来，而仅仅将这些污染防治作为一种抽象的或宣示性的义务规定于法律法规中。

① 参见《水污染防治法》第20条、第83条。
② 参见《海洋环境保护法》第3条、第12条及第73条。

第六章 生态系统方法在我国海洋环境保护中的实践与挑战

从实践层面来看，生态系统方法主要应用于我国海洋生物资源的养护（如渔业资源）、海洋生物多样性的保护、海洋自然保护区的建设、特定海洋生态系统的保护（如红树林、珊瑚礁等），陆源污染防治中鲜有。尽管生态系统方法在某些相关海域生态保护中会涉及陆源污染物的排放与监管问题，但仍然没有专门系统地将其应用于实践。因此，本章将结合生态系统方法在我国海洋环境保护中的整体状况分析实践现状及遇到的挑战。[1]

第一节 生态系统方法在我国海洋环境保护中的实践

自20世纪90年代以来，生态系统方法逐渐开始应用于中国及相关周边海域的生态保护[2]，并在渔业资源的养护、红树林保护、海洋生物多样性保护等方面取得一定效果。就生态系统方法在中国海洋环境保护的实践而言，有学者介绍了海洋生态系统管理的发展历程、原则和主要措施，在简要剖析了国内外相关案例的基础上，提出生态系统方法的实践需要科技和政策支撑[3]，并对生态系统管理和海洋综合管理进行了比较分析，

---

[1] 本章没有完全从法的角度来论述其实践现状及所面临的挑战，其主要是原因是我国的现有法律法规中并没有明确规定"生态系统方法"，在此类海洋管理实践中也多是基于政策、规划或行为方案来实施，而不仅仅是基于法律的规定。

[2] 巩固：《"生态系统方法"与海洋环境保护法创新——以渤海治理为例》，《中国海洋法学评论》2010年第1期。

[3] 刘慧、苏纪兰：《基于生态系统的海洋管理理论与实践》，《地球科学进展》2014年第2期。

主张生态系统方法应在海洋主体功能区规划等已有管理框架的基础上，强化生态科学与海洋管理的结合。① 还有学者从生态系统实践的整体性出发，认为实践模式可分为五类，中国的实践在机制、法规等方面还存在不足。② 还有学者以海岸带生态系统管理为基础，指明我国的实践应包括海洋自然保护区与海岸带生境修复中的融合。③

这些研究从管理学或生态学的视角展开，对于笔者从法律角度研究具有一定的借鉴意义，但均缺乏系统的信息与完整的实践性数据作为支撑，没有全面地反映出中国的实践现状与存在的现实问题。对生态系统方法在中国海洋环境保护中的实践研究相对过少且缺乏系统性的主要原因：一是相关海域生态系统方法实施过程中信息公开的范围有限，或公众能知晓的途径有限；二是公众（非利益相关者）海洋生态环境信息关注有限，或利益相关者的信息获取能力有限；三是生态系统方法实践有限，或政府对生态系统方法海洋实践的推行不持久。

一　海洋生态系统方法的实践模式

从生态系统方法在海洋生态环境保护与资源保护中的应用而言，目前主要体现在不同海域（包括领海、专属经济区、公海等）渔业资源的养护与保护、海洋自然保护区的管理、脆弱或敏感海域的开发利用与修复保护、具有典型生态价值或经济价值的海洋生态系统的保护等方面。而就现有的研究文献及不同海域生态系统适用情况的官方文件来看，部分典型海域（尤其是海岸带）海洋生态系统的综合管理、海洋渔业资源的保护这两方面的实践类研究较多。

依据生态系统方法在全球相关不同海域的实施情况，有学者按其实施区域范围与启动模式的不同，将其分为五类：一是以高级别的合作协议为基础的跨国界的海洋生态系统方法的应用；二是规模相对第一类要稍小些，某国境内以国内合作协定或国家政策为基础的生态系统方法在海洋管理中的应用；三是自上而下的、以法律规制和行政监管为基础的海洋生态系统方法的应用，此类实践模式是以法律法规或相应机构的监

---

① 孟伟庆、胡蓓蓓、刘百桥等：《基于生态系统的海洋管理：概念、原则、框架与实践途径》，《地球科学进展》2016年第5期。

② 高艳、李彬：《海洋生态文明视域下的海洋综合管理研究》，中国海洋大学出版社2016年版，第105—115页。

③ 张利权等：《基于生态系统的海岸带管理》，海洋出版社2012年版，第16—19页。

管实施为基础的;四是自上而下但不具有强制性的法律规制和行政监管的海洋生态系统方法的应用,此类是一种具有行政背景的倡导性实践机制,在实践中会以协议或其他方式来实施;五是自下而上的、以当地社区为基础的实践,此类实践相对规模较小(如日本海岸带管理中 SATO - UMI)。① 这五个分类基本上是依据生态系统方法适用的法律依据,以及生态系统方法适用的跨界性、区域性与强制性这三大特征而做出的,以实践为基础,具有可借鉴性。

还有学者将生态系统方法在国际海洋中的实践模式总结为:海洋生态系统协议模式——《本格拉洋流公约》、世界海洋保护组织对全球海洋生态系统的重建、世界大海洋生态系统研究国际计划模式、海洋酸化追踪的国际海洋监测网和国际生态系统管理伙伴计划。② 这种分类标准在法律上并不清楚,但依然可以尝试去解读。笔者认为,这五种实践模式从其实施依据是否具有约束力可分为三类。一是以具有法律约束力的区域性公约为基础的实践,此类是有法律约束力、实践性的法律基础相对健全的模式。但由于该分类中所提及的公约主要由全球环境基金与联合国开发计划署(United Nations Development Programme,UNDP)资助,若没有国际资助,这个公约能否有效持续仍有待商榷与进一步研究,因此,对于其他沿海国家的海洋生态系统保护的可借鉴性较弱。二是以不具有法律约束力的相关国际软法文件(包括行动规划、伙伴计划)等为基础的实践,LMEs 模式、世界海洋保护组织的实施计划③等均属于此类。此类均无法律约束力,主要依赖于相关实施主体的自愿行为,因而,能否进一步完善相应的法律体系,保障其持续进行是实践中面临的最大问题。

---

① 参见 Julia M. Wondolleck, Steven L. Yaffee, "Drawing Lessons from Experience in Marine Ecosystem - based Management", in *Marine Ecosystem - based Management in Practice—Different Pathways, Common Lessons*, Washington: Island Press, 2017, p. 5. 笔者系统地引用了该文作者所给出的五个类型,具体的阐释与举例系笔者本人观点。

② 高艳、李彬:《海洋生态文明视域下的海洋综合管理研究》,中国海洋大学出版社 2016 年版,第 105—115 页。

③ 笔者认为,高艳、李彬《海洋生态文明视域下的海洋综合管理研究》中的"世界海洋环境保护组织"应指"海洋环境保护区域组织(Regional Organization for the Protection of the Marine Environment, ROPME)",该文中所说的"海洋酸化追踪的国际海洋监测网"在 *A Framework for Ocean Observing* 中有明确的提及。具体请参阅 Task Team for an Integrated Framework for Sustained Ocean Observing, *A Framework for Ocean Observing*, NESCO 2012, IOC/INF - 1284, doi: 10.5270/OceanObs09 - FOO。

三是由各类机构（或组织）所实施的系统的或相对零散的海洋生态系统保护的相关行为，如海洋酸化追踪的国际海洋监测网应属于全球海洋观测系统（The Global Ocean Observing System，GOOS①）中的一部分，该观测系统所提供的关于海洋状况（包括生物资源）的预测，为改善海洋和沿海生态系统和资源的管理等提供信息支持。此分类在某种程度上是对生态系统方法实践得以有序进行、科学掌控的一种信息机制。虽然我们不能否认环境监测在生态系统方法应用中的重要性，但仅监测并不是生态系统方法得以适用的全部。因此，这种分类在某种意义上说是支持生态系统方法实践得以有效展开与持续运行的一种监测机制的研究。

关于生态系统方法在国内海洋环境保护中的实践模式，有学者从海洋管理的角度提及法律不足或立法欠缺等，但均未从法律的角度系统地展开研究，现有的研究多围绕海洋开发利用或海洋资源利用展开。以海洋生态文明为视角的模式有浙江舟山群岛新区的海洋开发保护新模式、广东省三大海洋开发带（海岸带、近海海域和深海海域）新模式、填海工程中的生态补偿与海域生态修复（修复的内容包括滨海湿地、沙滩、珊瑚礁、海岛、富营养化水体等）。②还有学者就厦门、广西等海岸带生态系统管理的模式或方式展开了研究，这些就某一区域、某一模式的研究为笔者从系统的角度研究中国实践现状提供了参考。

笔者综合国内外研究现状，以及国际、区域及我国的实践，尝试从国际③与国内两个层面，依据不同类型、层级的法律法规或其他规范文件，将生态系统方法在海洋环境保护中的实践分为以下七类。

（一）国际层面的实践模式

在国际层面，依据生态系统方法的实施范围及实践过程中法律依据的不同，可以分为四类。

一是以大海洋生态系统（Large Marine Ecosystems，LMEs）的保护为

---

① 全球海洋观测系统（GOOS）是一个包含在线网络、卫星系统、政府、联合国相关机构及科学家个人在内的持续的海洋观测协作系统，在全球范围内，主要协调气候、海洋业务服务和海洋生态系统健康的全球海洋观测。GOOS，"Why a GOOS？"https：//www.goosocean.org/index.php？option=com_content&view=article&id=18&Itemid=118.

② 高艳、李彬：《海洋生态文明视域下的海洋综合管理研究》，中国海洋大学出版社2016年版，第139—147页。

③ 在本书中将跨越国家边界的区域海洋生态系统方法纳入国际法范畴，下文与此相同，不再重复说明。

第六章　生态系统方法在我国海洋环境保护中的实践与挑战　｜　197

基础所实施的相关项目。一般依据不同海域生态环境状况、不同沿海国家或区域的实况来确定。全球范围内共有 64 个 LMEs[①]，很少直接将一个完整的 LME 作为一个项目的对象来实施，非洲海域的本格拉洋流大海洋生态系统（Benguela Current Large Marine Ecosystem，BCLME）例外。在实践中，大多是将一个 LME 划分为不同的区域实施生态系统方法，而许多沿海地区发展中国家或小岛屿国家的 LMEs 的实施大多得到了国际社会的资助或由国际资助启动。在全球 64 个 LMEs 中，中国有 3 个区域（黄海、东海与南海）参与了相关项目的实践，其中黄海的 LME 实施得到了较多关注，但目前并未形成区域性的有法律约束力的合作协议或区域条约。总体而言，关于 LMEs 的全球实施，虽然《联合国海洋法公约》中未对此做出明确的规定，但其是生态系统方法得以全面展开的国际法依据。这种国际法依据具有相对的不确定性与适用范围有限性，在实践中往往以国际组织或其他主体资助的形式呈现，或以有资助的协议方式进行。

　　二是以区域海行动计划（Regional Sea Action Plans）的实施为基础展开。生态系统方法在区域海行动计划中的实施由 UNEP 主导，具体项目会依据不同沿海国家或区域的情况或选择而确定，多由联合国相关组织如 UNEP 等启动或推进，实践形式相对灵活松散。但此类计划实施的效果与持久性受不同海域沿海国家立法或政策的影响特别明显。在有些情况下 LMEs 类的实践与区域海行动计划下的实践由于资助方、启动方一致，会存在交叉重合的可能。[②] 以区域海行动计划为基础的生态系统保护的内容主要有海洋保护区与珊瑚礁保护两大类，另外，净化海洋与海岸带、防治陆源污染等也与海洋生态系统保护相关。与中国海域相关的主要包含

---

　　① Keith M. Carlisle, "The Large Marine Ecosystem Approach: Application of an Integrated, Modular Strategy in Projects Supported by the Global Environment Facility", *Environmental Development*, Vol. 11, July 2014, pp. 19–42; UNEP, "*The UNEP Large Marine Ecosystem Report—A Perspective on Changing Conditions in LMEs of the World's Regional Seas* (2008)", https://www.cbd.int/ecosystems/doc/unep-lme-report-en.pdf.
　　② 但现有的研究文献中并未指出二者间的关系及实施依据究竟是什么，只是在相关研究中指出了《联合国海洋法公约》的框架性地位。但就笔者的理解而言，这二者的主要区别在于，区域海行动计划中的生态系统应用附属于其他相关的海洋污染防治与海洋生态保护措施的实施，具有明显的目的综合性；而 LMEs 下的生态系统实践则侧重于该项目实践所能产生的生态后果与影响，具有较明显的目的单一性。

1981 年的东亚海行动计划与 1994 年的西北太平洋行动计划。[①] 在西北太平洋行动计划中明确提到海洋生态系统保护，但如何保护并未细化；在东亚海行动计划中尽管明确提出了"综合性与跨学科方法在海洋生态系统保护中的应用"，但也未明确应用中具体的对应措施或目标。以区域海行动计划为基础的生态系统方法的应用，以及相关上述两类行动计划在国际法层面的实施，主要以联合国相关机构或国家组织的资助的形式予以落实，且以沿海地区的红树木保护、珊瑚礁的保护、各类海洋保护区的建设等为主。由于我国与相邻国家间并未签订具有约束力的区域性海洋保护公约，因此，跨国的区域性海洋生态系统保护，实施的法律依据应以《联合国海洋法公约》中的第 197 条、第 200 条及第 208 条的规定为基础，并在该公约体系下就区域性合作、海洋污染损害的通知与预防、海洋环境信息交流等达成共识。

三是以区域（或双边）海洋保护条约的实施为基础展开。在此情形下，由于生态系统方法的实施有明确的法律依据，相对其他几种形式而言，稳定性、可持续性更高，生态效果也相应地持久些。目前国际上较为典型的是《OPSAR 公约》与《HELSINKI 公约》下生态系统方法在东北大西洋与波罗的海这两个海域的应用。生态系统方法在这两大海域的应用，不仅明确以"生态质量目标"（Ecological Quality Objectives, EcoQOs）为核心[②]，还有一套实践性工具与具体对策保障实施，因此，其实践机制相对完善，该应用成为许多海域生态系统方法实践所参考的对象。此类实践模式在区域性海洋环境保护中的应用相比于《联合国海洋法公约》下的抽象性规定而言，其实施目的更具有明确性，其实施的内容与所涉领域相对更广泛，相配套的实施措施或制度也更完善一些。

四是以相关区域海洋环境保护的软法文件或相关海洋环境保护行动计划的实施为基础展开。此类主要适用于那些没有区域性海洋环境保护条约或议定书的区域，我国有部分生态系统管理项目的实践也是此类情

---

① 关于这两个计划实施相关的内容，请参阅戈华清《海洋陆源污染防治制度研究》第三章第三节，科学出版社 2016 年版，第 57—68 页。

② Ronán Long, "Legal Aspects of Ecosystem-based Marine Management in Europe", in Chircop A., McConnell M. L., Coffen-Smou S. eds., *Ocean Yearbook*, The Hague: Hijhoff, 2012, pp. 417–484.

形。在此类情形下，由于"此类机制自身不稳定、缺乏稳定的机构支持与资金来源，没有法律约束力，极易导致相关制度不被完全遵从或完全不被遵从"①，如东亚海某些地区红树林的保护。当然，若此类实践能纳入 UNEP 或 UNDP 的工作范围内，并得到沿海国家的接纳与认可，则其实践会相对持久。

（二）国内层面的实践模式

生态系统方法在国内海洋保护中的实践，主要是指该类方法在一国（主要是沿海国）的内水、领海、专属经济区及在一国管辖之下的其他海域的实践，这种实践主要依国内法律法规、政策或行动规划、实施方案、协议等实施。依据生态系统方法得以开展的实施依据的差异性可分为如下三类。

一是以国内法律法规的规定为依据展开。一般情况下，其国内的相关法律法规要么明确规定了在海洋环境保护中生态系统方法的应用，要么明确规定了海洋生态（系统）保护（海洋生物资源保护、海洋生物多样性保护等）的目的、范围或具体制度。海洋环境保护法律法规的制定与实施是此类实践得以持续的前提，但仅有法律法规的抽象规定是不充分的，仍需要国家或沿海当地的实施方案或规划来进一步保护其落实。但综观现有不同国家的海洋（海岸带）管理法，鲜有直接在法律中规定生态系统方法应用的。大多只是规定了海洋生境、生物资源等的保护，因此，现有的大多实践也是围绕法律规定中的内容展开。当然，我国《海洋环境保护法》第三条中所规定的海洋生态保护红线能否成为生态系统方法适用的制度依据，从目前红线的划定方案的编制、红线区的划定及红线区的保护来看，其法律效力还不明晰。

二是以相关政策或行动规划（执行方案）为依据展开。该模式一般是法律法规规定不明确或没有规定，出于对海洋生态系统保护的要求而通过相应的政策性文件或政府规划行为展开。如美国国家海洋和大气管理局在阿拉斯加大湖、墨西哥湾、太平洋岛屿、东北大陆架海域、东南大陆架和加勒比西海岸所实施的海洋生态系统管理是在此情形下开展

---

① 戈华清：《论海洋陆源污染防治制度的非遵从性》，《太平洋学报》2016 年第 3 期。

的。① 然而，在美国就上述七大海域所采取的生态系统管理中，并非所有的海域都属于美国管辖范围，部分海域属于公海或属于其他国家管辖范围，该例虽不具有典型性，却值得关注。因为由一国所倡导的海洋生态系统管理，在涉及非国家管辖海域时，应该以何原则处理，目前在国际法仍需要进一步明确。在海洋生态系统管理中，主权问题与管辖权问题是不可回避的国际法问题。对于广大发展中国家而言，以政策或行动规划为依据而开展的海洋生态系统实践，多由 UNEP、UNDP 及相关国际组织资助，沿海国的行动规划或政策具有明显的外源推动性，与美国的实施存在明显差异。

三是非政府层面且由其他相关组织展开的活动。这类模式通常是中等以上规模展开的相关的活动或教育行为，促使其他人采取行动保护生态。此类活动往往缺乏权威性，需要设法鼓励他人自愿行动来达成目的。② 此类活动的资金往往源于捐助或相关国际组织的资助，活动的影响范围相对有限。如厦门的海岸带综合管理模式③，此模式虽然能在实施中与实施后一段时间取得相应的社会效果与生态效应，但如何保持与持续实施仍有待在实践中通过法律制度进一步明确。在非政府层面由相关组织开展的相关活动中，以某类海洋污染物的减少为核心的活动或项目也发挥了重要作用，如一些志愿者或非政府组织的减少海洋垃圾的活动。

二 海洋生态系统方法在我国的实践模式

目前，生态系统方法主要在我国黄海、东海与南海这三大海域得以实践。④ 在这三大海域中，海洋生态系统的生产力（其中南海为中产

---

① NOAA, *SA Regional EBM Initiatives*, https://ecosystems.noaa.gov/WhereIsEBMBeingUsed/WestCoast.aspx.

② Julia M. Wondolleck, Steven L. Yaffee, "Drawing Lessons from Experience in Marine Ecosystem-based Management", in *Marine Ecosystem-based Management in Practice—Different Pathways, Common Lessons*. Washington: Island Press, 2017, p.7.

③ 胡婷莛、秦艳英、陈秋明：《海洋生态文明视角下的厦门海岸带综合管理初探》，《环境科学与管理》2009年第8期。

④ 我国渤海海洋生态系统保护实践的均是从国内法与政策的角度来进行的，因此在本书的研究中并未对此海域的内容进行单独研究。

生态区即Ⅱ类区、东海与黄海为高产生态区即Ⅰ类区①）状况存在一定差异②，不同海域受陆源活动影响也存在差异（其中东海部分近海海域受陆源污染物排放影响较大，尤其是河口湾地区）。总体上，这些海域的部分海岸带资源竞争性利用均呈日益加剧趋势③，总体上导致部分海域的海水水质富营养化、污染和生境损失，海岸带与近海区域物种构成、生物多样性及丰度均发生了较大变化④，部分区域生境与生态系统受损严重。就中国相关海域的生态系统管理实践来看，目前主要包括以 LMEs 为基础的实践、以各类国际资助或国际组织推动为基础的实践、以国内法律法规（或相关规划、实施方案）为依据的实践三类，这三类海洋生态系统管理实践均通过具体项目予以实施⑤。

（一）以 LMEs 为基础的实践

海洋生态系统方法在全球 64 个 LMEs 的实践中，多以相关国际组织资助或推动来实施。而我国黄海、东海与南海这三个海域⑥的 LMEs 所面临的污染与生态问题与中国的海洋生态保护与海洋污染防治具有直接相关性。就 LMEs 的管理与评估而言，无论是"五大模块法"（生产力、鱼

---

① 海洋生产力分区中的Ⅰ类区是高产生态系统区，其生产力指数大于 300g Cm^{-2}y^{-1}的区域；Ⅱ类区指中产生态系统区，其生产力指数在 150 – 300 g Cm^{-2}y^{-1}范围的区域。具体请参阅 S. Heileman, Ⅷ – 15 *South China Sea：LME#36*, http：//lme.edc.uri.edu/index.php/lme – briefs/36 – south – china – sea – lme – 36；S. Heileman, & Q. Tang, *X – 22 East China Sea：LME#47*, http：//lme.edc.uri.edu/index.php/lme – briefs/25 – east – china – sea – lme – 47。

② S. Heileman, Ⅷ – 15 *South China Sea：LME#36*, http：//lme.edc.uri.edu/index.php/lme – briefs/36 – south – china – sea – lme – 36；S. Heileman & Q. Tang, *X – 22 East China Sea：LME#47*, http：//lme.edc.uri.edu/index.php/lme – briefs/25 – east – china – sea – lme – 47；S. Heileman & Y. Jiang, *X – 28 Yellow Sea：LME#48*, http：//lme.edc.uri.edu/index.php/lme – briefs/24 – yello – sea – lme – 48。

③ 王东宇、马琦伟、崔宝义等：《海岸带规划》，中国建筑工业出版社 2014 年版，第 9—13 页。

④ Liu J. Y., "Status of Marine Biodiversity of the China Seas", *Plos One*, No. 8, Jan. 2013, https：//doi.org/10.1371/journal.pone.0050719.

⑤ 关于海洋生态系统方法的实践模式，笔者的《海洋生态系统管理在中国及周边海域的实践与对策》一文提到了以大海洋生态系统保护为基础的、以具体项目的实践为基础的、以国内法律或政策为基础的三种实践方式。这三种实践方式与本书的分类虽然存在部分重复，但分类的依据与研究范围稍有差异。另外，对于三种实践模式的阐述中，部分内容也有重复，但基于内容的完整性，不可删减。请查阅戈华清《海洋生态系统管理在中国及周边海域的实践与对策》，《生态经济》2020 年第 12 期。

⑥ 我国渤海未纳入 LMEs 的范围，故在此未提及此海域。

类与渔业、污染与生态系统健康、社会经济、治理)①，还是"四大模块法"（生产力、生态系统健康、社会经济、治理)②，其重心都是在有效评估生产力、生态系统与社会经济发展前景的基础上，确立有效的手段或方式来修复已经或濒于损害的海洋生态功能，保护健康的海洋生态系统以有效满足可持续利用与可持续发展的需要。显然，我们可以看出，LMEs管理与评估的"五大模块法"与"四大模块法"均是围绕海洋经济或某类海洋经济可持续发展为核心展开的，生态系统方法的应用也围绕此核心。因此，在管理过程中，海洋生态目标的确立、海洋环境治理方案及相关措施的确立是LMEs中生态系统方法实践成败的关键。

就LMEs的实践而言，由于LMEs往往跨越不同国家的海洋边界和管辖区域，所以，为了海洋生态系统的整体利益，在评估与管理LMEs过程中，需要协调不同国家的海洋政治区域。③而在不同海洋政治区域的协调中，主权问题与经济问题是基础。尽管理论上LMEs具有五大特征（动态性、完整性、服务性、保护性与持续性)④，这一点从海洋资源的可持续利用上讲很科学，但实践中却未必如此。LMEs的划定不仅反映了生态性，也反映出了同一LME内应该具有的共同的自然历史、威胁，以及科学与管理的需要。⑤当一定海域范围内共同的经济社会发展需要与所面临的共同生态威胁（或潜在的生态危机)，在遭遇大范围的利益协调综合时，往往会陷入不同的利益主体与管理部门之间的博弈，实践中会受到诸多的制约，也会因这些制约而导致目的难以达成、措施难以形成。因此，LME-MEBM的有效性在实践中也受到了一些质疑。从目前研究较为成熟的渔业海洋生态系统管理来看，由于海洋区域特征的异质性、物种联通性以及相互作用网络的复杂性等，复杂而昂贵的渔业种群模型未

---

① UNEP, *UNEP Regional Seas Programme Linked with Large Marine Ecosystems and Management*, http://hdl.handle.net/20.500.11822/13624.

② 初建松：《大海洋生态系管理与评估指标体系研究》，《中国软科学》2012年第7期。

③ Kenneth Sherman, "Introduction to the LME Portal: The Large Marine Ecosystem Approach to the Assessment and Management of Coastal Ocean Waters", http://lme.edc.uri.edu/index.php/lme-introduction.

④ 宁凌等：《基于海洋生态系统的中国海洋综合管理研究》，中国经济出版社2016年版，第13—14页。

⑤ Alan M. Friedlander, "Marine Conservation in Oceania: Past, Present, and Future", *Marine Pollution Bulletin*, Vol. 135, 2018, pp. 139–149.

必能成功地实现渔业生态管理。[1]

在全球 64 个 LMEs 中,与我国相关的实践主要包括南海海岸带地区生物多样性管理,中国河口湾生物多样性保护、恢复与保护区网络建设,减少黄海大型海洋生态系统的环境压力[2],南海战略行动纲领实施规划,扭转南海与泰国湾环境退化趋势项目,宁波水与环境保护项目,辽宁中等城市基础设施建设项目。前三个项目的主要目的是保护海洋生物多样性,中间两个主要针对国际水道的管理与保护,后两个主要针对陆源污染对海洋生态系统的影响展开。这七个项目均以国际组织资助或推动,中国协助出资治理的方式运营。

中国海洋生态系统管理实践,与中国所加入的三个区域性海洋环境保护组织[3]也有关联,尽管 NOWPAP 在溢油污染、科学信息与海洋垃圾处理等方面取得了有限的成就,但却未能为该地区海洋环境保护提供真正有效的框架机制,已经完成的相关海洋生态系统管理项目也未能取得持续有效的影响。[4] 目前,在 NOWPAP 的实施过程中,有学者曾提出要将渤海的海洋环境治理也一并纳入黄海的 LME 海洋生态系统管理项目的实施范围中去,并认为若渤海不能纳入其中,黄海区域内的生态系统管理也将不能得到根治。[5] 这种提法在科学上是否正确,有待我国海洋生态

---

[1] Larry Crowder, Elliott Norse, "Essential Ecological Insights for Marine Ecosystem – based Management and Marine Spatial Planning", *Marine Policy*, 2008, Vol. 32, pp. 772 – 778.

[2] 该项目由联合国开发计划署、全球环境基金、中韩两国于 2004 年正式启动。该项目主要通过完成跨界诊断分析和制订地区性的战略行动计划,帮助沿海国改进涉海的政策、法律和制度框架,解决具有优先性的跨界海洋环境问题。参见于铭《从联合国黄海大海洋生态系项目看国际环境法的发展趋势》,《郑州大学学报》(哲学社会科学版) 2011 年第 6 期。

[3] 这三个区域性海洋组织分别指西北太平洋海洋与海岸带环境保护、管理与开发利用行动规划组织 (Action Plan for the Protection, Management and Development of the Marine and Coastal Environment of the Northwest Pacific Region, NOWPAP)、东亚海区域海洋环境、海岸带保护与开发行动规划组织 (Action Plan for the Protection and Development of the Marine Environment, Coastal Areas of the East Asian Seas Region, COBSEA) 与东亚海环境管理战略伙伴关系 (Partnerships in Environmental Management for the Seas of East Asia, PEMSEA)。

[4] Suh – Yong Chung, "Strengthening Regional Governance to Protect the Marine Environment in Northeast Asia: From a Fragmented to an Integrated Approach", *Marine Policy*, Vol. 34, No. 3, 2010, pp. 549 – 556.

[5] Alan M. Friedlander, "Marine Conservation in Oceania: Past, Present, and Future", *Marine Pollution Bulletin*, Vol. 135, 2018, pp. 139 – 149; Larry Crowder, Elliott Norse, "Essential Ecological Insights for Marine Ecosystem – based Management and Marine Spatial Planning", *Marine Policy*, 2008, Vol. 32, pp. 772 – 778.

学家与环境科学家积极回应，但从目前的文献资料来看，我国学者并未就此问题给出相应的回应。相比于 NOWPAP，其他两个组织（COBSEA 与 MEPSEA）在相关海域的海洋生态保护中也发挥了积极作用，尤其是南海海域的渔业资源养护，但从整体生态系统保护来看影响十分有限。

（二）以国际资助项目为基础的实践模式

国际资助项目下的海洋生态系统管理项目，主要与区域海行动计划或联合国相关的海洋环境保护项目相关。国际资助启动下的海洋生态系统管理是近些年来在沿海发展中国家应用最广泛的，这种以具体项目来实施海洋生态系统管理的方式，不仅具有广泛的实施基础，而且由于其灵活性与足够的弹性一直被许多沿海发展中国家所接纳。上文所列举的项目均由全球环境基金给予部分资助，并由中国政府联合出资完成。这种由国际资助的方式启动海洋生态系统管理的模式，给海洋生态管理带来了新的管理方式与理念，但若不能有效持续跟进，则并不利于一定海域的生态系统持续保护。另外，不容忽视的是，大多由国际组织所资助启动的海洋生态系统项目均具有一定的时效性与目的单一性（多侧重于强调生物多样性的保护或某类资源的保护），尤其是一定地域范围内沿海渔业资源的保护。对于资助后所产生的长远生态效果如何持续下去，国际与国内海洋法都应正视并不断跟进。

中国厦门地区海岸带的综合修复与管理是中国较早的基于生态系统的海洋环境管理实践，该项目由 UNDP 与全球环境基金（Global Environment Facility, GEF）资助，厦门系"东亚海海洋污染防治和管理"项目①中的一个示范区域。该项目中所涉及的海洋污染来源有三大类：陆源污染；海岸带开发造成的生态变化以及围海造地中泥沙入海造成淤积；海上污染。② 通过该项目的运行，厦门在海岸带综合管理机制合作框架的开发、立法框架的建立、海洋管理综合执法的加强等方面取得了重大成就。③ 但该项目实施所产生的生态效果如何，在现有的研究文献与政府的

---

① 该项目的参与方包括柬埔寨、中国、印度尼西亚、朝鲜、马来西亚、菲律宾、泰国与越南这些国家，联合国环境规划署为其实施机构，国际海事组织为其执行机构，其主要目的是解决跨界海洋污染问题。

② 参见秦艳英《从厦门生态修复看 EBM 和 ICM 的关系》，硕士学位论文，厦门大学，2009 年，第 30 页。

③ Huasheng Hong, "Xiamen ICM Demonstration Experiences and Lessons Learn", https：//iwlearn.net/documents/6186.

官方文件中均未给出明确的答案。厦门五缘湾海域大型底栖动物调查实证研究结果显示：该海域底栖生态系统受轻度干扰，生态环境质量介于一般与优良之间，与 2005 年调查相比，2011—2013 年该海域的生态环境质量有所好转。[1] 该海域生态环境质量好转的原因与"东亚海海洋污染防治和管理"项目的实施存在哪些最直接的关联性因素不得而知，"但与五缘湾及周边海域近年来进行的海堤开口改造、海洋环境整治，以及海湾纳潮量及水交换能力的改善有关"[2]。

（三）以我国国内法律法规、相关规划或保护方案为依据的实践模式

生态系统方法在我国管辖海域内的实践，除了海洋保护区（海洋自然保护区、海洋特别保护区、海洋生态红线保护区）等区域的保护制度，还有局部海域的生态修复与生态补偿，以及在部分海域的资源开发利用与保护试点项目。这些实践虽然从宏观上讲具有依据，但目前的立法中并未明确规定生态系统方法，也未明确与生态系统方法应用相关配套的制度或措施。因此，实践应用范围十分有限，大多以单一物种保护、有限区域内生境或生态功能的修复、单一事项（尤其是污染损害或生态损害后的修复）的应急处理、自然保护区（或特殊保护区）内生态保全等为基础。

1. 海洋自然保护区与海洋生态系统保护

海洋保护区是保护海洋物种的自然种群部分或全部免受过度开发或其他有害的人为压力影响的海洋或河口所有的空间区域，通常为保护和恢复高价值物种或栖息地而设立。[3] 这是海洋保护区设立的最初目的，但随着海洋保护范围的扩充与保护目的的深化，生态（系统）保护也逐渐被纳入其设立目的之中，生态系统方法的应用也逐渐被采纳。尽管海洋保护区发展的大趋势如此，但建立海洋保护区的目的不仅是生态系统保护，有很多国家的目的是有助于海洋生物资源的可持续利用，特别是依

---

[1]　林和山、俞炜炜、刘坤等：《基于 AMBI 和 M‑AMBI 法的底栖生态环境质量评价——以厦门五缘湾海域为例》，《海洋学报》2015 年第 8 期。

[2]　林和山、俞炜炜、刘坤等：《基于 AMBI 和 M‑AMBI 法的底栖生态环境质量评价——以厦门五缘湾海域为例》，《海洋学报》2015 年第 8 期。

[3]　Trevor J. Ward, Dennis Heinemann, Nathan Evans, *The Role of Marine Reserves as Fisheries Management Tools: A Review of Concepts, Evidence, and International Experience*, Bureau of Rural Sciences, Canberra, Australia, 2001, p. 4.

靠捕捞鱼类和甲壳类为生的地方渔业区域。① 从发展历程来看，生态目的仅是其设立目的之一②，经济目的、社会目的等也是其设立目的。一般而言，海洋保护区设置的生态目的包括：海洋生态系统及其服务功能的维持，海洋自然资源的可再生能力及其被人类可持续利用的可能，自然多样性、种群的动态性、海洋动植物物种的密度及年龄结构，完整且多样的自然海洋生境与群落环境等。③ 我国不同类型海洋保护区的生态目的也包含这些内容，但如何在不同的目的之间进行合理平衡是制约我国海洋保护区制度有序运转的重要因素。从功能定位上来看，我国海洋保护区的功能定位不够明晰，功能分类不够合理，从而导致保护手段上的错乱和保护效果上的不足。④ 在海洋保护区的目的选择与功能定位上，二者在本质上有共通性，但人们往往会在实践中忽略二者之间的有机关联，造成目的不明确、功能不清晰，并进一步导致各类海洋保护区（自然保护区、特别保护区、海洋生态红线保护区等）之间划分不清楚，实际操作中的生态定位也不明晰。在保护区的治理模式上，我国海洋保护区实行单纯的政府管制型模式，疏于对当地群众以及利益相关者的权益考量，没有照顾到当地农民的权益以及地方经济发展的需要。⑤ 而关于生态（系统）保护，当地公众或利益相关者是比政府更熟悉生态状况与资源状况的群体，在设立保护目的或功能时，若忽略这些人的实际需求与相关诉求，既可能会导致保护目的不合理，也可能会削弱保护措施的实施效果。

我国的海洋保护区均会将生态目的作为其重要目的之一，但不同类型海洋保护区的主要目的或目的的文字表述依然存在明显的差异，如我国海洋自然保护区以海洋自然环境和资源保护为目的⑥，海洋资源保护区

---

① 刘洪滨、刘康编：《海洋保护区概念与应用》，海洋出版社2007年版，第97页。
② 刘洪滨、刘康编：《海洋保护区概念与应用》，海洋出版社2007年版，第97页。
③ von Nordheim H., Boedeker D., Krause J. C., "International Conventions for Marine Nature Conservation and Marine Protected Areas Relevant to the North Sea and the Baltic Sea", in von Nordheim H., Boedeker D., Krause J. C. eds., *Progress in Marine Conservation in Europe*, Springer, Berlin, Heidelberg, 2006, pp. 5–26.
④ 李凤宁：《我国海洋保护区制度的实施与完善：以海洋生物多样性保护为中心》，《法学杂志》2013年第3期。
⑤ 刘惠荣、高威、杨益松：《海洋特别保护区管理法律制度探讨》，《法治论丛》2006年第3期。
⑥ 参见国家海洋局发布的《海洋自然保护区管理办法》第二条。

是为了促进海洋资源的可持续利用①，海洋特别保护区是为了保护特定区域的海洋生态系统、资源和权益②。当不同类型的保护区在实践中有重叠或发生冲突时，在什么条件下应该（或选择）以何者为优先保护的对象，仍需要法律来明确。近年来，我国提出相对积极的海洋开发战略，海洋产业得到迅猛的发展，但在此进程中，海洋保护区的生态目的受其他相关因素影响明显③，很难充分发挥其生态保护效应。一方面，受临港工业、保护区功能衰退等诸多因素影响，出现了若干处海洋保护区功能区调整或面积下调的案例；另一方面，由于海洋生态系统整体性认知不足，部分生态系统和生物类型保护区保护对象家底不清④，难以建立体系化的海洋保护区网络，最终导致生态（系统）保护目的难以达成甚至落空。

在一定生态条件、科学认知条件制约下，尺度大小与边界划分是海洋保护区能否有效保护完整生态系统的首要因素。我国海洋保护区主要分为国家与地方两大类：国家级海洋保护区的划分，有些虽然能保障我国管辖海域内的生态系统完整性，但并不解决跨国界海洋生态系统的有效保护问题；地方的海洋保护区的划分，能否遵循生态优先、忽略行政区域限制的原则，不仅对于所有沿海地方政府经济社会决策是一个重大的考验，对于国家相关主管部门在其中的指导也是一项严峻的挑战。海洋保护区除了在划分中要考虑如何克服生态区域与行政区域之间的边界，还要在区域划分与管理中充分考虑不同部门的立场。因为海洋保护区依据其保护目的不同，会由不同的部门进行监管，这些部门涉及海洋、环保、国土、农业（渔业）、林业等。虽然我国大部制改革将海洋、国土的

---

① 曾江宁、陈全震、黄伟等：《中国海洋生态保护制度的转型发展——从海洋保护区走向海洋生态红线区》，《生态学报》2016年第1期。
② 参见国家海洋局发布的《海洋特别保护区管理暂行办法》第一条。
③ 海洋保护区受到的最大影响依然是经济发展。如沿海省份的许多违法围填海案件往往会涉及一些重要的海洋生态系统（如自然保护区内特定物种、红树林、珊瑚礁、海藻床）的保护以及海岸带湿地保护，但为了经济，这些保护内容往往会被忽视或以其他违法方式直接破坏这些保护区。近几年我国自然资源部发布的信息显示：一些地方政府及其相关部门为了当地发展经济往往会规避《海域使用管理法》的规定，采取化整为零、分散审批的方式，为相关围填海企业违法填海出谋划策、保驾护航；而有些围填海企业则为了获利往往会擅自改变海域用地。遗憾的是，近几年被自然资源部点名要求整改的那些海域，有多少能确保恢复原有生态功能或生态状况，仍是未知数。
④ 曾江宁、陈全震、黄伟等：《中国海洋生态保护制度的转型发展——从海洋保护区走向海洋生态红线区》，《生态学报》2016年第1期。

监管职能均归入自然资源部,但农业、林业、环保等仍属于不同的部门,在区域的划分、监管制度的确立等过程中,如何确保生态系统方法的综合应用仍是一大难题。

2. 海洋生物多样性保护与海洋生态(系统)保护

不少学者将《生物多样性公约》作为生态系统方法得以确立的法律之源[1]。这在某种意义上表明,生物多样性保护不仅是生态系统方法应用的一个重要指标,也是重要的实践内容。海洋生物多样性保护,除了保障海洋资源的可持续利用,更重要的是保护海洋生态(系统)功能。在《生物多样性公约》为生态系统方法应用确立的12项原则[2]中,有两项原则[3]直接将生物多样性保护与生态系统方法关联起来。《联合国海洋法公约》中虽未提及海洋生物多样性保护,但却明确规定了专属经济经济区、公海生物资源的养护、管理与合作,保障了海洋资源的可持续利用,为未来国际海洋法与国内海洋法相关领域的生物多样性的保护提供了法律框架与基础。

我国与海洋环境保护直接相关的法律法规中未明确规定海洋生物多样性保护,在本应实质蕴含海洋生物多样性保护的《自然保护区条例》《水生野生动物保护条例》等相关行政法规中也未明确规定。从现有法律法律来看,海洋生物多样性保护的国内法依据主要为《生物安全法》《环境保护法》《野生动物保护法》《种子法》等(参见表6-1),这种现状表明:一是我国海洋生态多样性保护的法律基础系统性不强,分散于动物保护、农林业生产资源保护、植物保护、区域保护等方面,现有法律法规尤为重视对资源层面的动植物保护,并未形成三个层面的系统的生物多样性保护法体系;二是我国海洋生物多样性保护相关法律法规之间

---

[1] von Nordheim H., Boedeker D., Krause J. C., "International Conventions for Marine Nature Conservation and Marine Protected Areas Relevant to the North Sea and the Baltic Sea", in von Nordheim H., Boedeker D., Krause J. C. eds., *Progress in Marine Conservation in Europe*, Springer, Berlin, Heidelberg, 2006, pp. 5 – 26.; Ronán Long, "Legal Aspects of Ecosystem – based Marine Management in Europe", in Chircop A., McConnell M. L., Coffen – Smou S. eds., *Ocean Yearbook*, The Hague: Hijhoff, 2012, pp. 417 – 484.

[2] 俞虹旭、余兴光、陈克亮:《基于生态系统方法的海洋生态补偿管理机制》,《生态经济》2012年第8期。

[3] 这两项原则中,原则五指保护生态系统的结构和机能,以维持生态系统服务,这是生态系统方法的优先目标;原则十指生态系统方法应寻求生物多样性保护和利用的适当平衡与统一。

并未形成合力,尽管《生物安全法》《环境保护法》明确规定了生物多样性问题,《野生动物保护法》《种子法》也有相关规定,但总体相对较分散,并不能对海洋生物多样性保护提供可予以直接实施的法律依据;三是我国海洋生物多样性的保护对规划或政策的依赖性相对较高,虽然上述这些法律法规会涉及我国管辖的领域或其他海域内的生物多样性问题,但涉及内海水、领海等海域内的生物多样性保护问题的法律规定仍不明晰,致使海洋生物多样性保护在很多方面依然依赖于国家的政策、规划等来推动。

表6-1 我国直接规定（海洋）生物多样性保护的法律法规及主要内容

法律法规	涉及条文	主要内容
《环境保护法》	第30条,开发利用自然资源,应当……保护生物多样性……引进外来物种以及研究、开发和利用生物技术,应当采取措施,防止对生物多样性的破坏	包含自然资源开发利用、外来物种引进、生物技术利用中的生物多样性保护
《生物安全法》	第2条,（五）防范外来物种入侵与保护生物多样性； 第34条,国家……禁止从事危及公众健康、损害生物资源、破坏生态系统和生物多样性等危害生物安全的生物技术研究、开发与应用活动； 第60条,国家加强对外来物种入侵的防范和应对,保护生物多样性	包含外来物种入侵、生物安全技术研发中的生物多样性保护
《野生动物保护法》	第1条,为了保护野生动物,拯救珍贵、濒危野生动物,维护生物多样性和生态平衡	野生动物保护中的生物多样性维护
《农业法》	第64条,国家建立与农业生产有关的生物物种资源保护制度,保护生物多样性,对稀有、濒危、珍贵生物资源及其原生地实行重点保护	农业生产中的基因、物种等的生物多样性保护
《海岛保护法》	第24条第3款,有居民海岛及其周边海域应当划定禁止开发、限制开发区域……防止海岛植被退化和生物多样性降低	海岛开发利用中整体性生物多样性维护

续表

法律法规	涉及条文	主要内容
《种子法》	第22条第2款，实行品种登记的农作物范围应当严格控制，并根据保护生物多样性、保证消费安全和用种安全的原则确定	包含物种多样性与基因多样性保护
《野生植物保护条例》	第1条，为了保护、发展和合理利用野生植物资源，保护生物多样性，维护生态平衡，制定本条例	以野生植物保护为核心的生物多样性保护
《农业野生植物保护办法》	第1条，为保护和合理利用珍稀、濒危野生植物资源，保护生物多样性，加强野生植物管理	—

3. 海洋生态补偿与海洋生态（系统）保护

我国《海洋环境保护法》第24条规定了海洋生态补偿，并将该制度实施与海洋生态保护红线关联起来。这种立法规定，不仅是对海洋生态补偿中生态目的性的确认，也是将生态保护的关联性制度有机结合起来的一种尝试。这种确认与尝试是对海洋生态价值的确认，也是对海洋生态系统服务功能的一种确认。从海洋生态（系统）而言，任何一项海洋生态系统服务功能的减弱或丧失，都可能会影响到海洋生态系统的其他服务质量或数量，并进一步影响到人类社会的经济发展与持续性。[1] 从这个层面来讲，无论以哪个类型（包括经济补偿、资源补偿与生境补偿等）为主的海洋生态补偿，均离不开补偿的生态目的与生态性需求，即便是以经济补偿为核心的海洋生态补偿也会在一定程度上涵盖海洋生态系统恢复或修复之需，因此，海洋生态补偿虽在设立之初具有明确的经济性与利益互补性等特征，但生态（系统）中生态要素、生态功能或生态平衡的维护一直是其重要的一部分。

与生态补偿的实践及落实最相关的措施便是生态恢复或生态修复。生态补偿制度若仅落实于单纯的经济补偿，则丧失其独有的生态性。海洋生态补偿对于海洋生态（系统）中相关要素的恢复、生物生境的修复、

---

[1] 宫小伟：《海洋生态补偿理论与管理政策研究》，博士学位论文，中国海洋大学，2013年，第24页。

相关资源可再生能力的恢复等才是其独立于其他类型经济补偿、实物补偿等的关键性要素。然而，由于我国《海洋环境保护法》第 24 条中将海洋生态补偿的前提限定为"开发利用海洋资源"，而非所有可能导致海洋生态环境损害或海洋生态系统退化的行为，这种补偿的前提依然是将海洋生态补偿作为一种经济资源意义上的补偿，并未体现其完整的生态性。因此，其适用范围与适用对象相对有限，本质上这种补偿应该是与生态修复相区别的一种有限的补偿。当然，《海洋环境保护法》这一规定也将海洋生态补偿的适用对象局限为海上行为，而对于陆源污染等相关行为所可能导致的海洋环境损害或生态系统退化可否适用并不明晰。虽然我们认为海洋生态补偿的核心应是海洋生态而非海洋资源或经济，但在实践中，补偿后所应达成的生态目标是什么，究竟应该如何测评与管控等，仍有待相应的法律法规进一步明确。

我国海洋生态补偿的实践，还远远不能适应海洋生态保护与生态修复的需求。① 海洋生态补偿（如补偿的对象、范围、内容、标准等）实施后能在何种程度上满足海洋生态系统服务功能的要求，在现有的海洋生态补偿制度的基本要求与制度设计中并没有体现出来。现有的海洋生态补偿更多地体现为对海洋供给服务的补偿，而对海洋环境容量、承载力、纳污能力、固碳能力、初级生产力的恢复等涉及海洋调节服务与支持服务的补偿并没有系统体现出来。这种立法与实践现状表明，海洋生态补偿虽然在生态（系统）保护中具有重要的作用，但其对于生态（系统）的整体性保护的作用仍十分有限。

4. 海洋生态修复与海洋生态（系统）保护

自 2010 年以来，中央已累计投入财政资金 137 亿元用于海洋生态修复，修复后具有生态功能的岸线长度 240 多千米，恢复修复滨海湿地面积 2300 多公顷，修复沙滩面积 1200 多公顷。② 海洋生态修复是恢复海洋生态功能、保障海洋资源可持续利用的最重要的手段。有学者认为，海洋生态修复主要包括海域海岸带环境综合整治、海岛整治修复、典型生态

---

① 戈华清：《构建我国海洋生态补偿法律机制的实然性分析》，《生态经济》2010 年第 4 期。

② 自然资源部：《我国持续加大海洋生态修复力度》，http：//www.gov.cn/xinwen/2018 - 07/27/content_ 5309754. htm。

系统保护修复和生态保护修复能力建设[1]，主要集中于红树林修复、珊瑚礁生态修复、海岛生态修复、富营养水体污染生态修复，以及少量的滨海湿地修复、海岸沙滩修复等。[2] 但我国以项目或工程为主的海洋生态系统修复，依然存在较大的局限性：修复所涉及的对象范围有限，修复的尺度与地域范围也相对较小，大多生态修复或生态系统保护都由政府启动。此外，缺乏具有综合性和系统性的海洋生态保护修复规划、尚未形成多渠道投入机制以及海洋自然修复的研究和实践不足等问题[3]，也制约着我国海洋生态修复在生态系统保护中的整体性应用。而陆源污染所导致的海洋水体富营养化问题，尤其是大型海藻水体富营养化，虽然研究较多，但主要集中于大型海藻对水体富营养化所导致的影响、藻类的去除及生长控制措施是否有效等。[4] 这些修复总体上依然十分有限，相较于近海生态系统退化的趋势与现状，并不能完全覆盖需要修复的范围，也不能保障部分海域生态功能的修复。

无论是海洋保护区的设立、海洋生物多样性的保护，还是生态补偿、生态修复的实施均与海洋陆源污染防治具有较弱的直接关联性。这表明我国海洋环境保护实践中污染防治与生态保护制度之间的互益性与互惠性较弱，需要我们在今后的制度建设中更进一步强化二者间的关联。另外，上述这些实践均不是系统意义上的海洋生态（系统）保护，也没有将生态系统管理的综合理念贯穿其中，延续的仍是环境保护法中污染防治与生态保护二者相分离的思维主导下的实践，这种实践仍以目前海洋环境管理中的部门分割为基础。

---

[1] 张志卫、刘志军、刘建辉：《我国海洋生态保护修复的关键问题和攻坚方向》，《海洋开发与管理》2018年第10期。

[2] 高艳、李彬：《海洋生态文明视域下的海洋综合管理研究》，中国海洋大学出版社2016年版，第144—147页。从现有实践来看，滨海湿地的生态修复仍处于有限的起步与试点阶段。

[3] 张志卫、刘志军、刘建辉：《我国海洋生态保护修复的关键问题和攻坚方向》，《海洋开发与管理》2018年第10期。

[4] 高艳、李彬：《海洋生态文明视域下的海洋综合管理研究》，中国海洋大学出版社2016年版，第144页；宋凯、郭远明、李子孟：《大型海藻在海洋环境中的生态修复研究进展》，《山东化工》2018年第21期。

第二节　生态系统方法在我国海洋环境保护实践中的挑战

一　生态系统方法在我国海洋保护实践中的挑战概况

目前，生态系统方法作为一种灵活而包容的管理方式应用于生态保护实践的不同领域，却并非首选方式，往往是人们在环境保护中运用单一物种或资源保护等方式不成功后去寻求更合适的方法时而产生的。这种曲折而复杂的管理实践，一方面，反映出生态系统方法应用的被动选择性。被动选择该方法与决策者（或立法者）的自然伦理观与生态伦理观相关，也与人类社会发展进程中的自利性选择相关。另一方面，也表明在现有的生态实践中生态系统方法并非最经济、最简洁、最方便、最高效的方法，应具备一定的社会基础与实施条件。尽管生态系统方法的应用可能会在小范围内取得较好的生态效果，但在大尺度的海洋生态保护实践中应用的有效性往往会受到诸多限制。相较于其他生态保护方式，海洋生态系统方法注重海洋生态系统的关联性与动态特征、时空尺度、生态系统完整性和生物多样性[1]，也更强调"适应性管理、管理的跨部门性、积极主动性、包容性与协作性"[2]。如此繁杂的特性与我们一般意义上所讲的管理便捷性与高效性并不吻合，因此，生态系统方法的应用往往会成为大范围生态实践的后选方案。而与生态系统方法相关联的适应性管理，一定程度上也可能会在实践中异化为相关主体的消极懈怠或不作为。生态系统方法的推行相对缓慢，适用领域相对有限，也进一步表明了其适用的复杂性。无论生态系统方法在实践中推行的步伐如何，我们在立法中都应该慎重考虑并综合权衡这种实践所面临的不同层面的挑战。

全球范围内，尽管人们通过正式的、非正式的、大小不同尺度的规模尝试将生态系统方法适用于海洋生态（系统）保护，但由于海洋生态

---

[1] 王斌、杨振姣：《基于生态系统的海洋管理理论与实践分析》，《太平洋学报》2018 年第 6 期。

[2] NOAA, *Marine Ecosystem Based Management*, https：//ecosystems.noaa.gov/EBM101/WhatisEcosystem – BasedManagement.aspx.

系统的复杂性、海洋科学的不完全性、海洋管理的高风险性以及冲突（或矛盾）的不可避免性，要在全球不同海域范围内实现生态方法的全面应用绝非易事。Julia M. Wondolleck 等对五种不同适用条件下实践模式所面临的挑战给出了系统的分析。第一类，大规模的、跨国的生态系统的实践模式。可能会受到不同的文化、政治和法律体系等需要的挑战。第二类，一国境内跨行政区域的生态系统管理的实践模式。由于该模式下的实践是基于合作协议或无约束力的政策产生，没有相应的"硬法"为基础，行动与否多源于行为主体的自愿，能否得到有效的落实对政治（或相关政府官员）的依赖性较明显。第三类，自上而下、有明确的规则或管理措施的模式。此类正如 Julia M. Wondolleck 等认为的那样是有"牙齿"的，对具体的实施主体具有强制性与约束力的；这种模式下的海洋生态系统管理一般都由法律法规规定了明确的管理权限与职责、明确的管理目标等，目前较常见的是海洋保护区（如海洋自然保护区）的管理，虽然此类具有法律效力，但往往进程相对缓慢、社会限制性因素较多。第四类，自上而下但不是由具体的法律法规所制约的生态系统管理模式。此类缺乏权威性与强制力的保障，在实践中需要依赖于不同主体的配合与实施。第五类，自下而上的、以社区为基础的模式。[①] 此类虽被许多国家与区域的实践所采纳与推崇，但也存在一些问题，如以社区为基础的模式其规模较小。这种模式下的生态系统方法实践可以减少跨区域监管的复杂性和其他挑战，但这些实践模式往往缺乏权威性，此类模式下的一些实践类的举措必须设法影响那些有权威的人的行动，否则难以产生有意义的影响。另外，这种小规模的生态系统实践能否有效地涵盖海洋生态保护的范畴与满足海洋生态的需求，仍需要从科学上做出进一步的解释。此外，还有学者认为，实施生态系统方法的海洋环境保护的挑战源自人们认为海洋生态系统过于复杂，并且具有令人望而却步的数据需求。[②] 从总体上讲，对于生态系统方法在海洋环境保护实践所遭遇的挑战

[①] 参见 Julia M. Wondolleck, Steven L. Yaffee, "Drawing Lessons from Experience in Marine Ecosystem – based Management", in *Marine Ecosystem – Based Management in Practice—Different Pathways*, *Common Lessons*, Washington: Island Press, 2017, pp. 6 – 9.

[②] Robinson L. M., Marzloff M. P., van Putten I. et al., "Structured Decision – making Identifies Effective Strategies and Potential Barriers for Ecosystem – based Management of a Range – extending Species in a Global Marine Hotspot", *Ecosystems*, Vol. 22, Sep. 2019, pp. 1 – 19.

或碰到的问题，仍需要从不同层面的实践去进一步研究。就全球或区域海洋保护而言，并没有相应的法律法规将生态系统方法正式融入进去，大多是通过规划、方案等非正式的软法性方式表达出来的，这种现状表明该方法在实践应用中的非稳定性特征。这种非稳定性一方面有利于相关主体能依据海洋生态（系）状况对相应的对策或措施适时做出调整，另一方面却并不利于该方法的有序应用。Julia M. Wondolleck 等的调查研究亦表明，现有生态系统方法的实践多为试验或试点，导致该方法在实践中应用的稳定性与持久性不够。

我国海洋生态系统管理所面临的挑战包括以海洋生态系统为基础的海洋综合管理体系尚未形成、以海洋生态系统为基础的总体规划和法规体系有待加强、基于海洋生态系统的海洋综合管理基础能力有待进一步提高、针对海洋生态系统的执法能力需要进一步加强。[1] 这表明，在海洋生态系统实践中，我国相配套的管理体制、规则体系、综合管理基础能力与执法能力这四方面均难以满足生态系统方法实践的要求。中国南部沿海生物多样性管理项目（Biodiversity Management in the Coastal Areas of the China South Sea，SCCBD）在广西的实践表明存在以下不足：有些项目的设计没有实现既定的目标（建立涠洲岛珊瑚礁海洋保护区的目标未能实现）；项目管理力度不够（项目协调组织松散、协调功能效率不高）；社区参与不够广泛；政策法律法规与执法不到位（项目实施中公众参与法规的缺失）；基于生态系统的生物多样性管理目标不完全一致（该项目主要考虑的是项目实施的示范区内的生物多样性，而忽略整个海域的生物多样性问题）；海洋生态系统管理的监测与评估不持久（项目终止后的监测与评估能否持续问题）；能力建设与教育有待加强等。[2]

二 海洋生态治理体系的碎片化对生态系统方法应用的挑战

海洋生态治理体系的碎片化对生态系统方法应用的挑战主要表现为两个方面：一是海洋生态治理体系的碎片化不利于海洋生态系统方法在实践层面的有效落实；二是海洋生态治理体系的碎片化不利于整体性地保护海洋生态（系）。

---

[1] 高艳、李彬：《海洋生态文明视域下的海洋综合管理研究》，中国海洋大学出版社 2016 年版，第 154—157 页。

[2] 周浩郎、范航清、阎冰：《基于生态系统的生物多样性管理实践——UNDP/GEF/SOA 中国南部沿海生物多样性管理项目在广西》，海洋出版社 2012 年版，第 157—158 页。

我国海洋生态环境治理存在的治理主体权责配置、治理政策执行、治理整合机制和治理信息共享机制的"碎片化"现象,使得海洋生态环境治理效率低下。[①] 本书通过对我国现有海洋生态系统管理及治理体系的汇总与梳理(参见图6-1[②])发现:形式上我国海洋生态治理具备了相对完整的结构体系,但决策(执行或实施)主体众多、法律依据不明确、涉及的领域与行业众多、信息难以有效汇总、管理过程中部门分割、协调过程中利益难以整合等诸多问题依然存在,通过某项(某类)具体的涉海活动并不能有效地将一定区域内社会经济系统的发展与海洋污染防治、海洋生态系统保护有机关联起来。就我国海洋生态治理体系来看,由于海洋污染来源的复杂性以及海洋生态系统结构、过程和功能的复杂性,在现代公共管理体系下,我们既不可能将所有生态治理的内容纳入某一法律规范,也不可能将所有生态监管的任务下达给某一部门,因为这既不符合现代管理的特征,也不满足现代生态治理的要求。应该承认,生态治理的"碎片化"现象在一定程度上是社会整体进步的一种体现(因为管理碎片的出现在一定程度上意味着权力的分散),也是现代科学对管理精细化介入的一种呈现(因为碎片意味着一定范围内管理内容的分割,这种分割一般源于科学认知、社会认可与决策采纳的多重结合)。从这个层面上讲,海洋生态治理中的"碎片化"现象并非全部不合理。问题的关键是,我们如何从系统的视角去分析、评估、平衡与整合海洋生态系统保护中的所有因素,并如何在权责配置、对策选择等方面保障目的的达成。

通过对我国实践模式的分析,我们能看出,生态系统方法在我国海洋环境保护中的启动、实施与回馈机制未形成体系,总体上与不同部门在其中的作用及相关部门常态化的监管职能一致,实践中的"碎片化"现象较严重。我国对海洋生态系统方法的应用往往源于渔业资源及近海生物资源养护、少量的红树林或珊瑚礁保护等,许多海洋生态(系统)

---

① 张江海:《整体性治理理论视域下海洋生态环境治理体制优化研究》,《中共福建省委党校学报》2016年第2期。

② 此图在本人的另一篇论文中有应用,参阅戈华清《海洋生态系统管理在中国及周边海域的实践与对策》,《生态经济》2020年第12期。本图制作参考了Jesper Raakjaer, Judith van Leeuwen, Jan van Tatenhove et al. , "Ecosystem-based Marine Management in European Regional Seas Calls for Nested Governance Structures and Coordination—A Policy Brief", *Marine Policy*, Vol. 50 (pt. B), 2014, pp. 373-381。

第六章 生态系统方法在我国海洋环境保护中的实践与挑战

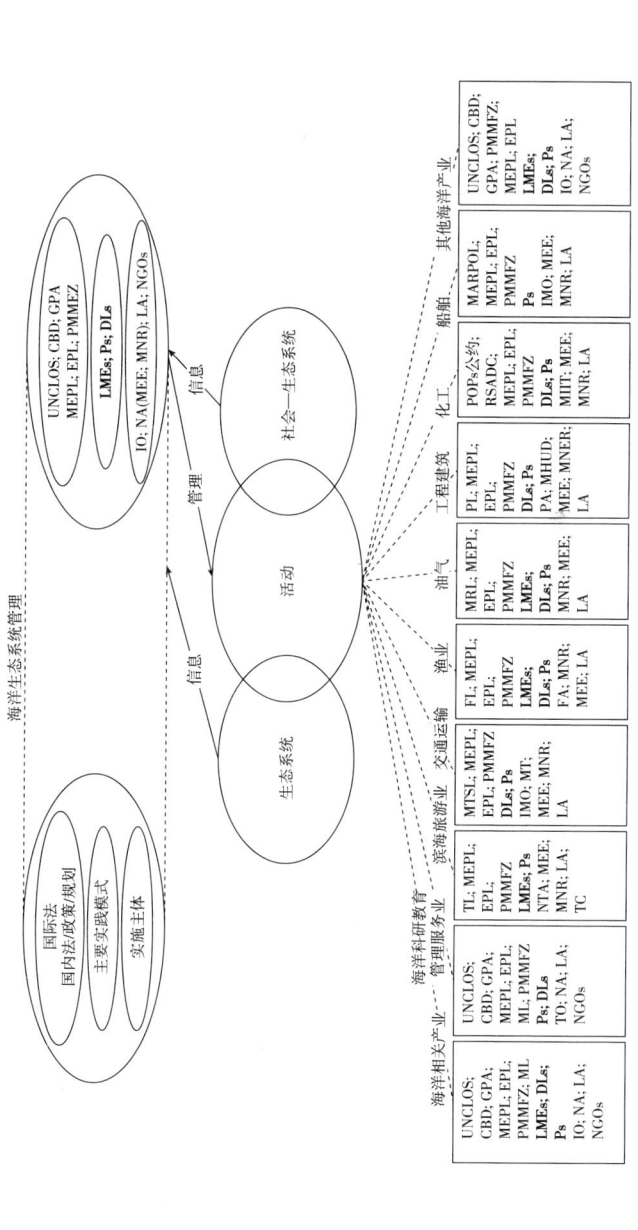

图 6-1 中国海洋生态系统管理及治理体系框架

注：1. UNCLOS——联合国海洋法公约；CBD——生物多样性公约；MARPOL——国际防止船舶造成污染公约；POPs 公约——关于持久性有机污染物的斯德哥尔摩公约；GPA——保护海洋环境免遭陆源污染全球行动计划；MEPL——海洋环境保护法；EPL——环境保护法；MRL——矿产资源法；PMMFZ——全国海洋主体功能区规划；TL——旅游法；FL——渔业法；MTSL——海上交通安全法；PL——港口法；RSADC——危险化学品安全管理条例。

2. LMEs——以大海洋生态系统为基础的；Ps——以项目落实为主导的；DLs——立足于国内法或政策的。

3. IO——国际组织；IMO——国际海事组织；NA——国家相关的管理机构；LA——地方政府相关管理机构；NGOs——非政府组织；NTA——国家旅游局；MEE——国家生态环境部；MNR——国家自然资源部；MIIT——国家工信部；FA——渔业监管机构；PA——港口管理机构；MHUD——住房和城乡建设部；TC——旅游协会。

保护的项目要么由国际资助或他方推动来启动，要么以区域性、研究性的项目（或工程）为主，导致生态系统方法的适用地域范围有限，很难形成完整的生态系统保护目标。更重要的是，虽然有一些生态系统方法应用中会虑及海洋污染防治，但目前仍并未将海洋陆源污染物的排放监管与既定海域生态（系统）保护直接关联起来。同时，生态系统方法在我国的实践大多系自上而下由政府推动，受政治、经济、环境等综合影响明显，长效性与稳定性不足。

三 生态系统方法在海洋的实践受政治、经济社会环境影响较大

一直以来，环境保护都是受政治及相关主体实践动机影响较明显的事项之一，海洋环境保护亦如此。近年来受到气候变化、海洋渔业发展等因素影响，"联合国大会和有关组织不断加大力度，应对塑料（含微塑料）垃圾污染、全球海洋变暖和海洋酸化等问题"[1]，但海洋生态（系统）保护受到国际社会的政治关注十分有限，尤其是一些发展中国家在海洋生态（系统）保护规则制订中的话语权不足。无论是在作为"世界海洋宪章"的《联合国海洋法公约》的制定、修订与实施中，还是其他相关国际环境条约中，由于科技、经济等多方面因素制约，发展中国家的影响力依然十分有限。从《联合国海洋法公约》制定背景来看，当时不同沿海国家之间的权益斗争是海洋法发展的主旋律，资源环境保护被放在次要地位[2]，这一点可以从该公约中海洋环境保护条款的内容体现出来，《联合国海洋法公约》对于海洋生态（系统）保护的整体性忽略是既存的事实。与这一事实相关的是缔约国对海洋生态（系统）保护认知的滞后性。国内外均有学者认为，海洋生态系统保护实践受政治意愿影响较大。有人认为，海洋生态保护难以在国际层面有效系统化的根本原因之一，在于海洋环境的全球统一性与国际关系和国际政治仍然以分散的主权国家为基本政治单位的现实。[3] 在多方力量（沿海国、国际组织、非政府组织等）的持续推动下，虽然已经设立了几个公海海洋保护区，但相比公海生态系统受损情况而言，这些保护区的范围仍十分有限。生态

---

[1] 国家海洋局海洋发展战略研究所课题组：《中国海洋发展报告》，海洋出版社 2018 年版，第 9 页。

[2] 王翰灵：《跨界和高度洄游鱼类渔业争端的解决机制》，载蒋小红主编《开放的中国与国际法》，社会科学文献出版社 2019 年版，第 253—268 页。

[3] 刘中民等：《国际海洋环境制度导论》，海洋出版社 2007 年版，第 273 页。

系统方法适用中受国家主权影响明显即便在政治体制一致的欧盟相关国家的海洋环境保护中亦存在。就公海生态保护而言，对公海组成部分管辖权的限制妨碍了公海生态系统的有效养护和公海海洋保护区生态系统办法的有效实施。[1] 尽管多数研究者认为，出现于 20 世纪 80 年代的生态系统方法是对碎片化的、按行政管辖权划分的管理模式在生态保护中的一种有效的替代，但这种方法并不一定会被政治或政策所接纳。甚至相关的案例显示：若有强大的利益主体主导规划过程，生态系统方法中相关的那些灵活的实施可能会使那些不实施相关措施的人得以回避或逃脱责任。[2]

如上所述，生态系统方法在我国不同层面的启动与实施仍以项目的形式展开，这些项目的启动或实施由于没有法律依据作为支撑，其在实施过程中往往会受政治、经济与社会环境影响的挤压，在中央或地方政府未投入足够的财力与人力时，生态系统方法往往会被弱化或无视。黄海一直是中、日、韩三国重要的渔获区，除渔业外，海岸带区域人口密集、城市化发展迅猛、各类产业发展迅速，导致海岸带区域环境退化严重。以渔业资源的保护与管理为例，海域内的生态压力主要来源于野生渔业资源的过度开发利用、气候变化的影响、许多重要的传统商业物种的减少与低价值物种的逐渐增加、渔业部门的生产力过剩以及不可持续的海洋养殖等。[3] 其中密集性渔业资源开发是导致该区域内生物量改变的首因，如韩国学者的研究表明，在韩国三种主要海洋生态系统的变化模式，均与渔业捕捞强度和环境变化一致，捕捞作业与长期环境变化对区域内的海洋群落结构和功能均有影响。[4] 遗憾的是，现有的渔业作业并没有将生态系统变化与渔业资源开发利用优质化直接关联。

---

[1] Kim J. E. "The Incongruity between the Ecosystem Approach to High Seas Marine Protected Areas and the Existing High Seas Conservation Regime", *Aegean Review of the Law of the Sea and Maritime Law*, Vol. 2, Issue 1 - 2, October 2013.

[2] Judith A. Layzer, "The Purpose and Politics of Ecosystem - based Management", in Weinstein M. P., Turner R. E. eds., *Sustainability Science: The Emerging Paradigm and the Urban Environment*, Springer Science + Business Media, LLC, 2012, pp. 177 - 197.

[3] Heileman S., Jiang Y., *X - 28 Yellow Sea: LME 48#*, http://lme.edc.uri.edu/index.php/lme - briefs/24 - yello - sea - lme - 48.

[4] Lee Chung - I, Rahman S. M. M., "Long Term Changes Pattern in Marine Ecosystem of Korean Waters", *Journal of the Korean Society of Marine Environment and Safety*, Vol. 18 No. 3, 2015, pp. 193 - 198.

实践研究表明：沿海地区农业、水产养殖和工业的快速、非有序发展也是破坏沿海生境的主要驱动因素[①]；大量的填海造地虽然拓展了资源空间，但却也导致海岸带自然栖息地丧失、海岸线消失、部分海域红树林破坏、湿地的破坏等。这表明渔业作业、沿海地区无序无度的围填海、海洋倾倒等对海洋生态系统的影响明显，但要从根本上改变这些，仍需相关国家国内法的进一步完善与国内政策的进一步调整。同时，现有研究也表明：对南海区域的一些沿海发展中国家而言，城市污水与农业地表径流是海洋环境保护面临的两大主要问题，特别是在一些主要的卫星城市群周围（菲律宾的马尼拉）尤为明显。这些方面的整体性改进，不仅与相关国家环境治理能力低下有关，也与相关国家海洋发展战略的实施有关。总之，生态系统方法的实践并没有改变区域内相关国家海洋保护政策的根本性变化，沿海国家海洋环境保护对策的选择依然以国内的社会经济发展需求为核心。

四 法律依据不充分或法律规定不明确影响了生态系统方法的应用

首先，法律依据的不充分体现为区域海洋环境保护条约的缺失。就生态系统方法在国际海洋法层面的适用而言，区域海生态保护还缺乏相应的海洋环境保护区域性条约或议定书，以软法类行动方案或 UNEP 主导下国家间的实施方案为依据，导致很难形成长久规范的实践机制。由于中国处于黄海、东海与南海三大海域的交汇区，这三个海域生态系统方法的应用有赖于我国法律的完善，更与相关国际法与区域法的完善相关。然而，这三大海域生态系统方法应用的国际海洋法除《联合国海洋法公约》《生物多样性公约》《关于持久性有机污染物的斯德哥尔摩公约》《联合国气候变化框架公约》等国际条约的原则性规定外，并没有相应的区域性公约或联合行动计划。《联合国海洋法公约》与《生物多样性公约》中既没有明确生态系统方法在海洋管理中的应用与具体措施，也没有明确规定相应的实施主体与责任主体。尽管《保护海洋免遭陆源污染全球行动计划》（GPA）明确规定了生态系统方法的应用，但 GPA 是没有法律约束力的，如"允许政府不仅可以采取强制命令手段或控制措施，

---

① Murray N. J., Clemens R. S., Phinn S. R. et al., "Tracking the Rapid Loss of Tidal Wetlands in the Yellow Sea", *Frontiers in Ecology and the Environment*, Vol. 5, No. 12, 2014, pp. 267 - 272.

第六章　生态系统方法在我国海洋环境保护中的实践与挑战　221

也允许政府采取更多灵活措施来管理污染企业与消费者使其免受剥夺权益或限制自由的不良影响"①，这种灵活的规定过于宽泛。总之，从生态系统方法实施的国际法依据来看，呈现出"硬法"无规定或规定不明，"软法"有规定但过于抽象且难以保障实施的状况。这种现状也让生态系统方法在海洋环境保护中如何应用的规制问题没有得到国际法的正面回应。因此，在生态系统方法有效实施的法律依据的提供中，区域法与国内法是关键。然而，与中国相关的周边海域并没有形成相应的区域海洋环境保护的双边或多边条约。而与中国相关的区域性海洋保护的三大机制（NOWPAP、COBSEA、MEPSEA），都没有形成具有法律约束力的区域条约或议定书来支撑。所以，在区域法层面而言，我国亦不存在相应的有约束力的法律依据。

其次，法律依据的不充分体现为国内海洋法对生态系统方法应用的整体性规范不足。在我国，无论是《海洋环境保护法》还是《环境保护法》，虽然规定了"维护生态平衡"的总体要求，间接提及了"生态系统""生态""渔业生态""生物多样性"保护等要求，但这些规定既未在实质上形成对海洋生态的系统保护，也未充分体现生态系统方法在海洋环境保护中作用，仍未摆脱单一物种、单一区域、单一事项保护的现状。因此，在实践中，除了少数利益相关者关注，其他主体的保护动机不足，目前仍没有形成有效的激励措施与惩处机制，也未形成长久的法律机制来推动其实施，一些项目的启动与实施依然依赖于政策的推动或国际资助的促进。渤海是我国四大海域之一，也是我国的内海，渤海的生态保护实践主要依据国内法律法规或政策展开，涉及生态保护的内容主要有海洋渔业资源的养护、污染后的生态修复重建等，对于生物多样性、海洋生境的保护或维护等目前仍有待立法进一步明晰。

最后，法律依据的不充分体现为法律规定的不明确。这种不明确主要体现为相关制度的生态定位不明确与生态功能导向不具体。虽然我国已经初步确立了从主体功能区划到一定区域海洋生态修复、红树林保护等一系列的与海洋生态（系统）保护相关的措施或制度，但这些具体的

---

① Jeffrey Sachs, "Land-based Pollution and the Marine Environment", in Rosemary Rayfuse eds., *Research Handbook on International Marine Environmental Law*, London: Edward Elgar, 2015, pp. 96-98.

措施或制度中并没有明确的生态定位。这导致具体的措施或制度适用可能会偏离生态保护，尤其是生态（系统）保护的目的。如2016年底修订的《海洋环境保护法》第三条增加了"海洋生态保护红线"，其目的是"修复海洋生态功能与保护健康的海洋生态系统"[①]，但由于"生态保护红线存在脆弱性、敏感性、复杂性与极易破坏性等特征"[②]，它并不能保障有效发挥生态保护的修复功能，也难以在海洋生态系统保护中发挥关键性作用，更多的情形下会随着沿海地区经济发展、海洋战略规划的变更、政府行为的改变而变化。

五 海洋科技与认知能力的有限性制约着生态系统方法的启动与实施

在海洋环境保护中为何要对人类的陆源活动进行干预？主要是因为人类陆源活动可能导致海洋生态系统结构性与功能性变化，这种变化不仅会损及海洋生态系统服务功能，也可能会影响人类整体的福利。然而，生态系统科学家和管理者不得不面临的一个严峻的挑战是：在生态系统到达某个临界点之前，人类经常意识不到突变的产生。[③] 人类对可能发生的突变规律的无知，不仅给海洋生态系统管理带来更大的挑战与不确定性，也可能会间接影响人类整体性的决策与行动。人类作为海洋生态系统环境压力的主要缔造者，以及环境问题的解决者与适应者[④]，理应积极寻求解决办法。但社会系统中的人往往受不同利益牵连而使行为（或决策）选择变得更加复杂，这与整个自然生态系统中的人类具有明显区别。在何种情形下，是将这种无知或不确定性界定为风险防控的范围，还是将这种无知与不确定性界定为难以掌控的范围，必然会受到不同利益集团、利益驱动等综合影响，而非单纯地出于生态保护的目的。

有限的知识（或信息）给生态系统方法在海洋生态立法中的实施带来两项挑战：一是作为具有反馈和相互联系的生态系统，如何缓冲、减

---

① 戈华清：《海洋生态保护红线的价值定位与功能选择》，《生态经济》2018年第12期。
② 莫张勤：《生态保护红线修复机制法治化：定位、困境及其出路》，《生物多样性》2019年第3期。
③ Phillip S. Levin, Christian Möllmann, "Marine Ecosystem Regime Shifts: Challenges and Opportunities for Ecosystem-based Management", *Philos Trans R Soc Lond B Biol Sci*, Vol. 370, Jan 5, 2015, p. 1659.
④ 石洪华、丁德文、郑伟等：《海岸带复合生态系统评价、模拟与调控关键技术及其应用》，海洋出版社2012年版，第6页。

缓生态系统对人类压力和管理的响应，并增加对复杂事物的预见性[1]；二是人类是整个自然生态系统的一部分，管理者需要预知人类对执行管理制度的反应，提高自身的管理分析能力，并需要在预测预判的基础上对不同地区、不同活动类型下的人确立相应的责任与义务，这些没有系统的知识是难以达成的。因知识有限所带来的挑战本质上具有人为性，这种人为性表明，知识有限的认知、应对等都是围绕人的需求的。受知识与认知的制约，采取干预措施的时间、地域范围、适用对象等在很大程度上都是依据人的需求、人的理性、人的认可、人的选择及人的行动等而展开的。因此，对于海洋生态系统保护的启动并不完全依赖于科学事实，而在很大程度上会受到人的需要的影响。

生态系统方法应用中的不确定性往往直接与人类的行为选择相关联。第一类不确定性包括由生态系统复杂性和动态特征引起的不可预知的反应和突变事件，以及生态系统对干扰的不同响应的变化性。这种不确定性是多种环境变化的累积效应，在管理实践中一般仅可估计它们的幅度和相对重要性[2]，很难给出具体的响应程度、累积性影响的具体危害的对象与程度等。在这种情形下，生态系统方法作为一种宏观管理对策可行，但作为一项具体的法律制度予以实施很困难，因为在实践中所涉及的损害程度的评估、具体权利义务的对象与范围、责任担负的大小与具体限度等都很难具体化。第二类不确定性是由缺少赖以建立生态模型的生态学知识和原理引起的。这类不确定性的减少虽已有较大进展，但是控制和重复在这样的研究中很难应用，在时间和空间尺度上外推这些结果也非常困难。[3] 这种不确定性在立法上直接对应的是具体制度适用的普遍性问题，若不能普遍适用，则表明某项制度的公平性与普适性是不充分的。另外，如何将科学模型或管理学模型中的变量转化成不同主体的责任，并非易事。因此，若要实现生态系统方法的有效应用，生态系统科学家还需要攻克一些关键性的挑战，并投入新的能源和专门知识来模拟人类

---

[1] ［英］苏·基德、安德鲁·J. 普莱特、克里斯·弗里德：《海洋规划与管理的生态系统方法》，徐胜等译，周秋麟校译，海洋出版社2013年版，第163—172页。

[2] 殷培红、和夏冰、王彬等：《生态系统方式下的我国环境管理体制研究》，中国环境出版社2017年版，第206页。

[3] 殷培红、和夏冰、王彬等：《生态系统方式下的我国环境管理体制研究》，中国环境出版社2017年版，第206页。

世界，运行并实现生态系统的恢复力，以及理解跨尺度的社会—生态动态。[1] 在这一不确定性的应对中，需要人类科技与认知的整体性进步来实现海洋社会生态系统的良性互动与有序进化。第三类最容易减少的不确定性就是由数据质量差、取样偏差和分析错误引起的不确定性。[2] 此类不确定性看上去是单纯的由科学实践所产生的，相对容易解决，但不忽视的是，若这种不确定性背后牵连到复杂的利益冲突或权益的重新分配，而利益冲突与权益重新配置会对现有的利益机制、分配机制和责任机制形成冲击，则不同的利益主体如何真正达成一致（或接近一致）都是很难处理的。因此，人类知识有限所导致的不确定性，不仅在一定程度上制约人类的选择，还会限制人类出于自益性而减少对生态系统的投入或忽视生态系统方法的实践。

六 互动机制与反馈机制的欠缺影响了生态系统方法的有效启动与持久实施

生态系统方法虽以生态整体性为核心，但在海洋管理中的应用依然是以人类社会的整体的可持续发展为目的，这种管理以"当代人的需要，同时又不损害后代人满足自身需要的能力"的满足为目标。社会—生态系统的可持续性一直是一个受主观价值影响难以实现的目标，系统内各组成部分之间的阈值难以界定，系统内各组成部分之间的不确定性也难以反馈。[3] 对于海洋而言，社会—生态系统的可持续性更难实现。虽然有学者认为，因为海洋生态系统的复杂性，没有必要将人类社会置于海洋规划与管理工作的核心部分[4]，但对于立法而言，人及人的集合必须居于核心地位，才能确保法的有效实施。但若人类（或人类中的一部分）不能就海洋资源开发利用、海洋生态保护形成有序的互动与反馈，那么在此领域内社会—生态系统的可持续性是难以保障的。

---

[1] Österblom H., Crona B. I., Folke C. et al., "Marine Ecosystem Science on an Intertwined Planet", *Ecosystems*. Vol. 20, No. 1, January 2017, pp. 54 – 61.

[2] 殷培红、和夏冰、王彬等：《生态系统方式下的我国环境管理体制研究》，中国环境出版社2017年版，第206页。

[3] Phillip S. Levin, Christian Möllmann, "Marine Ecosystem Regime Shifts: Challenges and Opportunities for Ecosystem – based Management", *Philos Trans R Soc Lond B Biol Sci*, Vol. 370, Jan 5, 2015, p. 1659.

[4] ［英］苏·基德、安德鲁·J. 普莱特、克里斯·弗里德：《海洋规划与管理的生态系统方法》，徐胜等译，周秋麟校译，海洋出版社2013年版，第166页。

生态系统方法应用的核心是保障生态整体性与系统性，而不是某单一个体或某单一物种的保护。从这个角度讲，其应用所产生的生态正效应具有明显的外溢性，必将惠益人类社会整体。因此，在生态系统方法适用的全过程中，互动机制与反馈机制都是必要条件。这种互动机制与反馈机制从理论上至少应该包括两方面内容：一是人类社会系统与自然系统之间的良性互动，这是社会—生态系统得以有序运行的大前提，以人类对自然生态系统的认知、人类的自然伦理观、人类经济社会伦理观等为基础；二是与生态系统方法应用相关的决策主体、执行主体、受益主体等对相关制度适用后果的生态效果测评，并将这种测评结果反馈于制度的完善与修订，以形成良性有序的"制定→实施→效果测评→修订→再实施"路径。我国现有的关于海洋生态系统修复或生物多样性修复等方面的实践，均未建立起长效的互动机制与反馈机制，主要体现为大多数生态系统方法的应用以项目或工程为主，项目或工程完成后没有持续性的跟进机制以保障修复的成果。

海洋生态系统方法在广大发展中沿海国家的实践应用大多是由国际组织牵头。中国及其他相关沿海发展中国家在生态系统方法的推进、启动、实施、跟踪、反馈机制既未形成完整链条，各个不同环节的制度也不完善。一是启动前与实施过程中信息不透明，导致各方难以有效监督项目的启动与实施。公众很难通过相关渠道了解项目的主要内容与环境影响，甚至有些项目连直接的利益相关者也无法了解相应海洋生态系统方法应用的信息。如某沿海渔业资源保护项目，在具体项目实施以后，受该项目直接影响的沿海渔民既不了解项目的具体内容，也不知晓此项目实施对其自身的权益会产生哪些影响。这种信息不透明不仅导致利益相关者对信息了解不足，也会影响项目实施的反馈机制。二是项目实施后实际产生的社会效果、生态影响等的评估体系不健全。项目在实践中产生的问题及带来的影响，如何有效评定与回馈，特别是如何反馈给项目中的利益相关者，应特别关注。虽然我们能通过网络查询到国际资助项目实施的总体情况，但项目实施后所产生的各类社会效果、实际生态影响、影响的群体范围等并没有公开的官方说明与解释。

七　保障机制不健全影响着生态系统方法的启动或实施

生态系统方法有效启动或持久实施的保障主要来源于两方面：一是启动或实施过程中的资金保障；二是启动或实施过程中有约束力的制度

性保障。生态系统方法在我国海洋管理的实践中,这两方面均不健全。

在海洋生态系统方法的启动与实施中,资助力度不大或资金不足的现象十分明显。一方面表现为我国政府在生态系统保护方面的投入不足,另一方面表现为执行过程中资金的使用不到位或资金没有充分发挥生态系统保护的功能。法律依据不充分是导致生态系统管理项目难以有效落实的制度性原因,资金不足则是导致其难以有效启动、实施且持续下去的最重要原因。从现有的实践模式来看,资助主体虽较多,资金来源也相对广泛,但由于多数项目都没有通过国内法以明确稳定的形式体现出来,一旦缺少国际资助与国际社会的推动,此类项目便难以持续下去。以 GEF 援助的项目来看,大多数情况下,中国的出资比或出资额均明显高于 GEF,如"南海沿海地区生物多样性管理"项目预计共支出 1274.9 万美元,其中美国资助 26 万美元、中国政府出资额为 897.4 万美元、GEF 资助 351.5 万美元[1],这表明中国政府对此项目的资助额度远远高于他方的支持。这些以资助或外来援助为基础的项目虽然在项目实施期内能产生一定的生态影响与社会效果,但并不能保障生态效果的持久性。生态系统的保护必须将"持续性原则作为其核心要求之一"以保障其持久稳定作用的发挥。[2] 健全国内或区域性筹资机制,将实施后的项目平稳移交沿海国家是关键。国际组织或其他国家资助实施的生态系统方法管理项目,虽然提供了一种新的制度与管理方法,但生态系统的保护、修复等工作仍依赖国内相关部门或其他相关主体的执行来落实。因此,我们如何将这些项目类零星的应用与本土的实际情况结合做出长久的应对准备才是关键。

生态系统方法实践中的保障机制偏"软"且持久性不足并非海洋领域独有,在森林、耕地、陆地自然保护区等领域的生态实践中均存在。目前已有的项目实践主要依赖 UNEP、UNDP 等国际组织推动,实际执行中也往往依赖相关国家的自愿参与,启动程序、实施进程与执行效果等

---

[1] GEF, "Biodiversity Management in the Coastal Area of China's South Sea—Project Brief (Review)", https://www.thegef.org/project/biodiversity-management-coastal-area-chinas-south-sea.

[2] Troels Jacob Hegland, Jesper Raakjær, Jan van Tatenhove, "Implementing Ecosystem-based Marine Management as a Process of Regionalisation: Some Lessons from the Baltic Sea", *Ocean & Coastal Management*, Vol. 117, 2015, pp. 14-22.

信息的透明度有待进一步提高。目前海洋生态系统方法的实施往往局限于某一区域内的单一因子（如红树林、珊瑚礁保护等），并没有将海洋生态功能的持久恢复与保护、健康生态系统的持续保护与某一国家或区域的社会经济的长久发展关联起来。这一点在中国及世界上许多发展中沿海国家的海洋环境保护中表现尤为突出。生态系统方法应用中政府该如何启动、操作、执行与跟踪等，目前的研究没有给出明确回应，再加上实践不足，直接导致了生态系统方法应用在我国海洋环境保护中既不具有长效性，也不具有持久性。就现状而言，我国政府应该确立相应的对策，使偏"软"的生态系统方法能有明确的实施主体、责任主体、评价体系、回馈制度与保障机制。

实施主体众多，虽然在某种程度上有效拓展了实施渠道与保护主体，但也间接导致了实施后的责任主体难以确立，影响了项目实施的长效性。上述项目在中国的实施主体较多，包括国际组织、国家相关行政机关、沿海地方行政主体、NGO组织等。中国现有的实践，仍没有形成真正意义上系统化的实施机制，依然以联合国相关组织或相关国际组织的推动为主，项目实施后短期与长期的生态影响亟待检验评估。

第七章　生态系统方法在国际海洋陆源污染防治中的挑战

本章将主要结合国际、不同区域与我国立法实践中所面临的挑战展开研究。海洋生态系统在人类社会经济发展与基础性生态条件的供给中所占据的地位是不言而喻的，也是近些年国际社会、不同海域、沿海国家或地区等强调的需要给予特别关注的对象。尽管陆源污染对海洋环境的破坏在一定范围内得到了重视，但将陆源污染防治与海洋生态系统保护关联起来的立法实践缺乏。这有复杂的政治因素、社会因素，也有科学因素。在现有科学发展、技术支撑与社会认知条件下，海洋生态系统立法在陆源污染防治中的适用还存在一些问题：如何将海洋生态系统提供的不同服务与不同的服务享有主体有效关联起来；如何将海洋污染损害与海洋生态服务功能损失有机联系起来；如何将不同类型陆源污染物的排放与不同区域、不同条件下海洋生态服务功能的损害直接关联起来；如何将受损生态系统的修复与污染物排放主体的责任承担联系起来等。这些问题也成为制约生态系统方法在海洋陆源污染防治中予以适用的普遍性制约因素。若要确立海洋生态系统方法在陆源污染防治中的基础性地位，目前国际、区域与国内的海洋陆源污染防治立法中仍存在着诸多挑战。只有明晰挑战，才能从困境中找出路，寻求生态系统保护的有效的法律对策。

第一节　生态系统方法应用与国际海洋环境保护制度的转变

生态系统方法在海洋环境保护中的应用，能否对国际海洋资源的开发利用、海洋污染防治、生态（系统）保护等相关制度变化产生根本性

第七章　生态系统方法在国际海洋陆源污染防治中的挑战

的影响,既是不同学科研究的问题,也是立法必须认清的问题。因为制度的变化不仅改变了不同主体对海洋的认知,更改变了国际社会在海洋资源利用与海洋(生态)保护中的基本规则。要明确回答上述问题,立法者必须对以下几个问题做出相对明确的回答。

首先,要明确生态系统方法能否在国际海洋环境保护中得到有序合理的应用,能否被相关国家、区域及相关利益主体所接受并予以实施;其次,要充分了解生态系统方法在何种程度上与多大范围内能被不同国家、区域等主体所接纳,并能通过国内或区域内的立法确认;再次,生态系统的边界与国家的边界未必完全一致,这是生态系统方法应用必须考虑的前置性要件之一,需清楚地了解生态系统方法适用中管理区域地域边界的划定与国家主权、国家对资源环境监管权的限制等问题之间的关系;最后,还要相对明确地知道,在同一生态系统区域内,不同国家间的能力差异问题及这种能力差异可能导致的关联性,尤其对整体上作为一个大的生态系统的海洋而言,国家、区域及相关利益主体的能力差异不仅决定了海洋资源的持续公平利用,也在一定程度上与其所应承担的义务关联。

在海洋生态系统内,人类整体与海洋生态系统的关系如何,在海洋生态(系统)保护中角色应如何定位,决定了人类在海洋陆源污染与生态(系统)保护中的生态合理性与正当性。全球范围内的不同国家、区域等在海洋资源保护与海洋生态(系统)保护中究竟应该如何公平合理地承担义务与享有相关权益,是海洋陆源污染防治与海洋生态(系统)保护制度确立中不可回避的关键问题[①]。就国际海洋环境保护而言,责任的合理配置与公平负担始终是不同国家不可绕开的话题,只有不同国家承担公平的责任,才能真正保障海洋环境保护的国际义务得以有序有效地履行,而国际责任的分配或承担必须始终源于整体的社会合理性与正当性,否则责任便失去了可落实的基础。

---

① 现有的相关海洋法文献中,很难找到关于海洋资源权益公平享有的论著,但这依然是一个不可回避的重大议题。

第二节 人类在海洋社会—生态系统中的角色定位
——生态合理性与正当性

在海洋陆源污染防治中存在各种不确定性，诸如偏好的不确定性（人们或生态系统中其他消费者对海洋生态系统服务、海洋生态产品或海洋生态服务的偏好会发生变化，这种变化具有极大的不确定性）、供给的不确定性（海洋生态系统服务的供给能力与人们的需求间存在极大的不确定性）、技术不确定性（对于海洋生态系统服务的评估、供给与保护而言，这种技术不确定性既涉及估值的准确性，也涉及未来价值的贴现问题）、信息的不确定性（对生态系统方法的应用而言，不同的科技实力、信息获取能力既涉及该方法应用的准确定位，也涉及该方法的有效应用）等，这些不确定影响了人类的抉择与行为，也影响人类自身对其在海洋社会—生态系统中的角色定位。在生态实践进程中，人类究竟应该处于何种角色不仅决定着立法理念，也影响着相关法律制度的形成与具体措施的选择。于海洋社会—生态系统而言，人类整体只有成为海洋生态的协同进化者，才能确保生态系统方法得以全面应用。

一 人类是海洋生态的协同进化者，而非海洋生态系统的改造者

人（或人的集合）制定法律，首要的是应确定人在相应规制中的角色，但就海洋社会—生态系统而言，无论是单一的自然人，还是人的集合所构成的法人等均是外生于海洋而存在的，而在现有的法律与伦理认知中，没有将人类整体与海洋间的关系给予明确的角色定位。海洋整体的自然生态系统相对人类社会是外生的，从一般认知角度而言与人类社会的关联性相对微弱。这种现状的客观存在，一方面导致人类整体上将海洋作为一个客体物而对待，另一方面导致不同的人（包括自然人、法人、国家等）在海洋生态保护中的角色定位不清晰。

海洋认知的思维模式与态度决定了人类对海洋的角色定位。对于海洋生态保护而言，首先必须清楚地知晓人类对海洋认知的整体性思维模式与认知态度。认知不变，思维模式不变，立法亦不可能跟进。总体上，人类对于海洋的传统思维模式是以人类社会发展（尤其是经济发展）为

第七章 生态系统方法在国际海洋陆源污染防治中的挑战

主导的模式。在这种模式下,以自益性或人类(部分或整体)增益为基础,并未充分考虑海洋生态系统。在以人类自身便利与自我发展为前提下,污染海洋、在海岸带建造各类构筑物、消费或使用海洋食物、在海洋上焚烧或倾倒废弃物等均可能会理所当然地成为常态、合法、免费的行为。因此,在这种思维模式主导下,人类在海洋(或陆地上)的行为往往都是外生于海洋发展自然生态规则的,且在某种程度上干扰了海洋自然生态规则的。另外,在人类社会的发展史与社会政治环境的大背景下,人类社会其实一直都是海洋的外部因子,而不是海洋系统中的一部分。[1] 从人类自身发展的公共视角来看,海洋不仅是人类社会发展的新空间,也是未来人类科技创新与战略争夺的核心领域。这种纯粹的以人类社会发展为基础的海洋观本质上是人类中心且以"人自身为参照系"的,人类在海洋资源开发利用中的角色也是双重的:在海洋环境容量与自净力范围内的人类发展,是与海洋共同进步;而超出(甚至远远超出)海洋环境容量与自净力范围内的人类发展,是海洋自然演化的障碍。

未来的海洋依然是自然的海洋,源于自然并归于自然。人类只有做到与其和谐共生、协同演进,才能保障海洋生态系统安全。人类只有与海洋共同完善才能确保自身的不断完善,若人类社会在整体向前推进与演变的过程中,仅追求自身的发展,而忽略伴随人类、哺育人类的自然,这种选择既未充分呈现人类"作为参与者的觉悟能力与能力资格"[2],也不满足人类社会整体发展的需求。从这个层面看,"海洋生态共同体""人海和谐"伦理观[3]与"海洋命运共同体"是值得倡导的,通过法律手段保障不同区域实现海洋利益的公平享有、保障海洋资源的永续利用、维护海洋权益的合理享有是现有立法中制度选择的基础。总之,人类在海洋变化中的角色是什么,在一定程度上直接决定了海洋生态保护的未来,作为障碍者的人类与作为共同进化者的人类在海洋环境保护中的角色是完全不同的。[4] 唯有作为协同进化者的人类才能在海洋生态保护中发

---

[1] Karen Mcleod, Heather Leslie eds., *Ecosystem-based Management for the Oceans*, Washington: Island Press, 2009, pp. 42–43.

[2] 江山:《互助与自足——法与经济的历史逻辑通论》(修订本),中国政法大学出版社2002年版,第36页。

[3] 俞树彪:《海洋公共伦理研究》,海洋出版社2009年版,第12页。

[4] Karen Mcleod, Heather Leslie eds., *Ecosystem-based Management for the Oceans*, Washington: Island Press, 2009, pp. 42–43.

挥真正有效的作用。

二 人类作为协同进化者的身份应通过法律确认

相较于大多数人赖以生存繁衍的陆地而言，海洋生态恶化与环境退化对人的直接影响要弱许多，这导致大多数人会自发地弱化海洋保护认知。大多数人对于海洋生态系统，既没有体己性的认知，也没有直接感知性的认知，导致人们弱化其相应的规则意识，规则意识的弱化不仅会减弱人们的行动力，也会消减人们行动（尤其是因海洋环境保护而限制或控制其排污行为）的积极性。因此，从这个层面上讲，仅仅在理念上倡导"人海和谐""协同进化"依然远远不够，必须通过强制性的法律手段或其他有效的社会引导来达成其目的。由于人们海洋生态保护的规则意识普遍较弱，为了保障生态系统方法的有效适用，必须通过有约束力或强制力的手段来一步步促成人们行为的改良；由于生态系统本身是一个整体性的观念，习惯于用机械化思维模式来考虑问题的大多数人对于它是没有保护概念的，在这种情况下，强制、教育、宣传、引导等多种方式只有同时纳入其中，才能达到一定的效果。对于人类协同进化者身份的法律认同而言，首要问题是对传统伦理（或道德）观的挑战与革新，没有人类海洋伦理观或道德观的整体进步，协同进化也是妄谈。这种伦理观要求秉持"人与自然关系的互助、守恒、同构而约束于人类自身"[①]的原则。从根本上讲，这是为了整体性协同进化，而对人类的生存、需求与利益进行合理的界定并限制人类的某些不合理行为与选择。这种限制通过法律所表现出来的主要是对人类整体行为的约束。人类海洋伦理观的整体性革新与进步并不必然导致所有人都会认同，这是协同进化者法律认同面临的第二个问题。生态系统方法在立法中的适用，要着力解决不同的群体与个体的协同进化者身份认同问题，尤其是决策者、法律的制定者与执行者更要有这种意识。第三个问题是如何将人类协同进化者的身份认同与相应的法律制度、具体措施关联起来，而这个问题是人类协同进化者身份法律认同中最难以解决的问题，需要我们在立法工作中，将生态系统方法适用中的科技、法律、认知、信息等进行充分整合、有效编辑、合理转化，从而形成与现有法律体系相匹配的主体、客体、

[①] 江山：《互助与自足——法与经济的历史逻辑通论》（修订本），中国政法大学出版社2002年版，第237页。

权利、义务、责任与职能等。

广博的海洋不仅是人类的食物基地,也是整个地球生态系统运行的调节器,虽然如此,但人类对海洋的关注与保护依然是以资源利用为基础的。这表明,为了有序地、持久地保护海洋,我们必须在更正认识的基础上,通过科学的指导对人类行为分类予以引导性规范,以确保海洋生态系统的自我完善与良性循环。对于能直接影响人类的海洋资源或生态环境,应力求通过人类的行为控制或禁止来保护;对于不能直接影响人类的海洋资源或生态环境,应以科学认知为基础,在人类可控的范围内进行行为选择与法律制约。

三 人类协同进化者身份确立后的实践困境

就人类海洋生态保护进展而言,对海洋资源的保护及资源的栖息地或生境的保护是现代海洋生态保护法的重要对象。就经济利用而言,对于海洋资源的保护往往以人类目前可认知、可利用的,具有竞争性与稀缺性的资源的保护为核心,而对于超出人类的认知范围的不具有竞争性的资源保护却十分有限。就纯粹意义上的自然生态或生态系统的保护而言,《联合国海洋法公约》规定各缔约方应采取措施"保护和保全稀有或脆弱的生态系统,以及衰竭、受威胁或有灭绝危险的物种和其他形式的海洋生物的生存环境"[1]。显然,我们从措辞中看到了对于海洋生态环境、物种或生存环境保护或保全的人为性,人类在海洋生态系统保护中角色定位并不是"协同进化者"的身份,而是主导者与决定者,有些情形下甚至是作为破坏者而存在的,这种角色的定位一方面源于人类对海洋认知的不足,另一方面源于人类社会在海洋保护中的人为的区域分割性、在海洋主权权益的维护、在海洋生态系统保护中的退让性[2]。然而,陆源污染对海洋生态系统服务可能产生的危害(或潜在危害),虽然会因海水的流动性或伴随污染物的扩散或转移而危害到非管辖海域内的权益或自然的权益,但我们的监管或法律规范的对象却往往难以突破主权的限制,更难以实现生态意义上的整体性防治。就现有的海洋环境保护与海洋资

---

[1] 参见《联合国海洋法公约》第194条第5款。
[2] 笔者认为,对海洋生态系统保护的退让性指相关主体(包括区域、国家或其他组织)基于自利性而选择相对消极的海洋生态保护目标、确定相对保守的制度、制定相对低的环境标准等,减少自身的投入与被"搭便车"的可能,更多寄希望于他方做出积极选择而享受其溢出的生态效益。

源的利用现状而言，即使人类在海洋社会—生态系统中的角色定位为"协同进化者"，也难以突破人类社会所构筑起来的以国家权益为中心的政治、经济与社会制约。

第三节　海洋陆源污染防治与生态保护责任的公平性

——经济合理性与正当性

《联合国海洋法公约》虽然为保障海洋资源的公平而有效的利用，提出了许多针对性的措施，但并没有回应全球海洋环境保护中的公平性问题。除了《联合国海洋法公约》，其他环境多边协定较少直接涉及责任的公平性问题。关于此类公平性研究的参考文献也很少。尽管在许多水上与陆地上的多边环境协定中多确定了"以公平为主题"的"避免加剧目前和未来发达国家和发展中国家之间环境差异的需要"[1] 此类说明或陈述，但此视角下的公平一般涉及代内公平、代际公平、区域公平等，这些公平都是以人的公平为核心的，与自然生态系统关联较弱。最典型的就是《联合国气候变化框架公约》中"共同但有区别的责任"原则[2]所呈现的公平性。另外，《联合国海洋法公约》也没有明确海洋环境与海洋污染防治的公平性，其他有关海洋环境保护的国际条约或国际法是否涉及公平性问题，本书将在下文进一步阐释。

一　国际法中关于海洋陆源污染防治与生态（系统）保护责任的公平性

国际环境保护中国家责任的公平性是结合现有国际法推演出来的，即从国际法角度而言，对国家责任的概念分析多是嵌入推演式的，需要结合现有的国际法进行演绎推理。这意味要承担国家责任必须实施国际

---

[1] Brooke Campbell, Quentin Hanich, "Principles and Practice for the Equitable Governance of Transboundary Natural Resources: Cross - cutting Lessons for Marine Fisheries Management", *Maritime Studies*, Vol. 14, No. 1, 2015, pp. 1 - 20.

[2] 参见《联合国气候变化框架公约》第三条：各缔约方应当在公平的基础上，并根据它们共同但有区别的责任和各自的能力，为人类当代和后代的利益保护气候系统。因此，发达国家缔约方应当率先对付气候变化及其不利影响。

不法行为,即违反国际义务。① 这种嵌入式的演绎推理所得出的国家责任,在一定意义上必须以现有的国际法中具有相应的义务为基础,并有对这种义务的违反才能构成责任。下面将从三方面展开分析:一是结合《联合国海洋法公约》的规定进行分析;二是结合保护和保全海洋环境的其他公约所规定的义务进行分析;三是结合相关的国际软法性文件来进行分析。在本部分的分析中并没有选择从国际习惯角度来对海洋环境保护的公平进行论述,其主要理由有二:一是就海洋陆源污染防治而言的国际习惯法并未形成具有共识性的原则或制度;二是海洋陆源污染防治总体上仍属于国际条约约束下国内主导的范畴。

(一)《联合国海洋法公约》中国家海洋环境保护责任的公平性

由于《联合国海洋法公约》未就国家海洋环境保护责任承担的公平性做出规定,在此笔者将以国家是否应承担国际海洋环境保护义务为切入点进行分析。依照《联合国海洋法公约》第235条的规定,各国的确有责任履行其关于保护和保全海洋环境的国际义务并依照国际法承担责任。该条款中的规定在该公约中没有其他具体的实施条款作为支撑,仅指国际习惯法承认的一般原则意义上的国家责任,虽可被视为一个纯粹意义上的参照规则,但并不能作为赔偿责任的基础。② 为了这种国际义务承担中的相对公平性,该公约通过第193—237条的规定,明确这种国际义务履行中其他权益的保障、发展中国家的履行或执行的优惠待遇与援助、国家管辖区域内外所承担义务的区别等内容。其中第234条③明确规定了针对冰封区域,沿海国有权制定和执行非歧视性的法律和规章,以防止、减少和控制船只在专属经济区范围内冰封区域对海洋的污染。虽然此规定适用于缔约国中的沿海国专属经济区内的非歧视性法律和规章,

---

① Christiansen S. M., "State Responsibility", in *Climate Conflicts—A Case of International Environmental and Humanitarian Law*, Springer, Cham, 2016, pp. 39–52.

② Albers J., "The Present Legal Framework", in *Responsibility and Liability in the Context of Transboundary Movements of Hazardous Wastes by Sea*, Hamburg Studies on Maritime Affairs, Springer, Berlin, Heidelberg, Vol. 29, 2015, pp. 35–192.

③ 参见《联合国海洋法公约》第234条:沿海国有权制定和执行非歧视性的法律和规章,以防止、减少和控制船只在专属经济区范围内冰封区域对海洋的污染,这种区域内的特别严寒气候和一年中大部分时候冰封的情形对航行造成障碍或特别危险,而且海洋环境污染可能对生态平衡造成重大的损害或无可挽救的扰乱。这种法律和规章应适当顾及航行和以现有最可靠的科学证据为基础对海洋环境的保护和保全。

在全球海洋环境保护中的适用海域有限、适用的对象有限，但这种非歧视性的规定在某种程度上是一种公平性的体现，且这种公平的制定与执行是以生态平衡或生态保护为基础的。这种规定将污染防治与生态平衡、沿海国义务与公平责任关联起来，值得相关缔约国在海洋环境保护法的制定中参考。当然，诚如上述，这种非歧视性的法律或规章仅适用于公约缔约国中的沿海国，且这些沿海国的专属经济区所辖海域有冰封区域，因此，其适用的海域范围特别有限、规定的也过于抽象，外加此规定在相关缔约国的国内法中并没有明确的规定也没有被执行，此条规定在国际义务的公平履行中的作用十分有限。综上所述，《联合国海洋法公约》中虽然从一般原则的角度规定了国家应履行海洋环境保护的国际义务、承担相应的国家责任，但并没有就不同类型的国家（沿海国、船旗国、港口国、内陆国等）在海洋污染防治与生态（系统）保护中的公平性问题做出明确的实质性规定或要求。《联合国海洋法公约》对于海洋环境保护措施的整合，从整体上为国际海洋环境保护提供框架与依据，且"一系列支离破碎的国际协定和文书的整合与强化，有利于从整体上控制陆源活动对海洋环境产生的不利影响"[①]，但不容忽视的事实是，也正是由于这种整体性与框架性，人们往往会忽略掉公约实施中的公平性而过于强调责任的同一性。

（二）其他相关条约中国家海洋环境保护责任的公平性

规定有保护和保全海洋环境义务且与陆源污染防治具有密切联系的其他公约主要包括《国际防止船舶造成污染公约》《控制危险废物越境转移及其处置巴塞尔公约》《关于持久性有机污染物的斯德哥尔摩公约》《生物多样性公约》《防止倾倒废物及其他物质污染海洋公约》及《防止倾倒废物及其他物质污染海洋公约的1996议定书》（以下简称《1996议定书》）等。

海上危险物质的运输或转移及其相关的国家责任，主要由《国际防止船舶造成污染公约》《控制危险废物越境转移及其处置巴塞尔公约》《关于持久性有机污染物的斯德哥尔摩公约》来进行规制。《国际防止船舶造成污染公约》作为防止因船舶操作或意外原因污染海洋环境的主要

[①] Daud Hassan, *Protecting the Marine Environment from Land-based Sources of Pollution: Toward Effective International Coorperation*, Aldershot: Ashgate, 2006, pp. 76–86.

国际条约，其附件二（控制散装有毒液体物质污染规则）和附件三（防止海运包装形式有害物质污染规则）中"海上运输危险废物"有特别的相关性。该公约第 7 条规定了因船期不当延误的国家责任，但由于这种船期不当延误所承担的损害赔偿责任与附件二和附件三中所载明的因海洋环境污染所导致的实质性义务关联性并不大，因此，该公约"关于国家责任的明确规定与危险废物经海越境转移所造成的损害无关"[1]，同因跨界废物经海越境转移所应担负的公平的污染防治责任与生态保护责任也没有直接关联。而《控制危险废物越境转移及其处置巴塞尔公约》第 15 条第 4 款虽然提及缔约国的海洋环境责任，但仅就其协助履行该公约中所涉及的措施的审议义务而言，并未涉及在海上转移危险废物时国家应承担的环境责任。就危险废物经海上越境转移而言，《关于持久性有机污染物的斯德哥尔摩公约》是对《控制危险废物越境转移及其处置巴塞尔公约》与《关于在国际贸易中对某些危险化学品和农药采用事先知情同意程序的鹿特丹公约》的补充[2]，此外，《关于持久性有机污染物的斯德哥尔摩公约》在一定范围内规定了对持久性有机污染物的国家管辖范围内使用及其通过大气沉降、入海河流、地表径流等途径进入海洋的限制或禁止，然而由于这种限制或禁止并未能明确相应的国家责任，其责任承担的公平性仍有赖于区域性条约或国内法来进一步做出规定。因此，这三个国际条约仅规定了国家所应承担的一般义务，并没有明确规定危险废物经海转移所可能造成的海洋污染或生态损害的实质性的国家责任。

《生物多样性公约》也未就海洋生物多样性保护义务国家责任的履行做出明确规定，仅有以下两项规定涉及海洋生物多样性义务履行的正当性与公平性。一是该公约第二条规定生物多样性义务的履行，不得妨碍沿海国领海主权、专属经济区和大陆架区域的主权或管辖权的正常行使。[3] 此规定是对沿海国主权与管辖权的法律确认，这种确认是对"互相尊重主权、领土完整原则"这一国际法原则的重申，与如何确保各缔约

---

[1] Albers J., "The Present Legal Framework", in *Responsibility and Liability in the Context of Transboundary Movements of Hazardous Wastes by Sea*, Hamburg Studies on Maritime Affairs, Springer, Berlin, Heidelberg, Vol. 29, 2015, pp. 35–192.

[2] Albers J., "The Present Legal Framework", in *Responsibility and Liability in the Context of Transboundary Movements of Hazardous Wastes by Sea*, Hamburg Studies on Maritime Affairs, Springer, Berlin, Heidelberg, Vol. 29, 2015, pp. 35–192.

[3] 参见《生物多样性公约》第 3 条与第 4 条。

方海洋生物多样性保护的公平性无关。二是该公约在遗传资源的取得、技术转让、信息交流、科技合作、资金与财务机制安排等方面明确规定，在发展中国家和经济转型国家缔约方（尤其是最不发达国家和小岛屿发展中国家）生物多样性保护能力建设中，各缔约方应开展合作，协助这些国家逐步建立和/或加强生物安全方面的人力资源和体制能力，包括生物安全所需的生物技术；同时应考虑这些国家的情况、能力与需求。① 该条款在某种程度上暗含了公约履行应考虑缔约国的履约能力，这的确是对公平性问题进行权衡后的法律确认，但却缺乏关于如何合作、协助、考虑等实质性内容的规定。此规定是对国际法原则"忠诚履行国际义务"的确认与重复。因此，虽然《生物多样性公约》在发展过程中给出了生态系统方法的十二项原则，但该公约并未就海洋环境保护或保全的国家责任问题做出实质性规定，更无从论及实际履约背后的公平性问题。

《防止倾倒废物及其他物质污染海洋公约》及《1996议定书》作为规范海洋倾废造成海洋环境污染的主要公约，自生效实施以来在海洋倾废管理中发挥了重要作用。《防止倾倒废物及其他物质污染海洋公约》第10条②与《1996议定书》第15条③规定了缔约国的国家责任。从条文中所规定的国家责任内容来看，这种责任只是一种原则性的、宣示性的国家责任，仍属于国家责任中的一级规则，即只表明了这种责任是国家应该承担的义务，而对于这种责任的违背没有相应的制裁后果予以对应。

（三）《保护海洋环境免遭陆源污染全球行动计划》中国家海洋环境保护责任公平性

《保护海洋环境免遭陆源污染全球行动计划》（GPA）作为第一个对全球陆源污染防治进行规范的纲领性软法文件，虽然不具有法律约束力，且在国家责任的确立方面存在差异和模棱两可之处，但其在全球海洋陆源污染防治中的引领性作用不容忽视。在GPA第二部分国家层面的行动之B. 23（i）与E. 27（c）这两处对国家责任的公平性有所提及。在GPA

---

① 参见《生物多样性公约》第15—21条。
② 参见《防止倾倒废物及其他物质污染海洋公约》第10条依照一国因倾倒废物和其他各种物质而损害他国环境或任何其他区域的环境而承担责任的国际法原则，各缔约国应着手制订确定责任和解决因倾倒引起的争端的程序。
③ 参见《1996议定书》第15条"义务与责任"依照关于一国对其他国家环境或任何其他环境领域造成损害的国家责任的国际法原则，各缔约国应承诺制定关于在海上倾倒或焚化废物或其他物质所产生的赔偿责任的程序。

第二部分国家陆源污染防治"优先事项的确立"中明确,在确定行动优先次序的过程中,以及在制定和执行国家行动纲领的所有阶段,各国应采纳预防性办法和代际公平原则。① 虽然国际社会早在 1995 年就关注到陆源污染防治可能涉及的代际公平问题,但如何确保代际公平的落实一直没有具体应对措施。另外,在 GPA 第二部分国家陆源污染防治"评估策略与措施的有效性准则"中规定,各国应制定具体标准来评价这些策略或措施的有效性,并在对这些策略或措施的标准进行调整的过程中应充分考虑公平性问题(这种公平性涉及策略或实施方案的成本与效益问题)。② 然而,作为软法的 GPA,尽管对国家控制、减少和消除陆源污染提供了最详细的指导,但由于其不具有法律约束力,在国际法的影响仍十分有限,公平性问题,尤其是国际海洋环境保护的代际公平问题依然是被忽视的。

二 国家海洋环境保护责任公平性的主要内容

国家海洋陆源污染防治与生态(系统)保护责任的公平性与公平责任原则并不具有同一性。海洋环境保护责任的公平性是指海洋环境保护责任在不同责任主体(主要是国家)之间的公平合理负担。这里的海洋环境保护责任是一项综合性的责任,不仅包括海洋污染的预防、治理与减排责任,还包括海洋资源保护、海洋生境维护与海洋生态功能的修复与保护的责任。因此,国家海洋环境保护责任的公平性从本质上讲是一种社会公平的体现,不是与侵权法中的过错责任、无过错责任并列的一种归责原则。虽然关于海洋环境保护的各类国际条约或习惯法没有用文字表述明确规定国家责任承担的公平性问题,但国际条约与习惯法在国际海洋环境保护责任的承担中,也会充分考虑不同国家(或区域)的履行能力与履约条件等实际情况而做出平衡性表述。尽管现有国际法中并未就此做出明确规定,但海洋环境保护的确存在全球环境与公平性问题。国际海洋环境保护国家责任的公平性至少涉及代际责任与代内责任承担的公平性,这两类责任的公平性必然与不同国家的责任能力相关。

---

① 参见 UNEP, *Global Programme of Action for the Protection of the Marine Environment from Land-based Activities* II. B. 23 (i)。

② 参见 UNEP, *Global Programme of Action for the Protection of the Marine Environment from Land-based Activities* II. E. 27 (c)。

(一) 国际海洋环境保护中代际责任承担的公平性

就国际海洋环境保护的代际责任而言，国内外此方面的研究特别有限，一方面是因为海洋污染所产生的跨界损害问题、海洋资源开发利用所产生的跨界损害问题等不明确，另一方面是限于人们总体上对海洋的无知。对于国际海洋环境保护中的代际责任，我们可以参考气候变化的相关研究来进行探讨。目前就气候变化的国家责任承担中的代际责任，有三种不同的观点：第一种观点认为，生活在工业化国家的人们已从造成污染的经济增长中受益；第二种观点认为，相应的因果关系的行为者是今天依然存续的整体（或者是公司，或者是国家，或者是像"工业化世界"这样的集体）；第三种观点认为，所有由人类引起的气候变化的负担都应由现在的污染者来承担。[①] 上述三种观点均是从"污染者负担"角度来考虑如何担责，略显抽象，忽略了责任承担的公平性与承担者的责任能力等问题。但这三种观点对于全球海洋环境保护责任的分配与承担，确有如下值得参考之处。

一是人们普遍在沿海地区集聚的趋势具有社会选择性，这种社会选择与人们对沿海地区各种陆海资源的依赖、海洋所固有的强大的污染自净能力等相关。在一定程度上，今天的许多沿海国（尤其是发达国家）也曾经是海洋资源开发的强国与污染物排海的大国（尤其是海洋倾倒），只是目前并没有系统地研究出人类活动对海洋生态环境影响的轨迹清单。虽然目前还没有人对一些国家的海洋发展史中的环境轨迹与生态足迹进行系统研究，但不可否认的事实是：一些国家的海洋发展史，是一部疆域的拓展史，更是资源扩充史，在环境保护观念淡薄的时代粗放无序的资源开发利用必然伴随着严重的资源浪费与污染排放。就全球海洋渔业资源的开发利用而言，一些国家在海洋渔业的持续进步中对海洋生物资源和海洋生态系统的破坏亦是不容忽视的事实，"渔业是人类对海洋生态系统结构和功能影响最普遍内容之一"[②]。

二是历史遗产、自然禀赋等具有沿袭性与继承性，而国家（或政府）

[①] Simon Caney, "Cosmopolitan Justice, Responsibility, and Global Climate Change", *Leiden Journal of International Law*, Vol. 18, No. 4, 2006, pp. 747 – 775.

[②] Kelly R., Cottrell R. S., Mackay M. et al. eds., *Perspectives on Oceans Past: A Handbook of Marine Environmental History*, Review in Fish Biology Fisheries, Vol. 27, 2017, p. 285. http://ssl1230a75e822c6f3334851117f8769a30e1c.vpn.nuist.edu.cn/10.1007/s11160 – 016 – 9462 – x.

往往是这些财富的综合性继承者,即上述关于气候责任的第二种观点所论及的"相应的因果关系的行为者是今天依然存续的整体",作为几个世纪以来海洋资源开发利用、海洋污染物排放权行使所获利益的享有者,对其先辈因污染物排放污染海洋所造成的后果承担责任,具有合理性。也许会有人反对此种观点,因为对于先辈责任的承担在一定程度上意味着当代人权益的减损,而当代人与前代人之间并没有形成法律意义上的一一对应性"合意",让当代人承担前代人的责任是有损公平的。就人类社会发展进程中一个国家的整体性存续与前进的规律来看,"公共善"国家责任与义务的继承是一个国家有序进步的阶梯,若"我们接受了前代人的恩惠,也就意味着我们有义务对先辈的劳动予以尊重,唯有如此,我们才获得了享受这些恩惠的道德合法性"①。在这种道德合法性的基础上进一步演化出国家权利义务一致性是具备合理性的,因此,从这个角度而言,虽然当代人与前代人之间没有明确的对应性"合意",但国家的选择与继承,以及在这个国家中所享有的一些社会福利与生态福利便是对前代人努力的默认性同意。

三是唯有当代人是现行法中具有责任能力的人,因此,当代人承担全球海洋环境保护的代际责任具备合理性。在社会发展进程中,虽然我们强调权利义务的一致性与对等性,但在一定的时空条件限制下权利享有者与责任承担者未必完全一致是可行的。从权利享有者的角度来看待问题,以确保人们的利益得到充分的保护;从潜在的责任承担者角度来看待问题,以确保我们不会对他们提出太过分的要求②,这从总体上看是符合公平性的。有人认为,让无知的伤害者付出应有的代价就是将受益人的利益置于责任承担者的利益之上,这种做法是存在争议的。③ 但在现代国际法发展进程中,不得不认可的事实是,无知既不能成为不承担责任的法定事由,亦不符合法律精神。尤其是在海洋污染与海洋生态系统退化进程中,由于人类对海洋的无知在许多领域依然存在,但若均以此作为法定的免责事由,未来的海洋可能会成为人类的"垃圾场"。在论及

---

① 王远哲:《论代际责任中的"不确定性"问题》,《哲学分析》2017 年第 6 期。
② Simon Caney, "Cosmopolitan Justice, Responsibility, and Global Climate Change", *Leiden Journal of International Law*, Vol. 18, No. 4, 2006, pp. 747–775.
③ Simon Caney, "Cosmopolitan Justice, Responsibility, and Global Climate Change", *Leiden Journal of International Law*, Vol. 18, No. 4, 2006, pp. 747–775.

代际责任时，无论是前代人、当代人还是未来的人，唯有当代人是在现有法律关系中真正存在法律身份且具备执行能力的人。当然，也唯有现在的国家是真正意义上的法律地位的国际法主体。作为具有承前启后的主体身份的人或国家，既是联结前代与未来的主体，也是具有能力去实施并落实责任的主体。因此，从这个角度而言，当代国家（或政府）才是承担国际海洋环境保护（保全）责任的主要主体。

就代际责任而言，历史责任是界定当前责任的前提与基础[1]；就全球海洋环境保护责任而言，健康的海洋生态系统功能是确保海洋资源有序公平利用的前提与基础。许多沿海国在进一步挖掘蓝色经济发展的潜力时，也要充分考虑到全球海洋环境保护的重要性。全球海洋环境保护并非只为了小岛屿国家或沿海国家的利益，更是为了全人类的整体利益。全球在海洋资源的利用中追求公平有序的过程中，也需要所有国家对海洋环境与海洋生态保护给予平等的关注与公平的投入。综合上述三个方面论述，在全球海洋环境保护中适用"共同但有区别的责任"原则对于不同国家而言是公平的，也是符合各国的海洋利益与海洋发展需求的；就国家责任的可担责性而言，由当代国家承担实际的海洋环境保护义务也是合理的。

（二）国际海洋环境保护中代内责任承担的公平性

代内责任的公平性是指一代人之间责任承担的公平性，往往与不同国家从海洋保护中的获益程度、对海洋生态环境的损害程度，以及在海洋环境保护中的实际责任能力等相关。虽然《联合国海洋法公约》是有效结合保护环境和经济发展的唯一的全球性公约[2]，但该公约并没有明确规定国际海洋环境保护法律责任的代内承担，这与《联合国气候变化框架公约》及相关议定书中对温室气体减排的安排有明显差距。总体上，除海洋船舶污染损害、海洋事故所导致的海洋环境损害、海洋倾倒所导致的部分生态环境问题、极少数海域特殊生态系统健康保护等得到国际海洋法的关注外，因陆源污染所导致的海洋环境损害仍属于一国国内法所关注的范畴，而海洋环境保护代内责任的分配与履行也较少被国际

---

[1] 史军、卢愿清、郝晓雅：《代际气候正义的陷阱》，《阅江学刊》2013年第3期。

[2] Borgese E. Mann, "The Challenge to Marine Biology in a Changing World: Future Perspectives, Responsibility, Ethics", *Helgoländer Meeresuntersuchungen*. Vol. 49, No. 1, 1995, pp. 895-902.

海洋法所关注，即使有部分海域被纳入区域法，但也依然以国内法为依据。

在国际海洋环境保护中，代内责任的公平性涉及特定环境中的各国在面对海洋污染防治与海洋生态保护时，如何协调不同利益之间的冲突与矛盾，最终达到不同类型国家或地区之间责任承担公正平等的问题，具有复杂性与不确定性。具有复杂性的原因在于海洋资源利用总体的开放性与竞争性并存，除沿海国家主张的领海内海洋资源的开发利用权利与污染防治责任不存在争议外，其他海域（如部分毗连区与专属经济区、公海）的资源利用与污染防治由于大多超出了国家管辖范围，很难通过现有的法律体系来明确具体的责任主体与实施主体。尽管《国际油污损害民事责任公约》中对于船舶所有人因海上事故所引起的油污损害责任进行了规范，但该公约仅适用于在缔约国领土和领海发生的污染损害，航行过程中在公海上所发生的油污损害责任（尤其是因污染行为所产生的海洋生态损害责任）如何确立与承担有待相关国际法的进一步完善。若不能得到完善，则表明在公海上发生的污染或损害是通过海洋自身的净化能力来自我恢复的，这种自我恢复的进程是否会对其他主体造成危害不得而知。尽管在此方面《联合国海洋法公约》做出了部分安排，如对国际海底区域的保护、公海上迁移物种的保护等有关规定，但在实际的执行过程中，谁去维护公海上的生态环境，公海上的生态环境被污染后谁有义务清理，谁有权利保障这种义务得到有效履行及履行后的生态效果评估等问题无法在现有的体系下得到有效解决。因此，国际法对海洋环境保护责任的公平性，仍需要进一步通过具有约束力的国际法来规范。

三 生态系统立法中海洋资源权益享有与海洋治理的公平性

生态系统方法的应用，应该是在全面分析生态系统过程、功能、要素等，并对人（人的集合）的行为对生态系统过程、功能及要素等的可能影响进行综合权衡分析基础上的实践。海洋资源作为海洋生态系统的一部分，其能否被公平利用在一定程度上决定了该方法在海洋保护中的效果。在人类的海洋开发利用史与海洋环境保护史中，海洋资源的公平合理利用理应居于核心地位，然而最初的海洋环境保护却往往源于海洋资源的有效利用与可持续利用。海洋资源的公平合理利用，意味着海洋资源的公平利用、有效利用与明智合理利用；意味着每个沿海国家都应享有公平、合理利用其管辖海域内的资源的权利，不能因生态系统方法的应用而被不恰当地贬损；意味着所有国家都应公平合理地享有"公共"或"公有"的海洋资源利用权，不能因为地理位置的差异、科技发展程度的区别、海洋资源利用能力的差异等遭受不合理的剥夺或限制。

首先，在海洋秩序的维护中，与海洋相关的经济性权益一直是许多沿海国家极为关注的话题，海洋经济秩序往往会优先于海洋生态秩序。但无论是海洋经济秩序，还是海洋生态秩序，海洋资源权益、海洋空间利用权益的公平享有都应是海洋秩序得以持续有效维护的前提。关于海洋生态环境保护，仅谈论生态保护而不涉及资源或空间权益的公平享有或利用，对许多国家（或地区）是不公平的，也是对传统权益或未来权利的一种侵害（或潜在危害）。海洋秩序的变动反映着各国国家实力对比的变化，也体现着国际秩序的变迁。① 虽然《联合国海洋法公约》及相关国际、多边或区域性条约的实施，为国际海洋秩序变化中的高制度化提供了依据，但海洋环境保护与资源合理利用之间的公平性问题，依然停留于低制度化秩序阶段。② 这种低制度化秩序阶段，对于那些在海洋硬实力与软实力上都占优势的国家是有利的，而对于那些在软实力与硬实力都处于弱势的国家则会造成一些未知的（或不确定的）权益损失。因此，地理不利国家、不发达国家、发展中国家，在海洋军事、经济、科技均不占优的情形下很难在国际上就海洋环境保护的战略、规则、责任等做出有效力的抗辩。这也间接说明为何在现有的海洋环境保护中很少会论及海洋资源利用的公平性与海洋治理是同等重要的。

其次，国家管辖外区域的海洋资源利用保护与环境治理的公平性之间仍存在诸多的障碍，阻碍了真正意义上的公平性的实现。现有的跨界自然资源保护和管理方案，在公平性方面存在冲突，为有效政策实施和实践设置了障碍。③ 这种公平性方面的冲突既源于不同主体对公平性的认知不同，也与相关国家在海洋方面所拥有的财富、权力、能力和需求方

---

① 黄一玲：《共建公正合理的海洋新秩序》，《复旦国际关系评论》2018年第22辑。
② 参见黄一玲《共建公正合理的海洋新秩序》，《复旦国际关系评论》2018年第22辑。低制度化秩序主要是国家之间依赖外交关系和道义约束，包括非正式对话、会议论坛等磋商机制建立和维持秩序；高制度化秩序主要利用政府间组织、法律文件作为建立、维护海洋秩序的载体。
③ Brooke Campbell, Quentin Hanich, "Principles and Practice for the Equitable Governance of Transboundary Natural Resources: Cross-cutting Lessons for Marine Fisheries Management", *Maritime Studies*, Vol. 14, No. 1, 2015, pp. 1–20.

面的全球不均衡性有关。由于解决跨界资源的可持续资源管理和保护所面临的诸多挑战，在治理与保护中所付出的成本、所享受的利益是不均衡的，必然遭遇"公地悲剧""资源的诅咒效应""搭便车"等诸多问题。这种不均衡性会体现在收入水平、收入分配和生计成本负担的分配中，因为在很大程度上分配与对稀缺资源和共享资源所施加的各种限制有关。[1] 对具有共享性与流动性的海洋资源，为保护或维护而做出过多限制必然会对相关国家资源开发利用的经济效益产生影响，并可能进一步影响社会稳定。

最后，关于海洋资源开发利用过程中利用边界与保护界限，目前的国际海洋法并未给出明确规定，导致许多国家在对资源利用与环境保护二者的权衡选择中，做出有利于整体经济社会增益的选择，然而这种选择可能与海洋生态（系统）保护是不一致的，甚至是相违背的。虽然海洋资源的开发利用有主权限定性，但由于海水的流动性，海洋资源必然是跨界资源。跨界资源的利用与管理包含三个核心要素，即责任、权利、资源分配与社会负担的公平性。[2] 在自然资源保护与管理过程中，责任分配、作为或不作为的担责问题起着至关重要的作用。[3] 但对于全球海洋生态系统，谁来保护、如何保护才能保障海洋资源的可持续利用是一个在短期内难以化解的难题。国际环境保护中的"合理注意义务""合作义务""避免不当行为造成损害义务""不损害国外环境责任"原则等诸如此类与责任或义务相关的话语，显得过于概括或抽象而不具备真正意义上责任分配的基础。

在多边环境协议与一些国际条约中，对公平或平等的直接规定特别有限。以"以公平为主题"的规定或研究，大多旨在阐述避免加剧发达国家和发展中国家之间的环境差异的问题，以及一些特别敏感区域或弱

---

[1] Brooke Campbell, Quentin Hanich, "Principles and Practice for the Equitable Governance of Transboundary Natural Resources: Cross-cutting Lessons for Marine Fisheries Management", *Maritime Studies*, Vol. 14, No. 1, 2015, pp. 1-20.

[2] Brooke Campbell, Quentin Hanich, "Principles and Practice for the Equitable Governance of Transboundary Natural Resources: Cross-cutting Lessons for Marine Fisheries Management", *Maritime Studies*, Vol. 14, No. 1, 2015, pp. 1-20.

[3] Ringius L., Toravanger A., Underdal A., "Burden Sharing and Fairness Principles in International Climate Policy", *International Environmental Agreements: Politics, Law and Economics*, Vol. 2, No. 1, 2002, pp. 1-22.

势群体的需求问题,而对于如何实现公平大多建议通过"共同但有区别的责任"原则来达成。但这一原则也存在一些问题,如对"有区别的责任"如何进行有效区分从而将区别与公平关联起来,同时"共同的责任"在海洋资源利用与海洋治理中的确立也十分困难。在涉及敏感区域或特殊群体的需求保护问题时,我们往往会重点关注不同类型的国家或主体应该如何做,但这样做的效果如何评估与认定、不能达成这些要求时需要承担何种责任等关键性问题,在国际法中没有体现。

第四节　海洋陆源污染防治与生态保护的国际法责任
——社会合理性与正当性

在国际海洋环境保护中,海洋陆源污染防治与生态保护虽然从理论上讲应是合一的,但事实上二者是独立且作为不同的责任来对待的。这两种责任的真正落实,均离不开相应责任主体的确立,只有明确了相应的责任主体才能保障这些事项具体的实施与执行。然而,综观现有国际法中关于陆源污染防治的规制,无论是《联合国海洋法公约》,还是其他相关的海洋生态环境保护国际条约或议定书,均没有对此做出明确规定,只抽象地规定国家(或区域)有防治污染与保护环境的义务,以及通过立法来促成海洋环境保护目的达成的义务。国际法的规定,既未明确海洋污染防治的责任主体与海洋生态保护责任主体是否为同一主体,也未明示这两类责任主体是否应该分开。《联合国海洋法公约》的处理方式,在其他相关的国际条约与区域性条约中也有体现。另外,海洋陆源污染防治法律制度的主要内容依然承袭了陆地上水污染防治法的部分内容,而海洋生态(系统)保护则主要由海洋资源开发利用规则逐渐演化而来,二者虽在某些方面(如所涉及的地域范围)有共性,但在现有法律责任(包括责任主体、形式等)仍存在明显区别。下文将首先对二者分别进行研究,然后再试图探讨这两种责任合并的可能性。

一　海洋陆源污染防治中的国际法律责任及其责任主体

(一)《联合国海洋法公约》中的海洋陆源污染防治责任及责任主体

《联合国海洋法公约》及其相关的国际法文件中规定了国家应通过立

法防治陆源污染,但受制于该公约的实际执行情况,相关事务的落实不容乐观。① 受影响最大且最难以有效实施的就是法律责任。虽然该公约第九节第 235 条有三款规定了责任问题,但整体而言"有宣示性和纲领性性质,并没有规定任何实质性的国家责任"②。除了第 235 条,该公约中的其他条款如第 232 条③、第 262 条④、第 304 条⑤,虽也涉及责任,但均没有对责任规定任何实质性内容。因此,《联合国海洋法公约》所规定的国家义务或国家责任在很大程度上成了宣示性的责任,作为责任主体的国家或区域应该承担哪些责任、如何承担等难以找到明确依据。该公约关于责任的相关内容如责任主体、责任范围、责任形式等也未做出具体规定。在海洋污染防治与海洋生态(系统)保护中,责任主体的确立是关键。在国家层面上,虽然有不少沿海国家制定了相对完善的海洋环境保护政策或法律,但仍然有不少国家(尤其是内陆国家)仍缺乏统一的陆源污染防治的海洋法律或海事政策,导致国际法层面的国家主体责任因为法律的缺失而很难真正在实践中得到体现。

在国际法层面,《联合国海洋法公约》的相关条款未给出确定的、完整的海洋陆源污染防治与生态保护的国际法律责任主体。抽象的国家责任主体,并不能在现有的污染防治与生态保护的国际法体系中充分体现出来。尽管《联合国海洋法公约》为全球海洋污染防治与海洋生态保护提供了基本的框架,但实质性责任落实任重道远。该公约第 12 部分第 192 – 237 条规定了"保护与保全海洋环境"的基本内容。在直接法律依据不足时,这些基本内容在一定程度上可参照性地适用,为相对全面系

---

① ECOLEX, *United Nations Convention on the Law of the Sea*:*Country/Territory/Participant*, https://www.ecolex.org/details/treaty/united – nations – convention – on – the – law – of – the – sea – tre – 000753/? q = UNCLOS.

② Albers J., "The Present Legal Framework", in *Responsibility and Liability in the Context of Transboundary Movements of Hazardous Wastes by Sea*, Hamburg Studies on Maritime Affairs, Springer, Berlin, Heidelberg, Vol. 29, 2015, pp. 35 – 192.

③ 《联合国海洋法公约》第 232 条(各国因执行措施而产生的赔偿责任)各国依照第六节所采取的措施如属非法或根据可得到的情报超出合理的要求。应对这种措施所引起的并可以归因于该国的损害或损失负责。各国应对这种损害或损失规定向其法院申诉的办法。

④ 《联合国海洋法公约》第 262 条(识别标志和警告信号)本节所指的设施或装备应具有表明其登记的国家或所属的国际组织的识别标志,并应具有国际上议定的适当警告信号,以确保海上安全和空中航行安全,同时考虑到主管国际组织所制订的规则和标准。

⑤ 《联合国海洋法公约》第 304 条(损害赔偿责任)本公约关于损害赔偿责任的条款不妨碍现行规则的适用和国际法上其他有关赔偿责任的规则的发展。

统地建构国家应承担的污染防治义务与生态保护义务提供法律依据。

依据《联合国海洋法公约》规定，可从法理上对国际法中的责任主体做出以下两种解读：一是"海洋环境保护是整个国际社会的义务"[1]→每个缔约国都是《联合国海洋法公约》下的"财产所有人"[2]→作为"财产所有权人"的国家应承担海洋的资源保护义务→作为海洋资源的利用人的国家有义务保护海洋生态（生态系统）；二是"海洋环境保护是整个国际社会的义务"→每个缔约国都是《联合国海洋法公约》下的法律责任主体→作为法律责任主体的缔约国应承担海洋陆源污染防治义务。从这两种解读来看，《联合国海洋法公约》下的缔约国是当然的法律责任主体。但我们忽略了更深层的几个基本问题，这几个基本问题若不能得到合理的解释，则上述两种解读很难成立。第一个问题：海洋的绝大部分区域并不属于任何一个国家所有，对于超出国家管辖范围的海洋环境保护由谁作为责任主体，谁可以监督其他国家在超出国家管辖范围外的海洋活动？第二个问题：海洋污染具有外部性、海洋生态保护也同样具有外部性，海洋的四大生态系统服务功能应属于全人类，那些未加入《联合国海洋法公约》的国家或地区在享有这些自然惠益时，是否应作为相应的法律责任主体？第三个问题：海洋陆源污染多发生在一国国境内，对于国境内的行为可能导致的污染，如何从科技上确定其行为给全球海洋生态造成了损害，即便能从科学上大致确立了这种因果关系，如何确定不同国家的陆源排污行为与海洋生态损害之间的一一对应关系，若没有这种对应关系的确定，如何确定具体的责任主体？

（二）其他相关国际条约中的海洋陆源污染防治责任及责任主体

其他相关国际条约未明确规定相应的国际海洋环境保护的法律责任主体。关于海洋污染防治与生态保护的国际条约，除了《联合国海洋法公约》，还有《防止倾倒废弃物及其他物质污染海洋公约》及《1996议定书》、《生物多样性公约》及《卡塔赫纳生物安全协定书》、《关于持久性有机污染物的斯德哥尔摩公约》、《控制危险废物越境转移及其处置的巴塞尔公约》等，这些国际条约也必然会涉及相应的法律责任主体。但

---

[1] 曲波、喻剑利：《论海洋环境保护——"对一切义务"的视角》，《当代法学》2008年第2期。

[2] Kjell Grip, "International Marine Environmental Governance: A Review", *Ambio*, Vol. 46, 2017, pp. 413–427.

第七章 生态系统方法在国际海洋陆源污染防治中的挑战

在条约法的实施中，缔约方的"缔约能力""履约能力""责任能力"等并不是完全等同的。虽说"国家的缔约能力是固有且完全的"[①]，但国家的"履约能力""责任能力"往往与"缔约能力"之间存在较大差异，特别是在国际海洋生态保护方面。另外，在条约法中，缔约方是否涵盖所有违反条约义务的责任主体等国际法问题仍有待进一步明确。更为重要的是，除了《防止倾倒废弃物及其他物质污染海洋公约》及《1996议定书》是专项针对海洋陆源污染防治的国际条约，其他条约均不是系统地专门地处理海洋陆源污染防治问题的国际条约。虽说《防止倾倒废物及其他物质污染海洋公约》及《1996议定书》系专门针对从陆地向海洋直接倾倒污染物的排海问题，但从该公约及议定书的缔约及实施现状看（参见图7-1），实效有待检验。虽有98个国家签署了《防止倾倒废物及其他物质污染海洋公约》，有89个国家加入并予以实施[②]，仅占全球总倾倒量的60.3%[③]；虽有52个国家签署了《1996议定书》，却仅有48个国家加入并予以实施，不到全球总倾倒量的40%[④]，特别是一些海洋倾倒大

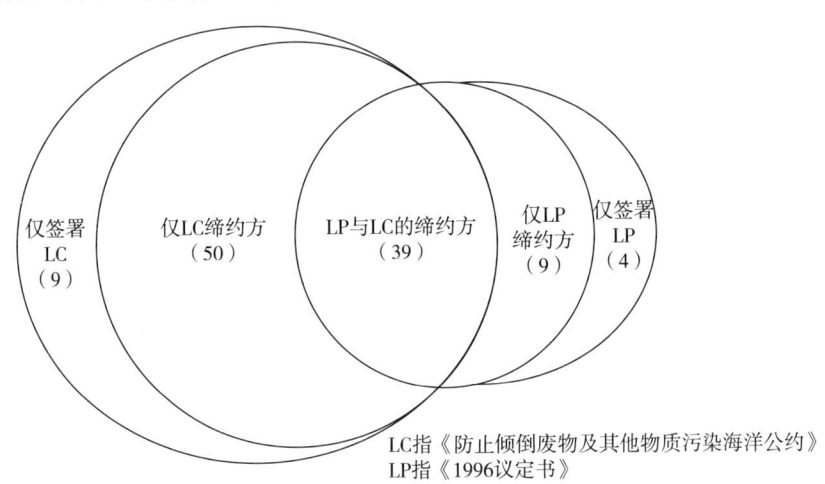

仅签署LC（9） 仅LC缔约方（50） LP与LC的缔约方（39） 仅LP缔约方（9） 仅签署LP（4）

LC指《防止倾倒废物及其他物质污染海洋公约》
LP指《1996议定书》

图7-1 《防止倾倒废物及其他物质污染海洋公约》及《1996议定书》缔约情况

[①] 万鄂湘等：《国际条约法》，武汉大学出版1998年版，第22页。
[②] IUCN, *Convention on the Prevention of Marine Pollution by Dumping of Wastes and Other Matter*, https：//www.ecolex.org/details/treaty/convention-on-the-prevention-of-marine-pollution-by-dumping-of-wastes-and-other-matter-tre-000420/?q=LC&type=treaty&xdate_min=&xdate_max.
[③] IUCN, *Status of Treaties*, https：//gisis.imo.org/Public/ST/Treaties.aspx.
[④] IUCN, *Status of Treaties*, https：//gisis.imo.org/Public/ST/Treaties.aspx.

国如美国、巴西仅签署了该议定书并未通过实施。这种现状不仅直接限制了公约（或议定书）的影响范围与实施效果，而且也使真正能承担国际法律责任的主体范围大大削减。

（三）国际合作与海洋陆源污染防治责任

海洋陆源污染防治国际合作的缺乏，也是责任主体难以明确的原因。海水的流动性附随的污染流动性，是海洋污染中不容忽视的客观原因。但整体上，海洋陆源污染防治的合作除了少数几个海域及塑料垃圾处理，其他方面的合作特别缺乏。然而，从陆源污染物在海洋中的迁移转化（参见图7-2[①]）来看，种类众多、来源复杂的陆源污染物的危害范围并不局限于固定的海域，污染物通过在海洋中的物理作用、化学作用与生物作用可能会影响远洋甚至极地。有研究表明：在渤海湾近岸海域（一定范围内），污染物输移扩散受到波浪作用的影响，表现为平行岸线方向，波浪作用使得远离污染物排放口的滩涂受污染的影响增大。[②] 对东北大西洋地区的五组试验结果显示：微量有机污染物的复杂混合物对浮游植物海洋群落有毒性作用。[③] 而关于南极 Adélie Land 中 POPs 累积情况的研究显示：该区域的底栖和中上层物种中，包含一定浓度的多氯联苯（PCB）、六氯苯（HCB）、五氯苯（五氯苯）和多溴联苯醚（PBDE）。[④] 虽然在南极海洋生物中的持久性有机污染物水平远低于北极和温带生物[⑤]，但在该区域的海洋生物中发现这些污染物的累积，充分说明了海洋污染的扩散性与一定程度上的危害无边界性。从污染物的输送与扩散途径而言，POPs类污染物既可通过大气输送进入海洋，也可通过入海河流

[①] 本图制作参考了张志锋、韩庚辰、王菊英《中国近岸海洋环境质量评价与污染机制研究》，海洋出版社2013年版，第95—119页；沈国英、黄凌风、郭丰等编著《海洋生态学》（第三版），科学出版社2010年版，第300—309页。

[②] 孙涛、陶建华：《波浪作用下渤海湾近岸海域污染物的输移扩散规律》，《海洋与湖沼》2004年第4期。陶建华、韩光：《波浪对浅海近岸污染物输移扩散规律的影响》，《中国科学》（E辑）2003年第11期。

[③] Pedro Echeveste, Jordi Dachs, Naiara Berrojalbiz et al., "Decrease in the Abundance and Viability of Oceanic Phytoplankton due to Trace Levels of Complex Mixtures of Organic Pollutants", *Chemosphere*, Vol. 81, No. 2, 2010, pp. 161 – 168.

[④] Goutte A., Chevreuil M., Alliot F. et al., "Persistent Organic Pollutants in Benthic and Pelagic Organisms off Adélie Land, Antarctica", *Marine Pollution Bulletin*, Vol. 77, 2013, pp. 82 – 89.

[⑤] Goutte A., Chevreuil M., Alliot F. et al., "Persistent Organic Pollutants in Benthic and Pelagic Organisms off Adélie Land, Antarctica", *Marine Pollution Bulletin*, Vol. 77, 2013, pp. 82 – 89.

或直排海等形式进入海洋,此类污染物一旦进入海洋则会对海洋的生态造成严重影响。再比如,重金属这类污染进入海洋的途径众多,但其在环境中不会被降解,只会发生形态和价态变化,因而可在环境中长期存在,对水体来说是一种永久性危害。①

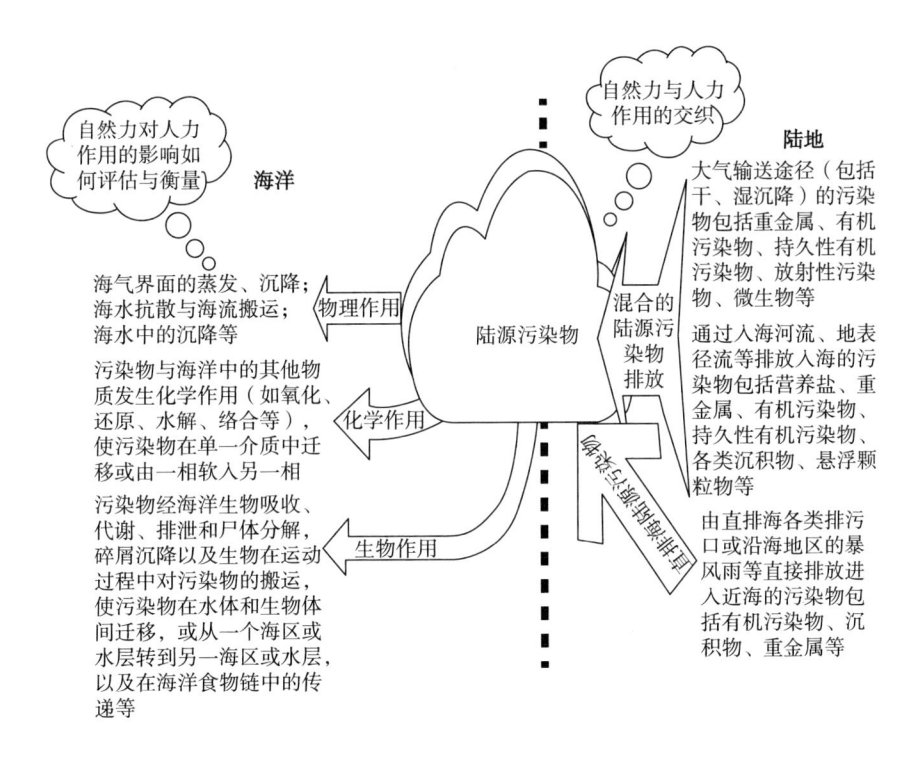

图 7-2　陆源污染物的主要来源及污染物在海洋中的迁移转化

因此,关于陆源污染防治国际法律责任主体的确立,要保障陆源污染物排放的有效全面防控,第一步就是通过现有的国际条约体系,尽力促进所有向海洋排放污染物的国家(或地区)制订相应的法律法规来防治陆源污染(尤其是内陆国与向海洋排污的大国),然后在相关立法的基础上,对相关法律制度做出进一步的修订以完善陆源污染防治中的生态系统保护。第二步是要结合既有的法律法规,充分考虑不同国家、

---

①　黄秀清:《杭州湾入海污染物总量控制和减排技术研究》,海洋出版社 2015 年版,第 192 页。

不同区域的实际情况,推进"从山顶到海洋"全过程的海洋污染防治理念,尽可能减少陆源污染物的排海。第三步才是结合既有的国际法,对陆源污染防治责任主体进行充分探讨,找出有效路径解决责任承担问题。

二 海洋生态(系统)保护中的国际法律责任主体

在探讨海洋生态保护中的国际法责任主体时,必须要先从法律上明确海洋生态保护的目的是什么。在既有的国内外相关文献中,大多将海洋环境保护中的生态保护与污染防治结合起来进行探讨[1][2][3],目的性的研究均围绕《联合国海洋法公约》《生物多样性公约》《国际油污损害民事责任公约》等相关国际条约展开,而基本按《联合国海洋法公约》的内容进行法律分析。无论出于何种目的或基于何种需求将生态系统方法应用于立法实践,其核心目的是维护生态系统的服务功能。一定海域生态功能的修复、维护与保护是生态系统服务功能维护的基础。海洋生态功能本质上是人类给自然生态(或生态系统)赋予的一种方便人类理解、认知与保护的基本概念,这一概念背后所承担的生态性与人类对生态服务价值的定位相关。在生物学上,生态系统服务的价值来源于生物的生存价值和协同进化,并与生态系统的调节功能和生境功能相关联;在社会学上,生态系统服务的价值受信息功能支持,是实现社会和谐与可持续的基础;在经济学上,生态系统服务是以货币的形式来表达生态系统的产品和服务的效用性大小、稀缺性多少以及获得这些服务所需成本的高低。[4] 通过不断的研究与向海洋开发拓展,我们已类型化知晓生态系统服务的价值基础与价值取向(参见图4-3与表4-1)。但就海洋生态系统向人类提供的服务而言,除供给服务中的有限类别是能被市场直接定价且能被现有的产权制度有限吸纳外,其他服务多具有共享性特征。基于此,要明确回答谁应成为海洋生态系统保护的国际法主体并

---

[1] Rüdiger Wolfrum, "Preservation of the Marine Environment", in Basedow J., Magnus U., Wolfrum R. eds., *The Hamburg Lectures on Maritime Affairs* 2011 - 2013, Springer, Berlin, Heidelberg, Vol. 28, 2015, pp. 4 - 18.

[2] Mukherjee P. K., Brownrigg M., "Protection of the Marine Environment", in *Farthing on International Shipping*, Springer, Berlin, Heidelberg, Vol. 1, 2013, pp. 265 - 294.

[3] 朱建庚:《海洋环境保护的国际法》,中国政法大学出版社2013年版,第1—19页。

[4] 张朝晖、叶属峰、朱明远:《典型海洋生态系统服务及价值评估》,海洋出版社2008年版,第12页。

第七章　生态系统方法在国际海洋陆源污染防治中的挑战 | 253

非易事。基于上述分析，对海洋生态保护的国际法主体提出以下三种方案。

第一种方案是不特定的所有人（包括自然人、法人、其他组织、国家等）为海洋生态（系统）保护的国际法主体。因为海洋生态系统提供的服务是所有人或人的集合都正在享有且正在使用的，且海洋生态系统所提供的服务也是任何人都无法回避不得不享有（或使用）的。与此同时，海洋生态系统服务受损后的承担者也是不特定的所有人。但将不特定的所有人作为海洋生态保护的国际法责任主体真的适格且能融入现有国际法体系吗？这个问题在现有的国际法与国内法中均难以给出明确答案。一者在于此处的所有人在法律上是指代不明的，仍需要通过不同层面的国际条约法、习惯法等来进一步明确其主体；二者在于这种假设仅是某种意义上理想化或抽象化的应对，并没有解决实际问题。

第二种方案将全人类作为海洋生态（系统）保护的国际法责任主体。因为对海洋生态（系统）的保护虽然会涉及国家管辖海域内的海洋资源、海洋生态的保护，但海水的流动性与海洋动力学性质使海洋是自成一体的，人为割裂的做法其实并不是完全符合生态要求的。因此从这个角度而言，保护海洋生态（或生态系统）就是保护地球上整个的海洋生态（系统），也是保护全人类的整体利益。从这个角度来看，海洋生态系统保护的法律责任主体理应是全人类。但谁能代表全人类？全人类又如何以一种法律责任主体的形式出现？这里还有一个问题是，对海洋生态的保护是有整体正外部性的。从人类发展与规制理性来看，保护行为与人类自我制约行为应同时进行。对于人类的制约在一定意义上可能意味着某些时空范围内的人类利益整体性减损。如何从伦理学、经济学与社会学中清晰地找到问题的答案依然很困难。但要求人类为了自然生态保护做出绝对的自我牺牲，在未来的很长一段时间都不具有可行性。虽然将海洋作为主体而非客体来对待有助于改善人与海洋自然生态对立的局面[1]，但这仅仅是伦理视角下对立状况的改变，而不是法律规范中保护责任主体的具体定位与落实。因此，这个方案所提出的责任主体太过于抽象而不具有实践性。

---

[1] Thomas Koellner, *Ecosystem Services and Global Trade of Natural Resources—Ecology, Economics and Policies*, London: Routledge, 2011, p. 18.

第三种方案是基于现有的海洋生态保护国际法的实施状况与海洋陆源污染物排放的整体性状况，把国家作为海洋生态（系统）保护的主要责任主体，且各个国家按照"共同但有区别的责任"原则来承担保护责任。

首先，这样定位国际法责任主体，既体现了现有国际法的相关规定，具有合法性，也充分考虑到了不同责任主体的履责能力及可能达成的法律效果，是在充分考虑到实质合理性基础上所提出的一种相对理性的选择。从目前国际条约的缔结与实施来看，虽然伴随国际法的发展，个人及其他主体可成为国际法责任主体的建议较多，但由于海洋生态系统保护的公益性与全人类性这些特征，国家作为责任主体仍是最被认可的。国际法责任主体作为国际法上的权利和义务的承担者，必然要对其违反国际义务的行为承担法律责任。① 而国家是目前对海洋生态保护既有权利，又具备能力去承担相应国际法律责任的主体。特别是国际社会对国家生态债务与生态责任的测评、衡量的研究日益成熟，也逐渐为国家作为国际法中生态系统保护主体的确立奠定了基础。某种程度上，基于生态债务的国家"生态责任"中，首要责任是保护生态系统及提升人们保护与管理生态系统的能力，次要责任才是修复受损生态系统。② 这表明，对于国家层面的责任主体而言，加强教育与引导也是生态责任之一。

其次，就人类对海洋资源开发利用程度与海洋污染破坏的贡献比来看，发达国家高度的工业化及其消费特征与海洋生物多样性严重损失的后果不成比例，这些国家应该有责任确保在其管理范围内的活动或影响是可持续的，③ 也应确保其活动不对其管辖范围外的区域造成不良影响。研究显示，20 世纪所记录的加勒比海地区珊瑚礁生态系统从珊瑚占主导向藻类占优势转变，这种转变的原因是前几个世纪以来人类对该区域内海洋资源无节制的盘剥与利用（包括对海龟和大型海洋脊椎动物的大肆

---

① 徐乃斌编：《国际法学》（第二版），中国政法大学出版社 2013 年版，第 97 页。
② Noémie Candiago, "The Virtuous Circle of Degrowth and Ecological Debt—A New Paradigm for Public International Law", in Laura Westra, Prue Taylor, Agnès Michelot et al., *Confronting Ecological and Economic Collapse—Ecological Integrity for Law, Policy and Human Rights*, New York: Routledge, 2013, p. 220.
③ Fontaubert A. Charlotte De, Downes David R. et al., "Biodiversity in the Seas: Implementing the Convention on Biological Diversity in Marine and Coastal Habitats", *The Georgetown International Environmental Law Review*, Vol. X, Issue 3, 1998, pp. 753 – 855.

捕捞）使珊瑚礁群遭到破坏。但这种说法并没有明确的数据支撑，仍需经济学、生态学、营养学等方面的专家给出发达国家与发展中国家关于海洋产品与海洋食品的消耗、海洋旅游中的生态足迹等方面的分析。虽然没有任何国际法明确规定国家是一定海域的资源的所有权主体，但从目前沿海国家对其内水与领海范围内的资源利用情况来看，不少国家的相关国内法中均认定国家是领海内资源的所有权主体。

最后，海洋生态（系）保护是现代服务型国家应对生态危机与生态系统退化而产生的一项新的公共事务。这项事务的产生与存续有合理性与正当性。其合理性源于全球范围内海洋生态系统的退化与海洋生产能力的减弱，是人类持续作用与持续影响的结果，而不特定的所有人的这种持续作用与影响很难回溯，也很难去追究个体责任，这样一来，作为负责国家公共事务管理职能的国家与政府便自然成为最适格的主体。当前，各国在《联合国海洋法公约》所构建的框架范围内利用经纬度等技术手段，对海洋实行分割"占有"的规制管理无法在疆界分割的状态下实现海洋的价值；也无法在疆界的限定范围内独立地（实际上是孤立地）实现对海洋生物资源的整体性保护[1]；更无法在各种权力制约与管理分割的现状下实现海洋生态服务功能的整体性维护。然而，现状是我们人类不得不保护，不得不主动作为。包括海洋在内的许多生态和社会—生态系统已经设定了此阈值的存在，且世界已进入"人类世"的地质时代。[2] 在"人类世"时代，决策与立法必须将人与自然环境一起予以考虑，因为社会（人类）和生态（生物物理）子系统通过相互反馈联系在一起，相互依存，共同进化。[3] 对于人类社会系统与自然生态系统所形成的社会—生态系统，应在公共对策制订、法律制度的确定、人们行为方式的改变等过程中予以充分关注并有效整合。对于海洋生态系统而言，其所提供的产品或服务是公共资源（或公共物品），难以通过具体措施排除或控制其他潜在使用者从中获益，也难以保障（在使用过程中）每个

---

[1] 白洋、吴庭刚：《从"应然"到"实然"：海洋生物资源保护的法理分析与规范路径》，《学术交流》2017年第7期。
[2] 凯瑟琳·施韦尔特纳·马涅斯等：《海洋史的未来：迈向全球海洋史研究计划》，载刘新成主编《全球史评论》（第十四辑），中国社会科学出版社2013年版，第70—95页。
[3] Fikret Berkes, "Environmental Governance for the Anthropocene? Social – Ecological Systems, Resilience, and Collaborative Learning", *Sustainability*, Vol. 9, No. 7, 2017, p. 1232.

使用者不对其他使用者的福利（或潜在权益）造成减损。① 如此一来，在海洋生态（系统）服务功能的保护中，将人类社会系统作为社会—生态系统之法律关系构建中的整体予以衡量，除了要从生态学、伦理学、经济学、社会学寻找理论基础，还应与国际法主体的寻找关联起来，这是保障其得以被更多人认知、认同与实践的必要条件之一。因此，在这种将人类行为作为社会—生态系统中的一个亚系统整体予以考虑与衡量的地质时代，最具代理人资格的国家理所当然地成为国际海洋生态（系统）保护的主体，并逐渐演化成了相应国际法律关系的主体是正当的。

三 海洋陆源污染防治与生态（系统）保护国际法律责任及责任主体合一

要回答海洋陆源污染防治与生态保护责任主体能否合一的问题，首先要分析二者是否存在关联性与一致性，没有关联性，则二者不存在可以合一的基础或联结点；其次要清楚二者在哪些方面具有一致性，若没有一致性，则两种不同的责任难以合一。就海洋陆源污染防治的法律责任主体与海洋生态保护的法律责任主体二者之间是否存在关联性，笔者从以下三个层次分析。

（一）环境污染与生态（系统）退化（损害）之间的关联性

环境污染与生态（系统）退化（损害）之间是否存在关联，是基础科学层面的认识，环境科学家、生态学家一直在努力寻求答案。现有的研究通过环境与自然生态基本要素的共享性、环境污染界定的变化性、生态（系统）退化（损害）的污染介入性等几方面内容给出了相对明确的答案。

首先，自然环境要素（水、大气、土壤、生物、岩石等）与生态系统的组成要素（非生物的物质和能量、生产者、消费者、分解者）是共享共有共存的，对生态系统中无机环境如水、空气、土壤等进行保护是维系生物得以健康存在的基础。② 而进入生态系统无机环境中的污染物一旦超出了其自净能力，则不仅会造成污染危及人类健康，也会造成生态系统中生物多样性及生态系统的功能受损。污染（如重金属污染）散布

---

① Ostrom E., Burger J., Field C. B. et al., "Revisiting the Commons: Local Lessons, Global Challenges", *Science*, Vol. 284, 1999, pp. 278–282.

② Sara L. Ellis et al., "Four Regional Marine Biodiversity Studies: Approaches and Contributions to Ecosystem-based Management", *PLOS One*, Vol. 6, No. 4, 2011.

第七章　生态系统方法在国际海洋陆源污染防治中的挑战 ┃ 257

会造成生态有效能的损失，这种生态有效能的损失会发生在生态系统的恶化、废弃物的散布、可更新资源的利用、不可更新燃料（包括化石燃料与核燃料）的消耗等过程中。① 因此，污染物的排放不仅会造成自然环境的污染，也可能会造成生态（系统）损害（退化）。

其次，环境污染的人为界定过程也是一个不断融入生态保护的过程。就环境污染的界定而言，早期的定义贯穿了人类中心主义的思想，认为环境污染是指我们环境发生了对人类不利的变化。② 但伴随着人类对环境污染认知与理解的变化，环境污染的定义也发生了变化，一般指输入环境介质中的某种物质或能量过多，超过环境本身的自然净化能力和承载能力，从而对人体健康、生态系统和环境系统产生不利影响的现象和过程。③ 这种认识既受人类社会认知观念变化的影响，也受到环境工程学、污染生态学等学科不断发展变化所给予人类的知识给养的影响。前人的研究给我们在理解环境污染与生态（系统）退化（损害）间的相互关系时提供了诸多参考，但目前并没有关于环境污染与生态（系统）退化（损害）之间系统性、整体性的理论支撑与数据依据，多围绕不同类型或不同来源的污染物排放给自然生态（包括自然界中的生物、生境与某些特定类型生态系统）所造成的负面影响的研究展开。

最后，生态（系统）的退化（损害）总是离不开人类所排放的污染物的影响。生态系统之所以能生存发展并维持平衡，离不开环境中的物质循环、能量交换、信息交流等，自然环境与生物体之间的生物地球化学循环是生物与环境协同进化的动力，也是地球历史演变的产物。④ 伴随人类活动范围的拓展，人类活动引起了自然界更加深刻的变化，并对自然界产生冲击，使自然生态平衡遭到严重破坏。⑤ 虽然我们不否认生态失衡背后确有自然的因素，但人类生产生活中的污染排放或粗放式的自然资源开发利用是主导，也是人类自身可控的因素。

从总体上看，人类所排放的污染物对生物群体、自然生态系统的影响是全方位的，环境污染必然导致不同程度的生态（系统）退化（损

---

① ［丹］S. E. 约恩森：《生态系统生态学》，科学出版社2017年版，第119页。
② 霍奇斯（L. Hodges）：《环境污染》，商务印书馆出版1981年版，第1页。
③ 常学秀、张汉波、袁嘉丽：《环境污染微生物学》，高等教育出版社2006年版，第2页。
④ 魏惠荣、王吉霞：《环境学概论》，甘肃文化出版社2013年版，第5页。
⑤ 魏惠荣、王吉霞：《环境学概论》，甘肃文化出版社2013年版，第98页。

害)。如人类所排放的污染物不仅通过食物链进入各种生物体及自然环境之中,甚至可能通过污染物中所包括的有毒有害物质导致某些种群毁灭,导致食物链断裂,破坏系统内部的物质循环和能量,使生态系统功能减弱以至丧失。[1] 然而,人类的排污行为对生态系统的影响往往是间接的、渐次的、累积性的、长效应的,导致在现有的法律制订或政策选择中,很少将排污行为与生态(系统)退化(损害)直接关联起来,尤其是将生态(系统)退化(损害)与污染物排放行为的管理进行关联的更缺乏。

(二)海洋陆源污染物排放与海洋生态(系统)退化(损害)的关联性

海洋陆源污染物的排放是否对海洋生态(系统)退化(损害)造成影响?答案是肯定的。但如何从政策或法律制订的角度明确这种影响之间的因果联系,仍需要进一步分析。从全球范围的相关海域来看,陆源污染物的排放与近海区域(或大陆架)生态环境影响之间有密切关联性。有科学研究表明:远距离大气运输和沉积是在海洋区域中有机污染物的重要途径,也是导致有机污染物在海洋生物中积累的重要因素,特别是浮游食物链中持久性有机污染物的生物聚集也表明,POPs 类污染物对区域或全球的生物地球化学循环产生了影响,也影响了海洋中浮游植物的丰度与生产力。[2] Benjamin S. Halpern 等的研究结果表明:人类活动的累积性影响最大的区域主要集中于大陆架和斜坡区域,因为这些区域同时受到陆源性和海源性人为因素的影响。其中北海和挪威海、南海和东海、东加勒比海、北美东海岸、地中海、波斯湾、白令海以及斯里兰卡周围海域,是目前所观测到的受人类活动影响较大的区域。[3] 虽然此类研究没有明确区分陆源性与海源性活动的影响,但这些恰恰也是人类的陆上活动与海岸带活动影响最为频繁的海域,这表明陆源排污等相关活动对于近海生态(系统)的影响是明显的。大部分受到人类活动影响极低的区

---

[1] 魏惠荣、王吉霞:《环境学概论》,甘肃文化出版社 2013 年版,第 101 页。

[2] Pedro Echeveste, Jordi Dachs, Naiara Berrojalbiz et al., "Decrease in the Abundance and Viability of Oceanic Phytoplankton due to Trace Levels of Complex Mixtures of Organic Pollutants", *Chemosphere*, Vol. 81, No. 2, 2010, pp. 161–168.

[3] Benjamin S. Halpern, Shaun Walbridge, Kimberly A. Selkoe et al., "A Global Map of Human Impact on Marine Ecosystems", *Science*, Vol. 319, 2008, pp. 948–952.

域（约占海洋的3.7%）都位于高纬度的北极和南极地区[1]，而这些区域由于气候条件的限制或人类活动范围的限制很难进入。以陆源排污对河口湾地区的生态影响为例。河口和沿海海洋生态系统是陆地生态系统与世界海洋之间的过渡地带，也是世界上最具生产力的生物群落之一，为人类提供重要的生命支持系统。[2] 河口是流域物质的归宿，人类活动产生的各种污染物最终将在河口湾汇入海洋。[3] 河口湾地区生态（系统）状况与人类的陆源排污存在较大关联。一方面，河口湾地区的动力过程可能会延迟或保留从入海河流所排放来的污染，从而延缓或阻止河口污染物排放到真正的海洋环境中[4]，由于河口湾地区水流动力学及其他相关因素的影响，有多少陆源污染物滞留于此，目前没有准确数据。诸如此类的不确定性问题在陆源污染物的排放与扩散等过程中较常见，也是许多沿海国家不愿采取长效措施控制陆源污染物污染海洋的最重要原因之一。另一方面，河口湾地区与其他生物群落的最大差异在于：影响河口区生态系统的物理化学力的性质及其变异性。河口湾地区总体上是同时受海洋和陆地变化影响最大的区域，其在地貌上是动态和短暂的系统，会产生许多不同类型的生境或混杂现象。[5] 河口湾地区的这种生态特征与环境状况，使其不仅对陆源污染物的排放十分敏感，该区域内因污染所引起的生态问题也十分引人关注。如20世纪90年代出现在墨西哥湾、密西西比河河口区域，以及我国长江口外夏季低氧现象必然对海区生物生产产生的影响。[6] 外源性物质的输入对低氧区形成有重要影响，长江口外低氧区的形成则与长江向东海输送大量的氮、磷等营养盐密切相关。从这个例子来看，陆源污染物的输送的确是造成部分海域生态恶化的原因，而

---

[1] Benjamin S. Halpern, Shaun Walbridge, Kimberly A. Selkoe, et al., "A Global Map of Human Impact on Marine Ecosystems", *Science*, Vol. 319, 2008, pp. 948 – 952.

[2] Day J. W. et al., *Estuarine Ecology*, Brisbane: John Wiley and Sons. Inc., 1989, p. 558.

[3] 张志锋、韩庚辰、王菊英：《中国近岸海域环境质量评价与污染机制研究》，海洋出版社2013年版，第66页。

[4] Janet Pawlak, "Land – based Inputs of Some Major Pollutants to Baltic Sea", *Ambio*, 1980, pp. 163 – 169.

[5] Sander Jacobs, Kirsten Wolfstein, Wouter Vandenbruwaene et al., "Detecting Ecosystem Service Trade – offs and Synergies: A Practice – oriented Application in Four Industrialized Estuaries", *Ecosystem Services*, Vol. 16, Dec. 2015, pp. 378 – 389.

[6] 张志锋、韩庚辰、王菊英：《中国近岸海域环境质量评价与污染机制研究》，海洋出版社2013年版，第177页。

这种生态恶化会进一步影响海洋生物的生长。因此，有效遏制陆源污染物的排放是防止海洋生态（系统）退化（损害）的路径之一。

（三）陆源污染物的排放主体与海洋生态（系统）的保护主体的关联性

如何将陆源污染物的排放主体与海洋生态（系统）的保护主体关联起来？这种主体关联并不是将两种不同类型的主体简单合并，而是通过某种或某些关联性要素使这两个不同类型的主体能在同一个目标下履行相应的法律责任或承担相应的法律义务，或者使两个不同类型的主体间能形成一种制约，从而使其在相互牵制中履行法律责任或承担相应义务。由于陆源污染物的排放源广泛且主体众多[①]，很难按"污染者负担"原则来确定其中的排污者。但若对其中的"污染者"做扩大解释，按照区域来确定排污者，则要容易一些。从宏观角度来看，在陆源污染防治责任主体的确立中，陆地所在区域是最大的责任主体范围，这一区域的国家边界、行政区划与管理范围是相对明晰的。虽然现有的法律体系中并没有将陆地这一个地理学上的地域作为法律责任主体来对待，但在一个地域范围内对整个陆地或海洋均承担管辖责任或义务的是国家，因此，从这个角度讲，国家是能承担这一防治义务与保护义务的适格主体。这种适格性，一方面在于国家是具有环境责任能力的主体，另一方面在于国家是具有兜底性、综合性海洋生态环境保护义务的主体。因此，从国际法层面来看，国家对于这种责任的承担也是合理的。

四 国家责任视域下海洋陆源污染防治与生态（系统）保护责任的承担

海洋陆源污染防治责任主体的确立，不仅牵涉各种污染物质的确定、污染来源的梳理、有效监测监管与信息交流、排污主体的确立等，还关联到不同主体的认知、吸纳、实施等相关能力问题。或许明知同一海域内国家的陆源活动都有可能产生海洋污染（生态损害），但在某些情况下

[①] 具体请参见戈华清《海洋陆源污染防治法律制度研究》，科学出版社2016年版，第3—4页。Marko Tosic, Juan Darío Restrepo, Alfredo Izquierdo et al., "An Integrated Approach for the Assessment of Land-based Pollution Loads in the Coastal Zone", *Estuarine, Coastal and Shelf Science*, Vol. 211, 2017, pp. 1–10。

很难明确危害海洋环境的具体的来源和活动。① 即便我们确定了国际法上的主体是国家，但在同一海域不同国家的陆源排污情况难以确定并被量化的情形下，依然要国家承担责任是否正当合理呢？或者在同一海域不同国家对污染物排放的监测监管能力、有效治理能力、担责能力等存在明显差异的情况下，依然要所有国家不加区分地承担责任是否正当合理呢？下面将从两个层面展开分析。

（一）传统意义上国家责任的承担

从传统意义上的国家责任来进行分析，是一种依据现有国际法规则的解读。国家责任是"国家对其国际不法行为所承担的责任"，其成立必须具备违反国际法规则和可归责于国际法主体两个要件。② 基于此，就海洋陆源污染防治与海洋生态保护而言，以下三个问题必须回答。

第一个问题，向海洋排污或造成海洋生态（系统）退化（损害）是不是一种国际不法行为？通过对《联合国海洋法公约》中相关条文的分析（参见表 7－1）得知：一国管辖范围内的陆源排污行为在原则上是被限制或禁止的，但在何种程度上会被限制或禁止，国际法既没有规定也未提供标准；因海洋污染所造成的生态（系统）退化（损害）也是《联合国海洋法公约》所不允许的，但何种程度上的生态（系统）退化（损害）国家应该担责也没有明确规定，因而，《联合国海洋法公约》在海洋环境保护国家责任的承担中的规定并不明确，具体的责任承担仍有待相关国际条约、区域性条约或国内法来处理。虽然这些规定抽象且不具体，但《联合国海洋法公约》确认：未尽到合理注意义务，"向海洋排污并造成海洋生态（系统）退化（损害）的行为"在理论上可视为一种"国际不法行为"。在此，"未尽到合理注意义务"的衡量必然要考虑国家能力问题，不同的国家的环境治理能力是存在差异的，不可毫无区分地要求所有国家承担统一的"合理注意义务"。

---

① Yoshifumi Tanaka, "Regulation of Land - based Marine Pollution in International Law: A Comparative Analysis Between Global and Regional Legal Frameworks", *ZaöRV*, Vol. 66, 2006, pp. 535 - 574.

② 林灿铃：《国际法的"国家责任"之我见》，《中国政法大学学报》2015 年第 5 期。

表 7-1　　　　　基于《联合国海洋法公约》的海洋陆源
污染排污行为的国家责任

《联合国海洋法公约》的规定及涉及的法律事由	向海洋排污	海洋生态（系统）退化（损害）	向海洋排污且造成海洋生态（系统）退化（损害）
第 1 条[①]，是否构成《联合国海洋法公约》中的海洋环境污染	否	不明确	是
第 194 条[②]，国家是否有义务采取法律规定的措施	有	不明确	有
第 195 条[③]，国家是否有义务采取措施防止污染转移	有	不明确	无
第 235 条[④]，国家是否应承担相应的国际法责任	有，但不明确	有，但不明确	有，但不明确

当然，不得不承认的是，这种确认在目前的国际海洋环境保护中的作用是有限度的。在许多国家看来，关于陆源污染防治的诸多事项依然是一个国家主权范围内的事情，不宜将其扩大到国际法领域，尤其是对于陆源排污行为的法律责任，各国往往会将其与"合理注意"义务解释、

---

① 《联合国海洋法公约》第 1 条："海洋环境的污染"是指人类直接或间接把物质或能量引入海洋环境，其中包括河口湾，以致造成或可能造成损害生物资源和海洋生物、危害人类健康、妨碍包括捕鱼和海洋的其他正当用途在内的各种海洋活动、损坏海水使用质量和减损环境优美等有害影响。

② 《联合国海洋法公约》第 194 条：各国应在适当情形下个别或联合地采取一切符合本公约的必要措施，防止、减少和控制任何来源的海洋环境污染。各国应采取一切必要措施，确保在其管辖或控制下的活动的进行不致使其他国家及其环境遭受污染的损害，并确保在其管辖或控制范围内的事件或活动所造成的污染不致扩大到其按照本公约行使主权权利的区域之外。

③ 《联合国海洋法公约》第 195 条：各国在采取措施防止、减少和控制海洋环境的污染时采取的行动不应直接或间接将损害或危险从一个区域转移到另一个区域，或将一种污染转变成另一种污染。

④ 《联合国海洋法公约》第 235 条：各国有责任履行其关于保护和保全海洋环境的国际义务。各国应按照国际法承担责任。各国对于在其管辖下的自然人或法人污染海洋环境所造成的损害，应确保按照其法律制度，相关主体可以提起申诉以获得迅速和适当的补偿或其他救济。为了对污染海洋环境所造成的一切损害保证迅速和适当地给予补偿的目的，各国应进行合作，以便就估量和补偿损害的责任以及解决有关的争端，实施现行国际法和进一步发展国际法，并在适当情形下，拟订诸如强制保险或补偿基金等关于给付适当补偿的标准和程序。

国家主权原则的适用结合起来考虑，而尽量减少其责任国际化与法律化的可能。国家的"合理注意"要求国家采取一定的预防或减轻风险的单方措施。[①] 这要求相关国家为了履行这种海洋环境保护的国际义务，有责任通过国内立法或对策的完善来预防或减少陆源污染所可能导致的生态（系统）退化（损害）。由于这种国际责任在形式上发生了变化，由国际层面转向国内层面，其相应的法律责任形式也会发生改变，最终责任的承担也会发生变化。因此，从这个角度来看，若国际社会没有相应的国际条约或双边机制跟进的话，则可能会因为海洋生态（系统）保护成果的共享性、外溢性而在实践中大打折扣。

第二个问题，向海洋排污或造成海洋生态（系统）退化（损害）是否违背相应的国际法规则？若违反，具体违反了哪些国际法规则？通过对第一个问题的分析，已经明确了向海洋排污且造成海洋生态（系统）退化（损害）的行为是不符合《联合国海洋法公约》的规定的，但并未明确该行为是否为"国际不法行为"。单纯地向海洋排污而难以确认是否造成海洋生态（系统）退化（损害）的情形，是否违反国际法规则，在《联合国海洋法公约》中并没有明确；仅造成海洋生态（系统）退化（损害），但是否因陆源排污造成的并不清楚，此种情形下是否违反国际法规则，《联合国海洋法公约》中也没有明确规定。虽然在海洋环境保护中国家具有"对一切"的义务，但对于这种义务国家应该具体如何履行、如何担责，国际法上依然是不明确的。

第三个问题，向海洋排污或造成海洋生态（系统）退化（损害）是否应由国家来担责？国家作为具有确定的领土、人口、政府及主权的共同体[②]，虽然具备了组织的特征与集体行动的能力，但就排污行为而言，具体的陆源污染物的排放主体不是国家，而是这个国家中的具体的人（包括自然人、法人及其他组织等）。另外，海洋生态（系统）退化（损害）行为的实际主体，也不是国家，而是具体的人（包括自然人、法人及其他组织等）。按照"污染者负担、破坏者修复"原则，让具体的排污者与损害者来承担责任才能真正体现其合理性与正当性。但就国际法上

[①] 王曦：《论"国际法未加禁止之行为引起有害后果之国际责任"》，《社会科学》2006年第4期。

[②] 曹树金：《国家概念再探析》，《辽东学院学报》（社会科学版）2015年第1期。

的责任而言,国家才是"具备完整的社会治理管理能力和应对他国竞争与挑战能力的"① 的唯一主体,而对海洋陆源污染防治与海洋生态(系统)保护法律措施的整体性履行,既是国家事务管理与控制社会问题、服务社会发展能力的体现,也是国家保护资源并积聚资源的体现,还是保障国家整体实力的体现。更为关键的是,尽管海洋陆源污染的影响面广且难以估量,但陆源污染物来源是有国家渊源(或国家来源)的。② 这意味着,陆源污染物是起源于一个国家主权管辖下的具体区域的。③ 从来源地域的确定性来看,是可以确定相应国家主体的。因此,从国家在自然资源管理与利用、社会事务管理、社会服务的有序提供等综合性国家能力体现的角度来看,国家承担责任是合适的。但国家究竟应该怎样担责,应该承担何种类型的责任,通过何种方式来承担何种程度的责任呢?国家是应该承担污染物排放的监管责任,还是承担相应的兜底责任或补充责任?这些问题仍有待相关研究来进一步证实。

(二)非传统意义上国际责任的承担

上述第一个层次中所论及的国家责任,其实质依然是一种抽象的一般义务履行下的国家责任,就海洋陆源污染及其陆源污染所导致的生态(系统)退化(损害)所应承担的国家责任而言,不必然具有对应性。污染及污染所致生态(系统)退化(损害)可能产生的法律责任,有别于传统国家责任,系跨界损害的国家责任(或国际法未加禁止行为所产生的损害性后果责任)中的一种④,不仅具有跨域性,还具有明显的时滞性,且这种责任的承担大多数不是传统意义上的国家不当行为或"国际不法行为"所致。非传统意义上的国家责任的国际立法,目前依然处于相对停滞的状态。虽然1996年国际法委员会一读通过了《国际法未加禁止之行为引起有害后果之国际责任条款草案》(*International Liability for Injurious Consequences Arising out of Acts not Prohibited by International Law*),对在国际环境保护中增加国家主权的合法限制和促使国家对不损害国外

---

① 黄清吉:《论国家能力》,中央编译出版社2013年版,第38页。
② Daud Hassan, *Protecting the Marine Environment from Land-based Sources of Pollution:Toward Effective International Coorperation*, Aldershot:Ashgate, 2006, p. 17.
③ Zajack R., "The Development of Measures to Protect the Marine Environment from Land-based Pollution", *James Cook University Law Review*, No. 3, 1996, p. 70.
④ 林灿铃:《国际法上的跨界损害之国家责任》,华文出版社2000年版,第100页。

环境的义务给予更大关注方面具有积极意义①,但对于跨界环境损害可能产生的国际责任的实践价值仍不明晰。就陆源污染物排放所可能导致的海洋生态(系统)退化(损害)而言,它既不可能被完全纳入传统国际责任范畴,也不能被完全纳入一国的国内法范围。而将这种排污行为的越界影响纳入跨界损害之中是有合理性与正当性的,因为"跨界损害"是指国家管辖或控制下的活动造成该国管辖或控制范围以外的其他国家领土或其管辖或控制范围以及"公域环境"的损害。②跨界损害与陆源污染所可能导致的国家管辖领域外的生态损害是相符合的。对于跨界损害的预防,联合国大会在2001年12月12日第56/82号决议中,对国际法委员会在预防国际法未禁止的行为(防止危险活动的越境危害)的努力表示赞赏③,但并未就国际法委员会已通过的《关于预防危险活动跨界损害条款》草案制定相应的国际条约一事做出回应。这表明《关于预防危险活动跨界损害条款》草案在国际法层面的实践仍需要各国进一步努力。国际法层面关于跨界环境损害立法的现状表明:现阶段,很难通过国际责任法立法的完善来解决这个问题,需要通过其他可选择的途径来解决此问题。

地球这个完整的生态系统由在政治上"国家林立"的人类社会"分而治之"④,完整的海洋生态在管辖与治理中的状态亦如此。这种治理状态一方面加剧了全球范围内海洋生态(系统)退化(损害)的风险,另一方面深化了这种分割而治的现状。这种现状于海洋生态(系统)的整体性保护与海洋污染综合性预防是不利的。因此,我们需要从非传统的国家责任层面去寻求更合适的途径来解决此问题。环境保护的责任与义务是生态危机时代所衍生出来的一项新的责任与义务,要求任何国家在进行资源开发利用、社会生产活动、社会生活行动的过程中,均应秉持"合理注意"的义务,而不能给其他国家或"公域环境"造成损害或潜在损害。因为从某种程度上讲,作为国际法上的一种国家责任,其意义不

---

① 王曦:《论"国际法未加禁止之行为引起有害后果之国际责任"》,《社会科学》2006年第4期。

② 林灿铃:《国际法的"国家责任"之我见》,《中国政法大学学报》2015年第5期。

③ International Law Commission, *Prevention of Transboundary Damage from Hazardous Activities*, http://legal.un.org/ilc/summaries/9_7.shtml。

④ 王曦:《主权与环境》,《武汉大学学报》(社会科学版)2001年第1期。

仅是追究国家违背国际义务而给予一定的制裁，使受害国的受损利益得到合理赔偿，更重要的是促使各国遵守其国际义务，确保规范与规则的履行，发挥维护国际法秩序的机能。[①] 海洋生态（系统）的保护在某种意义上讲，是为了海洋资源的永续利用，也是全人类的义务，而国家作为凝聚资源与保护资源的主体，对海洋生态（系统）的保护是保护海洋资源的一种表现，从这个角度来看，这是国家对其资源所有权及资源所有权存续基础的一种责任。

[①] 胡绪雨：《跨境污染损害的国家责任》，《政法论丛》2015 年第 5 期。

第八章　生态系统方法在区域海洋
陆源污染防治中的启示

就区域海洋法公约的结构和规章内容而言，区域海洋法公约与《联合国海洋法公约》第十二部分的一般结构相似；由于区域海洋法公约规定了适应特定区域海洋的特殊情况和所需要的规则，就这方面而言，它们是《联合国海洋法公约》的特别法（Lex Specialis）。[①] 虽然区域海洋法公约系《联合国海洋法公约》的特别法，但区域海洋法公约与《联合国海洋法公约》一样，在立法上也多采用框架式与开放式模式，并没有在公约中解决区域性海洋环境保护中需要解决的具体问题，而是将其中一些具体的问题通过公约附件或议定书等形式留待后面再做进一步处理。然而，即便区域海洋法公约是框架式与开放式的，但这种处理方式相比于海洋陆源污染防治与生态（系统）保护的区域立法，总体情况要明朗许多，尤其是在无海洋主权争议、政治体制相同、社会经济发展程度近似、海洋生态状况接近的一些国家聚集的沿海国家所在地。在 UNEP 的18 个区域海洋保护计划中，就海洋陆源污染防治与生态保护匹配有相应的区域海洋法公约并予以实施的仅东北大西洋中的北海、波罗的海等海域，而生态系统方法在海洋管理中的应用在这两个海域也相对成熟并形成了相对体系化的规则体系与管理机制。由于第二章中已对这两个海域生态系统方法应用进行了全面分析，此部分将不再对其具体内容进行介绍。

生态系统方法在区域海洋陆源污染防治中的实践较早的有海岸带综合管理、海洋环境一体化管理等，伴随该方法应用领域与范围不断拓展

[①] Albers J., "The Present Legal Framework", in *Responsibility and Liability in the Context of Transboundary Movements of Hazardous Wastes by Sea*, Hamburg Studies on Maritime Affairs, Springer, Berlin, Heidelberg, Vol. 29, 2015, pp. 35 – 192.

也逐渐形成了配套的应对措施。在《OSPAR公约》与《HELSINKI公约》的实施进程中，首先明确了生态系统管理是作为一种方法应用于海洋保护实践的，进而确立了一些相应的原则，如风险预防原则、污染者负担原则在陆源污染防治中的基础性地位，还就生态系统方法的应用发展出了一系列的配套措施，包括区域性公约管理机构的设立运行、生态系统方法实施中跨界问题的处理、海洋空间规划、适应性管理、最佳可得技术与最优管理实践的应用等。生态系统方法在海洋中的应用起源于海洋渔业资源的保护，并逐步拓展至其他领域，在海洋陆源污染防治中的直接应用鲜有提及，此方面的文献资料与实践材料也很少。虽然东北大西洋与波罗的海区域的环境保护均有系统化的、正式的、专门的条约作为实施依据，区域内的大多数成员在政治体制、管理方式等方面有一致性，但在生态系统方法适用的过程中依然存在诸多挑战。虽然生态系统方法是当代环境管理政策的核心，但从具体的法律制度来看，此方法究竟意味着什么仍不清楚。[①] 欧盟将生态系统方法应用于海洋管理，但相关数据依然是由各部门收集的，在海洋环境实践中不存在一站式（One-Stop-Shop）的获取方式，因此，目前需要更有效的管理机制去推动使用者可持续地开发利用海洋。[②] 尽管如此，但这两个区域条约体系下生态系统方法的应用与措施相对完善，相关研究内容也相对较多。本部分将结合生态系统方法在海洋环境保护与资源利用中的内容来说明其在应用中存在的挑战以及对我国的启示。

第一节 生态系统方法在区域海洋管理中的实践

一 生态系统方法在区域海洋管理中的实践概况分析

本书第一章与第二章虽综合研究了生态系统方法在管理与实践中所

[①] Annika K. Nilsson, Brita Bohman, "Legal Prerequisites for Ecosystem-based Management in the BalticSea Area: The Example of Eutrophication", *Ambio*, Vol. 44 (Suppl. 3), 2015, pp. S370-S380.

[②] Suzanne J. Boyes, Michael Elliott, "Marine Legislation—The Ultimate 'Horrendogram': International Law, European Directives &National Implementation", *Marine Pollution Bulletin*, Vol. 86, No. 1-2, 2014, pp. 39-47.

第八章　生态系统方法在区域海洋陆源污染防治中的启示

涉及的一些基本概念、要素与内容，让我们清楚了海洋生态系统方法在管理中的意义与价值，但并未阐明生态系统方法在海洋立法中的角色与具体作用。目前，在生态系统立法及管理实践与理论研究中，出现了诸多表述，这些表述差异的主要原因在于生态系统方法的应用总体上是源于管理实践（或试验性的管理实践）的，且这些管理实践是存在诸多差异性、灵活性与变动性的。

《OSPAR 公约》是全球第一个明确将综合生态系统方法写进区域海洋环境保护法的多边条约。该公约附件五第 3 条[①]中就应用生态系统方法做了明确规定：在符合本附件第 4 条[②]的情况下，力求采用综合生态系统方法。而何谓"综合生态系统方法"在这两个海域的区域性条约中均没有明确说明，但通过其他方式给出了"生态系统方法"的定义。[③] 从两个区域性条约中所接纳或阐释的生态系统方法定义来看，生态系统方法无论是作为管理原则还是作为管理理念并没有实质性差异。其所包含的基本要素和基本特征同本书第一章中所给出的差异性不大，从总体上均强调了对于科技依赖背后的渐进性、整体性与综合性、适应性与灵活性、不确定性。在该公约附件五第 4 条中给出了"生态系统方法"应用的限制性条件为渔业与海洋运输业。这两项产业的发展由于涉及相对复杂的国际法问题，若要适用生态系统方法，其中必会涉及不同海域的自由航行条件的设立、不同类别海洋渔业资源的保护与养护责任的确立、不同海域渔业捕捞配额的确定等复杂问题。当然，这种限制性适用也是对海洋交通运输与海洋渔业这两项重要的传统性产业及法律权利在生态系统保护中的一种特殊例外，这种例外伴随人类对海洋生态保护意愿的增长

---

① 具体请参阅 Convention for the Protection of the Marine Environment of the North – east Atlantic. Annex V on the Protection and Conservation of the Ecosystems and Biological Diversity of the Marine Area. Article 3. 1. b（ⅳ）subject to Article 4 of this Annex，to aim for the application of an integrated ecosystem approach。

② 此处的本附件指 OSPAR 公约的附件五"保护或保全海洋生态系统与海域生物多样性"，附件五的第 4 条：1. 依据本公约倒数第 2 段序言，本附件不适用于有关渔业管理的方案和措施。但当委员会认为某一行为与渔业管理有关时，应告知主管机构或主管国际机构。当委员会也有权管理此行为时，应与上述国际机构合作。2. 当委员会认为本附件规定的行为与海运有关时，应告知国际海事组织。作为国际海事组织成员的缔约方应与该组织合作以获得相应的回复，包括国际海事组织在有关案例中达成的区域性或地方性协议，考虑国际海事组织为特定区域规定的准则，对特殊敏感地区的确定等。

③ 关于"生态系统方法"的定义请参阅第二章第三节。

必然会发生变化,但这种变化会发生在未来的什么时间不得而知。此外,《欧盟海洋战略框架指令》中也明确,为了确保人类活动所产生的压力与良好的环境状况相适应,保障2020年达到良好的海洋环境状态,各成员方应采用生态系统方法。[1]但这种方法具体通过何种手段来实现却并没有明确的规定,只是多次重申了海洋空间规划、适应性管理、风险预防原则的应用。

与《OSPAR公约》不同的是,在《HELSINKI公约》中未明确规定"生态系统方法"在海洋管理中的应用,只是规定了与海洋生态(系统)保护相关的内容。虽然《HELSINKI公约》中未直接规定"生态系统方法"在区域海洋环境保护中的应用,但与该海域相关的其他文件中却不断重申了"生态系统方法"的应用(具体请参阅第二章表2-3与表2-4)。尤其是在《波罗的海海洋行动计划》中明确定义了"生态系统方法",且将生态系统方法的应用与国际合作、大比例尺的海洋管理、跨部门管理、海洋空间规划等关联起来,但与《OSPAR公约》不同的是,在《HELSINKI公约》及其相关文件中,并没有将风险预防原则直接与"生态系统方法"密切关联起来。虽然在立法实践与规则选择上,《HELSINKI公约》与《OSPAR公约》在对待生态系统方法时存在较明显的差异,但二者目前均没有通过有法律效力的文件规定生态系统方法的相关细则,也没有明确除污染物排放总量限制之外的其他生态保护目标。虽然《欧盟海洋战略框架指令》和《欧盟生境和鸟类指令》都在强调应保护与海洋有关的经济和社会活动所依赖的海洋自然资源,但《综合海洋政策》及相关战略决策(诸如蓝色增长等)更加强调经济发展。[2]

二 生态系统方法适用中生态合理性的平衡与妥协

就现有文献材料的分析来看,两个区域性条约及相关文件对"生态系统方法"的界定并不十分清晰,与上述生态系统管理原则或理念之间的认知差异并不明显。为什么在已经实践并相对成熟的两个海域用"生

---

[1] 请参阅 EU Commission, *Roadmap for Maritime Spatial Planning: Achieving Common Principles in the EU*, Brussels, 25.11.2008 COM (2008) 791 final, https://sites.nicholas.duke.edu/cmspat/roadmap-for-maritime-spatial-planning-achieving-common-principles-in-the-eu/。

[2] Suarez de Vivero J. L., Rodríguez Mateos J. C., "The Spanish Approach to Marine Spatial Planning—Marine Strategy Framework Directive vs. EU Integrated Maritime Policy", *Marine Policy*, Vol. 36, No. 1, 2012, pp. 18 – 27.

第八章　生态系统方法在区域海洋陆源污染防治中的启示

态系统方法"来界定生态系统管理的适用？现有的研究文献及实践中未给出答案。笔者认为其原因：一是原属于生态学中的"生态系统"一词在社会应用过程中被泛化了，其内涵远远超出了原有的含义，词义变得更模糊与广泛。二是生态系统方法、生态系统管理、生态系统理念等是在不同适用范围与不同学科的发展中不断衍生并转化而来的，该类概念或表述在从生态学的语言转换成管理学、法学、经济学等领域的话语时发生了变化。这种变化一方面是基于人们的表达习惯，另一方面是基于人们的认知习惯。从实质内涵讲，生态系统方法、生态系统管理、生态系统理念等诸如此类概念的内涵差异性并不大，但人们在渐进的学术研究中习惯于某种称谓并将其固定下来，这也间接导致了不同地方、不同领域的人会选择依据表述习惯、文字的沿袭性等来称谓它。三是在生态系统管理的实践中，并没有区分清楚是将其作为具体的管理方法或手段，还是管理理念或保护的基础理论，抑或是综合管理的理念等。为何会在海洋区域管理与国际海洋管理中，对于"生态系统方法"一词的应用出现不统一的说法？除了上述三方面原因，最重要的是目前并没有相应的全球性法律就其给出明确的规定或定义。许多学者认为，"生态系统方法"起源于《生物多样性公约》的要求，但该公约并未明确生态系统方法的内涵与外延。因此，在某种意义，生态系统方法、生态系统管理、生态系统理论等在研究中被逐渐等同了，也逐渐演化成了以生态为基础的整体性、综合性管理的代名词。

综合第一章第二节相关内容及本部分的相关阐述，本书认为生态系统方法的实质应是基于生态系统的管理，就现阶段人类所掌握的生态系统规律及现有的法律规则而言，将生态系统方法在海洋环境保护中的应用定位为一种综合管理的手段或方法，而不是一项理念或原则，更贴合现有的社会实践与人类的生态需求。因此，将其定位为方法或手段，在某种程度上是一种妥协或退让的生态合理性与正当性的体现。这种妥协或退让一方面反映出人类在复杂的自然生态（系统）面前的审慎与畏惧，另一方面反映出人类为了自身利益而选择的相对消极的自然保护观。在国际法中，为了达成某项目的而做出相互妥协的选择，是一种常见的现象，尤其是在国际海洋环境保护中。

综上，在落实《OSPAR 公约》与《HELSINKI 公约》履行的相关文件中，将其直接表述为生态系统方法，某种程度上这是对此方法综合应用的权衡与选择，这种权衡与选择是对生态合理性与正当性的一种妥协，这种妥协的实质是将生态系统方法作为一种可供选择的认知方式、行为模式、技术手段与管理手段在海洋环境保护中应用。而这种可选择性作为一种有限度的妥协，一方面保障了生态系统方法在海洋环境保护中能尽可能地得到应用，另一方面为条件不成熟或实施主体认为条件不成熟时不予（或延迟）实施该方法提供了合理的抗辩依据。然而，不得忽视的事实是，在面对海洋生态系统保护、海洋资源的开发利用、海洋污染物的有效管控及海洋环境监测的密切合作时，实施生态系统方法的条件是否成熟可能会成为相关主体逃避责任或拒绝实施的"最佳理由"。

将生态系统方法作为一种可供选择的认知方式、行为模式、技术手段与管理手段，而不是将其作为一项法律原则与基本制度，这种做法在目前的确有可供借鉴之处。从法律的角度而言，作为原则的生态系统（管理）与作为方法的生态系统（管理）存在本质的差异。作为法律原则的生态系统方法（管理）将其上升到了某项（类）法律的基本的核心要素，是法的要素构成中的一类，系"法律规则之基础或本源的综合性、稳定性的原理和准则"[①]，在规则有可能空缺时，具有"填补漏洞"[②]之功用。从这个角度来看，由于人类的海洋生态（系统）知识在整体上的缺失，现阶段还不具备将生态系统管理作为原则来对待的客观基础与认知条件。因此，将其作为一项可供选择的技术手段或管理手段，在现有的科技制约与法律体系下是较为妥帖的。生态系统方法在何种情形下可转化为人们的认知方式与行为模式，在何种情形下是一种技术手段，在何种条件下是一种管理手段（或方式），需要我们通过相应的技术准则或适用规则来进一步明晰。

第二节　生态系统方法实践中的生态边界与主权边界

相关国家国内的环境资源保护与海域内生态保护问题，也是《OS-

[①] 张文显：《法理学》，法律出版社1997年版，第71页。
[②] 林来梵、张卓明：《论法律原则的司法适用——从规范性法学方法论角度的一个分析》，《中国法学》2006年第2期。

PAR 公约》与《HELSINKI 公约》体系下海洋生态保护不可忽略的重要议题。由于生态系统方法的生态边界问题的实践与研究中关于《OSPAR 公约》的相对较多，下文将以《OSPAR 公约》为参照展开论述。

一 《OSPAR 公约》对跨界海洋生态保护的实践

生态边界的确立与划分是生态系统方法应用中必须涉及的重要问题。上述两个公约一般会通过海洋空间规划与区域机构来协调跨界海域的生态保护问题。就《OSPAR 公约》而言，其中涉及五大海域及不同海域的人类活动影响[1]，这均非完全由一个国家国内法所能回应的。若要让五大海域的生态（系统）持续保持良好的状况，除了适当限制或控制海上活动，减少陆源活动（尤其是海岸带地区）对海洋生态的影响是关键。目前，《OSPAR 公约》在实际的执行中，主要对以下源于人类活动的噪音、外来物种、放射性物质、海上石油和天然气设施泄漏和排放、疏浚类物质的倾倒与处理、POPs 与重金属污染、导致富营养化类的物质与行为、海洋垃圾八类影响进行规范与引导。为保护海洋生态，对上述八类中的任何一类进行控制与管理均需要进行全面综合的评估、权衡、选择。基于生态重要性，对污染（或破坏性）活动的限制与管理终将由相应的国家及部门实施，而要对这些污染（或破坏性）行为进行有效规制，必须通过国家立法来实现。《OSPAR 公约》及其相关文件中对各国提出的这些要求也终将由相应的国家来落实。因此，在生态系统方法的实施中，将环境目标转化为国家立法应是全面的、综合的，要避免任何不合理的竞争扭曲[2]，更要综合权衡目标与法律手段之间的对应性。在由抽象的生态系统方法向各国具体可实施的目标转换的过程中，每个主权国家（缔约国）既有基于本国（缔约国）生态状况与资源利用情况衡量与选择的权力，也有基于《OSPAR 公约》整体性目标达成做出适度妥协与让步的义务。因而，当生态系统方法的应用与主权权利的行使存在冲突时，如何有效化解冲突达成一致是生态系统方法应用不可回避的重要议题。

---

[1] 这五个海域分别是北极水域（主要人类活动是渔业与海洋石油开采）、大北海（是区域内最繁忙的海洋，主要活动是油气储量开采和海上交通）、凯尔特海（主要人类活动是渔业与即将开发的旅游业）、比斯开湾和伊比利亚海（主要人类活动是渔业、海上运输与旅游）、大西洋（主要的人类活动是渔业与海洋运输）。

[2] Pieter C. van der Vegt, "State Aid and Environmental Protection: Finding the Balance between National Sovereignty and Fair Competition", *ERA Forum*, Vol. 10, No. 1, 2009, pp. 241–250.

《OSPAR 公约》与《HELSINKI 公约》尝试通过区域性常设机构及其他相关的组织机构来解决协调二者之间的关系，这种解决方式在欧盟区域会产生一定效果，但对其他区域未必适用。

《OSPAR 公约》中明确规定了跨界海域生态完整性保护的一般原则与要求。该公约第 20 条规定：排入海域[①]、水体或空气的点源污染来源国，在达到或可能影响海域的情形下，应由缔约方当局按照规则或授权方案进行严格管理。缔约国制订的这些规则或授权方案应受委员会相关决定的制约，这些决定对缔约方是有约束力的。由于生态意义上的海域与行政管辖下的海域之间的差异，为保证生态意义上海域环境保护的完整性[②]，《欧盟海洋战略框架指令》第 13 条[③]与第 20 条[④]规定，各成员国应邀请在同一海洋区域或次区域内的第三国参与本指令所规定的相关进程。[⑤] 这种邀请是突破了缔约国限制的、以生态系统为基础的"区域合作"，是成员国与共享同一海域或次区域的第三国之间开展的协调与合作。与此同时，该指令还要求成员国应在每个海域或次区域内，利用相关国际论坛（包括区域海洋公约的机制和机构），尽一切努力与对同一海域或次区域的水域拥有主权或管辖权的第三国协调行动。当然，这种做法是为了将生态系统方法应用中的生态性目的体现出来并得以实践。缔约国的这种出于"生态保护的邀请"在多大程度上能得到第三国的确认

---

① 请参阅 Convention for the Protection of the Marine Environment of the North – east Atlantic, ANNEX I "Article 2. "Maritime Area" means the internal waters and the territorial seas of the Contracting Parties, thesea beyond and Adjacent to the Territorial Sea under the Jurisdiction of the Coastal State to the Extent Recognised by International Law".

② 吴清峰、唐朱昌：《基于生态系统方法的海洋综合管理研究——〈欧盟海洋战略框架指令〉分析》，《生态经济》2014 年第 7 期。

③ 具体请参阅《欧盟海洋战略框架指令》，第 13 条规定：由于海洋环境保护具有跨界性质，各成员国应进行合作，确保协调制定每个海洋区域或次区域的海洋战略。由于海洋区域或次区域既与其他成员国共享，也与第三国共享，各成员国应尽一切努力确保所有有关成员国和第三国密切协调。在可行和适当的情况下，应充分利用在海洋区域或次区域所建立的现有体制机制（特别是区域海洋公约），确保这种协调。

④ 《欧盟海洋战略框架指令》第 20 条规定：应邀请与成员国在同一海洋区域（或次区域）拥有共同水域的第三国参与本指令规定的程序，从而促进在有关海洋区域或次区域实现良好的环境状况。

⑤ EU Parliament, Directive 2008/56/EC of the European Parliament and of the Council of 17 June 2008: Establishing a Framework for Community Action in the Field of Marine Environmental Policy (Marine Strategy Framework Directive) (Text with EEA relevance), https：//eur – lex. europa. eu/legal – content/EN/TXT/? uri = CELEX：32008L0056.

与协助配合仍不明确。但指令中以生态边界完整性为基础,突破现有国际法限制以求获得最大生态效益的做法是值得借鉴的,尤其是对某些沿海国家同一海域内不同国家、不同行政区域间的合作。

二 生态系统方法应用的生态边界的确立与权衡

生物学中的许多核心概念,如"濒危物种""自然""历史范围",都是普适性的、非国家性的,不涉及地缘政治边界和主权国家的概念。[1] 生态(系统)作为生态学中的基本概念,在没有人为的地域界定前,也是普适性与无涉国家边界的。但是生态(系统)保护或管理则是以国家为基础、以地理边界为核心的。没有主权国家的存在,生物多样性的整体性保护难以落实,更不可能顾及整个海洋生态(系统的)保护。从有效管理与有效干预人类行为的视角来看,只有将生态(保护)的单位或范围转化成法律概念或类别,才能形成有效的管理制度,并进一步对不同自然条件约束下的人类行为做出规范。现代海洋生态学的发展已让我们知晓海洋生态区域与主权区域不能完全一致,而海水的流动性使整个海洋生态系统成为一体。伴随人类活动对海洋影响的范围越来越广泛,我们必须对人类活动与其影响予以适当干预,干预的前提是必须要有相应的主体存在,而国家无疑是最具有说服力与代表性的主体。无论是区域,还是全球海洋的保护均离不开主权国家的合作。

在全球与区域海洋生态(系统)保护中,生态(系统)保护优先与国家主权至上虽然并不是始终存在冲突与矛盾的,但不可否认,这两项在实践中的确会存在冲突与矛盾。即使东北大西洋周边海域国家的政治体制、管理方式等存在明显的一致性,但在污染物排海与海洋生态的保护中,各国依然存在冲突。在早期关于生态系统方法的理论与实践中,往往会提倡将生态科学知识整合到复杂的社会政治和价值观框架中,以实现长期保护本地生态系统完整性的总体目标。[2] 这种将生态系统方法定位于本地或当地的认知,并强调将生态学知识融合到社会政治与价值观中的严格要求,在一定历史时期与一定区域范围具有可行性,但对于具

---

[1] Markku Oksanen and Timo Vuorisalo, "Conservation Sovereignty and Biodiversity" in Casetta E., Marques da Silva J., Vecchi D. (eds), *From Assessing to Conserving Biodiversity: History, Philosophy and Theory of the Life Sciences*, Springer, Cham, Vol. 24, 2019, pp. 435 – 452.

[2] Grumbine R. Edward, "What Is Ecosystem Management?" *Conservation Biology*, Vol. 8, No. 1, 1994, pp. 27 – 38.

有外溢性的海洋生态（系统）保护而言则显得过于狭隘，并不完全适应现代海洋生态保护的要求。无论在何种条件下，陆源污染物排放量的整体性减少与海洋生态（系统）保护投入的实质性增加都是涉及具体国家利益与经济社会发展的大事，特别是其中可能涉及对国家自由处分权或裁量权的影响，在存在主权争议的情况下很难不被搁置。

全球海洋秩序在不断的发展变化中，虽然通过法律手段维护合理的海洋秩序已成为共识并逐渐得到各国的认可，但总体上，海洋秩序霸权化建构模式与海洋秩序法制化建构模式在人类海洋秩序形成过程中相互交织，在历史发展的时间线上并没有清晰的分割时间点。[1] 更重要的是，在海洋秩序法制化建构过程中，传统的海洋大国对具体规则的制定与规则话语体系的构建依然占据主导地位或具有实质性影响力。虽然从国际法的角度来看，所有国家都有平等的参与权，但对国际海洋法规则形成中的实际影响力并不一致，即便在欧盟体系内也会存在不一致，更勿论其他不同国家或区域对于海洋规则的形成所产生的实质性影响。因此，从这个角度而论，在生态系统方法应用于海洋环境保护过程中充分平衡不同国家间的关系，是对国家主权的尊重，更是对海洋环境保护中事实公平的一种维护。

第三节 生态系统方法实践中管理机制的建设

作为技术手段或管理手段的生态系统方法能够得以实施，必须有相应的管理机制来保障其有序运行与有效落实。在《OSPAR 公约》与《HELSINKI 公约》的履行过程中，其管理机制的设置、运行方式与完善路径虽有共同点，但也存在一定差异。

一 区域常设机构在生态系统方法的应用中所发挥的作用

《OSPAR 公约》建立了以 OSPAR 委员会为基础的体系化的协同管理机制。在《OSPAR 公约》中，第十条[2]除了规定该公约委员会的职责，

---

[1] 黄一玲：《共建公正合理的海洋新秩序》，载黄河、贺平主编《"一带一路"与区域性公共产品——复旦国际关系评论第 22 辑》，上海人民出版社 2018 年版，第 298—312 页。

[2] 请参阅 Convention for the Protection of the Marine Environment of the North–east Atlantic, Article 10。

还规定委员会所起草的议事规则与财务制度需经缔约方一致表决通过。OSPAR 委员会由各缔约方代表组成,在成立之初便制定了《OSPAR 委员会议事规则》。该议事规则详细地规定了委员会的组成、委员会会议、委员会主席、秘书处、附属机构、选举程序、财务规则、非政府组织参与的程序与规则等。[1] OSPAR 委员会下设若干专业委员会,负责危险物质、富营养化、近海工业、放射性物质、生物多样性和人类活动对环境的影响等,还设有若干小组,如协调小组、各种工作组和法学家和语言学家小组。[2] 此外,OSPAR 委员会还将一些政府间组织(IGOs,如波罗的海海洋环境保护委员会、欧洲环境署、国际海事组织、UNEP 等)和非政府组织(NGOs,如保护海洋咨询委员会、国际油气生产商协会、世界自然基金会等)设为其观察员。[3]

《HELSINKI 公约》也确立了该公约委员会(HELCOM 委员会)运行的相关管理规则与体系化的运行制度。《HELSINKI 公约》第 19—20 条[4]规定了 HELCOM 委员会主席的任期、委员会组成、委员会会议、委员会的职责、委员会的管理与财务规定等。该委员会是波罗的海地区环境政策的制定者,为该区域制定共同的环境目标与行动;也是该区域的环境问题协调中心,提供关于该海域的海洋环境状况和趋势、保护海洋环境措施的效率以及共同倡议和立场的信息等;也是一个不断发展完善的机构,不仅根据波罗的海的具体需要提出自己的建议,也对其他国际组织所采取的措施提供补充建议;还是一个致力于敦促波罗的海区域及其相关流域的所有缔约方充分执行 HELCOM 委员会环境标准的监督机构;亦是一个对重大海上事故及多边措施实施有效应对的协调机构。[5] 该委员会自成立以来一直与沿海国家的科学界密切合作,并制定了监测和报告波

---

[1] 请参阅 OSPAR Commission, "Rules of Procedure of the OSPAR Commission", https://www.ospar.org/about/how。

[2] OSPAR Commission, "Rules of Procedure of the OSPAR Commission", https://www.ospar.org/convention/agreements? q = Rules% 20of% 20Procedure% 20of% 20the% 20OSPAR% 20Commission。

[3] Angela Carpenter, "OSPAR Review of the State of the North Sea: Oil Inputs and Their Impact on the Marine Environment of the North Sea", in Carpenter A. eds., *Oil Pollution in the North Sea: The Handbook of Environmental Chemistry*, Springer, Cham, Vol. 41, 2015, pp. 256 – 282.

[4] 请参阅 *Convention on the Protection of the Marine Environment of the Baltic Sea Area*, 1992, Article 19 – 22。

[5] HELCOM, "About Us", http://www.helcom.fi/about – us.

罗的海海洋环境状况的联合准则。这使该委员会能够汇编协调一致的全区域环境数据，这些数据是撰写波罗的海海洋环境压力和现状定期专题与整体报告和评估的基础。这些评估反过来使人们能够评价现有管理措施的效力，并就采取进一步行动减少人类活动对环境的影响向决策者提出建议。HELCOM委员会充当了科学和政策之间的桥梁。[①]

二 体系化的管理机制对生态系统方法的运用——社会合理性的平衡

在海洋生态系统方法的实践中，上述两个委员会发挥了重要的引领与协调作用。这表明，在国际法层面上，以区域性公约为基础的管理机制的建设具有现实意义。由于我国目前并没有相应的区域海环境保护公约，以公约为背景建立相应的管理机制不具有可参照性。但这两个区域公约的一些做法，依然为我国的实践提供了有意义的启示。

首先，管理机构中具体组成人员的特质在一定程度上影响着生态系统方法的实施。HELCOM委员会的成员多由各国一般官员组成，而不是由缔约方相关行政管理部门的部长组成，有人认为"由官员而不是部长参与HELCOM委员会的工作似乎削弱了该委员会建议的政治权重。另外，与部长不同的是，官员在工作中必须遵守政府的政治指示，不能立即作出决定"[②]，进而影响了其工作效率。这一点在我国跨界大气污染防治中体现较明显。虽然我国《大气污染防治法》规定了重点区域的大气污染联合防治，但在具体实践中，若联合防治机构的组成人员并不是由有决策权的行政领导组成，则其效率会打折，除非有法律或规则的明确规定。

其次，在管理体制的构建与运行过程中，生态系统方法应用所遭遇的一些典型性问题，是必须正视并予以面对的，专门的管理机构相对而言更能持久地关注此领域的相关监管问题。对于生态系统方法在海洋管理实践中的应用，需要很长时间才能在环境中看到措施的效果，对于测评生态效果并保持生态系统方法的持续应用，专业管理机构的作用是不可忽略。当然，在发展的过程中，对于OSPAR委员会与HELCOM委员会而言，欧盟的扩张是不得不考虑的重要事项。欧盟的扩张意味着大多数

---

① Minna Pyhälä, "HELCOM Baltic Sea Action Plan: An Ecosystem Approach to the Management of Human Activities", in M. Reckermann et al. eds., *Climate Impacts on the Baltic Sea: From Science to Policy*, Springer Earth System Sciences, 2012, pp. 45 – 69.

② Veronica Frank, *The European Community and Marine Environmental Protection in the International Law of the Sea: Implementing Global Obligations at the Regional Level*, Utrecht, Jan. 2007, p. 33.

第八章　生态系统方法在区域海洋陆源污染防治中的启示

波罗的海海洋环境保护委员会的缔约方可能会优先考虑欧盟立法，许多决策任务也已从国家一级转移到欧盟一级，例如欧盟共同农业政策和欧盟共同渔业政策。① 《OSPAR公约》所涉及的内容也同样可能被欧盟相关立法所囊括的问题，我们从第二章中关于两个不同区域所适用的规范性文件中可以看到。当然，面临这些问题，相对于OSPAR委员会而言，HELCOM委员会如何在海洋环境保护中充分实现自身的效用仍需在实践中进一步检验。这种现状表明，海洋生态系统方法的管理机制的建设必然会受到现有社会体制机制变化的制约，这种制约既是社会合理性的一种考量与平衡，也是社会整体性发展过程中不可避免的事项。对于我国而言，2018年正式成立的生态环境部虽将原国家海洋局的相关环境监管职能归并于其中，但二者之间是否依然存在交叉与重叠、遗漏与疏忽，仍是我国在机构职能设置中必须重点考虑的问题。这个问题在更大程度上体现为社会问题与机构设置与运行的社会理性。

最后，区域常设机构管理目标的变化及其定位会影响海洋生态（系统）保护的实施。OSPAR委员会与HELCOM委员会的主要目的是处理海洋污染问题，但伴随着海洋环境保护范围与内容的逐渐增多，其管理目的也逐渐发生了变化，相关海域生物多样性的保护、海洋保护区的设立、海洋生态系统的修复等逐渐纳入委员会的议事规则之中。尤其是在东北大西洋的生态系统方法应用中，OSPAR委员会在其中发挥了重要的引领作用。除了区域性条约所设置的常设性机构，在这两个区域性海洋环境保护公约的实施进程中，其他相关组织与机构［如依据1973年《波罗的海及一带海域渔业和生物资源保护的格但斯克公约》设立的国际波罗的海渔业委员会和制定《欧盟海洋空间规划框架指令》的欧盟委员会等］在将生态系统方法应用于海洋环境保护方面也发挥了重要作用。当然，无论哪一类区域性机构或组织，其在国际或区域海洋环境保护中的作用与地位依然会受制于缔约方国内法与缔约方对相关措施的认可与执行。没有主权国家的承认与实践及国内法的实施，这些机构或组织所制定的规则依然很难被有效实施。本质上讲，国际机构或组织的弱点在根本上

---

① Minna Pyhälä, "HELCOM Baltic Sea Action Plan: An Ecosystem Approach to the Management of Human Activities", in M. Reckermann et al. eds., *Climate Impacts on the Baltic Sea: From Science to Policy*, Springer Earth System Sciences, 2012, pp. 45-69.

取决于国家层面的认可，其所拥有的权力并不比其任何缔约方所允许的范围更大。① 无疑，这一点对于我国管理机构生态职能的定位与履行具有重要的参考价值。在海洋生态、海洋空间与资源利用的管理实践中，由于不同部门之间的利益竞争和有限的资源，生态需求往往得不到应有和需要的资源和关注。在这种现实条件的制约下，相关管理机构所设置的常设机构及其运行状况对生态系统方法的实践和应用有重要的影响。

第四节 海洋空间规划在生态系统方法实践中的定位

一 海洋空间规划是海洋生态系统方法的首要原则

波罗的海与东北大西洋的区域性公约在生态系统方法的应用中十分重视海洋空间规划，且均将空间规划作为生态系统方法应用的首要原则。本部分所阐述的规范性文件并非全出自《OSPAR 公约》与《HELSINKI 公约》，部分来源于欧盟，关于这些文件的适用范围具体请参阅第二章中的相关内容。

首先，《OSPAR 公约》未明确规定海洋空间规划，《欧盟海洋空间规划框架指令》《欧盟海洋空间规划路线图》为该区域内相关国家或国际组织实施空间规划提供了依据。《欧盟海洋空间规划框架指令》第 5 条规定了海洋生态规划所应实现的三个要求：①成员国在制定和实施海洋空间规划时，应考虑到经济、社会和环境方面的问题，采用生态系统方法，以支持海洋部门的可持续发展和增长，并促进相关活动和使用的和谐共存；②成员国应通过其海洋空间规划，致力于促进海上能源、海运、渔业和水产养殖业的可持续发展，及维护、保护或改善环境（包括抵御气候变化影响的能力），成员国还可追求如促进可持续旅游业或可持续地开采原材料等其他目标；③本指令应不影响成员国在其海洋空间规划中确定不同目标以及如何反映和强化的能力。《欧盟海洋空间规划路线图》中明确了综合性海洋政策，并确定了生态系统方法是海洋空间规划的首要

---

① Kjell Grip, "International Marine Environmental Governance: A Review", *Ambio*, Vol. 46, 2017, pp. 413 – 427.

原则。① 除了将生态系统方法作为海洋空间规划的首要原则，《欧盟海洋空间规划路线图》中还给出了海洋空间规划实践中产生的十个关键性原则（具体参见第二章表2-4），这十个关键原则对于其他区域或国家实施海洋空间规划具有一定的参考价值。

其次，《HELSINKI公约》中也未明确规定海洋空间规划，对于海洋空间规划的相关适用情况也要通过其他文件来明确。《基于生态系统的波罗的海海洋空间规划方法指南》给出海洋空间规划的关键原则，即最佳的可靠知识与实践、风险预防、替代发展方案、生态系统服务的识别、减缓措施、理性地理解、参与和交流、辅助性与连续性、适应性。② 该区域内空间规划的实施可以参照该指南中给出的内容。此外，由于波罗的海沿岸的一些缔约国亦是欧盟成员国，因此，《欧盟海洋空间规划框架指令》仅对这些国家有效，对非欧盟成员的缔约国效力问题需另行解决。

总之，虽然两个区域性条约没有明确规定海洋空间规划，但在实践中一直将海洋空间规划作为海洋生态系统管理与综合性管理政策实施的首要原则，且将海洋空间规划的管理范围限定于海岸带地区的活动与相关海事活动。在这两个海域生态系统方法的应用中，欧盟、成员国、区域海洋公约和利益相关方的有效合作与互动是保障海洋空间规划得以顺利进行的关键。海洋空间规划的有效实施总是在一定程度上与欧洲整体的区域化进程相伴随的。为了保护海洋生态的整体性，海洋空间规划不仅要在区域海层面重新界定领土空间的管控范围，还要重新架构不同国家在生态管理中的政治空间，从某种程度上讲，这是对国家主权与国家自由裁量权的一种限制。

二 海洋空间规划的有效性与功能定位

首先，海洋空间规划在区域海洋环境保护中的实践效果有赖于各缔约国的认可与实际执行。理论上讲，海洋空间规划是以生态系统为基础管理人类活动的一种方法，是对人类利用海洋做出综合的、有远见的、

---

① 具体请参阅 EU Commission, *Roadmap for Maritime Spatial Planning: Achieving Common Principles in the EU*, p.9, https://sites.nicholas.duke.edu/cmspat/roadmap-for-maritime-spatial-planning-achieving-common-principles-in-the-eu/。

② VASAB, *Guideline for the Implementation of Ecosystem-based Approach in Maritime Spatial Planning (MSP) in the Baltic Sea Area*, p.6. http://www.helcom.fi/Documents/Action%20areas/Maritime%20spatial%20planning/Guideline%20for%20the%20implementation%20of%20ecosystem-based%20approach%20in%20MSP%20in%20the%20Baltic%20Sea%20area_ June%202016.pdf.

统一的决策规划过程,在促进资源可持续利用,优化海域利用、协调解决人类利用与自然环境以及使用者之间冲突上具有重要的效用。① 其目的在于以事先规划的形式明晰不同主体的活动对海洋环境可能产生的影响,然后对这些活动的领域与范围进行适当的控制与调配,以促进海洋空间和可更新能源的有效利用,以经济高效的方式适应海洋和沿海气候变化的影响等,缓和不同的用海或涉海主体间的矛盾或利益冲突。海洋生态规划只是改进决策的一项工具(或方式),为相互竞争的各项人类活动与管理人类活动对海洋环境的影响之间的权衡和比较提供了一个框架。② 规划并不能决定所有涉海主体的所有行为及其影响,因此,该方法在海洋生态系统中的有效应用仍然依赖于相关缔约国国内法对相关制度的进一步完善。尽管学术界对海洋空间规划进行了探讨,并认为其已在实践中得到了应用,但海洋空间规范的范围并没有得到清晰的界定,与其相关的一些术语如综合性管理、海洋空间管理、海洋区划等在使用中也没有统一。③ 虽然"海洋空间规划"这一术语在两个海域公约的相关规划中得到了一致性认可,但海洋空间规划在生态系统方法实践中的应用仍不是十分明确。

其次,无论是欧盟,还是 OSPAR 委员会、HELCOM 委员会,在综合性海洋生态系统立法与实践中均存在不足,管理的核心议题依然是区域内的经济或与经济相关联的内容,而对于生态环境或生态系统的保护并不充分。对于海洋空间规划而言,"确认关键航线和港口基础设施,以及合理定位其他的海洋用途,使之与规划的持续运作相一致"④,便利海上交通原则依然是海洋空间规划中怎么强调都不为过的中心议题。这表明,现阶段海洋空间规划不可能囊括生态系统方法的所有内容。理论上,海

---

① Ibon G., Pedro L., Irati L. et al., "A Marine Spatial Planning Approach to Select Suitable Areas for Installing Wave Energy Converters (WECs), on the Basque Continental Shelf (Bay of Biscay)", *Coastal Management*, Vol. 40, No. 1, 2012, pp. 1 – 19.

② 具体请参阅 EU Commission, *Roadmap for Maritime Spatial Planning: Achieving Common Principles in the EU*, p. 9, https://sites.nicholas.duke.edu/cmspat/roadmap - for - maritime - spatial - planning - achieving - common - principles - in - the - eu/.

③ Fanny Douvere. "The Importance of Marine Spatial Planning in Advancing Ecosystem - based Sea Use Management", *Marine Policy*, Vol. 32, 2008, pp. 762 – 771.

④ Sue Kidd, Hannah Jones, Stephen Jay, "Taking Account of Land – Sea Interactions in Marine Spatial Planning", in J. Zaucha, K. Gee eds., *Maritime Spatial Planning: Past, Present, Future*, Cham, Switzerland: Palgrave Macmillan, 2018, pp. 245 – 260.

洋生态系统方法的综合至少应包括三方面内容：一是在社会—生态系统的尺度上对该方法的适用进行校准；二是其目的是实现或保持生态恢复能力；三是实施可以重复的、以学习为基础的管理战略，并得到定期评估和监测的支持。然而，欧盟的立法既没有为区域内海洋社会—生态系统的实施提供一个完全一致的框架[1]，也没有将生态系统方法全面适用于海洋空间规划。事实上，位于同一海域（或亚区域）内的缔约方之间并不能真正实现协调。另外，管理信息的支撑中对于海洋生态恢复力的特征描述不足，特别是与社会经济因素、生态系统服务、人类利益和跨尺度相互作用有关的特征描述不足；《欧盟海洋战略框架指令》在解决欧盟法律框架的碎片化问题上仍显得能力不足。[2]

再次，海洋空间规划的实施能否缓解海洋生态系统管理中的碎片化现象仍有待实践进一步验证。关于国际环境法的有效性，碎片化管理是生态系统方法应用的一个重大障碍，阻碍了可持续管理。[3] 这种碎片化一方面源于国家主权的制约，另一方面源于区块化与部门化管理的限制。海洋空间规划是一项跨部门、跨地域、跨学科领域的综合性行为，不仅需要政府各监管部门的协助，还需要有充分的信息来源与科技来源。在规划过程中，若有任何规范范围内的参考者不能完全将自己知晓的状况予以客观反馈或不能得到有效的信息来源，则规划方案的科学性、真实性与可实践性都可能存在不足。对于海洋空间规划中涉及的国与国之间的问题则会更繁杂一些，如何保障国家间充分有效合作仍是制约该措施得以落实的因素之一。海洋空间规划能否将既有海洋生态系统管理中所存在的碎片化予以拼接或补正，仍有赖于相关主权国家对海洋生态系统保护的认可、选择、投入与实施。从海洋空间规划所适用的地域空间范围来看，小范围内的空间规划由于信息不全面、配合不充分、实施中打折等消极情况较少，会取得较好的生态效果与社会影响。但广域范围

---

[1] Emanuele Bigagli, "The EU Legal Framework for the Management of Marine Somplex Social - ecological Systems", *Marine Policy*, Vol. 54, 2015, pp. 44 - 51.

[2] Sue Kidd, Hannah Jones, Stephen Jay, "Taking Account of Land - Sea Interactions in Marine Spatial Planning", in J. Zaucha, K. Gee eds., *Maritime Spatial Planning: Past, Present, Future*, Cham, Switzerland: Palgrave Macmillan, 2018, pp. 245 - 260.

[3] Tullio Treves, "The Development of the Law of the Sea since the Adoption of the UN Convention on the Law of the Sea: Achievements and Challenges for the Future", in Davor ed., *Law, Technology and Science for Oceans in Globalisation*, supra note 222, 2010, pp. 41 - 58.

(尤其是跨国界）的海洋空间规划中，利益主体过多、关联的范围太大，需要调和的矛盾也相对更多，导致实践效果不佳。

最后，海洋空间规划并不是单纯技术手段的应用或技术规划的实施，其落实仍依赖于政治意愿与政治认可。海洋空间规划通常是指，在分析海洋地区人类活动的时空分布的基础上，以政治进程来确定一定海域的生态、经济和社会目标的公共（管理）过程。[1] 在政治进程中，更强调实践中的跨部门合作性。因此，从这个角度讲，实现陆地规划（包括沿海地区）与海洋规划系统之间的一致性，对欧盟也是一项挑战。[2] 生态系统方法应用中边界界定的尺度问题是区域或国际海洋环境保护中不可忽视的重要问题。如前所述，以生态系统方法为基础的海洋管理必然是在适当的空间尺度上进行的，且鼓励相关当事方在生态尺度（并非绝对的国家或行政区域界限）的基础上进行管理。但欧盟所在区域的水事管理框架，"既没有明确关于如何跨尺度工作的框架或指导，也没有确定特定尺度下的目标是否充分考虑了生态动态性（如《欧盟水框架指令》中的水体水位）"[3]。虽然在《欧盟海洋战略框架指令》中承认了跨水域领域之间的联系，但这种承认与空间规划方案的生态落实之间仍存在一定差距。尽管海洋空间规划作为一种管理工具，可以使海洋生态系统管理更具计划性和程序性[4]，但如何将这种管理工具或技术手段转化为有效实施的法律制度，并使相关责任与之匹配，对于区域海环境保护而言，依然存在着诸多制约（如政治意愿、部门利益、主权国家的利益、行业利益等）。我国在《海洋环境保护法》中明确规定，应以海洋主体功能区规划为基础，制定全国海洋环境保护规划和重点海域区域性海洋环境保护规划，但这些规划的制定主体与执行主体同一、监管主体众多、法律责任主体

---

[1] Nicole Schaefer and Vittorio Barale, "Maritime Spatial Planning: Opportunities & Challenges in the Framework of the EU Integrated Maritime Policy", *Journal of Coast Conservation*, Vol. 15, No. 2, 2011, pp. 237–245.

[2] EU Commission, *Roadmap for Maritime Spatial Planning: Achieving Common Principles in the EU*, https://sites.nicholas.duke.edu/cmspat/roadmap-for-maritime-spatial-planning-achieving-common-principles-in-the-eu/.

[3] Josselin Rouillard, Manuel Lago, Katrina Abhold et al., "Protecting Aquatic Biodiversity in Europe: How much Do EU Environmental Policies Support Ecosystem-based Management?", *Ambio*, Vol. 47, 2018, pp. 15–24.

[4] 刘慧、苏纪兰：《基于生态系统的海洋管理理论与实践》，《地球科学进展》2014年第2期。

无规定、法律责任无法落实等问题依然存在，如何确保规划的科学合理、有效实施也仍需要进一步研究。从实践上看，各国多将这种规划作为一种技术规则或手段予以落实，最终规划能否有效实施与执行均处于未知状态。

第五节　适应性管理能否兼顾三种合理性

在生态系统方法的实践中，适应性管理是核心要素之一，对于海洋环境保护而言亦如此。整合了生态系统方法的适应性管理至少应包含以下三方面内容：通过恢复关键的生态系统和加强社会能力，提高适应能力以应对一系列可能的未来情景；充分权衡短期管理选择和替代干预的长期效益；监测影响并定期更新管理手段。[1] 适应性管理，着力点在于如何结合人类所认知到的社会—生态系统的现状及变化趋势，提高人类整体应对未来的适应能力。这表明人类只有在对当前的社会—生态系统有了一定的认知、观测、评估与分析后，才能做出相对有效的管理对策与干预选择。在人类对社会—生态系统的认知、观测、评估与分析中，人类整体（或个体）无疑会受到既有的社会经济、伦理道德、政治影响等多方面制约，在决策或对策选择中既不完全也不必然是以生态为基础。从本质上说，生态系统方法所强调的有效的适应性管理需要系统了解社会、经济和生态特征及演化动态，及其在何时何地、何种条件下导致管理对策、目标、手段等发生相应的变化，这不仅是科学问题，更是社会经济问题，其中必然会包含着对海洋生态、社会经济的整体性测评与权衡，如何将适应性与生态系统方法在海洋立法的合理性、正当性串联起来是关键，但遗憾的是鲜有实例支撑。

一　适应性管理在两个公约中应用的现状分析

虽然适应性管理在欧洲一些学者的学术研究中出现的频次较高，但在《OSPAR 公约》与《Helsinki 公约》中均未明确规定适应性管理。适

---

[1] Josselin Rouillard, Manuel Lago, Katrina Abhold et al., "Protecting Aquatic Biodiversity in Europe: How much Do EU Environmental Policies Support Ecosystem-based Management?", *Ambio*, Vol. 47, 2018, pp. 15-24.

应性管理在现有的法律文本中之所以未明确出现,一方面是因为适应性管理的灵活性与法律的强制性、普适性、公平性的要求存在明显区别,另一方面是因为适应性管理作为一项新管理手段在实践中并未形成完整的理论体系与规则。适应性管理至少应包括实践、问题与社会或组织环境的三个维度。① 这三个维度既难以通过明确的制度、固定的规则或可执行的标准确立下来,也不能和法律规范中所讲究的公平性、普适性对应起来。

尽管两个区域性公约未规定适应性管理,但欧盟的相关法律法规为海洋生态系统中的适应性管理提供了法律基础。一是《欧盟水框架指令》与《欧盟海洋战略框架指令》为欧盟区域内的水生生态系统中适应性规划奠定了法律框架。②《欧盟水框架指令》对水域管理采纳综合性方法,主要包括对整个流域进行适应性规划、对所有可能影响水生生态系统的各种活动进行适应性分析(包括污染及其他所有事项)两方面内容。《欧盟海洋战略框架指令》中的适应性规划是以《水事框架指令》为基础的。这两者所规定的规划时间均以六年为限。二是《欧盟海洋空间规划路线图》与《波罗的海行动规划》中提到了适应性管理,指出规划要随着知识的变化而不断改进③是适应性管理的重要体现,为了遵循适应性管理原则,应采用协调的方法和最新的信息定期审查并修订相应的目标和指标。④ 从上述内容分析可以看出,在《OPSAR 公约》与《HELSINKI 公约》体系下,适应性管理并非对所有缔约方适用,仅适用于欧盟成员国。当然,这也在表明了其适用地域范围的有限性。这种有限性既与不同国家的法律传统或法律习惯相关,也与不同国家的政治意愿与生态保护理念相关。

---

① Craig R. Allen, Ahjond S. Garmestani, *Adaptive Management of Social – Ecological Systems*, Springer Science + Business Media Dordrecht (outside the USA), 2015, p. 7.

② Gabriel Michanek, Anna Christiernsson., "Adaptive Management of EU Marine Ecosystems—About Time to Include Fishery", *Scandinavian studies in law*, 2014, pp. 202 – 239. http://www.scandinavianlaw.se/pdf/59 – 6.pdf.

③ EU Commission, *Roadmap for Maritime Spatial Planning*: *Achieving Common Principles in the EU*, https://sites.nicholas.duke.edu/cmspat/roadmap – for – maritime – spatial – planning – achieving – common – principles – in – the – eu/.

④ 参见 HELCOM Commission, *HELCOM Baltic Sea Action Plan*, www.helcom.fi/baltic – sea – action – plan。

二 适应性管理中的生态、经济与社会理性问题

首先，适应性管理在海洋生态系统中的应用是复杂而充满不确定性的，这一点在两个海域的实践中体现得十分明显。这种复杂性与不确定性对于我们审慎地看待适应性管理具有宏观上的引导意义与价值导向作用。适应性管理源于生态系统复杂自适应系统的概念，试图将微观层面上的多重影响与宏观层面上不可预测的转变结合起来。① 这种结合在一定程度上反映了社会经济发展与资源利用、环境保护之间的关联，也是一个不断变化的过程，因此，在这个过程中，管理目标、手段、范围等均应与不断变化的生态状况、社会环境、经济发展等密切关联起来。然而，由于欧盟境内的跨界水域治理体系存在诸多漏洞，如几乎完全缺乏水量管理和分配考虑、水文变异性管理工具有限②等，适应性管理在欧盟相关的海域管理实践中的应用也会受到限制。虽然欧盟区域内整体水生态良好，从2009年的43%提升到2015年的53%。③ 欧洲环境署2018年发布的报告也显示，由于城市污水处理、农业污染减少以及更多河流和湖泊恢复到更自然的状态，欧洲的水质正在缓慢改善。但在整个欧盟，化学污染、过度抽取地下水（尤其是农业用水）以及其他对水质负面影响的因素依然存在。④ 在欧洲范围内，约40%的地表水处于良好或高位的生态状态（或潜力），其中湖泊和沿海水域的水质优于河流和过渡水域，但仅有38%的水域处于良好的化学状态。⑤ 从实践来看，入海河流的流域水质管理依然是该区域内未来陆源污染防治中重点关注的对象，也是生态系统方法中适应性管理在陆源污染防治领域的优先应用范围。传统的、分割型的海洋环境管理很难适时全面有效地考虑海洋社会—环境

---

① Richard Curtin, Rau'l Prellezo, "Understanding Marine Ecosystem Based Management: A literature Review", *Marine Policy*, Vol. 34, 2010, pp. 821 – 830.

② Gábor Baranyai, "Adaptive Capacity of EU Transboundary Water Governance: The Dynamic Dimension of Resilience", *European Water Law and Hydropolitics*, No. 1, 2020, pp. 169 – 178.

③ EU Commission, European Commission (2015b) 4th European Water Conference, Conference Report, Brussels, 23 – 24 March 2015, Available ot http://ec.europa.eu/environment/water/2015conference/pdf/report.pdf.

④ EU Commission, *Commission Reviews Progress Made in Water Quality and Flood Risk Management*, https://ec.europa.eu/info/news/commission – reviews – progress – made – water – quality – and – flood – risk – management – 2019 – feb – 26_ en.

⑤ European Environment Agency, *European Waters Assessment of Status and Pressures* 2018 (EEA Report No 7/2018), https://www.eea.europa.eu/publications/state – of – water.

系统中的变化性、不确定性和复杂性,导致既有的管理方式与措施很难有效适应海洋—社会生态系统的非线性变化与复杂性。基于科学证据的,能够应对异质性、多维性、可变性和不确定性挑战的适应性政策和管理策略[1],在应对这种复杂多变的社会—生态系统中的优势是不言自明的。

其次,如何将适应性管理有序嵌入现有的法律体系,是立法必须解决的问题。通过法律手段而得以落实的适应性管理,既要体现法的确定性,又要体现其灵活性。如何将适应性管理嵌入法律制度或法律体系中是海洋生态系统管理得以有效落实的一大难题。有学者从三个不同层面[立法者、具体项目决策过程中的管理者、(行政)法院][2]对适应性管理进行了研究。立法者应尽量采用开放性规范或允许利益平衡的规范(如在《欧盟海洋战略框架指令》中应该用"可持续利用性"规范代替"保护性"规范);用立法设定目标而不是规定具体的措施(如对于水质良好状态的保护中给定具体的标准);尽量囊括各种试点项目的具体情况或可能性;在《欧盟水框架指令》与《欧盟海洋战略框架指令》中将周期性规划程序与环境监测义务相结合;允许在试点、利益平衡与考虑到革新和不断变化的条件下做出豁免;明确不同法律制度的平衡和协调。[3]具体项目决策过程中的管理者(其实质应是具体项目的决策主体)应从以下四方面来实践适应性管理:一是通过适应性许可来克服严格的自然保护制度并与风险预防原则相结合;二是充分利用减免与豁免机制;三是对不同政策领域的规划和政策工具进行整合;四是在具体的决策中通

---

[1] Furlan E., Torresan S., Ronco P., "Tools and Methods to Support Adaptive Policy Making in Marine Areas: Review and Implementation of the Adaptive Marine Policy Toolbox", *Ocean and Coastal Management*, Vol. 151, Jan. 2018, pp. 25 – 35.

[2] Sander van Hees, Marleen van Rijswick, *Limits and Opportunities for an Adaptive Management Approach to Marine Renewable Energy Developments in EU Waters*, https://www.uu.nl/sites/default/files/rebo – oslo_ adaptive_ approaches_ marine_ renewables_ van_ hees_ and_ van_ rijswick_ 15_ june_ 2018.pdf.

[3] Furlan E., Torresan S., Ronco P., "Tools and Methods to Support Adaptive Policy Making in Marine Areas: Review and Implementation of the Adaptive Marine Policy Toolbox", *Ocean and Coastal Management*, Vol. 151, Jan. 2018, pp. 25 – 35.

第八章 生态系统方法在区域海洋陆源污染防治中的启示 | 289

过明确的激励来平衡其利益。[1] 为了（行政）法院的有效实施，生态立法应给予政策自由裁量权或国家裁量权足够的空间；给予实验性许可（可能不符合法律要求的自适应许可）存在的合理性支持。[2]

另外，在欧盟境内，许多与其政治和文化障碍相联系的僵化的欧盟法律框架，并不允许欧盟水政策目标和措施的动态适应改变流域水文和共同河岸等政治问题的存在[3]，不仅使相应的目标性政策难以达成，与适应性管理相应的配套机制与措施也难以完善地构建，还使相关措施的适应性难以有效落实。整合了生态系统方法的适应性管理在欧盟的海洋管理实践中，既没有强有力的框架来处理不确定性（和气候变化）问题，也没有明确的方法[4]或具体制度来处理生态系统保护的整体性、变动性与适应性问题，更没有关于海洋生态系统恢复、海洋生物资源养护的具体的时间期限与可能达到的具体标准。仅有陆源污染物排放中营养物质、重金属等的控制的要求是不够的。适应性管理中的动态性应与综合性相结合，才能保障该管理制度的有效性。

综观国内外研究，大部分适应性管理分析都还停留在静态的定性分析阶段，多从理论机理出发给出一定程度的适应性措施；有一些量化研究，也仅是对海洋总体情况的笼统评价，或是针对海洋生态系统的某一特定功能开展半定量特性分析（比如用特定的生物指数判断海洋生态系统的生境适宜程度，或利用环境质量指数表征其健康程度）；评价体系比较单一，缺乏对影响海洋资源开发利用的生态因子的系统、宏观研究，以及综合评价其是否适宜开发和如何开发等内容，难以全面表征海洋生

---

[1] Furlan E., Torresan S., Ronco P., "Tools and Methods to Support Adaptive Policy Making in Marine Areas: Review and Implementation of the Adaptive Marine Policy Toolbox", *Ocean and Coastal Management*, Vol. 151, Jan. 2018, pp. 25 – 35.

[2] Furlan E., Torresan S., Ronco P., "Tools and Methods to Support Adaptive Policy Making in Marine Areas: Review and Implementation of the Adaptive Marine Policy Toolbox", *Ocean and Coastal Management*, Vol. 151, Jan. 2018, pp. 25 – 35.

[3] Gábor Baranyai, "Adaptive Capacity of EU Transboundary Water Governance: The Dynamic Dimension of Resilience", *European Water Law and Hydropolitics*, No. 1, 2020, pp. 169 – 178.

[4] Josselin Rouillard, Manuel Lago, Katrina Abhold et al., "Protecting Aquatic Biodiversity in Europe: How much do EU Environmental Policies Support Ecosystem – based Management?", *Ambio*, Vol. 47, 2018, pp. 15 – 24.

态系统的复杂性和整体性。[1] 这些制约性因素使适应性管理中的适应评价体系的确立、科学认知向政策的转化、政策或管理措施向法律制度的推进等都是相对缓慢而充满挑战的。

第六节 综合性海洋管理能否整合生态保护与社会经济目标

一 综合性海洋管理的实践与生态系统方法的应用现状

在两个海域生态系统方法的实践中，综合性海洋政策（或一体化海洋政策）一直是欧盟（包括欧盟成员国）关注的重点。在综合性海洋政策中，综合性海岸带管理是核心，然而在欧盟立法中并没有被确认。尽管在2014年4月欧盟委员会通过了"关于海洋空间规划与海岸带综合管理"建议案，但在最终的《欧盟海洋空间规划框架指令》中却删除了海岸带综合管理。[2] 这种选择是颇具争议性的。从某种程度上讲，《欧盟海洋空间规划框架指令》的核心目的是处理海域空间开发利用中的竞争性问题以及这种竞争性利用所可能产生的矛盾冲突。虽然立法实践中碰到了一些问题，但从海洋生态保护与海洋综合管理角度而言，上述两个海域（尤其是欧盟成员国中的缔约国）内的一些做法仍值得进一步研究。

在《欧盟海洋战略框架指令》实施的第一个周期（2012—2018年）中，相关成员国按照自身的需求行事占据了主流，这表明欧盟整体在合作方面存在一定阻力。[3] 海洋综合性管理的实践对欧盟依然是严峻的挑战。欧盟的各种政策、指令和条例，大多数成员国仍强调自己对海洋空

---

[1] 向芸芸：《海洋生态适应性管理研究进展》，载《中国海洋工程学会·第十七届中国海洋（岸）工程学术讨论会论文集》（下），2015年7月，第1176—1181页。

[2] Suzanne J. Boyes, Michael Elliott, "Marine Legislation—The Ultimate 'Horrendogram': International Law, European Directives & National Implementation", *Marine Pollution Bulletin*, Vol. 86, No. 1 – 2, 2014, pp. 39 – 47.

[3] Marianna Cavalloa, Ángel Borja, Michael Elliott et al., "Impediments to Achieving Integrated Marine Management across Borders: The Sase of the EU Marine Strategy Framework Directive", *Marine Policy*, Vol. 103, May 2019, pp. 68 – 73.

第八章　生态系统方法在区域海洋陆源污染防治中的启示

间的特殊利用[1]而非整合性管理与区域生态。从欧盟的实践来看，进一步强调规划中的协同与整合是必要的。虽然欧盟努力将基于生态系统的管理办法纳入欧盟的法律和相关条例，但如何将这些办法成功地落实到欧盟各成员国和各部门政策环境中仍然是一个挑战，尤其是在生态系统方法应用中的海洋空间规划与对本国自由裁量权的限制。

在这两个海域内，综合性海洋管理是一个复合的管理体系，主要包括区域或政府层面治理框架体系的确立以及一系列的跨部门工具手段（如海洋空间规划、海岸带综合管理、有效的信息数据来源等）的应用。其中，海岸带综合管理是近年来各国学者研究的重点。综合性海洋管理得以实践的核心是海洋管理的区域化与综合化。就欧盟不同成员国（非两个区域性公约的缔约国）而言，综合性海洋管理实践从"协商解决问题"到"对抗性谈判"，整合性政策和目标从"分散/差异化"到"协调/统一"的情况均存在。依据欧盟海洋管理合作和一体化程度的不同，Katrine Soma 等界定了海洋治理区域化的四种模式，[2] 即区域协同（Territorial Synchrony）、区域无序（Territorial Anarchy）、部门无序（Sectoral Anarchy）和区域同步（Sectoral Synchrony）。通过对四种区域化模式的研究发现，有三种模式均存在不足。区域无序状态下的区域化模式是由欧盟自上而下启动的，在区域海层面欧盟通过议程设定了较高的环境、经济与社会目标，但这些目标却是在充满争议与矛盾的背景下产生的。不同涉海部门从各自的部门利益出发，在不能分享区域层面海洋权限的情形下不情愿地就一体化问题进行谈判。部门无序状态下的区域化模式是临时的、有争议且杂乱的。这种模式下区域海层面的政策并没有总体的构思与发展规划，每个涉海部门均有自己的目标与措施。[3] 这种区域化模式是一个支离破碎的临时性结构，在这个结构中，不同的部门对区域内

---

[1] Katrine Soma, Jan van Tatenhove, Judith van Leeuwen, "Marine Governance in a European Context: Regionalization, Integration and Cooperation for Ecosystem-based Management", *Ocean & Coastal Management*, Vol. 117, 2015, pp. 4–13.

[2] Katrine Soma, Jan van Tatenhove, Judith van Leeuwen, "Marine Governance in a European Context: Regionalization, Integration and Cooperation for Ecosystem-based Management", *Ocean & Coastal Management*, Vol. 117, 2015, pp. 4–13.

[3] Katrine Soma, Jan van Tatenhove, Judith van Leeuwen, "Marine Governance in a European Context: Regionalization, Integration and Cooperation for Ecosystem-based Management", *Ocean & Coastal Management*, Vol. 117, 2015, pp. 4–13.

海洋的看法不同且不断变化。部门同步状态下的区域化模式，表明区域内的各涉海部门对各自管辖的海域已经制定了自己的政策和目标。问题的解决和学习的过程在部门治理安排的体系内进行，但相关政策与目标的制定并没有以综合的方式进行。这种区域化模式是由支离破碎的网络结构形成的，在这个网络结构中，不同的部门对区域内海洋治理的看法并不相同。虽然欧盟海洋治理在区域同步方面取得了一些进展，但要最终成功地从部门无序状态转变为欧盟海洋条例中所表达的理想的区域协同状态，还需要更多合作和综合努力。[①] Marianna Cavalloa 等以《欧盟海洋战略框架指令》中综合性海洋管理为例，指出实施过程中综合性管理遭遇的瓶颈，这些问题大多和不愿与各成员国合作，以及无法将其与已根据其他立法展开的工作结合有关。[②] 各成员国是否愿意合作在一定程度上直接反映了该国的社会经济需求与发展现状，而是否能将综合性海洋管理融入其他海洋法律制度中，并非在短期内通过谈判或让步就能完全化解的。《欧盟海洋战略框架指令》虽然对于缔约方及欧盟均具有约束力，但它只是欧盟及成员国大量的国家大量的海洋立法或国际协定中的一部分。在法律实践中，欧盟及成员国的国家立法或协定都必须得到执行，如何确保不同立法与协定之间目标的互补性，促进不同层次法律的互惠互益，减少制度的挤出效益，避免重复，依然是未来综合性海洋管理不得不面对的重要议题。

二 综合性海洋管理能否实现海洋生态、社会、经济目标的整合

生态系统方法在《OSPAR 公约》与《HELSINKI 公约》的实践中，经历十多年已经逐渐发展出了相适应的一些原则及一系列配套措施（参见第二章第三节及本章第一节），这些原则及相关措施也成为指导这两个区域海洋生态保护的原则与制度。虽然《欧盟海洋战略框架指令》《欧盟水框架指令》《欧盟综合性海洋政策》给出了综合性海洋管理的轮廓，但在实践中，生态系统方法并未与海洋综合管理从法律上有序结合，并形

[①] Katrine Soma, Jan van Tatenhove, Judith van Leeuwen, "Marine Governance in a European Context: Regionalization, Integration and Cooperation for Ecosystem – based Management", *Ocean & Coastal Management*, Vol. 117, 2015, pp. 4 – 13.

[②] Marianna Cavalloa, Ángel Borja, Michael Elliott et al. , "Impediments to Achieving Integrated Marine Management Across Borders: The Sase of the EU Marine Strategy Framework Directive", *Marine Policy*, Vol. 103, May 2019, pp. 68 – 73.

成体系化的格局。但该区域内综合性海洋管理的实践，在以下四方面对中国海洋环境综合管理具有借鉴意义：设立良好状态的海洋生态环境目标；以协调为主设置或合并机构，实现海洋综合管理；建立非官方海洋环境保护组织；发挥公众在区域海洋生态环境保护中的作用。[1] 欧盟的海洋政策具有"政策目标明确，指标可量化；政策工具灵活多样，富于创新性；严格执行标准，确保政策落实；注重地区、片区之间的协调合作"[2] 四大优势，因而，对我国海洋环境保护法体系建设、激励机制的应用、融资体系的建设、环境标准的修订等具有参考价值。尽管，人们经常呼吁对沿海和海洋活动进行综合管理，但对于成功采用和实施综合管理的"诀窍"并没有达成共识，而且迄今为止对综合管理的成功与失败的评价也不充分。[3] 因此，在总体上，与其说欧盟在综合性海洋管理政策的实施中能给我们提供实践层面的参考，不如说欧盟在不断的探索实施中给其他国家提供了有价值的分析样本。

首先，欧盟的综合性海洋管理，强调海洋空间规划和跨区域协调管理并举，这对于明确综合管理的基础性要件具有十分重要的参考价值。了解如何通过区域化进程提升合法性，以及如何通过负责任的治理提高可持续性，仍是目前海洋治理面临的主要挑战。一体化与合作进程曾是欧洲—国家机构区域化的核心动力。[4] 这种核心动力在欧盟一体化后的海洋环境管理方面也发挥了重要作用。尤其是自《欧盟海洋空间规划框架指令》实施以来，区域内各种利益的平衡与整合、管理手段的综合应用等，对于保障一定海域内环境达到良好状态发挥了重要作用。虽然在区域性综合管理方面，欧盟仍然很难从部门管理和相互冲突的海洋活动转

---

[1] 吴清峰、唐朱昌：《基于生态系统方法的海洋综合管理研究——〈欧盟海洋战略框架指令〉分析》，《生态经济》2014年第7期。

[2] 赵佳敏、路征：《欧盟海洋生态环境政策及其对我国的经验启示》，《中国西部》2018年第1期。

[3] Robert L. Stephensona, Alistair J. Hobdaya, Christopher Cvitanovic et al., "A Practical Framework for Implementing and Evaluating Integrated Management of Marine Activities", *Ocean and Coastal Management*, Vol. 177, 2019, pp. 127–138.

[4] Katrine Soma, Jan van Tatenhove, Judith van Leeuwen, "Marine Governance in a European Context: Regionalization, Integration and Cooperation for Ecosystem-based Management", *Ocean & Coastal Management*, Vol. 117, 2015, pp. 4–13.

向更加一体化的活动及其政策①，但欧盟范围内综合性海洋管理机制的建构，致力于突破部门或国家主权范围内海洋生态保护之不足，不仅在两个公约中规定了非缔约方的协助义务，也明确了缔约方向非缔约方请求帮助的义务。尽管在这种规定下，非缔约方依然没有协助履行的法定义务，但在区域内注重整体海洋生态且基于国家间良好关系构建的情况下，非缔约方履行相关协助义务的可行度依然较高。这对于我国陆源污染防治中区域海范围内不同国家间的合作提供了一种思路。虽然我国与相关海域周边国家未签订双边或多边海洋环境保护条约，但我国在重要的生态系统保护或生态功能修复等事项上，可以通过其他文件（如区域海保护行动计划、某一海域生态系统保护共同实施方案等）请求相邻国予以信息、执行便利等方面的协助。

其次，综合性海洋管理中不同利益的平衡，对于综合管理的有效落实具有重要作用。目前《OSPAR 公约》与《HELSINKI 公约》的主要目标依然限于防止和消除不同类型的污染和保护特定区域海洋的生物多样性，而在具体对策制定时较少注意将环境目标与社会和经济目标结合起来的可能性。正在形成中的欧盟海洋政策格局包括各种政策、指令和条例，其中大多数仍然强调自己对海洋空间的特殊利用及进一步强调协同作用，并明确解决政策驱动因素之间的紧张关系（如《欧盟海洋战略框架指令》和部门政策之间的紧张关系）尤为重要。② 要解决综合性海洋管理政策驱动因素之间的紧张关系，不同类型、不同层次、不同需求的主体有序互动是基础。这种互动一方面涉及各级机构之间的互动，另一方面涉及国家行为者、市场各方、超国家组织和民间社会之间的互动。③ 这种互动有序持久的前提是对生态、社会、经济、文化等各方面进行综合评估与权衡，并做出有利于实践的平衡的对策。

---

① Katrine Soma, Jan van Tatenhove, Judith van Leeuwen, "Marine Governance in a European Context: Regionalization, Integration and Cooperation for Ecosystem – based Management", *Ocean & Coastal Management*, Vol. 117, 2015, pp. 4 – 13.

② Katrine Soma, Jan van Tatenhove, Judith van Leeuwen, "Marine Governance in a European Context: Regionalization, Integration and Cooperation for Ecosystem – based Management", *Ocean & Coastal Management*, Vol. 117, 2015, pp. 4 – 13.

③ Katrine Soma, Jan van Tatenhove, Judith van Leeuwen, "Marine Governance in a European Context: Regionalization, Integration and Cooperation for Ecosystem – based Management", *Ocean & Coastal Management*, Vol. 117, 2015, pp. 4 – 13.

第八章 生态系统方法在区域海洋陆源污染防治中的启示

最后，综合性海洋管理亟待实现的是管理的一体化与制度的互补性。从《OSPAR 公约》《HELSINKI 公约》与欧盟的海洋法律政策交叉重叠的部分来看，不同层级、不同类型或不同部门的法律之间存在矛盾冲突、重复交叉是不容忽视的事实。如，对于海洋水体的保护目标，在《欧盟水框架指令》中为达成良好的生化状况（Good Chemical and Good Biological Status），而《欧盟海洋战略框架指令》中为达成（或维持）良好的环境状态（Good Environmental Status）。暂且不论这两个目标中具体的技术测评或衡量指标是否一致，这种不一致的表述很显然是由不同部门主导下所做出的决定，二者如何达成一致并非简单的文字修订即可完成。这也表明管理一体化仍需要打破部门制约以真正形成区域合力。相关涉海法律制度如何实现互补互益，在我国综合性海洋管理的实践中显得尤为迫切。仅就环境标准制度在综合性海洋管理中的落实而言，如何将陆源污染物的排放标准、地表水环境质量标准、海水水质标准、环境空气质量标准等逐步关联起来，以一体化的思路来保护海洋环境也并非易事。

第九章 生态系统方法在海洋陆源污染防治立法中的出路

生态系统方法在海洋管理实践中得到一些应用（尤其是在海洋渔业管理与资源管理方面），在有限范围内取得了一定成效，但我国既未建立基于生态系统的海洋管理体系[①]，也未将生态系统方法全面应用于立法实践。不仅仅是我国，在国际海洋法与区域海洋环境保护法中，除《OSPAR公约》外鲜有条约明确规定生态系统方法。出现这种现状的原因是多方面的，既有立法文字表述的多样化因素（如有些立法中会将生态保护囊括在生态系统方法的应用中等），也有生态系统方法应用与法律法规中"权、责、义"难以匹配暂不予采纳的。不论立法中是否直接采纳诸如生态系统方法、生态系统管理、综合生态系统保护等这样的表述，生态系统方法在海洋管理中的适用领域与实践范围正日渐拓展是事实。面对这种现状，唯有积极地寻求法律确认与保障，为生态系统方法的海洋立法找到突破点，才是应该秉持的态度。下文将结合我国海洋陆源污染防治立法，探寻生态系统方法在我国的适用与出路。

第一节 生态系统方法在我国海洋陆源污染防治立法中的反思

经过近40年的努力与实践，我国已建立起相对完善的海洋环境保护法律体系和陆源污染防治法规则体系。在多方因素的推动下，生态系统方法在海洋生态（系统）保护与陆源污染防治中也有所体现。但生态系

[①] 孟伟庆、胡蓓蓓、刘百桥：《基于生态系统的海洋管理：概念、原则、框架与实践途径》，《地球科学进展》2016年第5期。

统方法在海洋陆源污染防治立法及实践中,不仅存在结构性缺失,也面临诸多的挑战与不确定性。

面临我国海洋生态系统保护与陆源污染防治立法中存在的诸多不足,制定一部全新的海洋生态法是否就能解决上述问题?这是我们在立法中必须要充分权衡、全面评测、认真审视后才能回答的问题。仅从理论上(或纸面上)给出完善立法、要求促进生态系统方法在海洋环境保护与污染防治中有效利用的建议并不困难,但若不全面衡量我国现有的海洋生态环境现状、海洋污染防治与生态保护法律法规的实际情况、相关法律法规的实施状况、现有环境监管与生态保护体制、相关利益者(包括内陆地方政府及企业、沿海地方政府、相关海域使用权人及公众等)的影响,则是空泛而无益的。在确定是否应该制定新的法律或具体的法律完善模式时,必须先相对明确地回答以下三个问题:一是我国现有的海洋立法在保护海洋生态(系统)中是否存在重大的立法缺失。若不存在重大的立法缺失,重新立法的意义何在?若存在重大的立法缺失,重新立法是否一定是解决问题的唯一有效途径?二是我国现有的海洋立法能否确保生态系统方法的有效应用。若能确保生态系统方法的有效应用,重新立法的基础显然不存在。若不能确保生态系统方法的有效应用,重新立法后是否就一定能保障生态系统方法得到有效的应用?三是我国现有的陆源污染法律制度能否囊括生态系统方法应用的要素与特征。若囊括了生态系统方法的部分要素与特征,应该如何去应对?若不能囊括生态系统方法适用中的要素与特征,通过何种方式在现有法律体系下是最有效的?

一 现有的海洋生态(系统)保护是否存在重大立法缺失

关于我国现有海洋生态(系统)立法是否存在缺失,许多学者都持肯定的观点,即认为我国海洋生态(系统)保护存在缺失,但是否存在重大缺失,无人对此进行深入论证。目前对于立法缺失的认知主要存在以下几方面的观点。笔者将结合这些观点,逐步认知,系统分析我国未来应该通过何种立法模式来解决海洋生态系统方法适用问题。

观点一:我国整体性与综合性的海洋生态法立法是缺失的。有学者认为,对应于海洋生态系统的层次性,我国至少需要构建三个层次的海洋生态法体系:第一层次是针对海洋生态系统的海洋生态法,这是整体性、综合性的法律;第二层次是由四类法律部门组成,即针对海洋生物子系统的法律保护（海洋资源法）、针对海洋生命支持子系统的法律保护（海洋环境保护法）、针对所有生物成分的法律保护（海洋生物多样性保护法）、针对一些特殊的海洋生态系统的法律保护（海洋自然保护区法）；第三层次是有选择地针对海洋生态系统的第三层次子系统及其以下子系统的各种具体生物成分和非生物成分进行立法保护，包括渔业资源、油气资源等开发利用等方面的立法。[①] 这三个层次海洋生态法界定了我国海洋生态法体系，也为系统性地保护海洋生态立法提供了理论研究借鉴。

基于三个层次系统性的观点，从法律规范的表现形式上（参见图9-1[②]与图9-2）看，我国缺少了第一层次"海洋生态法"似乎是成立的。因为我国目前的确没有一部名为"海洋生态法"的部门法。三个层次的体系构建虽然从形式上讲是完整的，但何为综合性海洋生态法，相关研究并没有给出明确的界限，也没有给出该法与其他两个不同层次的法之间的关系。理论意义上的"海洋生态法"与我国《海洋环境保护法》之间应是属种关系吗？从实质内容看，"海洋生态法"与《海洋环境保护法》二者之间并不是属种关系，其实二者在海洋生态保护、海洋环境污染防治、海洋资源开发利用中的污染防治与生态保护等方面具有逻辑同构性。当然，《海洋环境保护法》并不是《立法法》上的基本法律，其法律位阶的确低于《民法典》《刑法》等基本法律，这也反映出了我国对此类事项的立法选择。综合而言，尽管我国《海洋环境保护法》在某些方面仍有待进一步完善，但依然不影响这是一部综合、系统地规范我国管辖海域内的环境污染与生态保护问题的基本法律。从主要规范内容看，该观点中的第一层次明显与第二、第三层次存在交叉与重叠，第二层次的法律与第一层次在海洋生态保护内容上是存在交叉的，如海洋自然保护区不仅保护区域，也保护区域内的生态系统；而海洋环境保护也必须涉及海洋生态系统保护的内容。在我国《海洋环境保护法》第三章中专门设定了海洋生态保护的内容，因此，将该法归类为第二层次是否合适值得商榷。在探讨海洋生态系统方法未来的立法模式或立法选择时，作为立法者首先必须对现有的法律法规进行有效梳理与整合，并在此基础

[①] 田其云：《海洋生态系统法律保护研究》，《河北法学》2005年第1期。

[②] 在图9-1中的国际法是广义上的国际法，不仅包含了条约，还包含了国际法中的"软法性文件"。此图主要以规范文件为依据来制作，并未将国际惯例或原则等纳入其中。

第九章　生态系统方法在海洋陆源污染防治立法中的出路 | 299

上明确其他法律法规中所包含的生态系统方法或生态系统保护的条款是否关涉海洋（下文将有论述）。在现有实践基础上逐步建构起来的海洋生态环境保护法律法规，虽然仍存在不足，但却为生态系统方法的应用提供了一种选择路径。这种路径可能与海洋资源开发利用行为或海洋战略规划相关，也可能与海岸带地区人们的生产生活方式相关，还可能与已经确立的海洋环境管理机制或管理体制相关。因此，对于生态系统方法在海洋立法中的体现而言，不能仅就海洋法而论，应该站在更广阔的视角来全面分析其他法的规定或法律实践能否提供路径与方向。

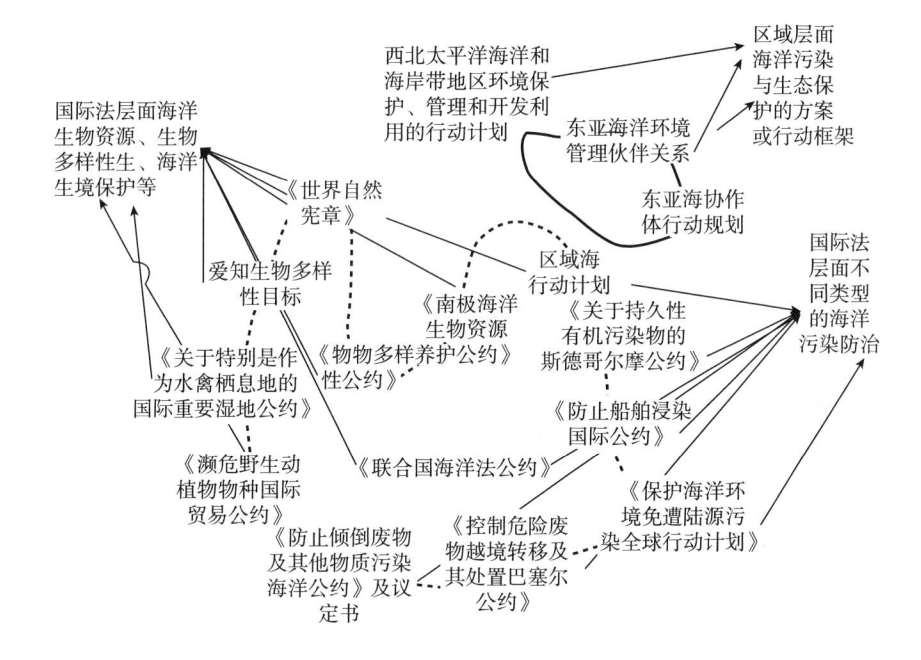

图 9 - 1　国际法与区域法层面海洋污染防治与生态保护法概览

注：⬭ 与我国相关的区域性方案或框架；⬭ 国际条约及软法性文件。

观点二：我国海洋生态系统管理机制或制度不健全。这是一种对生态系统方法在海洋管理中体系化的宏观性认知。此类研究较多，有学者结合生态系统管理中的一些具体内容，认为很多涉及生态系统管理的立法并未将保护生态系统或生态平衡作为其立法目的，生态系统管理理念不明确、不具体；生态系统保护管理体制的立法不具体、不完备；缺乏生

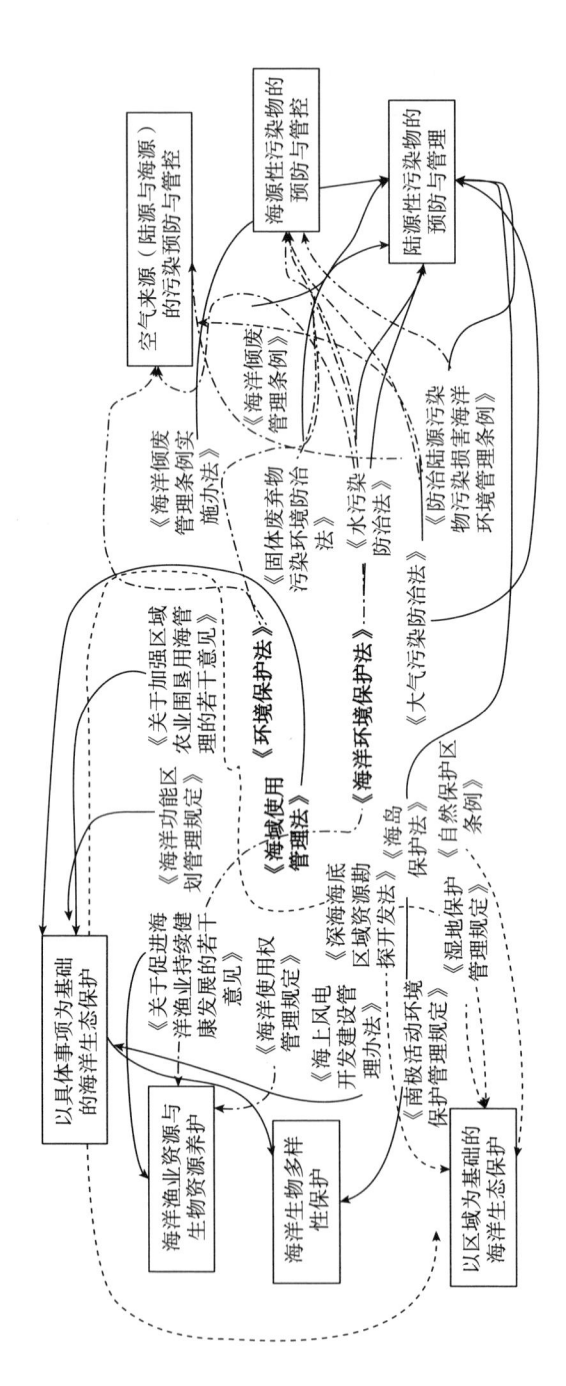

图 9-2 国内法层面海洋污染防治与生态保护的法律法规与主要内容

态系统管理的制度；法律责任不完善。[1] 也有学者认为，中国现今的海洋环境立法，仍沿用海洋资源利用和海洋环境保护分别立法，海洋资源依要素分门别类、依部门、依地区分割管理的传统模式；还只是在形式和表面层次上符合综合生态系统管理的要求，主要表现为立法数量的繁多，而忽视了综合生态系统管理的内涵需求。[2] 从立法理念、法律体系与具体内容上论述，现有的立法不满足生态系统方法的实践性要求。综观此类研究，多基于立法及管理实践中所存在的问题，提出生态系统管理方面的立法需要完善，并就存在的问题给出了一些对策或措施，但这些对策或措施并不以立法为限，也未对是否应该立法进行系统分析推理与论证。因此，此类研究对宏观背景下整体性的立法研究虽具有借鉴意义，但对生态系统方法在海洋立法中的应用与实践的可借鉴性较弱。另外，此观点从总体上是对生态系统方法应用的一种社会、体制与法律制度等的综合性分析，并不是立法分析。因此，从这个观点出发并不能得出是否存在重大立法缺失的结论，只能表明我国现阶段生态系统方法适用的法律条件还未满足。

观点三：我国现有立法形式上满足了生态系统管理要求，但并未将生态系统方法应用的具体要求法律化。有学者指出，我国对综合生态系统管理的法律转化缺乏"编程"的"意译"过程。[3] 生态系统的公共性与外部性，决定了生态利益只有自维性，没有自利性，具有公共性，不具有排他性，其与受影响的私人利益存在本质区别。[4] 在生态系统方法的应用中，对于生态系统的认知、了解及在此基础上的保护是基础，但由于生态系统保护本质上的公益性，难以得到个体关注（尤其是自然人的关注），这也间接导致很难被传统的法律权利与义务所接纳与"编译"，并转化成不同主体的责任与义务。因此，目前的环境资源立法仅停留在形式和表面层次上满足综合生态系统管理的要求，即立法数量的繁多和

---

[1] 高明侠：《我国生态系统管理立法的问题及建议》，《西安邮电学院学报》2011年第6期。

[2] 高晓露、梅宏：《中国海洋环境立法的完善——以综合生态系统管理为视角》，《中国海商法研究》2013年第4期。

[3] 薄晓波、冯嘉：《论综合生态系统管理理念的法律化——兼谈法律思维的作用》，《昆明理工大学学报》（社会科学版）2009年第9期。

[4] 梅宏：《生态损害：风险社会背景下环境法治的问题与思路》，《法学论坛》2010年第6期。

立法体系的完善，而忽视了以权利义务分析的法律思维对综合生态系统管理的各项要求作出法律化的解读。① 没有法律化的解读与转化，便没有相容的法律制度或法律责任来做出进一步的诠释，因此，其立法的可行性也会降低许多。我国现有立法形式上是否满足了生态系统管理要求呢？就现有立法理论研究与立法实践而言，生态系统方法应用于立法并未要求特殊的形式，是否需要区别于一般的立法形式，仍需要进一步研究。但就现有涉及生态系统方法应用的相关立法而言，我国仅在部分领域有所涉及，并未达到实质上完全满足。法律化的不充分是否就体现为立法中的重大缺失呢？这是两个不同层面的问题。形式上满足了生态系统保护要求，却未能真正保障生态系统方法的有效利用，这是法律制定过程中立法技术、立法手段等未合理利用，或在现有的科技发展限制、人们价值观的转变等方面未能达到生态系统保护的要求，而不是在立法事项上存在重大缺失。

二 现有的海洋立法能否实现生态系统方法的有效应用

在讨论这个话题前，我们必须清晰地认识到，生态系统方法的有效应用并不仅以立法为依托，也不能仅依赖于立法完善来解决。生态系统方法的应用是一个由经济、社会、法律、体制机制、政治、科技、人们观念等多种因素综合作用的结果。本部分仅以现有实在法为依据，对生态系统方法在海洋管理中作用的有效发挥为核心展开论述。

首先，生态系统方法在海洋环境法律法规中的规定仍存在诸多制约与不足，是我们必须正视的法律问题。从前几章的研究内容可知，生态系统方法在海洋法中的应用并非单一的，而是系统地呈现在不同的法域中（参见图9-1与图9-2），既有全球层面的国际条约法、跨国界的区域法，也有我国的国内法、国内的政策规划或行动方案，还有适用于有限范围内的规章或地方性法规等；同时，涉及海洋生态（系统）保护或海洋利用或利用者的法律法规也十分广泛，既有国际法层面综合性的《联合国海洋法公约》、专门性的《生物多样性公约》《濒危野生动物和植物物种国际贸易公约》《关于持久性有机污染物的斯德哥尔摩公约》等，也有国内法层面综合性的《海洋环境保护法》、专门性的《防治陆源

---

① 薄晓波、冯嘉：《论综合生态系统管理理念的法律化——兼谈法律思维的作用》，《昆明理工大学学报》（社会科学版）2009年第9期。

污染物污染损害海洋环境管理条例》等，这些共同构筑起纵横交错、层次分明的海洋生态环境保护法体系。

关于海洋环境保护的法律体系在我国已经建立且相对完善，但生态系统方法在海洋环境管理中的制约因素较多，包括"跨行政区域或国界的海洋生态系统保护中的协作与权益配置、生态系统方法应用对经济社会的负面影响"[1] 等，未能将这些管理实践与立法或法律制度的修订衔接起来，因此，将生态系统方法付诸立法实践的依然十分有限。尽管社会—生态系统的弹性理论能够为生态系统方法的实践与应用提供相关管理特征的更具体的预测推理[2]，但若海洋社会—生态系统理论框架的构建不合理，则不能有效规划并指导海洋生态系统方法的法律实践。当然，也有可能是其他方面的不足影响了生态系统方法在海洋管理中应用，既有在管理实践中所遭遇的诸多难以突破的瓶颈，也有在实践中不得不面临的其他诸多挑战（参见表9-1）。[3] 虽然应对这些挑战与法律制度的完善相关，但法律的完善并不能应对所有的这些挑战。

表9-1　　生态系统方法应用于海洋管理中面临的不同类型的挑战

较易处理的挑战	需要付出较多努力才能克服的挑战	难以克服的挑战
环境监测经费不足	资金资助不够或监测不能有效实施	国家、部门等因各种原因拒绝合作
缺乏具体（保护）目标	实施的随意性较大且无有效制约	缺乏持久稳定的（跨域）专项保护资金

---

[1] Suzanne J. Boyes, Michael Elliott, "Marine Legislation—The Ultimate 'Horrendogram': International Law, European Directives & National Implementation", *Marine Pollution Bulletin*, Vol. 86, No. 1-2, 2014, pp. 39-47.

[2] Annika K. Nilsson, Brita Bohman, "Legal Prerequisites for Ecosystem-based Management in the Baltic Sea Area: The Example of Eutrophication", *Ambio*, Vol. 44（Suppl. 3）, 2015, pp. S370-S380.

[3] 参考了以下两篇论文，并其基础上做出了一些修订：①Marianna Cavalloa, Ángel Borja, Michael Elliott et al., "Impediments to Achieving Integrated Marine Management Across Borders: The Sase of the EU Marine Strategy Framework Directive", *Marine Policy*, Vol. 103, May 2019, pp. 68-73；②A. Newton, M. Elliott, "A Typology of Stakeholders and Guidelines for Engagement in Transdisciplinary, Participatory Processes", *Frontiers in Marine Science*, No. 3, 2016, p. 230.

续表

较易处理的挑战	需要付出较多努力才能克服的挑战	难以克服的挑战
现有的指标或标准不统一	跨部门或跨区域的管理冲突、交叉、重复、遗漏	难以全面启动涉海利益主体的权益配置与部门管理权限的设置
不同利益主体的诉求不一致	实践合作不足、分部门管理的协调难	不愿意共同采取措施保护一定区域的海洋生态；缺乏共同的政治意愿
系统的生态、经济、社会数据不充足	科学、有效的信息缺乏	市场前景良好的绿色技术转让不足；差异明显的国家或区域间的科技合作
过多政策性文件或建议不能协调一致，缺乏统一、通用的标准或指标体系	规制过于复杂、各种报告也过于复杂；规制过度与规制不足并存；短期性明显	司法（或管辖权）方面的挑战；不同国家或区域的规划过于僵化或自利
专业的管理人员的配备不足	缺乏真正懂海洋生态与政策法律的专家；跨界措施的有效实施与监管不足	—
一体化社会—生态系统模型或框架构建不完善	—	社会、经济、文化等冲突；对传统权利的限制；对传统认知的挑战

其次，我们需要明确回答法律规定的不足是否必然影响生态系统方法在海洋管理实践中的有效性。笔者认为，生态系统方法在海洋生态环境保护实践中有效实施的关键性要素主要包括以下三个方面。一是海洋生态系统方法能否真正在法律意义上与所有涉海利益相关者的权利、义务、责任或职能等关联起来，既涉及海洋社会—生态系统整体性框架或模型的构建，也包含如何将海洋社会—生态系统中的社会性、生态性、技术性、管理性要素等"编译"成相应的法律要素，并进一步转化或纳入相应的法律法规中。二是这些法律法规或具体制度，能否通过法律修订或制度的完善融入相应法律关系主体的行为模式，并且在其被这些法律关系主体接纳的基础上通过具体的行为或行为后果的规范来实现。目前关于生态系统方法适用的海洋立法体系与基本要素已具备，最关键的问题是难以得到有效实施与执行。对于一项法律制度或法律措施的实施，首要的应是法律关系主体能否接纳该制度或措施，若不能被接纳或融入

不同主体的行为模式或法律后果中去,那么这种规定也仅停留于纸面上。三是与生态系统方法实施相对应的评估机制与法律责任问题。由于生态系统方法适用后的生态效果与社会影响评估体系不健全,目前该方法适用后的对应目标也不能有效匹配。生态系统方法的适用依赖于相关认知观念、思维模式、行为方式、科学发展、技术改进等的支撑,这必然要求有相对完善的科技规范与标准来保障。总之,就我国的现状而言,现有的海洋立法的确很难实现生态系统方法的有效应用,但并不是因为立法本身存在重大缺失,而是实施法律规范的配套机制不完善。

三 现有陆源污染法律制度能否囊括生态系统方法应用的要素

我国海洋环境保护立法总体上重污染轻生态保护、重资源利用轻生境保护,相较于海源性污染及部分陆源污染中的点源污染,宏观层面陆源污染防治立法仍有进一步完善的空间。经历近40年的发展,虽然我国有《海洋环境保护法》《防治陆源污染物污染损害海洋环境管理条例》《海洋倾废管理条例》《防治海岸工程建设项目污染损害海洋环境管理条例》来规范陆源污染物排海,但依然存在"制度内容不完备、制度对人的有效性不充分、对环境有效性缺失"[①] 等问题。在立法中,将陆源污染防治与生态系统保护直接关联的法律条文,除《海洋环境保护法》第三条中的两个条款外,与此相关联的其他预防、监管与责任类制度均没有,确保这两个条款得以落实的相应配套的行政法规或规章也没有。这样的立法处理有其合理性。一是在现有科技条件与人类认知水平下,我们很难从法律上确定生态系统管理的原则,虽然现有研究尝试给出一系列的认知并依据重要性程度不同进行了排序,但这些原则与不同法律规范中的原则如何对应起来仍很困难。虽然欧盟及其成员的海洋立法中均强调风险预防原则与生态系统方法的对应,但如何将生态系统方法应用中所涉及的诸多问题与之关联起来仍没有说服力。二是目前对生态系统方法在海洋管理中的基本要素认知并未达成一致(参见第一章第五节),虽然生态系统方法在海洋环境保护中的实践源自管理,如何将此方面有效应用于海洋管理实践没有得到有效解决,在法律法规中也同样没有给予回应。所以,现有的陆源污染防治法律制度的确没有在形式上囊括生态系统方法的相关要素与特征。在立法形式上没有有效囊括生态系统方法的

[①] 戈华清:《海洋陆源污染防治法律制度研究》,科学出版社2016年版,第Ⅲ页。

要素，是否表明在实质内容上也没有包含这些要素呢？在现有的研究中，笔者没有搜寻到系统性的研究作为借鉴。因此，本书将结合现有的生态系统方法应用于海洋管理且得到一致性认可的要素进行分类阐释。结合前几章所给出的相关内容（生态系统管理的原则、要素，生态系统方法在不同层次海洋环境保护立法中的体现等），笔者认为，生态系统方法在海洋管理实践中被广泛认可的原则或要素主要包括生态性、系统性、地域性（或区域关联性）、适应性、信息或数据匹配性、人与自然生态共存性等。这些要素在现有的海洋立法中均有所体现，只是在现有立法中没有将这些要素充分整合与现有法律制度对应性关联起来。

综上，从法律体系上看，尽管在生态系统保护的制度关联性方面存在一定差异与不足，但我国现有的海洋生态（系统）保护立法并不存在重大的立法缺失；从生态系统管理包含的主要要素来看，虽然我国海洋陆源污染防治立法在形式上没有明确的法律条文，但从实质内容来看，已基本具备该方法适用的原则确认与部分制度支撑；海洋生态系统保护难以持久维系的主要原因并非在于海洋立法的系统性缺失（或重大缺失），而在于现有法律制度实施的机制体制不契合、现有的法律制度并没有得到有效落实、保障生态系统方法适用的部分制度的生态性和系统性不显著、保障制度实施的责任体系不完备。

第二节　生态系统方法在我国海洋陆源污染防治中的立法模式选择

为何生态系统方法在海洋环境保护实践中被广泛应用且在不同方面被广泛关注与研究，却鲜有专门立法出现，甚至现有的法律规范相关条款中也鲜有（《OSPAR 公约》除外）规定？是不需要这样的立法，还是不具备这样的立法条件？我国海洋环境保护立法，一方面已经具备相对完善的法律规则体系，无须在适用条件与实践机制没有发生根本性变化的情形下重新立法；另一方面对于海洋生态系统人类总体上处于无知之中，在这种情况下，合理限制人类自身行为，尽量减少对海洋生态的影响也许是最佳选择。

一　生态系统方法在现有海洋陆源污染防治法体系中的立法模式分析

虽然生态系统方法机制体制的约束没有体系化的应用，但该方法在我国海洋环境管理的相关立法与实践中依然有所体现。目前的立法实践，主要是将生态系统方法的应用与生态（系统）保护（或生态系统中的某些要素的保护）直接关联起来，且通过不同层次的法律法规并入对应的法律制度中，但这种立法总体上是分散零碎且不能有机关联的。综观国内学者的研究，下面主要从两个不同方面展开。[1]

一方面是以生态法体系的构建来阐明生态系统方法应用中生态立法的重要性。主要观点有：第一，生态法是对生态系统整体性回应[2]的一种相对有效的立法模式；第二，我国环境法缺乏对资源生态属性和生态系统的法律保护，因此，有必要通过专门的生态保护法来承担此项功能[3]；第三，将生态系统服务功能财产权化与环境容量准物权构造相配套，保持两法（自然资源法与环境法）独立性并将其理念与功能统一于生态法项下，以促成其制度与价值的有机融合。[4] 这些研究虽然出发点与研究视角不同，但均强调了生态法构建对生态系统保护的重要性。

另一方面是从生态系统综合管理或生态系统管理法展开，主要观点包括以下三类。第一，应将生态系统方法纳入综合性立法中，建立完善生态（系统）保护法律体系。[5] 此类建议强调了生态系统方法应用须以立法理念与管理理念的更新为契机，尽早确立基于生态系统管理的法律框架，并以生态保护为基础整合部门职能与权限。[6] 第二，在对现行的生态系统管理立法进行修订时，应考虑把保护生态系统或生态平衡作为生态系统管理立法的目的或目的之一，并且在立法中把生态系统管理理念具体化；完善关于生态系统保护的管理体制；增加具体生态系统管理制度；

---

[1] 由于生态系统方法在海洋立法实践中的应用分析在本章第一节已有论述，此处不再重复。

[2] 刘卫先：《生态法对生态系统整体性的回应》，《中国海洋大学学报》（社会科学版）2008年第5期。

[3] 杜群：《生态保护法概论——综合生态系统管理和生态补偿法律研究》，高等教育出版社2013年版，第267页。

[4] 邓海峰：《环境法与自然资源法关系新探》，《清华法学》2018年第5期。

[5] 蔡守秋：《论综合生态系统管理原则对环境资源法学理论的影响》，《中国地质大学学报》（社会科学版）2007年第5期；高晓露、梅宏：《中国海洋环境立法的完善——以综合生态系统管理为视角》，《中国海商法研究》2013年第4期。

[6] 赵绘宇：《生态系统管理法律研究》，上海交通大学出版社2006年版，第163页。

完善生态系统管理立法中的法律责任部分。[①] 第三，综合生态系统方法是我国生态文明法治建设中的一个重要体现，为山水林田湖是一个生命共同体的理念，"综合调整机制"的构建是生态系统方法应用的核心。[②] 对于生态系统方法的立法实践，虽然国外自20世纪90年代后逐步转向以生态整体性保护为基础的环境法体系，但生态系统方法的应用尚未形成法律体系，该类立法正在发展之中。总之，关于如何通过立法来推动或促进生态系统方法的合理有效应用，目前的研究虽有一些，但关于究竟应该选择何种立法模式来进行并未给出确切的答案，需通过进一步研究来明晰。

基于海洋陆源污染物的来源与特征，相应的防治法律体系的健全应是多维、综合、复杂的。因此，若要全面了解海洋陆源污染防治立法体系，不能局限于海洋环境保护之内，而应从我国现有实在法着手进行系统分析。

首先，《宪法》是我国的根本大法，其序言中提及生态文明及其他四个文明的协调，并在其第26条中进一步明确规定了国家应保护和改善生活环境和生态环境，防治污染和其他公害。这表明了国家在法律体系的建构中是重视整体性生态保护的。虽然《宪法》中没有明确提及生态保护与生态系统保护，但对于生态环境的整体性保护在一定程度上代表了根本大法对生态系统保护的认可。然而，《宪法》对于生态整体性保护的确认依然相对保守，尤其是对生态空间的整体性保护理念的法律确认还存在不足。在该法第26条的前部分中给出生态环境保护的总体性要求，但在第26条后部分仅规定国家"组织和鼓励植树造林，保护林木"，这一规定无疑从理念与导向上缩小了生态整体性保护的范围。

其次，我国的基本法也正逐渐为生态系统方法的应用提供可适用的法律规范。2017年通过的《民法总则》第9条中首次规定"民事主体从事民事活动，应有利于节约资源，保护生态环境"，该条款的法律意蕴，除是"生态社会主义核心价值与绿色发展理念的基本原则"，作为"民事

[①] 高明侠：《我国生态系统管理立法的问题及建议》，《西安邮电学院学报》2011年第6期。

[②] 蔡守秋：《从综合生态系统到综合调整机制——构建生态文明法治基础理论的一条路径》，《甘肃政法学院学报》2017年第1期。

行为方式选择的前提性与高标准的要求"① 外,更是在生态文明建设宏观政策刺激下法律体系整体对宪法环境保护基本价值的落实。② 当然,在一定程度上《民法总则》第 9 条的规定也是对《环境保护法》中绿色民事行为的一种基本法的呼应,尤其是对整体生态文明建设的一种法律回应。随着《民法典》在 2021 年的实施,《民法总则》中的"绿色条款"随之失效,《民法典》中的"绿色原则""绿色制度""绿色承诺"等将全面融入民事主体(业主、用益物权人、产品出卖人等)的民事活动(建设用地使用权的行使、合同的履行、产品包装等)中。③ 无疑,《民法典》为所有民事主体行为的绿化提供了法律支撑,由于民事主体范围的广泛性,也将进一步推动决策者、立法者、规划者更注重生态系统方法在未来的应用。尽管 2014 年修订的《环境保护法》④ 中没有改变重污染防治轻生态保护的倾向,但在第 1 条中将"推进生态文明建设"直接写入法条,同时在第 29 条⑤中首次明确提出了生态保护的核心制度——"生态保护红线",《环境保护法》的这些规定无疑从法律制度层面为生态系统方法的实践提供了制度保障。

最后,涉及海洋污染防治与生态保护的《海洋环境保护法》《防治陆源污染物污染损害海洋环境管理条例》及其他相关法律法规,对于生态系统方法的适用虽然规定了一些配套的制度或措施,但现有海洋环境保护立法未系统应用生态系统方法,生态系统方法在我国海洋陆源污染防治立法中呈现出可操作性不强、结构性缺失的特征。这种立法现状表明,虽然我们从理论上认可生态系统方法,也通过了法律的确认,但总体上

---

① 蔡守秋、张毅:《绿色原则之文义解释与体系解读》,《甘肃政法学院学报》2018 年第 5 期。
② 樊勇:《私人自治的绿色边界——〈民法总则〉第 9 条的理解与落实》,《华东政法大学学报》2019 年第 2 期。
③ 请参阅《民法典》第 9 条、第 268 条、第 326 条、第 346 条、第 509 条、第 619 条及第七章。
④ 从制定此法律的主体来看,《环境保护法》虽不是基本法,但从其在环境保护中的基础地位来看,应属基本法,因此,此处将其作为基本法来看待。
⑤ 《环境保护法》(修订)第 29 条:国家在重点生态功能区、生态环境敏感区和脆弱区等区域划定生态保护红线,实行严格保护。
各级人民政府对具有代表性的各种类型的自然生态系统区域,珍稀、濒危的野生动植物自然分布区域,重要的水源涵养区域,具有重大科学文化价值的地质构造、著名溶洞和化石分布区、冰川、火山、温泉等自然遗迹,以及人文遗迹、古树名木,应当采取措施予以保护,严禁破坏。

这种确认的范围与尺度依然十分有限。之所以会在立法上出现这种现状，与我们对海洋生态系统认知有限相关，特别是其核心的关键因素缺乏具有说服力的科学支撑（尤其是人类活动对海洋生态系统的影响如何定性与量化的问题①），在面对海洋生态系统保护中的各种风险或不确定性时，我们通过相对抽象化的法律对策选择来处理具有相对合理性，因为立法中的这种做法在一定程度上反映出了生态系统保护的弹性与适应性的关联性，但同时却给具体主体（甚至是区域主体）法律责任的确立、分配与承担带来了挑战（如陆源污染物排放所导致的海水富营养化问题背后的污染物减排责任、海水水质净化责任、局部海域的生态修复责任等）。

综上，我国各类法律法规经历多次修订，在法律体系上构筑起了相对系统的生态（系统）保护理念，该理念贯穿于宪法→基本法→各单行法→其他相关法律法规，从形式上形成了相对完善的立法体系。但这种形式上的相对完善并不代表其能达成生态系统方法在海洋环境保护中的目的，也不能使我国的海洋生态保护真正形成系统化的机制体制。从本质上看，目前这种立法模式的选择仍以表征生态（系统）保护理念、满足生态保护的形式要件为主，没有将生态系统方法的有效实施系统融入相应的法律法规中，也没有对生态系统方法的法律适用进行有针对性的破解、编译与整合，亦没有将生态系统方法的应用与具体权利、义务与责任等融贯为一体。

二　生态系统方法在未来海洋陆源污染防治中的立法模式选择

在对未来的立法模式选择进行探讨前，必须明确生态系统方法绝不是解决所有海洋问题的唯一方法。导致海洋污染或生态系统退化的原因复杂，既有自然的又有人为的原因。法律在解决生态系统问题时，虽然可以通过人类行为限制或约束起到一些作用，但由于人类对海洋生态系统认知的整体性缺乏，以及对人类行为影响海洋生态系统的无知，法律手段对海洋污染防治会有一定效果，但在海洋生态（系统）保护（包括修复、恢复等）方面的作用依然有待于进一步挖掘。

---

① 从某种意义上讲，我们能抽象地指出人类活动对近海生态环境造成了负面影响，但由于法律法规会与具体人的行为、权利与义务等相关，仅指出负面影响并不能对具体人的行为（或某一行业的行为、某个区域的行为、某类排污行为等）如何影响海洋生态系统有效的量化，没有相对明确具体的量化指标便很难将权、义、责等配置给具体的主体。

(一) 立法模式选择的其他制约性要素

立法模式虽然具有人为选择性与主导性，但若要某种立法模式能被社会实践接纳必须与社会相容，要体现社会需求，要符合社会发展趋势。对于未来的海洋发展而言，生态系统方法不仅要系统融入现有实体法与程序法之中，还要被现有的实践机制所接纳，否则再完备精良的法律也可能会因不能付诸实践而落空。因此，我们在探讨立法模式选择的基本要素时，除了第四章中论及的生态、经济与社会对于立法中所必须关注的法理的基础性要素，实施机制、成本效益、与现有法的契合度、社会系统的保守性与惯性问题这四个方面也是我们在立法中必须考虑的要素。

1. 实施机制

相对于生态系统保护类法律的制定，法律的实施（尤其是有效的实施）更困难，也更具挑战性。因此，在立法中必须充分考虑现有实施机制与预备立法事项之间的相容性和关联性。健全的法律体系的本质，不能只限于法律体系的"内部和谐"，还应积极回应社会需求，与客观规律相符合、与社会发展相适应，达至"外部和谐"。[1] 唯有内外和谐的法律才是真正健全的法律，法律的实施机制是其重要的外部要素。环境法实施的传统路径以受害民众提起环境侵权诉讼和政府部门进行环境执法[2]两条路径为主导，很难保证生态系统方法的有效实施。虽然就法律实效得以产生的客观状态而言，自愿服从、习惯性服从、社会强制服从、国家强制服从之间并无显著差别[3]，但不同类型的实施机制对于法律实施的主客观状态的影响是不同的。生态系统方法的实施机制应是由一系列"保证制度（包括正式制度和非正式制度）实施的手段、工具、政策、措施"[4]，实施主体与实施机制所构成的。由于生态系统方法的实施在一定程度上是与科学认知、科技进步与科技手段提升等成正比共同演进的一种系统性的方法，在对海洋生态（系统）的现状、生态系统方法应用所产生的生态效应与社会效果等没有明确认知的情形下，体系化的实施机制如何建立依然是重要的制约性因素。再加上，生态（系统）保护的内

---

[1] 杨解君、张治宇：《迈向"良法"时代的法治中国建设：法律体系的品质提升》，《南京社会科学》2015年第1期。
[2] 刘卫先：《我国环境法实施机制的缺陷及其克服》，《中州学刊》2017年第6期。
[3] 宋功德：《浅析法的实施机制》，《国家行政学院学报》2009年第4期。
[4] 王跃生：《新制度主义》，台湾扬智文化事业股份有限公司1997年版，第49页。

容由科学认知转化为社会认知，进而得到有法律意义的价值确认，这一过程不仅漫长而且具有明显的时滞效应。因此，从这个角度来看，生态系统方法如何融入现有的实施机制是我们在海洋立法中必须全面考虑的重要议题。

在立法中，除考虑即将制订的制度如何融入现有的实施机制，还要考虑创新的实施机制和现有法律制度的匹配与融合。虽然自愿服从是法律实施中所产生的最好结果，但是对生态（系统）保护而言，是否所有法律关系的主体均愿意限制自己的经济社会权益而自觉遵守生态约束，目前并没有有效的科学实证。现阶段生态系统方法的应用主要以强制服从为主。矛盾的是，这种强制服从的实施机制与生态（系统）保护天然的自律性是不一致的。不仅现有的环境法律与环境政策无法逻辑自洽地涵摄环境保护制度工具的范围①，而且生态系统保护中所包含的各种正式环境保护制度、非正式环境保护制度以及环境保护制度的实施机制之间也是难以无缝衔接与融入的。这种现状表明：在海洋生态系统的保护中，不应以重罚为主流，更不应以名目众多的处罚性责罚为主体，而应以海洋生态系统保护中的系统性、合作性与共进性为特征，将适应性管理与保护目的的调整、规制手段的革新等密切关联起来，将预防、谨慎原则的应用与生态系统的弹性、复原力、自我修复能力等科学地衔接起来，这是在立法过程中实施机制要考量的另一重要议题。

2. 成本效益

任何法律的制定、实施、撤销、废止都会产生相应的社会成本、经济成本与生态成本。惯常的法律思维会考虑法律的社会成本与经济成本，但生态成本却往往会被忽略。生态（系统）保护并不是一件快速、经济的事情，生态系统方法在法律制度上的体现与法律文本中的呈现相对更困难一些。生态系统方法的实践主要以两种方式呈现：一是直接通过人类的行为作用于生态（系统）中的某些要素或整体，以达到生态恢复的目的（包括健康生态系统的恢复、生态功能的恢复等）；二是直接或间接地通过鼓励、限制或禁止人类的某些行为，以减少人类行为对生态系统的负面干扰，或增加人类行为的生态系统正向干预。上述这两种方式都

---

① 郭武：《论迈向制序的环境保护制度工具体系之建构》，《中国地质大学学报》（社会科学版）2018 年第 3 期。

是以人类行为（包括消极行为与积极行为）为核心展开的，在人类行为的选择、实施及实施效果的评估等全过程中，人类的价值观、人类的思维方式、人类的选择等均会对这种方法的实施产生实质性影响。

生态系统方法在海洋立法中确立的过程，不仅仅体现为立法中法律制定的成本，更多地体现为法律制定过程所涉及的不同用海主体的经济社会成本，以及海洋生态（系统）因法律制定过程中所可能产生的用海行为与涉海排污、资源生态利用行为的成本问题。包括综合性的海洋资源利用、陆源海源的污染排放、海洋生境修复、海洋生态功能的恢复等事项在内的实施生态系统方法的成本，此中所涉及的层面与类型要复杂许多。理论上，至少包含三种不同的类型与三个不同的过程（参见图9-3）。现有的生态保护实践中，较为系统地纳入成本效益计量范围的依然是制度具体实施阶段的经济成本与部分社会成本，其他不同阶段的不同类型的成本虽然在学术上有探讨，但依然很少作为法律制度（或措施）制定或实施的要件来对待。

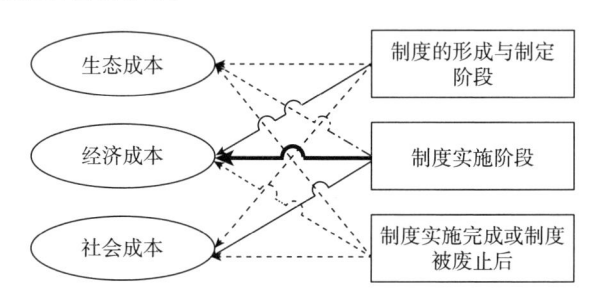

图 9-3 生态系统方法在法律制度不同阶段的成本框架

注：加粗的实线——被实践所重视的，实线——被实践关注但并不十分受重视的，虚线——易被忽视或未予关注的。

本书主要探讨立法阶段的成本效益问题，因此，本部分仅探讨法律制度的形成、确立与制定阶段的成本效益。从立法的角度来说，法律成本的高低是人们作出法律供给决策的主要依据[①]，尤其是在旧制度的修订或完善、一项新制度的确立或制定等过程中涉及生态（系统）的资源或环境容量（环境自净能力）的利用时，可能会在预期制度生效实施前（或产生过程中），出现相对集中的污染行为或资源破坏行为，这种在制

---

① 冯玉军：《法经济学范式研究及其理论阐释》，《法制与社会发展》2004年第1期。

度产生前的"预热期"或制度实施前的"空窗期"所集中暴发的环境污染与生态破坏，都具有趋利性。虽然人类的生态行为选择并不单纯地取决于经济理性，但这种密集性暴发的污染行为与生态破坏行为，并不一定表示行为人对即将产生的制度不认可，却明确地显示出行为人对制度实施后可能产生的负面经济影响的理性行为选择。这种行为选择除了在秸秆焚烧上表现十分明显，在海洋渔业资源开发与生物多样性保护方面也有所体现。

在生态（系统）保护立法进程中，对成本的关注不应局限于经济成本，社会成本与生态成本都是立法中不得不考虑的内容，如生态承载力的测度及足迹分析、生态成本效益评估及其权重估计、生态能值的可持续性分析等。在生态（系统）保护立法进程中，也不能过于倚重生态成本或生态效益，而无视或回避制度实施所产生的经济成本与社会成本，如有些地方政府在海洋生态保护红线区的划分方案的确立中，往往会以"生态"的名义采取"一刀切"式的关停，而无视已经存在的合法权益。

由于生态学研究主要从生态系统的动态循环、均衡平稳发展等角度进行分析，具有浓厚生态学知识背景的生态经济学者往往因经济理论的缺失而对社会经济体系的理解以及相关概念的把握容易产生一定偏差。另外，由于经济学更加关注稀缺资源供给与需求的均衡，经济学家往往脱离生态学领域的核心规律来研究生态问题，虽然多数学者关注经济发展过程中向环境排放而产生的污染类问题，或者资源利用过程中从生态索取而产生的自然资源供求类问题，但仍缺乏对于复杂生态问题的系统性认知。[①] 而社会学研究或政府决策层面则会更注重制度实施所可能产生的社会负担与经济损失。这表明，作为负责任的政府或立法者，应该站在更高远的层面进行生态布局，并应更周全地考虑生态系统方法应用中的各类成本，以及这些成本支付后可能产生的效益评估。

3. 与现有法的契合度

经历四十多年的立法完善，我国的环境保护法整体进入优化完善期，对于生态（系统）的保护也逐步建立起相对体系化的制度内容。通过前几章的分析可以看出，生态系统方法在海洋立法中的制度确立或具体应

[①] 齐红倩、王志涛：《生态经济学发展的逻辑及其趋势特征》，《中国人口·资源与环境》2016年第7期。

用并非全新的,无论是我国还是全球范围内的其他沿海国家都陆续建立起了与之相关的法律原则或制度。一项新的立法或法律制度的产生并不能仅仅基于合理性就可以直接确立,还要充分权衡某项立法或制度与既存制度(机制或体制)的关联、契合与融入问题。

无论是产生新的立法,还是确定新的法律制度,都是一种法律(制度)的变迁。在法律(制度)的变迁过程中,如何有效地实现制度的互补互益,减少制度的挤出与溢出效应、制度之间的冲突与矛盾是现代立法中必须考虑的议题。制度互补对制度绩效至关重要,本质上是一种制度关联和协调。[①] 由于生态系统方法的实践与应用必会涉及生态边界的确立(区域性)、组织机构的协调与整合(综合性)、生态现状与保护目标的选择调整等这些问题,在立法者通过立法将生态系统方法中所包含的要素纳入不同的法律法规的过程中,仅靠某一制度的修订或完善决然不可能达成法律目的。因此,从这个角度来看,生态系统方法在海洋立法的对象、范围、目的、具体对策或制度等选择之前,都必须要全面分析预立制度与现有制度之间的关系,尽量减少法律的冲突、竞合与重叠,也要尽量减少法律的漏洞与空白。

当然,在将生态系统方法应用于海洋立法实践时必然会遇到许多不可预测的风险与变化,这些风险与变化在一定时间或空间范围是难以解决的。在这种情形下,就更需要立法者在制度设计时更多地考虑与现有实在法的契合问题。尤其是在涉及生态边界的确立与行政区域管理问题之间的冲突时,必须对地方政府间的空间管理、利益分享、利益协调和利益联结等问题,做出权威的指导和协调。[②]

4. 社会系统的保守性与惯性问题

确立生态系统方法在海洋立法中的角色与地位及权衡背后的社会经济问题,是将海洋社会—生态系统有效整合进法律法规中的必要条件之一。然而,在选择生态(系统)整体或部分内容如何进行保护时,我们不得不面临社会系统特定的保守性与惯性问题。Craig Anthony Arnold 认为,一般的环境保护制度选择主要会面临以下三方面的社会系统特定的

[①] 姚宝珍:《博弈视角下区域协调发展的制度困境及其创新路径——以制度互补理论为基础》,《城市发展研究》2019 年第 6 期。

[②] 靳文辉:《制度竞争、制度互补和制度学习:地方政府制度创新路径》,《中国行政管理》2017 年第 5 期。

保守性与惯性问题：保守集团或既得利益群体的集体抵制；人们对现有机制或体系的情感依赖；复杂社会系统和生态系统之间协调与整合的艰巨性。[①] 人类社会所构筑出来的庞大的法律体系，对于生态（系统）的保护虽然体现了生态观照性，但依然无法摆脱以人（或人类整体）为中心的窠臼。但凡由人类主导的制度变革与立法事项，必然难以完全摆脱人类自身的各种限制。而整个社会系统都是由人类的不同群体所构筑起来的，因此，要保障真正意义上的生态优先，首先，必须对人类（群体或个体）行为的理性限度进行全面分析，厘清立法进程中所面临的不同利益集团的立场，并将这种立场中所牵涉的生态问题进行系统性分析，进而对不合理的内容予以摒弃、对重复的内容予以整合、对遗漏的部分予以补正。其次，要克服人类在面对自然生态系统时的主宰性心态。将这种人类对自然的主宰性心态以法律手段来进行规范，不仅是技术问题，还是人们的认知与心理接纳程度的问题。

进入21世纪以来，从理念上强调生态整体性的一些生态保护制度得以在不同的法律法规中呈现出来，但我们从既有法律规范中不难看出，在一定程度上，我们将自然科学意义上、社会科学意义上、管理意义上的生态系统方法与法律上的生态系统方法混同了，这也导致一直以来人们对这个概念与表述的混用，并进一步导致在实践适用中的定位不清。在第一章对海洋生态系统管理的一些基本概念与要素的分析中，我们能看出生态系统方法应用于海洋管理中的概念、步骤、框架、要素等，在现有研究中并没有明确给出价值判断与规范选择的认可，大多只是在综合管理视角或局部区域生态修复（或恢复）管理视角下，对生态系统保护需要有整合性、系统性方法应用的事实性陈述。

环境法在形式上是一种规范的存在，在实质上则是一种价值的表达。[②] 环境法体系内的生态（系统）保护立法也是规范存在与价值表达的结合。在立法之前，首先要找寻该制度所应承载的法律价值。对于生态系统方法而言，在第四章的分析中已系统阐明了其存在的生态、经济与社会价值，但这些价值并不全是法律意义上的价值。法律的制定过程体

---

① Craig Anthony Arnold, "Fourth Generation Environmental Law: Integrationist and Multimodal", *William & Mary Environmental Law and Policy Review*, Vol. 35, Issue. 3, 2011, pp. 771–883.
② 柯坚：《环境法的生态实践理性原理》，中国社会科学出版社2012年版，第31页。

现价值思维向规范判断的转化逻辑,在一定范围内遵从价值命题的语用逻辑,是面向生活世界、通过主体间的对话与沟通寻求价值共识的过程。① 这表明,通过立法途径所固定下来的法律价值是人为选择与理性妥协的结果,既不必然反映自然生态的存在价值,也不必然是自然资源使用价值的完整呈现。无论是生态学上对自然生态(系统)价值的认可,还是经济学上对自然资源价值的归纳,抑或是管理学上对资源环境的价值推崇,若不能在立法中得到认可并转化为被保护的法益,则所有对于生态整体性优先保护的理念都有可能会落空。

不同学科、不同阶段、不同层面的价值归类、认可与转化的问题,本质上是人类社会的惯性与保守性不断被破除、产生、固化的循环。法律价值确定的过程也是一个对社会保守性与惯性不断破除、产生与固化的循环。对于海洋生态系统整体性保护或生态系统方法在海洋立法中的应用而言,首要的是,人们应逐渐克服对海洋的习惯性认知,改变对海洋资源开发利用的态度,并不断解决在实践过程中无视海洋生态功能的问题。当前,立法者既不可能全盘地将海洋生态(系统)方法纳入现有的产权制度体系中,也不可能完全确定所有生态系统保护的主体;既不可能将海洋的生态属性与资源属性完全割裂开来形成独立的权益内容,也很难完全由某一确定的法律关系的主体来保护。海洋生态的这种属性外加许多海洋资源开发利用中的非排他性、非竞争性,导致海洋资源的开发利用、生态环境保护都是具有外溢性、不确定性的,甚至是高风险性的,尤其是对海洋生态(系统)保护,不可能不具有外溢性,也不可能完全禁绝"搭便车"。因此,对于海洋生态(系统)的整体性保护,用传统的法律权益的保护手段来对待很难取得相应的生态效果。当然,我们也不得不承认,不同类型国家在海洋资源利用与海洋生态(系统)保护中所表现出的一致与矛盾、妥协与对立、合作与竞争,其实是国家政策或制度选择中的生态理性与经济理性的碰撞,这种碰撞所反映出的是传统社会系统的惯性思维、保守性行为选择与现代生态保护整体性需求间的冲突。

(二)生态系统方法在海洋立法中的模式选择

虽然不需要重新制定一部法律来体现生态系统方法在海洋中的应用,

---

① 陈晓庆、张斌峰:《试论法律价值逻辑》,《湖北大学学报》(哲学社会科学版)2019年第5期。

但并不代表现有法中对生态系统方法的应用是完备的。生态系统方法在我国的海洋陆源污染防治立法中不仅存在结构性缺失，也存在不同制度或措施的关联性弱等问题。这意味我们应通过立法来解决需要选择何种模式来表达才更适切的问题。要做出回答，至少要明确以下四个问题：一是分阶段分步骤还是一次性立法；二是通过单项性立法还是整体性立法来体现；三是通过概括性还是具体规范性来呈现生态系统方法；四是通过法律制定还是法律修订来实现生态系统方法的应用。

1. 分阶段分步骤立法还是一次性立法

对于第一个问题，笔者认为应通过分阶段分步骤的立法来完成，而不是通过一次性立法来完成。首先，对于生态整体性保护而言，一定时间与空间范围内的社会—生态系统典型特征与关联点的寻找是核心。虽然在第三章给出了社会—生态系统的普遍性特征（主要包括社会性、生态性、非线性、复杂性与动态性），但这只是广泛意义上的特征，既不能成为我们立法实践中具体的规范主体、限制对象，也不能直接转化成具体的保护对象或达成目的。由于社会—生态系统之间存在的非线性、复杂性与动态性特征，这一庞大系统内的运行规律，特别是人类活动对海洋生态系统的影响，不可能在短期内完全被立法主体所掌握，基于此，无论是决策者还是立法者都不具备完全掌握海洋信息与社会信息的条件，因此，立法者与决策者也只能在科技推动与人类认知的不断进步与完善下逐步形成、确立与出台海洋生态（系统）保护的规则或具体制度。其次，海洋价值的展现是一个逐渐暴露的过程，海洋价值的实现也是一个从应有到现有的转化过程[①]，人们对海洋价值的法律定位与法律实现方式也是不断确认与发展变化的过程，因此，我们不可能通过一次性立法来实现海洋生态保护的所有目的。海洋生态（系统）保护的重要性虽然是众所周知的，但如何将这种保护与人类的具体行为关联起来，是需要进行价值确认与价值转化的，就现有的科学基础与法律实现方式，我们不可能对所有层面的海洋生态系统服务功能进行法律干预；对于可以从经济学角度予以量化的海洋生态系统服务的类型，也不可能都通过法律的手段予以干预或保护。即便是人类应用已久的海洋的供给服务中的"食品供给"功能的保护也无法实现法律化的规制，更勿谈其调节服务与支持服务中的一些类型。具体如何通过立法呈现出来，一

---

① 王琪等：《海洋管理——从理念到制度》，海洋出版社2007年版，第40—41页。

是依赖于人类活动对这些生态系统服务影响的认知、估量与测算，二是依赖于人类对这些行为法律干预的认可。最后，人类社会系统与自然生态系统的影响虽然存在于五个层面（参见本书第三章的图3-3与图3-4），但并非所有的层面都是能通过法律的干预来减少（或减缓）影响的。更重要的是，对于目前而言，生态系统方法应用中能通过法律相对科学合理地进行干预的主要是A层面的，而对于具有滞后性与广域性的其他几个层面的法律干预的科学性、可靠性等问题依然有待进一步研究。虽然我们可以通过某种理念的倡导来尽量减少这种负面影响，但依然很难直接与法律中具体的权、责、义串并与贯通。当然这种特征也恰好说明了，为何我们现有的生态系统方法在海洋污染防治与生态保护中的实践往往会局限于渔业资源的养护、局部海域的红树林保护、海洋珊瑚礁的保护、典型海域的自然生态系统的保护等，而没有将生态系统方法予以全面适用。《本格拉洋流公约》[①]是全球鲜有的通过正式的法律机制来专项保护该海洋生态系统的区域性条约。但该公约的主要目的还是满足三个国家间的商业型海洋渔业的发展，其渔业部门也在其居民的经济和生计中发挥着重要作用。[②] 海洋生态系统的保护既不能完全脱离人类社会的经济社会发展需求去空谈保护，也不能脱离人类社会的整体性认知的大环境，更不可能无视人类社会在立法中的价值认可与选择。所以，生态系统方法应用于海洋立法必然是分阶段分步骤完成的。

2. 单项性立法与整体性立法

对于第二个问题，虽然现有的一些研究或实践主张通过整体性手段

[①] 安哥拉、纳米比亚与南非于2007年建立本哥拉洋流委员会来推动"本哥拉洋流大海洋生态系统（Benguela Current Large Marine Ecosystem, BCLME）"综合管理。BCLME是全球64个LMEs中的一个，由全球环境基金资助，包含75个具体项目。该项目全面给出了本格拉洋流大海洋生态系统的现状与综合性保护要求，并由包括政府机构、大学、私人咨询机构等在内的主体实施，每个具体项目都旨在解决跨境环境问题，有助于全面推动本格拉寒流大海洋生态系统的综合持续管理。2013年3月18日，安哥拉、纳米比亚与南非三国签订了《本哥拉洋流公约》，以正式的条约来促成该区域海洋生态系统保护。上述内容来源于UNEP, *The Benguela Current Large Marine Ecosystem* (BCLME), http://abidjanconvention.org/index.php? option = com _ content&view = article&id = 136&Itemid = 214&lang = en; Benguela Current Commission, *The BCLME Programme*, http://www.benguelacc.org/index.php/en/about/the - history - of - the - bcc/the - bclme - programme。

[②] 参见 Hashali Hamukuaya, Claire Attwood, Nico Willemse, "Transition to Ecosystem - based Governance of the Benguela Current Large Marine Ecosystem", *Environmental Development*, Vol. 17, 2016, pp. 310 - 321。

或方式来满足生态（系统）保护的要求，但笔者认为应由单项性立法逐步转向整体性立法。这种单项性立法并不是人为地割裂生态系统保护的整体性需求，而是将生态系统方法的应用融入其他相关的法律制度或法律法规中。相比于整体性立法，单项性立法更符合现有环境法发展的趋势与特色，同时也更具延续性与可实践性。法律规则的制定与实施都会在某种程度上受到社会系统的保守性与惯性的影响，而生态（系统）保护法律法规的保守性或惯性主要来源于人们对生态系统中的资源利用习惯、资源利用的生境或条件。一方面是因为这些与人们的生产生活密切关联，能吸引并激发人们的关注；另一方面是因为我们人类社会在整体的发展过程中已经逐渐积累出了与上述两项相关的法律法规或具体制度。事实上，法律的保守性并不是完全消极的社会现象，而是一个具有主体选择性的概念。人类的社会秩序是人类生存和发展需要着力解决的社会科学问题。[1] 在人类社会秩序的发展演化过程中，无论是自发还是自觉演变而来的秩序都具有一定的传承性、沿袭性与稳定性。也正是因为有了这些特征才能确保已经形成的社会秩序能在社会问题的调整中持久地发挥效用。法律秩序是自觉的人为秩序[2]，其不仅具有适时性、文化性、稳定性和公共性这些外在特征，更具有法律规范性、社会动态性、实践条理性、模式性以及权威性这些外在特征。[3] 法律秩序所兼具的这些特征表明，若想通过某一新的立法来解决既往没有被人们所意识到或完全没有涉及的法律问题，很难产生相应的实效。尤其是与绝大多数人的直接关联性不大的海洋生态（系统）保护问题，激进的立法选择并不明智。在得不到社会支持与法律认可的情况下，立法最终将可能转变成无用的纸面文件。也许会有人认为，整体性立法虽然不能在短期内得到实施，但可以通过法律来唤醒公众的生态认知，因为立法的过程也是生态意识传播的过程。这种观点的确有可取之处，但通过单项性立法（或单项制度的修订）再加上生态教育同样也能达到这一目的。对于海洋陆源污染防治目标，《波罗的海行动计划》为了保证一个"不受富营养化影响的波罗的海"，除了对各成员国氮、磷这两种主要污染物的最大允许排放量与削

---

[1] 郭忠：《论法的保守性》，《法制与社会发展》2004年第4期。
[2] 郭忠：《论法的保守性》，《法制与社会发展》2004年第4期。
[3] 谢晖：《论法律秩序》，《山东大学学报》（哲学社会科学版）2001年第4期。

减量规定了较高的目标，也对各个不同海域的削减量做出了规定。如波罗的海的里加湾（Gulf of Riga），在 2007 年《波罗的海行动计划》中规定该海域总氮最大允许排放量是 78400 吨、总磷最大允许排放量是 1430 吨，而 2013 年的《哥本哈根部长宣言》中将总氮的最大允许排放量调整为 88417 吨、总磷的最大允许排放量变更为 2020 吨。随着时间的推移与对海洋生态认知、需求的变化，我们的目标并非一成不变的。因此，在对海洋生态系统并不十分了解的大前提下，采用分步骤分阶段的立法更能满足适应性管理的要求。

3. 概括性立法与具体规范性立法

对于第三个问题，笔者认为应通过概括性与具体规范立法来共同体现生态系统方法在海洋生态保护中的目的。从立法技术上讲，将二者合并运用既保障了生态系统方法在法益保护中的整体性需求，也确保了涉及具体的规则与事项时的具体应用，尤其是法律责任主体的确立和法律责任承担机制的确立。由于生态系统方法并不是一项历经变化被相对固定下来的方法，该方法的适用不仅涉及科学问题的认知，在立法实践中还涉及应如何将生态学中的一些知识与信息及时有效地向人们传播，在被人们理解的基础上将生态（系统）保护的要求与不同主体的权利、义务、责任关联起来，并将这种关联的要素以法律的形式体现出来。因此，一方面，生态系统方法的法律实践需要被广泛地宣传与推广，让人们熟知；另一方面，生态系统方法的法律实践也需要被不同的制度所吸纳进而转化成不同人的责任（或义务），尽量通过对人们的行为活动的规制减缓（或消除）对生态系统的负面影响。对于第一方面，可以通过原则性立法让人们逐渐熟悉并接纳；对于第二方面，可以通过具体不同法律制度的吸纳来保障（如在不同情形下的海域资源开发利用与污染防治中的环境影响评价中加入生态系统整体性保护的要素）。

4. 法律制定与法律修改

为了科学有效地实施生态系统方法而制定一部新的海洋陆源污染防治法，目前我国仍不具备条件。我们应通过何种立法方式来实现生态系统方法在海洋生态环境保护法律法规中的应用呢？依据我国《立法法》，立法有制定、修改与废止这三种方式。关于立法方式的最大争议点在于法律清理是否属于立法，学者间的看法并不完全一致，笔者赞同将法律清理进行分类探讨。法律清理分为梳理与处理两个阶段，梳理往往由法的清理主体授权其法制工作机构进行，并向清理主体提出处理建议；处理往往由清理主体来实施，一般有四种结果，即确认无效、继续有效、决定修改与明令废止，第一种与第二种结果对法不产生影响不属于立法，第三种也没有改变法的效力不属于立法，第四改变了法的效力应属于立法活动。[1] 这样看来，仅清理后的废止属于立法活动，但就法律法规的实施而言，所有废止都不仅通过法律清理这一个行为来达成，还应该被吸收进法律的废止之中。因此，依然只余下两种方式：修改与废止。对于这两种方式，笔者赞同更应集中于通过法律修改来实现生态（系统）方法的应用。当然，法律修改并不仅仅限于《海洋环境保护法》或《环境保护法》某一部法律的修改，应将生态系统方法适用中所涉及的基本理念、主要原则与核心要素串联起来，寻找出社会—生态系统的关键性联结点，对现有的法律法规进行体系化的法律清理，并在系统清理后的基础上有针对性地进行修改。

在修改法律法规之前，进行系统的法律清理是必要的。及时清理，保持法律体系之间和谐统一[2]，对于生态系统方法在相关法律法规中系统性呈现具有重要的意义。在系统的法律清理后，对需要修改的法律法规及时做出反馈，并对相应的法律制度或措施做出修改，使生态系统方法在其中的作用得以呈现是确保该方法运用于实践的关键。立法主体依据法定程度对现行法律的某些内容加以变更、删除、补充的活动[3]是法律修改的主要类型。就我国海洋生态（系统）保护与污染防治而言，我们已经形成了相对完善的法律体系，进行法律修改既体现了立法的慎重与适时原则，也及时满足了生态系统方法应用于海洋法实践的需求。尽管《立法法》第四条规定立法应从国家整体利益出发，其目的是防止立法工作中部门化倾向、争权诿责，以及一些地方利用法规实行地方保护主义倾向。[4] 但现有的立法并没有做到真正从国家整体利益出发。就海洋资源开发利用与海洋生态（系统）保护、海洋污染防治与海域使用权的有效行使等涉海的法律法规而言，其中所涉及的经济利益、社会效益、生态

---

[1] 刘莘：《立法法》，北京大学出版社2008年版，第283页。
[2] 于浩：《法律清理尝试"微创术"》，《中国人大》2012年第21期。
[3] 杨临宏：《立法法：原理与制度》云南大学出版社2011年版，第162页。
[4] 全国人大常委会法制工作委员会国家法室：《中华人民共和国立法法解读》，中国法制出版社2015年版，第14页。

效益并不能完全集中于某一个主体,且大多情况下是相分离的,在这种情形下,以自益性、经济性为核心的地方政府往往会在立法或决策中选择有利于地方利益的制度或措施。如开发利用海洋自然资源的主体(如海域使用权人)的基本民事权益,往往会与某一海域自然生态系统的保护制度相冲突(如为防止海洋生物入侵而实施严格的禁止某些物种引进,但近海养殖户则更可能为了渔业资源而引进高产的品种);再比如,沿海地方政府因为其海洋发展战略的需求,可能会倾向对各类入海污染物的排放实施更高的环境标准,但内陆地方政府则可能会因污染物治理成本高昂而对入海河流的排污监管采用相对宽松的执法策略。因此,在对现有实在法修改时,必须对不同层级、不同类型法律法规进行系统分析,并在有效分析的基础上对决定予以修改的法律法规及其相关制度背后涉及的各种利益进行全面权衡。

第三节 生态系统方法在海洋陆源污染防治立法中的实现路径

目前虽鲜有国内外学者将生态系统方法如何融入海洋陆源污染防治立法体系进行研究,但有一些其他方面的研究是可以探讨与借鉴的。有学者认为,生态系统方法立法模式寻求的首先是关系的合理,其次才是"点"的、环境资源要素的合理。[①] 因此,以系统的关系模式来构筑海洋生态系统方法的立法体系才是有效的解决之途。有学者提出了综合性方法在海洋陆源污染防治中的全面系统实施,逐步将不同的政策工具(如改善监管、实施可交易许可证、排污收费和自愿协议等)应用于其中,各国政府应避免将各种不同政策工具视为彼此的替代品,而应将不同的政策工具视为潜在的互补机制。[②] 也有学者在综合生态系统管理视域下,提出了完善中国海洋环境立法的顺位路径:转变海洋环境立法理念→完善海洋环境法律体系→改革海洋环境管理体制→重视多种管理机制、管

---

① 赵绘宇:《生态系统管理法律研究》,上海交通大学出版社2006年版,第3页。
② David Osborn, Anjan Datta, "Institutional and Policy Cocktails for Protecting Coastal and Marine Environments from Land – based Sources of Pollution", *Ocean & Coastal Management*, Vol. 49, No. 9/10, 2006, pp. 576 – 596.

理手段的综合运用。① 有学者提出，结构化决策是解决生态系统管理的一个有效的参与性框架，可让多个利益相关方参与生态系统和自然资源管理有关的决策。② 但结构化决策却不可避免地会导致效率低下的问题。而通过管理机制（如通过具体化管理措施、明确实现这些措施的职责和责任）的进一步发展，是有利于适当实现生态系统管理的。③ 还有学者认为，生态系统方法的实践应与环境立法的完善密切关联，而要有效保护生态系统，必须先改变碎片化的、部门化的环境立法现状。④ 上述这些建议，虽从不同侧面给出了生态系统方法在海洋陆源污染防治立法中的实现路径，对我们的研究具有重要的借鉴意义，但并未系统地给出立法完善的路径。结合我国海洋生态（系统）保护与陆源污染防治法的实施现状，以及我国现有的法律体系与生态系统方法的实践现状，笔者建议从以下几方面来逐步实现。

一　将生态系统方法嵌入现有所有相关的涉海法律法规之中

将生态系统方法嵌入现有涉海的法律法规之中需要对三个问题进行回答：一是通过何种方式嵌入；二是将生态系统方法的哪些要素嵌入相应的法律法规之中；三是嵌入哪些法律法规之中。

（一）嵌入方式

在回答应以何种方式嵌入时，首先，要明确为何要用嵌入的方式来处理生态系统方法在海洋立法中的问题。生态系统方法，是一个生态学与管理学的常用概念，部分场合也是政治领域的概念，体现了系统性与整合性。在将其作为法律手段予以应用时，必须将其法律化。法律化的过程要有法律的确认与转化。法律系统是人类社会所构筑起来的适用于

---

① 高晓露、梅宏:《中国海洋环境立法的完善——以综合生态系统管理为视角》,《中国海商法研究》2013 年第 4 期。

② Department of the Environment of Australia, *A Framework for Understanding Cumulative Impacts, Supporting Environmental Decisions and Informing Resilience Based Management of the Great Barrier Reef World Heritage Area*: Final Report to the Great Barrier Reef Marine Park Authority and Department of the Environment, Kenneth R. N., Dambacher J., Walshe T. et al. eds., http://elibrary.gbrmpa.gov.au/jspui/handle/11017/2850.

③ Annika K. Nilsson, Brita Bohman, "Legal Prerequisites for Ecosystem-based Management in the BalticSea Area: The Example of Eutrophication", *Ambio*, Vol. 44 (Suppl. 3), 2015, pp. S370–S380.

④ Kars Jan de Graafa, Froukje Maria Platjouwb, Hanna Dürtge Tolsma et al., "The Future Dutch Environment and Planning Act in Light of the Ecosystem Approach", *Ecosystem Services*, Vol. 29, 2018, pp. 306–315.

政治与社会公共管理需要的治理系统,属于社会系统中的一类,而作为自然系统的生态环境与社会系统中的法律并不是天然相容的。在人类对自身行为不断自我反省的过程中,"人类世"概念的提出不仅推进了人类对于地球大气、地质和生物系统需要整体性思考[1]的认可,也进一步扩充了人类对自身行为的自我限制与规范,这种自我限制与规范需要以谨慎的态度对待自然生态。而在谨慎态度的选择与实施中,法律的确认在现代社会是最持久与最稳定的。在生态系统方法法律确认的方式选择中,选择嵌入方式主要基于以下三点:一是生态(系统)中的某些要素或成分若与人们的经济生产、社会生活密切相关,并对人产生直接作用或影响,可能会被人们所关注到,但生态(系统)中的许多要素或成分却极易被人们所忽略,这就要求人类必须更多地出于公益之心来关注生态,而非仅仅出于经济发展或社会需求,在不被经济发展或社会需求关注的情形下,通过不同法律法规将相关要素逐渐嵌入其中并不会显得过于生硬与突兀;二是由于生态系统方法在立法中的体现主要是一种规定性立法,与传统的由社会伦理道德转化(包括认可与制定)而来的法律不同,生态系统的保护具有显著的人为性,这种人为性只能通过人类的主动作为来体现,而嵌入则是一种相对缓和的主动作为方式;三是当前并不具备将生态系统方法完全融入现有法律法规的现实条件,在某些情形下通过立法形式人为加入是必不可少的途径选择。

其次,要明确生态系统方法立法在应然状态与实然状态的差异性对具体立法方式的影响。在应然状态下,生态系统方法的立法应是"自上而下""自下而上"兼具的,这源于生态系统保护兼具地域性与广域性。然而,实然状态下的生态系统方法在立法中的呈现往往是"自上而下"由政府来主导的,不仅我国如此,其他许多国家亦如此。尽管在生态系统方法应用中有极少数是由当地人推进的立法,但适用范围有限,且总体上未能在法律实践中产生应有的效果。我国涉海的法律法规众多,涉及海洋资源开发利用与生态(系统)保护的法律法规也不少,且目前这两类在表现形式上也是分开的。因此,如何将生态系统方法嵌入现有的涉海的法律法规中,既需要将其纳入现有的立法规划体系,更需要将其

---

[1] 托马斯·海德、贝特朗·纪尧姆、杨珺:《人类世的自然契约》,《国际社会科学杂志》(中文版)2018年第4期。

纳入法律制定、修改与废止等立法进程中。从这个角度来看，生态系统方法在海洋立法中的应用是全方位的渐进性的嵌入。

最后，要明确具体通过哪些方式嵌入。关于法律制度的嵌入，有学者在环境治理的制度嵌入中提及的三种方式（品行嵌入、工具嵌入或功能嵌入）[①]值得参考与借鉴。我们将以此为参考，对生态系统方法嵌入海洋生态立法的方式进行探讨。首要的应是陆海一体化的生态系统保护法律理念的嵌入，法律理念的嵌入虽然不能在短期内产生理想的实践效果，但却能对决策者、立法者、执法者、守法者等潜移默化地产生影响，并通过法律的普遍适用性将这种影响的范围不断扩大，因此，理念的嵌入是生态系统方法立法中不可或缺的前提性要件。除了生态系统保护法律理念的嵌入，为了保障生态系统方法的有效实施，在具体的规范性制度中嵌入生态（系统）保护的要求与生态责任的合理承担是关键。总体来看，上述这些嵌入都属于法律理念与法律思想的嵌入。此外，生态系统方法所承载的生态工具理性也是我们在立法中不能忽视的要素，如在环境影响评价制度的实施中，将生态系统方法中的整体性、综合性要求纳入，除了要充分考虑某建设项目对周边区域的环境影响，更要考虑该项目运行后可能产生的长远的生态影响。如人类活动影响黄河入海沙量的变化（急剧减少），导致黄河三角洲附近的小范围区域呈现向海淤进外，其他大部分三角洲区域都面临着不同程度蚀退的局面，侵蚀强度具有区域性和不平衡性。而影响黄河入海水沙量变化的主要人为因素包括了黄河尾闾改道、黄河调沙调水工程建设、小浪底等水库的建设。[②] 之所以将生态系统方法作为海洋立法的关键性考量，是因为其不仅具有相对充分获取最有效最科学信息的可能，更具有以生态为基础综合所有管理事项并进行有效协调的可行性，这表明生态系统方法在陆海生态系统的整体性保护中具有强大的生态整合功能，不仅能在一定程度上改变立法者的观念，引导立法者的立法选择，还能在更广泛的意义上影响执法者与守法主体的行为与选择。在立法进程，嵌入方式的选择应依据生态系统方法在法律法规中的具体内容来分类确定，对于涉及基本理念或观念的应

---

① 黎江虹、黄家强：《论财政嵌入环境治理的制度逻辑和分权路径》，《江汉论坛》2018年第4期。

② 张志锋、韩庚辰、王菊英：《中国近岸海域环境质量评价与污染机制研究》，海洋出版社2013年版，第134页。

以品行嵌入为主，对涉及不同生态系统条件下兼顾资源有效利用与生态保护的应以功能嵌入为主，对囊括了实施手段、监管机制、监测方式等内容的应以工具嵌入为主。

(二) 嵌入的要素与法律法规

从宏观上讲，将生态系统方法运用于海洋陆源污染防治立法，虽然其所要解决的问题是海洋陆源污染，但本质上应是现有法律系统生态化的过程，并不仅仅局限于我国海洋环境保护法或环境保护法的修改。因此，将相应的生态系统方法中的相关要素嵌入现有法律法规中的过程，也是法律体系整体上生态化的过程，应包含从宪法、基本法、环境保护法到其他各类相关法律法规的生态化的过程（参见图9-4）。由于第一章对生态系统方法进行海洋管理的要素进行了相对系统的分析，第五章、第六章与第七章对相关法律进行了详细分析与论述，本部分将不再重复论述。本部分将主要结合生态系统方法要素与具体不同法律法规之间的联系做简要论证。

在图9-4中的八个主要要素中，社会—生态系统的整体性、生态完整性、人是生态系统的一部分这三个要素具有关联性，体现了生态系统方法应用中的人类社会与生态系统相互影响的交互性问题，对于这个问题首要的应是生态伦理学与科技进步对人类立法的影响，笔者在第三章第二节对生态合理性与正当性的探讨表明，将社会—生态系统作为一个整体来对待，并在这个过程中优先考虑生态完整性，虽然会受到科学认知的影响，但依然是具有可行性的。因此，从这个层面来讲，通过根本大法确立生态系统保护理念，再通过其他基本法的绿化来体现生态系统方法的具体应用是具有可行性的。其中，环境保护法中对生态系统方法的全面采纳是基础，主要原因有三：一是环境法需要包含保护生态系统功能的强有力的规则，以便其能持续提供生态系统服务；二是在相关基本法律中，适用于特定生态系统的法律框架必须是一致和连贯的，不存在内部矛盾的规则或原则；三是环境法的适用应是可预见的，符合法治要求的，这意味着法律原则能以透明和可预测的方式被应用。[①]

[①] Kars Jan de Graafa, Froukje Maria Platjouwb, Hanna Dürtge Tolsma et al., "The Future Dutch Environment and Planning Act in Light of the Ecosystem Approach", *Ecosystem Services*, Vol. 29, 2018, pp. 306-315.

328 | 海洋陆源污染防治立法研究

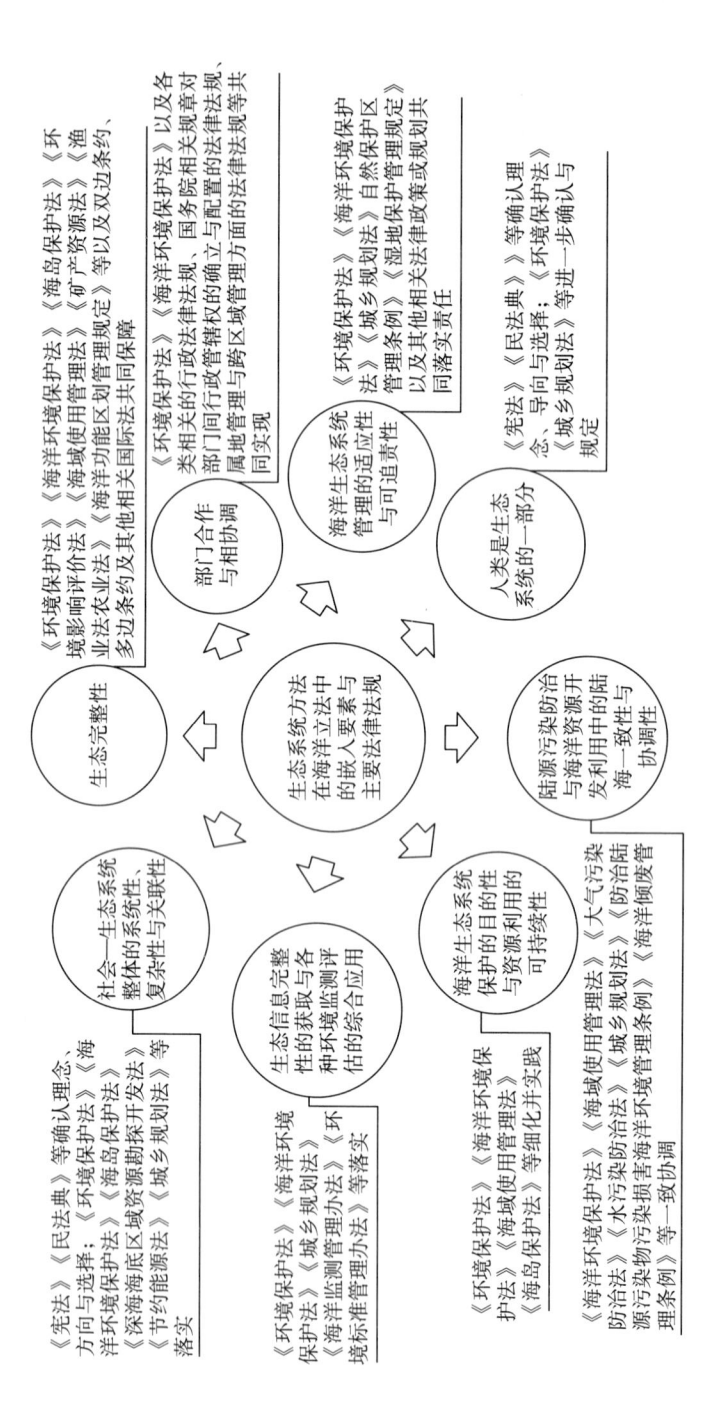

图 9-4 生态系统方法在海洋立法中的嵌入要素与主要法律法规

陆源污染防治与海洋资源开发利用中的陆海一致性与协调性、海洋生态系统保护的目的性与资源利用的可持续性这两个要素，集中体现了海洋陆源污染防治中的经济发展与生态环境保护之间的平衡与协调。这两个要素除了在我国的《环境保护法》《海洋环境保护法》中有条款明确规定，在《海域使用管理法》《大气污染防治法》《水污染防治法》《农业法》《防治陆源污染物污染损害海洋环境管理条例》等法律法规中也应有明确的规定，唯有如此，才能将生态系统方法真正运用于海洋陆源防治的实践。然而，除《海洋环境保护法》中相对系统地规定了海洋生态（系统）保护与污染防治外，其他法律法规中仍以单一因子的环境污染防治为主且多未涉及生态系统保护的内容。虽然《海域使用管理法》中规定，在海洋功能区划过程中应考虑海域的自然属性，但并未明确海域生态属性在规划中的地位与角色，亦未明确同一海域的生态属性、经济功能、社会功能在规划过程中发生冲突时如何处理与应对。其他涉及海洋陆源污染防治的法律法规如《水污染防治法》中也未明确通过入海河流进入海洋的污废水的连续性管理与处理问题。对于入海河流的水污染物的有效管控在一定程度上决定了近海水质，但目前仍未将入海河流的水污染物的连续管控、环境标准的设定作为重要议题。这也间接导致河流断面水质监测虽有结果与明确的数据，但并没有将这些监测结果真正用于监管实践与责任追究中。

海洋生态系统管理的适应性与可追责性、部门合作与协调、生态信息完整性的获取与各种环境监测评估的综合应用这三个要素主要体现了海洋社会—生态系统的社会性。这种社会性既是生态系统方法在实践融入现有社会管理系统的体现，也是在具体责任主体的确立与法律责任承担中的要求。在社会性特征体现中，首先必须解决人们对生态信息、知识、数据相对完整的获取，并在获得这些信息的基础上，将其转化成人们（包括决策者、立法者、实施者等）能够了解、认知与接纳的内容，然后将这些内容与人们的价值观（或价值理念）关联起来，纳入既有的法律体系或重新确立新的法律法规来认可这些需要被保护的价值。在这个过程中，首要的问题是生态知识应该能被转化成人们可接纳的信息，并将其融入既有价值规范体系之中，仅谈保护，而无法与人们认可的价值观念相容的制度很难得到有效的实施。对于这三个要素的嵌入，因为涉及利益重新分配、权限的重新设置等内容，相对要比前几项困难许多。

二 将生态系统方法融入相关的法律制度

理论上，某一项法律制度若与人们的生活生产密切相关且与人们的权益关联密切，则此项制度的产生多源自社会系统内部的需要，在没有外力介入的情形下，会自发地通过认可等多种途径将其固定下来。生态（系统）保护，除了直接关系到人类身体健康或直接经济发展，大多数制度很难自发地形成，一般要通过国家（或政府）的主动介入才能让其固定于法律文件中，这是由生态（系统）保护所具有的普遍的法的规定性特征所决定的。因为大多生态制度规范、制度的形成过程往往会"涉及制度与观念的根本性变革"[1]，与一般意义上直接由道德或社会习俗转变成的法律存在根本的不同，这也是为何在本书中一再强调不能通过直接制定新的法律将生态系统方法全盘植入其中的重要原因。结合现有的法律法规及前面几章的研究，建议先通过以下几个既有法律制度的修改来进一步完善生态系统方法在海洋陆源污染防治中的法律实施。

（一）规划的陆海一体化

环境规划是一定地域范围内空间生态保护的前置性条件，海洋空间规划对于海洋生态空间的有效利用与合理保护都是必要条件。经过多年努力，我国虽已初步建成"自上而下""侧重生态区域与底线保护，维护生态安全格局"[2]的环境空间规划网格，这一规划网格总体上与我国国土空间范围一致。然而，2010 年的《全国主体功能区规划》和 2015 年的《全国海洋主体功能区规划》将陆地与海洋作为两类不同的区域来分别对待，这种区别对待是"鉴于海洋国土空间在全国主体功能区中的特殊性"[3]的。同时，在明确规定海洋功能区规划是《全国主体功能区规划》的重要组成部分的基础上，也在《全国主体功能区规划》第三章第五节

---

[1] 周汉华：《变法模式与中国立法法》，《中国社会科学》2000 年第 1 期。

[2] 严金明、迪力沙提·亚库甫、张东昇：《国土空间规划法的立法逻辑与立法框架》，《资源科学》2019 年第 9 期。对于我国环境规划属于自下而上的规划体系这一点，作者并不赞同，从我国生态环境规划体系与实践机制来看，我国的环境规划与其他国土空间规划一样都是自上而下的规划，故此未引用作者所界定的"自下而上"的规划。

[3] 请参阅国务院发布的《全国主体功能区规划》序言。

明确了在开发过程中陆海统筹的基本原则与主要地域范围。① 虽然这两个规划都是"开发的战略性、基础性和约束性规划",但由于都不是法律,仅在一定范围内一定的政府压力下相关地方政府实施规划。在没有政府压力或其他外力的推动下,如何确保规划的实施、确定规划不实施时的法律责任的承担等,都不明确。基于此,有学者提出"待实践经验与立法时机成熟,由全国人大制定出台单独的《国土空间规划法》"②,但对于哪些是成熟的实践经验以及应该具备的立法时机是什么,没有人给出相对系统的回答,"陆海统筹"或"陆海一体化"仍停留于规划理念上。

2014年四部委③联合发布《关于开展市县"多规合一"试点工作的通知》,全面推动经济社会发展、城乡、土地利用、生态环境保护规划的"多规合一",涉及18个省28个市县,这种试点对于规划的一体化与综合性,具有实践意义与理论指导价值。然而从"多规合一"的试点内容来看,也没有将陆海一体作为试点内容;从"多规合一"的试点区域来看,仍限于陆地。该通知发布四年来取得了怎样的实践效果也有待进一步研究。就现有的规划实践来看,不同规划依然是分立甚至是重复或冲突的。这要求,不能仅停留于《全国主体功能区规划》中所提及的陆海统筹,仍需要从顶层规划设计上做好陆海统筹工作。

面对我国严峻的海洋(包括陆源)污染防治现状,现阶段还不可能在短期内实现全海域生态系统的保护与陆域生态系统保护规划的一体化,可以考虑分步骤分阶段来进行。预先针对"近海生态系统相关的陆源污染物排放、栖息地丧失、生物多样性下降及近海生态系统功能退化等典

---

① 《主体功能区规划》中规定的陆海统筹的原则与内容主要包括:空间统一性,海洋系统的相对独立性,促进陆海空间协调开发;海洋主体功能区的划分要充分考虑维护我国海洋权益、海洋资源环境承载能力、海洋开发内容及开发现状,并与陆地国土空间的主体功能区相协调;沿海地区集聚人口和经济的规模要与海洋环境承载能力相适应,统筹考虑海洋环境保护与陆源污染防治;严格保护海岸线资源,合理划分海岸线功能,做到分段明确,相对集中,互不干扰。港口建设和涉海工业要集约利用岸线资源和近岸海域;各类开发活动都要以保护好海洋自然生态为前提,尽可能避免改变海域的自然属性。控制围填海造地规模,统筹海岛保护、开发与建设;保护河口湿地,合理开发利用沿海滩涂,保护和恢复红树林、珊瑚礁、海草床等,修复受损的海洋生态系统。
② 严金明、迪力沙提·亚库甫、张东昇:《国土空间规划法的立法逻辑与立法框架》,《资源科学》2019年第9期。
③ 这四部委指国家发展和改革委员会、国土资源部、环境保护部、住房和城乡建设部。

型海洋环境问题"①的区域,将这些区域的综合性规划与近海环境影响充分关联起来,将与相应海域关联并具有影响的辐射区域范围内的资源约束、经济发展、产业规划、未来发展导向、生态状况等结合起来进行空间规划,并在合理规划的基础上做出科学的产业布局等,尤其是脆弱或敏感海域的保护要留有足够的生态功能区,以保障相应区域的有序持续发展。生态功能区是生态系统服务功能的载体,也是由自然生态系统、社会经济系统构成,分层次、分功能,具有复杂结构、复杂生态过程的生态综合体。② 因此,海洋与陆地过渡地带范围内一定生态功能区的确立与划分应是综合性规划的基础。除了生态功能区的规划,其他主体区域(开发区、限制开发区等)也应在充分权衡陆海一致的基础上做出整体性的空间规划,不能简单地以行政区域为基础来分割规划,而应在以生态区域为核心平衡行政区需求的基础上进行空间规划。我国的海洋主体功能区规划虽然对规划主体具有约束力,但这种空间规划通常要在各种权衡中做痛苦决定,可能会降低其接受度。双赢的情况在当代海洋空间规划中也很少见。③ 这一现状可能会阻滞规划在海洋生态(系统)保护立法中的体现。

在海洋资源利用与环境保护中,规划是海岸带地区综合管理的重要手段和措施,也是各沿海国家最常用的手段之一④,海岸带边界的确立是此项综合管理的基础。许多沿海国家针对海岸系统或海岸带的边界,皆以法律形式予以界定。⑤ 这种边界的界定方式有利有弊,通过法律的界定提高了效率并明确了法律主体,但"并不能真实地反映海岸地貌的多样性、海况的复杂性与特殊性等原因","不利于具体的管理过程与问题的解决"。⑥ 此外,综合的海洋带区域管理(Integrated Coastal Zone Manage-

---

① 石洪华、丁德文、郑伟等:《海岸带复合生态系统评价、模拟与调控关键技术及其应用》,海洋出版社 2012 年版,第 11 页。

② 石洪华、丁德文、郑伟等:《海岸带复合生态系统评价、模拟与调控关键技术及其应用》,海洋出版社 2012 年版,第 11 页。

③ Jacek Zaucha, Kira Gee, *Maritime Spatial Planning Past, Present, Future*, Springer International Publishing AG, 2019, p. 16.

④ 鹿守本、艾万铸:《海岸带综合管理体制和运行机制研究》,海洋出版社 2001 年版,第 50 页。

⑤ Coccossis H., "Integrated Coastal Management and River Basin Management", *Water, Air and Soil Pollution: Focus*, Vol. 4, 2004, pp. 411–419.

⑥ 余云军、王琳:《基于系统论的流域与海岸带自然系统与流域——海岸连续统释义》,《海洋环境科学》2010 年第 4 期。

ment，ICZM）适用的地域范围往往十分有限，仅限于一个狭长的海岸地带，基本不包含内陆（即便包括，其范围也有限）。相比于适用范围有限的 ICZM，海洋空间规划着眼于人类对海洋空间的利用，并将其设想为"能够导致从沿海流域到海洋生态系统的真正综合规划的缺失部分"[1]。因此，可以依据区域生态介质的差异性来进行生态规划。在陆源污染防治中，对于以资源为介质所产生的陆源污染，应该严格确定不同类型资源的开发利用及利用后废弃物的处理，构筑起从资源开发利用至废弃后的全链条管控。对于以水为介质所传递的污染，在现阶段可以考虑构筑起"流域—海岸连续系统"，进行统一综合性规划。因为"流域—海岸连续系统是由河流及其所在的流域、河口区、海岸、近岸海域等组成的一个连续系统，连接该系统各元素的关键介质为水，从河源区、转移区、沉积区、到口外区，整个水流是连续的整体"[2]，所以，在充分考虑系统内物理、化学和生物学过程梯度的基础上，可以做出有效的规划。对于以空气为介质的空气流动所产生的污染影响，由于目前仍不具备大范围实施的能力，可以充分考虑不同空气流动条件下，在掌握一定区域大气污染物排放清单的情况下进行规划。若要真正落实陆海一体化进程，必须打破目前以行政区域为核心的规划实施体系，坚持"陆域为主、以海定陆，资源管控与生态保护并行"原则。

（二）环境影响评价的陆海一体化

环境影响评价作为一项预防性制度，运用恰当将在海洋陆源污染防治中发挥核心作用，这种作用主要由该制度的预防性与预测性体现出来。[3] 要落实环境影响评价的陆海一体化，必须回答好以下三个问题。

一是环境影响评价适用法律规范的一致性问题。这要求我们要尽可能改进现有法律法规中关于影响评价制度实施中的法律不一致的问题。

---

[1] Sue Kidd, Hannah Jones, Stephen Jay, "Taking Account of Land–Sea Interactions in Marine Spatial Planning", in J. Zaucha, K. Gee eds., *Maritime Spatial Planning: Past, Present, Future*, Cham, Switzerland: Palgrave Macmillan, 2018, pp. 245–260.

[2] 余云军、王琳：《基于系统论的流域与海岸带自然系统与流域——海岸连续统释义》，《海洋环境科学》2010 年第 4 期。

[3] 参见戈华清《海洋陆源污染防治法律制度研究》，科学出版社 2016 年版，第 214—218 页。

目前，虽然我国《海洋环境保护法》第42—43条[①]、第47条[②]分别规定了海岸工程与海洋工程建设项目的环境影响评价与"三同时"制度，但是《环境影响评价法》第22条第2款与第31条第4款[③]只是将海洋工程建设项目环境影响评价的援用条款呈现出来。这种法律设计，表明我国在整体上是将海岸工程建设与陆地上的其他类型的建设项目视为同类的。但将海洋工程建设项目单列出来的做法是值得进一步探讨的。《海洋环境保护法》虽然在第82条[④]中规定了海洋工程违反环境影响评价所担负的责任，但既未明确规定环境部门与其他部门的合作义务不履行的责任问题，也未明确规定恢复原状中生态责任究竟应该如何负担的问题。法律内容在国土领域范围内的一致性是保障法律普适性与有效适用的基础。

二是环境影响评价实施中评价范围的陆海一体化与系统化问题。以我国近海海域频发的赤潮为例，20世纪以来，赤潮已从海洋生态系统自我调整的一种正常自然现象，演变为在人类活动胁迫下、频繁发生的异常生态灾害[⑤]，是人类活动对近海生态系统消极影响的集中体现。我国四

[①] 《海洋环境保护法》第42条 新建、改建、扩建海岸工程建设项目，必须遵守国家有关建设项目环境保护管理的规定，并把防治污染所需资金纳入建设项目投资计划。

在依法划定的海洋自然保护区、海滨风景名胜区、重要渔业水域及其他需要特别保护的区域，不得从事污染环境、破坏景观的海岸工程项目建设或者其他活动。

第43条 海岸工程建设项目单位，必须对海洋环境进行科学调查，根据自然条件和社会条件，合理选址，编制环境影响报告书（表）。在建设项目开工前，将环境影响报告书（表）报环境保护行政主管部门审查批准。

环境保护行政主管部门在批准环境影响报告书（表）之前，必须征求海洋、海事、渔业行政主管部门和军队环境保护部门的意见。

[②] 《海洋环境保护法》第47条 海洋工程建设项目必须符合全国海洋主体功能区规划、海洋功能区划、海洋环境保护规划和国家有关环境保护标准。海洋工程建设项目单位应当对海洋环境进行科学调查，编制海洋环境影响报告书（表），并在建设项目开工前，报海洋行政主管部门审查批准。

海洋行政主管部门在批准海洋环境影响报告书（表）之前，必须征求海事、渔业行政主管部门和军队环境保护部门的意见。

[③] 《环境影响评价法》第22条 海洋工程建设项目的海洋环境影响报告书的审批，依照《海洋环境保护法》的规定办理。

第31条 海洋工程建设项目的建设单位有本条所列违法行为的，依照《海洋环境保护法》的规定处罚。

[④] 《海洋环境保护法》第82条 违反本法第四十七条第一款的规定，进行海洋工程建设项目的，由海洋行政主管部门责令其停止施工，根据违法情节和危害后果，处建设项目总投资额百分之一以上百分之五以下的罚款，并可以责令恢复原状。

[⑤] 俞志明、陈楠生：《国内外赤潮的发展趋势与研究热点》，《海洋与湖沼》2019年第3期。

大海域都是赤潮发生的区域,渤海、黄海与东海赤潮发生的范围较大。从 2000—2018 年我国海域赤潮发生次数与面积(参见图 9-5[①]与图 9-6[②])来看,虽然整体的发生次数与面积都在减少,但发生次数与影响面积依然超出了一定海域内自然生态系统的自我调节能力。而自 2015 年以来,南海海域的赤潮发生面积有增大的趋势(参见图 9-7[③])。赤潮系"赤潮生物、物质基础和外部环境共同控制着赤潮灾害的生消过程"[④],在某些区域的赤潮形成中,"陆源污染物质、半封闭的环境和养殖业的发展是这些区域赤潮频发的主要原因"[⑤]。这表明,对于赤潮灾害的防控仅依赖于某一海域、某个项目的环境影响评价来保障仍远远不够,必须尽可能地将影响某一海域赤潮形成的所有相关因素进行综合性评价,并在充分评价的基础上对不同海域所适用的环境标准、指导准则、产业分布、未来发展等进行系统性分析,并在此基础上采取在针对性的措施去应对,才能真正减少赤潮产生的人为因素。

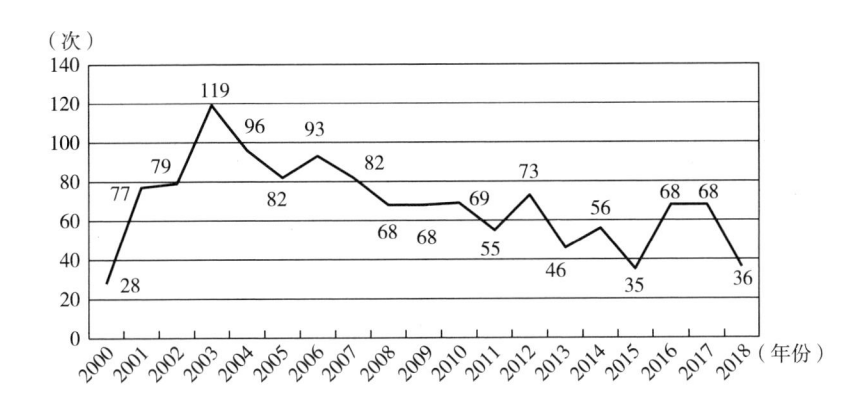

图 9-5 我国海域 2000—2018 年赤潮发生次数

[①] 具体数据来源于我国历年的《海洋生态环境状况公报》《近岸海域环境质量公报》。
[②] 具体数据来源于我国历年的《海洋生态环境状况公报》《近岸海域环境质量公报》。
[③] 具体数据来源于我国历年的《海洋生态环境状况公报》《近岸海域环境质量公报》。
[④] 高波、邵爱杰:《我国近海赤潮灾害发生特征、机理及防治对策研究》,《海洋预报》2011 年第 2 期。赤潮生物的存在,是发生赤潮的前提;水体中营养盐、微量元素、维生素以及某些特殊有机物的存在形式和浓度,是赤潮生物形成和发展的物质基础;水文气象条件、水动力条件以及海水理化因子等外部环境因素影响赤潮的形成和演变。
[⑤] 邹晓梅、林广发、陈志彪:《闽三角海域赤潮发生的时空特征》,《海洋科学》2018 年第 11 期。

（平方千米）

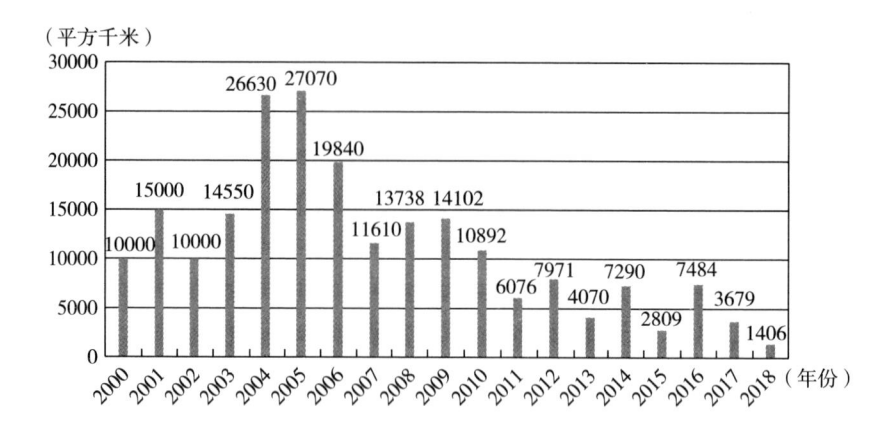

图9-6 我国海域2000—2018年赤潮发生面积总况

就赤潮的防控措施选择与制定相关规范的基础而言，目前还存在一些制约性因素，尤其是对赤潮形成机理某些方面的研究仍存在一些缺失，有待进一步给出更确定、更系统的回应，如营养盐等物质在一定海域的累积方式、时空分布规律、营养物质的具体来源与赤潮形成之间的直接关联、赤潮形成的概率与气候条件、海水动力结构之间的关系等问题，不同来源的污染物的排放与赤潮形成间的直接因素关系如何认定等。加强赤潮灾害形成机理的研究分析仍是今后研究的重点难点。[1] 基础性科学研究在一定范围内决定了决策者的区域性产业规划、发展方向的选择、未来的经济社会发展与海洋生态适应性问题等。尽管目前的基础性研究中还存在一些不足，但这些研究也为综合性规划的实施提供了理论依据与支撑，也为海洋生态损害或海洋生态灾害防控对策的选择给出了有价值的参考。

（三）重点海域海洋生态保护红线与排污总量控制合并实施

2016年修订的《海洋环境保护法》将重点海域海洋生态保护红线加入该法第三条[2]之中，这不仅表明在立法上将重点海域生态系统保护与污染防治提升至同一层面，也展现了通过立法综合解决污染防治与生态保护

---

[1] 谢宏英、王金辉、马祖友等：《赤潮灾害的研究进展》，《海洋环境科学》2019年第3期。
[2] 《海洋环境保护法》第三条，国家在重点海洋生态功能区、生态环境敏感区和脆弱区等海域划定生态保护红线，实行严格保护。
国家建立并实施重点海域排污总量控制制度，确定主要污染物排海总量控制指标，并对主要污染源分配排放控制数量。具体办法由国务院制定。

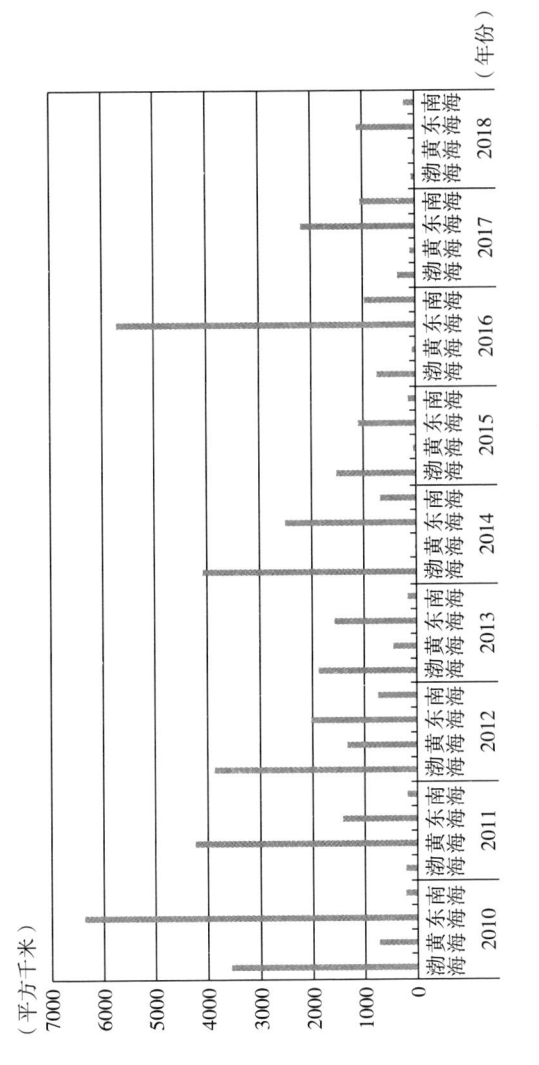

图9-7 2010—2018年我国四大海域赤潮每年所发生的面积

两类问题的法律意向与法律确认。海洋生态保护红线在《海洋环境保护法》第三条中的规定，明确了健康的海洋生态系统与海洋生态功能是海域生态安全维护与生态秩序维持的核心，也是海域使用权有效行使与海洋资源开发利用权公平行使的前提[①]这一内涵意蕴。虽然该法有此规定，但实践中没有将海洋生态保护红线与排污总量在重点海域的实施真正关联起来，真正意义上的关联仍有待其他关联制度的修改或制定来进一步明确。重点海域生态保护红线与排污总量的合并实施，至少涉及以下两个基础性条件的满足。

条件之一是重点海域的确定。尽管《海洋环境保护法》第三条列举了海洋生态保护红线划定的重点海域为重点海洋生态功能区、生态环境敏感区和脆弱区等海域，但并未确定排污总量控制的重点海域。因此，《海洋环境保护法》中未明确生态保护红线与排污总量控制的"重点海域"是否为同一海域，也未明确规定"重点海域"的确立依据，其他法律或相关规则中也未明确"重点海域"的内容，"重点海域"的确定问题仍需通过其他类型的立法或授权立法来解决。

如何确定"重点海域"，是海洋综合管理的研究重点，也是海洋生态环境保护的研究重点。有人认为，重点海域是指经批准划定的重点开发利用和保护的海域。[②] 这种观点下的重点海域对于法律适用而言，外延不确定且内涵过于模糊。也有学者依据《海洋主体功能区划》给出了三级分区体系（参见图9-8），并认为重点海域的划分应以自然属性为基础。[③] 此划分下的重点海域从宏观、中观、微观三个层面指明了海洋开发利用与生态保护的框架，以地质构造为基础而划分的重点海域虽然符合科学性与自然性特征，但并不一定满足海洋管理的特点与资源利用中的生态保护要求，须结合实践进一步细化。还有认为，重点海域就是经批准划定的对社会生活有重大价值而又污染严重的海域，其"重点"一指这些海域一般都是经济、社会发展中具有重要作用的海域；二指该海域

---

① 戈华清：《海洋生态保护红线的价值定位与功能选择》，《生态经济》2018年第12期。
② 管华诗：《海洋探秘》，山东科学技术出版社2013年版，第224页。
③ 关道明、阿东主编：《全国海洋功能区划研究——〈全国海洋功能区划（2011—2020年）〉研究总报告》，海洋出版社2013年版，第151页。

污染严重需要重点治理。① 这种说法具有参考价值，但仍需对两个"重点"进一步阐释。也有学者将各海域环境质量现状、生态敏感程度、沿岸开发强度和环境风险等作为重点海域②的划定依据。上述研究的确具有可借鉴性，但既未明确界定重点海域的外延与内涵，也未明确重点海域的法律属性与法律地位，因此，并不符合海洋生态系统方法应用中的生态边界基本确定的要求。

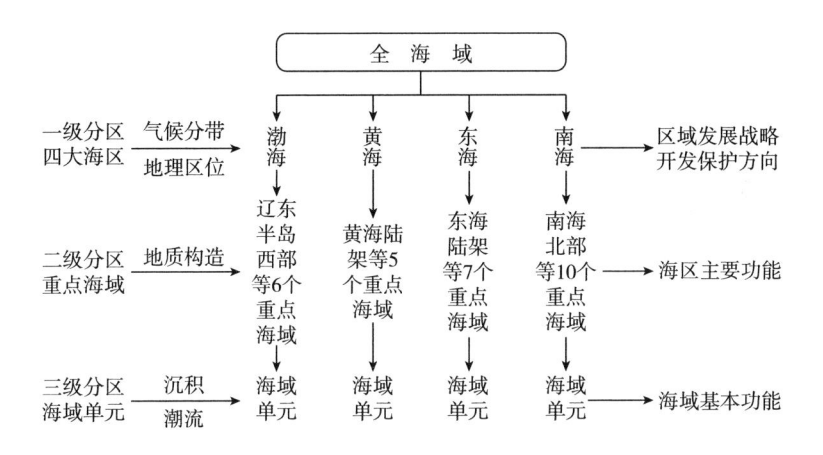

图 9-8　海洋功能区划三级分区体系

资料来源：关道明、阿东主编：《全国海洋功能区划研究——〈全国海洋功能区划（2011—2020 年）〉研究总报告》，海洋出版社 2013 年版，第 151 页。

对于生态保护红线与排污总量控制中的"重点海域"，若不能通过《海洋环境保护法》明确其内涵、外延、具体内容、与相关区域之间的关联、主要区域范围或构成要件等，则其他辅助性、补充性的确认方式与手段必须明确。第一，应在《海洋环境保护法》中明确规定通过何种立法形式来确立"重点海域"的内涵、外延与具体内容。第二，应明确《海洋环境保护法》中的"重点海域"与《海洋主体功能区划》中的四类区域（优化开发区、重点开发区、限制开发区和禁止开发区）之间的

---

① 罗璇：《重点海域排污总量控制法律问题研究》，硕士学位论文，中国海洋大学，2009 年，第 7 页。

② 李凤华：《广西重点海域主要环境问题及其对策探讨》，《环境科学与管理》2012 年第 S1 期。

关联性。第三，应通过相应的行政法规或部门规章的形式来明确"重点海域"的主要区域范围或区域构成的要件。第四，应通过政府的规划或行动方案等形式确定这些重点海域需要最终达成的环境总目标与分目标。第五，应通过司法解释或其他有权解释的形式，明确海洋生态保护红线与排污总量控制下的"重点海域"是否一致、交叉、重合等问题。

条件之二是重点海域污染物排放的管控与生态（或环境）保护目标的确立，及其在两项制度的适用中是否应该一致的问题。我国《海洋环境保护法》规定，重点海域排污总量控制应确定"主要污染物"排海总量控制指标，然而仅从语义上看，没有明确海洋生态保护红线制度的实施也应满足"主要污染物"排海总量控制指标的要求。立法中的这种处理方式在法律中究竟应该如何理解、在法律实践中应该如何适用有待进一步研究。在实践中，尽管我国各沿海省份的海洋生态保护红线的划分方案中均明确了不同海域近岸海域水质优良（Ⅰ、Ⅱ类）的比例，但并没有明确规定禁止或限制排放的主要陆源污染物种类，此规定虽然在一定程度上满足了海洋生态目标达成过程中政府监管或企业主体实施的弹性，但却并不能确保相连通的同一海域内法律实施的一致性。从《海洋环境保护法》规定来看，虽然将重点海域排污总量控制与生态保护红线规定在同一个法条中，但并未真正将二者融合起来。若要真正将生态系统方法运用于其中，这两项核心制度的互补是关键。尽管《海洋环境保护法》的本意是要实现重点海域海洋污染防治与海洋生态保护之间的有效互补互促，但却没有具体明确的规则来保障。制度内容的不互补不仅意味着制度构成要素之间的不协调，[1] 也意味着制度实施的非高效性与非经济性。因此，为保障生态系统方法适用中的综合性与整体性，目前除了解决这两项制度实施中的污染物管控手段、管控范围、控制标准等一致性问题，还要将生态保护的目的与污染防治的手段有效结合起来，对法律适用中的重点区域（陆海）的污染物排放种类进行全面的摸排，查清底细，确定重点区域污染物排放清单，明确既定的保护目标等内容。

（四）部门合作与一体化管理

生态系统方法在海洋管理中的实践，因为涉及不同层面的生态、社

---

[1] 姚宝珍：《博弈视角下区域协调发展的制度困境及其创新路径——以制度互补理论为基础》，《城市发展研究》2019 年第 6 期。

会和经济目的，关联不同系统间的相互作用，立法者需要强化"各类用海主体（或部门）之间协商与协调"①。然而，目前各国在生态系统方法应用中综合管理与部门合作一直是备受诟病的。"薄弱的跨部门整合和国家一级的冲突不仅阻碍了一个国家在国际一级采取一致行动的能力，也直接阻碍了一个国家内部不同部门间的一致行动与有效合作。"② 整合机制"碎片化"致使海洋生态环境治理效率低下。③ 这些研究均有一定道理，也反映了生态系统方法应用中的挑战。但我们必须承认，现代环境管理中的部门化分工在一定程度上是现代科技发展与管理手段进步的结果与表现，是管理精细化与管理层序化的呈现，也是保障管理效果与管理责任承担的重要体现。尽管"简单地认为对各种生态环境要素均制定法律予以规制即可有效遏制我国整体生态环境不断恶化的趋势"④ 这一想法不科学，但抽象地认为运用生态系统方法进行一体化管理（或综合性管理）即可有效抑制管理中的"碎片化"问题也是不科学的。生态系统方法在海洋陆源污染防治立法中的实现，既需要精细化的以现代科技为支撑的环境信息体系，也需要抽象化的以系统理念为基础的法律原则来完善与填补。海洋监管机制在生态系统方法的应用中需要统分结合的一体化管理，而非泛泛的综合性管理或一体化管理。

　　基于生态系统方法的海洋立法中部门合作与一体化管理究竟应该如何进一步细化的问题，目前国内的研究相对比较缺乏，大多数仅停留于提出综合性、一体化管理的需要，既没有对生态系统管理中的部门合作与一体化管理要素进行探讨，也没有对生态系统管理中可能存在的不足进行研究。尽管生态系统方法相较于传统管理具有一些优势，但也存在不足（参见表9-2），这是我们在立法过程与管理实践中必须重点考虑的问题。

---

① Olsson P., Folke C., Hughes T. P., "Navigating the Transition to Ecosystem – based Management of the Great Barrier Reef", *Australia*, *PNAS*, Vol. 105, No. 28, 2008, pp. 9489 – 9494.

② Kjell Grip, "International Marine Environmental Governance: A Review", *Ambio*, Vol. 46, 2017, pp. 413 – 427.

③ 张江海：《整体性治理理论视域下海洋生态环境治理体制优化研究》，《中共福建省委党校学报》2016年第2期。

④ 薄晓波、冯嘉：《论综合生态系统管理理念的法律化——兼谈法律思维的作用》，《昆明理工大学学报》（社会科学版）2009年第9期。

表9-2　　　传统海洋环境（资源）管理与海洋生态
系统方法管理的比较分析

属性	传统环境污染或资源管理	生态系统方法管理	生态系统方法管理的不足
基本特征	所有待管控的资源集合或被管控的不同类型的污染物	复杂的、动态的、相互关联的、非线性的、内在完全不可预测的系统	变动性与不确定性难以掌控
相关科学支撑	均衡的视角；还原论方法；资源价值与自然资本理论；管理目标的可预见性	自然的视角；整体方法；生态承载力与自然系统修复理论；接纳不确定性与突变等	自然生态系统的认知有限、人类活动对生态系统影响的不确定性等
管理的目标	最大可持续的商品产出或产量；单要素污染控制达标	可持续的生态系统与生态完整性；产品生产、基础设施与生态完整性间的平衡	共同的保护目标难达成；短期内的生态环境与经济社会发展目标选择不平衡
决策	集中性、自上而下与专家主导	分散性、多方参与性与协作性	协作性可能导致利益失衡，难以达成环境保护方案。
执行或解决办法	规范的、统一的、零碎的、以技术为基础的；强调对损害的控制和补救；严格的、以控制为目标的管理	以激励为基础的或自愿的、因地制宜的和以业绩为基础的；强调预防；试验性与适应性管理并存	监管行为与法律责任不能有效关联；在经济利益占优时灵活性可能被滥用；持久实施得不到保障

资料来源：本表制作部分参考了下面两篇论文，部分是笔者个人的观点。Judith A. Layzer, "The Purpose and Politics of Ecosystem – Based Management", in Weinstein M. P., Turner R. E. eds., *Sustainability Science: The Emerging Paradigm and the Urban Environment*, Springer Science + Business Media, LLC, 2012, pp. 177 – 197; Julia M. Wondolleck, Steven L. Yaffee, "Drawing Lessons from Experience in Marine Ecosystem – Based Management", in *Marine Ecosystem – based Management in Practice—Different Pathways, Common Lessons*, Washington: Island Press, 2017, pp. 187 – 206.

为了有效地促进我国海洋生态系统管理的实践，研究不能仅停留于泛谈规划与部门合作，而应在推动顶层规划不断完善的基础上，以法律修订为契机，对不同部门间的海洋生态环境监管的统分问题进行系统化梳理，理顺不同部门、不同主体在同一海域不同管辖事权的关系。现有的海洋生态监管、污染防控、资源开发利用许可、交通规划规制等不同部门之间，除了监管职能依然存在交叉、冲突或重叠，监管职责与能力之间也不完全匹配。而在现有的管理体系中，即便从顶层设计上做出了连续性、整体性布局，在管理实践中往往也难以达成既定的目标，亦不足以维持整个沿海生态系统的完整性。我国虽然经历了政府机构改革与事权重整，大部制改革的成效也已初见，但海洋资源利用中的环境污染与生态损害、海洋生态系统保护中的生态修复与生态整理、海洋污染防治中的各类标准设立与排污总量的控制等相关问题，既没有实现真正意义上的部门合作，也没有达到一体化管理，仍需要中央政府在此方面通过行政法规或行政规章的进一步规定或管理权限的系统配置来实现结构意义上的完善。如在海洋资源管理部门批准某海域使用许可（包括海域使用权许可、海洋倾倒许可等）时，只有与生态环境管理部门、流域管理部门、农业管理部门等充分合作，才能保障一定时空范围内海域生态系统功能的完整性与生态系统的健康性。由于海洋生态系统的复杂性与利益牵连性，至少应通过立法明确具体条件的确立应该由哪些主体来共同制订，而非单一的资源监管部门来决定。尤其是在涉及重大的生态改变时，更要强调部门合作与一体化管理的重要性，对于在决策过程中不按要求采纳公众意见或其他相关部门建议的情形，应以科学认知的可能性与可得性为基础，追究相关责任人的法律责任。

(五) 生态适应性管理

适应性管理与传统试错法不同，是包含健全的规划和试验（试行）方案、系统评估过程、完善的监控监测体系的严谨的全过程管理。[1] 不仅有明确的管理结构过程，包含阐述清晰详尽的管理目标、可替代性管理目标和因果关系的识别、数据收集和评估程序等，而且在管理过程中，增加了时间和更大空间范围的学习维度，强调管理与学习之间的互促，强调知识的生成和转换，强调个人、组织和社会的学习与跟进。[2] 本质

---

[1] Aldridge C. L., Boyce M. S., Baydack R. K., "Adaptive Management of Prairie Grouse: How Do We Get There?", *Wildlife Society Bulletin*, Vol. 32, 2004, pp. 92–103.

[2] Jacek Zaucha, Kira Gee, *Maritime Spatial Planning Past*, *Present*, *Future*, Springer International Publishing AG, 2019, p. 224.

上,适应性管理的过程是非单调性重复的。在实现适应性管理的导向管理目标下和结构化的过程中,通过不断学习,在数据收集、信息完备的条件下随着时间推移不断改进管理措施。[①]虽然有学者认为,适应性管理并不适合于解决特别复杂、外部影响大、时间跨度长、结构不确定性大、评估可信度低的问题[②],但相较于传统的线性的管理模式,即使在这种复杂情形下,适应性管理仍是首选,因为至少其可用于解决或减少管理过程中的结构不确定性。

海洋生态空间是一个不断变化的动态空间,是"由多种相互关系组成的动态实体"[③]。若采用传统静态的、线性管理模式来管理海洋生态空间,则不能保障海洋生态系统的动态平衡性,更难有效化解人类社会对海洋生态系统的持续消极影响。海洋生态的适应性管理,本应是利益相关方共同参与的、动态的、精准化的、弹性的管理。[④]而事实上,与海洋生态系统相关的社会—生态利益是相互交织且相互渗透的,既不能进行精准的区分,也不能给予笼统的整合。其实践往往要比传统的分部门管理、属地管理等更依赖于立法者、决策者或管理者对科学的认知、判断与选择。海域发展战略的决策者或具体的执法者对相关海域生态系统的恢复力、资源环境容纳能力和抗干扰能力了解多少,依赖其既有的知识体系,但更多应源于这些人的不断学习与知识更新。

首先,我国海洋生态保护中的适应性管理应系统解决以下四方面的问题,才能确保适应性管理得以展开:管理方法的创新与不确定性的应对;法律确定性与灵活性如何有效结合;不同领域政策如何能更好地协调;适应性管理过程中政府、企业、NGOs及公民之间的交流及学习能力提高的问题。

其次,要依据不同的主体(尤其是立法者、决策者)分层确定相应

[①] Craig R. Allen, Ahjond S. Garmestani, *Adaptive Management of Social – Ecological Systems*, Springer, 2015, pp. 3 – 5.

[②] Gregory R., OhlsonD., Arvai J., "Deconstructing Adaptive Management: Criteria for Applications to Environmental Management", *Ecological Applications*, Vol. 16, 2006, pp. 2411 – 2425.

[③] Jacek Zaucha, Kira Gee, *Maritime Spatial Planning Past, Present, Future*, Springer International Publishing AG, 2019, p. 221.

[④] 陈凯麒:《环境影响后评价理论、技术与实践》,中国环境科学出版社2014年版,第78—79页。

的对策。① 对于立法者而言，为了达成生态适应性管理目的，建议通过以下几方面来完善相应的法律法规：一是通过利益平衡的开放性规则的制定来满足融"认知、学习、确立、调整与改进"为一体的管理要求，如可以将《海洋环境保护法》第三条中的"实行严格保护"更换成"以确定目标为核心的动态性保护"②；二是通过具体有效的规划来设定保护目标而非规定具体的手段或方式，如对于限制排放的污染物或废弃物，应尽量确定周期性的规划或一定海域海水水质、海洋生境所应达至的目标，而不是单纯地通过单一的环境标准的控制来实施；三是确定具体的试点（试行）区域并给出相应明确的方案，如针对我国河口湾地区富营养化普遍比较严重的情形，可以通过区域性规划（或地方政府的行政规章）来解决这些区域营养物质的排放问题；四是结合具体的监测义务给出周期性规划；五是明确不同法律法规之间的平衡与整合问题。特定海域或项目的决策者或执行者则应做好以下几方面：一是在严格的自然保护制度与合并运用风险预防原则下做出适应性许可，这种适应性许可具有因地制宜的特征，且不限于废弃物海洋倾倒这一类许可，可以依据不同海域污染物的排放及污染累积情况，对污染物排放做出临时的限定与许可。二是合理利用减免或豁免权制度。然而减免或豁免权制度在我国污染防治中适用相对有限。我国自《环境保护税法》《资源税法》实施以来，不再征收排污费。就现有的法律法规而言，这种豁免与减免应主要在环境税（或资源税）的征收中体现出来。由于海洋陆源污染物来源的复杂性与陆源污染影响的累积性，对于应税污染物（或应税资源）及计税单位的选择，应当充分考虑不同海域的环境承载能力与生态系统状况，本着"以海定陆"的生态保护原则科学落实相应的税费与税率。三是对不同政策领域的规划或政策性工具进行归并整合。相较于法律制度而言，规划具有时限性、周期性与变动性，政策也具有适应性与非稳定性，这表明在法律制度的适用过程中，规划与政策因其灵活性而与适应性管理相吻

---

① 参考 Sander van Hees, Marleen van Rijswick, *Limits and Opportunities for an Adaptive Management Approach to Marine Renewable Energy Developments in EU Waters*, https://www.uu.nl/sites/default/files/rebo-oslo_adaptive_approaches_marine_renewables_van_hees_and_van_rijswick_15_june_2018.pdf.

② 若换成"以确定目标为核心的动态保护"后，如何确保一定海域总体生态质量不下降或提升，如何确保该类规定在实践中不被扭曲性利用，还需要其他相关法律法规来进一步完善。

合。因此，在海洋生态适应性管理中，将环境信用、环境财政、绿色税费、绿色信贷、绿色保险等相关政策融入管理实践，不仅能增强适应性管理的实践性，也能将各类综合性对策的应用效果发挥到最大效应。另外，还应将国家或区域性五年规划、专项规划、行动计划（如我国的"水十条""气十条""土十条"）等与海洋生态保护充分结合起来。四是明确激励机制在具体决策中利益平衡的作用。激励机制在我国环境管理实践中多有运用，如绿色税费、信贷、保障等，但如何将激励机制与不同主体的利益平衡充分关联起来仍需进一步研究，尤其是在陆源污染防治中。当然，应该通过立法，给予具体实施或执行的行政机关足够的政策适用的自由裁量权、允许特定条件下的临时性许可权限。

第四节　生态系统方法适用下我国海洋陆源污染防治法律责任主体的确立

生态系统方法应用于海洋立法，虽有一些研究与实践，但仍处于萌芽之中，立法路径与体系化的制度选择仍有待进一步深入研究。从污染防治与生态保护目的整体效果来看，二者的责任整合是实现生态系统方法最理想效果的手段之一，不仅全面贯穿了"污染者负担"原则，也将污染所产生的负外部性的内化融入生态保护或生态损害修复。然而，由于陆源污染物的排放主体大多远离海洋生态损害（生态损害后果）的发生地，如何将二者合一仍存在不可跨越的障碍。立法者不仅要跨越环境监管属地管理的限制，还要从科学上确定具体污染物排放与生态损害之间的因果关联，尤其是污染物排放—污染物排放量的测评—污染物所致环境损害—污染所致生态退化或生态破坏之间的对应关系。此外，立法者不仅要打破现有的环境污染防治责任体系，重新确立责任类型与责任承担方式，还要突破现有的追责机制与溯源机制，重新定位排污主体及其责任。因此，世界上大多国家海洋陆源污染防治与海洋生态保护的责任主体都没有整体性归并，而是通过分割式的、独立的责任形式来确定不同情形下的责任主体。另外，在生态系统方法应用于海洋立法的进程中，由于强大的利益（集团）主导了生态系统管理协同规划，灵活的实施手段极可能成为允许不承诺或逃避实施环境可持续性措施责任的最好理由。① 因此，在生态系统方法应用于海洋陆源污染防治时，法律责任的确立与承担依然是关键。如前述第七章所述，目前国际法上的陆源污染防治的责任主体依然只承担其在陆地上排污所应承担的责任，并未承担海洋生态保护或生态修复责任。而在区域法层面，若有双边或多边条约制约，在具有法定的生态保护责任的前提下，相关缔约国自然应承担相应的责任，但若在没有双边或多边条约的情形下，相关海域生态保护责任的承担往往会流于表面而很少有实质性内容。但对于一国管辖海域内的陆源污染而言，则另当别论。我国法律法规中所规定的海洋生态损害的责任承担仍然相对单一，主要是对资源损害或与生态损害相关联的经济、健康权益损害的法律责任，而并没有系统的生境、生态系统损害的法律责任。基于此，笔者依据我国海洋陆源污染物排放现状与具体的来源，就法律责任主体能否被相对清晰地划分做以下三类考虑，当然这样的考虑也存在明显的不足。

一 "污染者负担"可适用情形下的法律责任主体

陆源污染物的具体来源清楚、排污主体确定、污染损害范围明确，但生态损害（或生态系统退化）是否明确并不确定的情形下，可结合"污染者负担"原则，确立相应的法律责任主体，而相应的责任主体可通过减少陆源污染物排放、承担污染治理的费用、修复因污染受损的局部海域等措施来部分达成海洋生态系统保护目的，进而确保局部海域正常生态功能的维护。理论上讲，这种情况下的责任主体是明确的，责任主体对应的生态目标也是确定的。事实上，此类情形下的海洋陆源污染防治并不容易明确主体，也难以确定具体的生态目标。在此情形下，必须要明确哪些污染物的排放主体是明晰的，这些责任主体按照现有的法律法规的规定能否完全担责。②

---

① Judith A. Layzer, "The Purpose and Politics of Ecosystem - based Management", in M. P. Weinstein, R. E. Turner eds., *Sustainability Science: The Emerging Paradigm and the Urban Environment*, Springer Science + Business Media, LLC, 2012, pp. 177 - 197.

② 完全担责不仅要实现污染防治之目的，更要实现生态系统保护之目的。并非单一的满足污染防治法要求即可。虽然污染防治中环境标准的制定、总量控制目标的确立等均会充分考量到生态保护的需求，但对于污染物排放所可能产生的远距离的生态危害，依据现有的技术手段与环境监测来看，很难实现真正意义上的责任落实。

笔者将结合我国主要入海污染物排放源（参见图9-9[①]）类型及入海排污口法律责任主体（参见图9-10）来论述。从分类学上看，我国陆源污染物的主要来源似乎十分清晰，但这种分类学意义上相对清晰的污染物来源并不能与污染防治的法律责任主体直接关联并对应起来，尤其是污染物排放的个体责任与直接的法律责任。以入海排污口法律责任主体确立为例加以说明。科学意义上，入海排污口在陆源污染物中一般被归为点源污染。点源污染作为确定的（固定的）污染源或污染点[②]，通常由固定的排污口集中排放[③]，一般可通过控制排污口的排放或在排出前进行处理[④]，具体的法律制度包含环境规划（或空间规划）、污染物浓度控制与总量控制、污染物达标排放或污染物经处理后的达标排放、污染物排放许可证或排污权交易、污水处理厂的集中建设与运营、清洁生产、循环利用等。理论上，这些制度涵盖了污染物的来源、产生、转移、迁移等多个环节，但事实上，这些制度既不能完全确保入海排污口所排放的污废水是清洁或无污染的，也不能完全明确所有排放入海的污染物的主体。自点源污染概念提出以来，一般认为其相对容易管控，但管控与法律责任主体明确之间并无直接逻辑关联。尽管有学者认为，在某类资源（如矿产资源）开发过程中产生的生态环境问题大部分属点源污染，责任主体明确[⑤]，此说虽未明示，但认可了"因类型化的资源开发中产生的点源污染问题的责任主体是明确的"。这种观点在某些海洋资源开发利用、某些工业企业的排污口直排的案例中能得到确证，但对于某些类型的入海排污口并不适用。由于某一入海排污口的污染物来源复杂，在监管实践中并不能对每一类污染物的来源准确溯源，尤其是"视为点源"

[①] 本图制作参考了张志锋、韩庚辰、王菊英《中国近岸海域环境质量评价与污染机制研究》，海洋出版社2013年版，第122页；黄秀清《杭州湾入海污染物总量控制和减排技术研究》，海洋出版社2015年版，第31—34页。本书对图稍做修改，增加了气源污染物在环境中的迁移或转化路径。

[②] ［美］罗宾·康迪斯·克雷格：《生态系统管理和可持续发展》，上海交通大学出版社2017年版，第427—428页。

[③] 王腊春、史运良、曾春芬：《水资源学》，东南大学出版社2014年版，第153页。

[④] 中国环境科学学会：《环保科普丛书——湖泊水环境保护知识问答》，中国环境科学出版社2015年版，第81页。

[⑤] 任勇、冯东方、俞海等：《中国生态补偿理论与政策框架设计》，中国环境科学出版社2008年版，第171页；杨朝飞等：《环境经济政策：改革与框架》，中国环境科学出版社2010年版，第192页。

的陆源污染物的责任主体。即便是真正的"点源",也会受到诸多限制,从而影响责任主体与责任内容的确立。实践中,按照现有的监管规则与监测要求,虽然单个排污口均有相应的监测数据说明不同时间污染物的具体含量,相对容易核算排污量,但污染物的排放量与排污者的法律责任能否——对应仍有待证实。现实中,即便是单个入海排污口也未必是单一的排污主体,即便有相对准确的在线监测数据,也很难追责,尤其是对市镇下水口与混排口而言。更困难的是,若有排污主体将排污口选择(如实施排污口的离岸排放)在国家管辖范围的海域外,如何进行归责,更为困难。

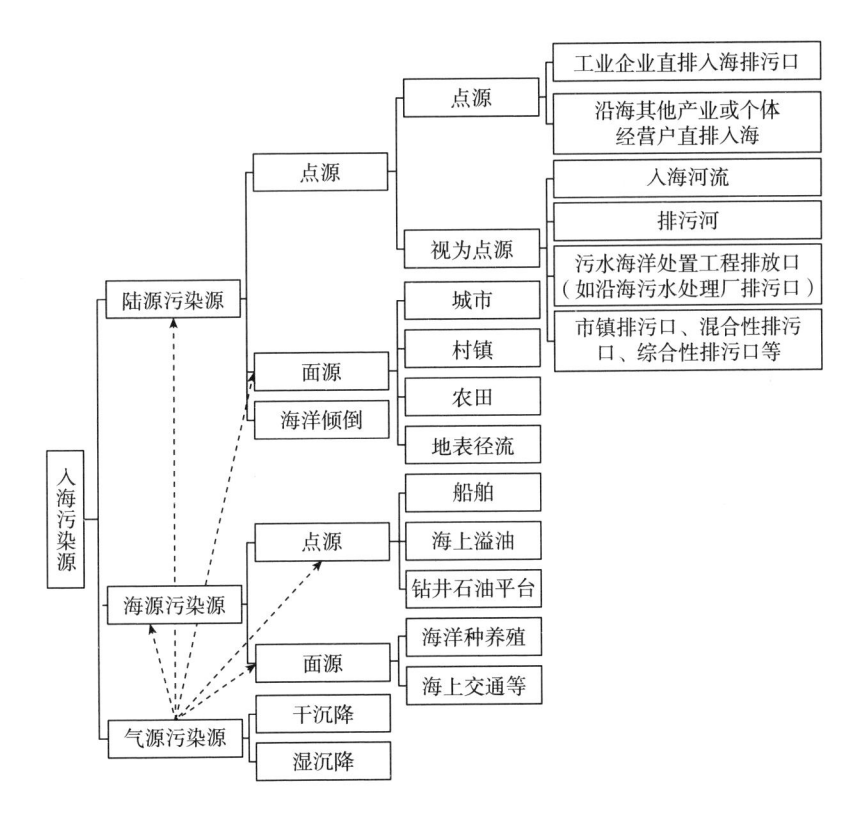

图 9-9 我国主要入海污染物排放源归类

就生态系统方法应用而言,上述所讨论的归责与在陆源污染防治中责任主体的确立仍存在差距。这是因为排污、污染、损害、生态退化与生态系统方法的适用、污染防治措施的实施、生态恢复、生态治理之间并不是简单的线性关系。若要充分体现生态系统方法在海洋陆源污染防治立法中的核心地位，生态维护（保护）主体在法律上责任的明晰是核心与关键。但由于陆源污染的远距离性、广域性以及污染在生态损害上严重的时滞效应，现有的生态维护主体依然是以政府为核心，入海排污口排污行为中相关责任的承担也如此（尤其是视为点源①的入海排污口）。推而广之，对于排海对象众多的海域而言，若没有明确的规制，在各种利益或现实条件的制约下，海洋是最容易成为污染物排放的聚集区，上演"公地悲剧"的区域。这表明，对于海洋陆源污染防治而言，独立的责任主体的确立诚然重要，但责任主体不能确立的情形下，如何通过其他方式来达成陆源污染防治及其生态保护的目的才是关键。

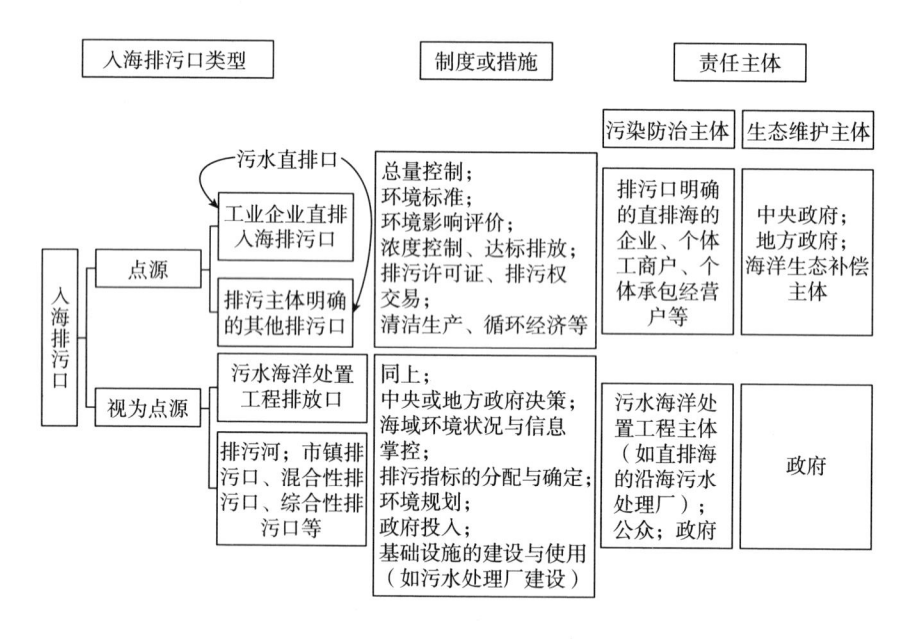

图 9 – 10　入海排污口法律责任主体

---

① 笔者认为，"视为点源"中虽然在入海处污染物是固定集中排放的，且排放主体是相对明确的，但由于此类污染物的排放主体众多且不确定，入海污染物来源与构成相对复杂，很难确定具体的责任主体。

二 "污染者负担"或"受益者负担"有限适用下的法律责任主体

陆源污染物来源相对清楚、排污主体的范围相对确定、污染损害范围相对有限、排污者（或受益者）相对明确，但生态损害（或生态系统退化）不明确的情形下的法律责任主体的确立中，"污染者负担"与"受益者负担"原则的适用会受到较明显的限制。虽然污染物来源、排污主体、污染损害范围、排污者（或受益者）相对确定，但在具体法律适用过程中，既不能明确具体不同种类的污染物的来源、不同条件下的排污主体，也不能相对精确地评估与计算污染受损范围，还不能确立具体的受益主体，更不能确立当前的、未来的或潜在的生态损害（或生态系统退化）。面源污染（参见图9-9）多属此类，如虽能明确知道沿海（或非沿海）地区的农业生产与其他行为所可能产生的污染物来源，但由于农业生产的主体众多、农业生产环节污染物排放标准难以确定，我们很难明确是哪些地区的农业生产者、哪些类型的农业生产环节应该承担多大的责任。因此，要完全明确此种情形下的法律责任主体并非易事。虽然在学者尝试提出通过政府责任与区域责任来弥补，但政府生态法律责任与区域生态法律责任本身就是一个不确定的概念，且这两种责任在我国的责任体系下本质上是一种社会负担，这种社会负担有别于传统意义上的法律责任。

针对"污染者负担"所面临的适用困境，是否可用"受益者负担"原则来替代或补充呢？笔者认为，在海洋陆源污染防治中，"受益者负担"原则不能完全替代"污染者负担"，也不能全面补充"污染者负担"原则适用中的缺陷。在海洋陆源污染中，受益者与污染者的界定既不明晰，也难以明确。就陆源污染物的排放主体[①]（以下简称陆源排污者）而言，他们一直以来都是受益者，且已习惯将这种排污视为一种传统权利，这种传统权利本质上是建立在庞大的海洋环境容量和自净能力基础上的。陆源排污不仅是对海洋自然净化能力与环境容量的利用，也在一定程度上减少了排污者的治污费用，削减了其应承担的治理成本。就海洋资源开发利用者而言，海洋使用权人也是受益者，因为陆源污染物排放的减少会在一定程度上减少使用权人的治污投入，也确保了相关海域的生态

---

① 此处的排污者是指导致面源污染或非点源污染的排污主体，这些主体包含了自然人、法人及其他组织。

功能。虽然两类不同的主体都可能成为"受益者",但受益的范围、程度在实践中很难被具体化或量化,因此,以"污染者负担"或"受益者负担"原则对此情形下的陆源污染进行归责,均存在模糊性与不确定性。

在此种情形下的海洋陆源污染防治,陆源排污者之所以会有意或无意忽视污染物排放对环境产生的消极影响,一方面是因为很难通过相应的法律制度追究具体排污者的法律责任,另一方面是因为陆源污染物的排污者与海域使用权人之间难以形成有效的法律制约。在绝大多数场合下,对于海洋资源开发利用者(主要指海域使用权人)而言,他们不能与陆源污染物的排放主体形成直接的制约关系,海洋资源的开发利用者缺乏两种基本权利来对抗排污者的陆源物排污:一是在法律上缺乏相应的请求权,既不可请求直接停止某些陆源排污行为,也不可请求直接限制某些陆源排污行为;二是缺乏法律上的抗辩权,海洋资源开发利用者无法通过合理的机制来保障其开发利用的海域不被陆源污染物所污染。而陆源污染物的排放者之所以会放任排污,其主要原因在于陆源污染物溯源机制与正向激励机制的缺失。陆源污染物溯源机制的缺失,不仅会间接放纵陆源排污者排污,也使行政机关或其他相关机构难以找到真正的排污主体而造成追责不能。目前,由于我国未建立陆源污染物排放清单数据库,短期内仍不可能确立全国性系统的陆源污染物溯源机制。因此,笔者建议,可结合某些沿海地区面源污染的情况,在陆源污染相对严重的沿海地区,推行地方政府负责制,有效合理地应用河流水质断面与部分地表径流的监测网络,以水为介质,将区域环境质量负责制与地方政府的环境监测、环境责任的履行联系起来。对排污者正向激励机制的缺失在实践中表现十分明显,实践中,大多以处罚或限制(禁止)的方式要求和规制排污者。因此,在受益者的权利保障机制设计缺乏与污染者的责任机制缺失的双重挤压下,依据"污染者负担"或"受益者负担"原则来确定具体的法律责任主体依然是有限的。

三 不适用个体责任情形下的法律责任主体

第三类的情形要复杂一些,包含陆源污染物来源不清楚、排污主体及范围不确定、污染损害范围不确定等情形,也可能是这几种情形的混合。此类情形下的陆源污染防治不仅涉及近海局部的生态系统保护,更涉及广域的海洋生态系统保护。对于陆源污染可能影响的范围不清、污染物来源不明,若仅靠局部地区(或沿海地方)等主体来承担责任既难以契合陆源污染物排放的特征，也难以对因污染所损害的生态环境进行有效的治理与修复。这种分类考虑看上去是合理的，但却忽视了在现有的科技条件限制下，陆源污染对海洋生态环境的影响范围、影响程度等是难以做出精确的监测与评估的。特别是陆源污染危害的时滞效应问题，在现有的环境监测与评估体系的制约下，如何将污染物的排放与其所产生的生态危害、所采取的生态修复等匹配起来仍相当困难。

虽然有学者提出，对于"传统环境侵权责任法由于无法给予生态损害以填补救济、无法全面救济生态损害并威慑行为人以防范生态损害的发生"的情形，可以采用生态损害责任社会化填补[①]的方式来实现其责任负担，但对于上述第二类与第三类中难以明晰责任主体的情形，应该如何确定其责任主体并非易事。陆源污染防治的法律责任主体的确定，不能依靠简单的加减法来实现，也不能依靠重复性的机械操作来实现，而需要我们在法律法规的适用中，充分结合海洋生态环境状况、陆源污染物的实际排放情况、海域使用权人对既定区域海洋生态功能的依附程度等多方面因素来予以综合平衡。因此，从这个角度来讲，在海洋陆源污染防治中，若在依据现有的环境法律法规不能确定具体责任主体的情形下，应充分地应用适应性管理的原则，以科学管理为基础，对责任主体的范围适当做出调整。

---

① 竺效：《生态损害的社会化填补法理研究》，中国政法大学出版社2007年版，第43页。

参考文献

一 中文著作类

蔡晓明、尚玉昌：《普通生态学》（下册），北京大学出版社 1995 年版。

常学秀、张汉波、袁嘉丽：《环境污染微生物学》，高等教育出版社 2006 年版。

陈凯麒：《环境影响后评价理论、技术与实践》，中国环境科学出版社 2014 年版。

杜群：《生态保护法论——综合生态管理和生态补偿法律研究》，中国高等教育出版社 2012 年版。

高艳，李彬：《海洋生态文明视域下的海洋综合管理研究》，中国海洋大学出版社 2016 年版。

戈华清：《海洋陆源污染防治法律制度研究》，科学出版社 2016 年版。

关道明、阿东主编：《全国海洋功能区划研究——〈全国海洋功能区划（2011—2020 年）〉研究总报告》，海洋出版社 2013 年版。

国家海洋局海洋发展战略研究所课题组：《中国海洋发展报告（2018）》，海洋出版社 2018 年版。

胡静：《环境法的正当性与制度选择》，知识产权出版社 2009 年版。

黄清吉：《论国家能力》，中央编译出版社 2013 年版。

黄秀清：《杭州湾入海污染物总量控制和减排技术研究》，海洋出版社 2015 年版。

［美］赫尔曼·E. 戴利、乔舒亚·法利：《生态经济学：原理和应用》（第二版），金志农等译，中国人民大学出版社 2014 年版。

江必新：《法治国家的制度逻辑与理性构建》，中国法制出版社 2014 年版。

江国华：《中国行政法总论》，武汉大学出版社 2012 年版。

江山：《互助与自足——法与经济的历史逻辑通论》（修订本），中国政法大学出版社 2002 年版。

柯坚：《环境法的生态实践理性原理》，中国社会科学出版社 2012 年版。

林灿铃：《国际法上的跨界损害之国家责任》，华文出版社 2000 年版。

刘洪滨、刘康：《海洋保护区概念与应用》，海洋出版社 2007 年版。

刘容子、齐连明等：《我国无居民海岛价值体系研究》，海洋出版社 2006 年版。

刘钊：《社会系统论结构、能量与自组织》，四川人民出版社 1996 年版。

刘中民等：《国际海洋环境制度导论》，海洋出版社 2007 年版。

鹿守本、艾万铸：《海岸带综合管理体制和运行机制研究》，海洋出版社 2001 年版。

罗宾·康迪斯·克雷格：《生态系统管理和可持续发展》，上海交通大学出版社 2017 年版。

宁凌等：《基于海洋生态系统的中国海洋综合管理研究》，中国经济出版社 2016 年版。

任勇、冯东方、俞海等：《中国生态补偿理论与政策框架设计》，中国环境科学出版社 2008 年版。

若缺：《社会系统学的基本原理》，湖北科学技术出版社 2012 年版。

石洪华、丁德文、郑伟等：《海岸带复合生态系统评价、模拟与调控关键技术及其应用》，海洋出版社 2012 年版。

[英] 苏·基德、安德鲁·J. 普莱特、克里斯·弗里德：《海洋规划与管理的生态系统方法》，徐胜等译，周秋麟校译，海洋出版社 2013 年版。

万宗成、李高协、殷悦贤：《综合生态系统管理法律制度研究》（上），甘肃人民出版社 2008 年版。

王东宇、马琦伟、崔宝义等：《海岸带规划》，中国建筑工业出版社 2014 年版。

王琪等：《海洋管理——从理念到制度》，海洋出版社 2007 年版。

王雯：《地区间外溢性公共品供给研究——以环境治理为例》，经济科学出版社 2017 年版。

王修林、李克强：《渤海主要化学污染物海洋环境容量》，科学出版社 2006 年版。

王跃生：《新制度主义》，台湾扬智文化事业股份有限公司 1997 年版。

王志康：《社会系统复杂性与社会研究方法：跨层次的社会科学方法论研究》，广东人民出版社 2017 年版。

魏波：《环境危机与文化重建》，北京大学出版社 2007 年版。

魏惠荣、王吉霞：《环境学概论》，甘肃文化出版社 2013 年版。

吴人坚：《中国区域发展生态学》，东南大学出版社 2012 年版。

吴元彪：《社会系统论》，上海人民出版社 1993 年版。

杨朝飞等：《环境经济政策：改革与框架》，中国环境科学出版社 2010 年版。

杨临宏：《立法法：原理与制度》，云南大学出版社 2011 年版。

叶峻、李梁美：《社会生态学与生态文明论》，上海三联书店 2016 年版。

叶峻、文启胜、李红英：《社会生态经济协同发展论——可持续发展的战略创新》，安徽大学出版社 1999 年版。

殷培红、和夏冰等：《生态系统方式下的我国环境管理体制研究》，中国环境出版社 2017 年版。

俞树彪：《海洋公共伦理研究》，海洋出版社 2009 年版。

［德］约阿希姆·拉德卡：《自然与权力——世界环境史》，王国豫、付天海译，河北大学出版社 2004 年版。

Murray Patterson、Bruce Glavovic：《海洋与海岸带生态经济学》，陈林生、高健 等译，海洋出版社 2015 年版。

［苏］Ю. Г. 马尔科夫：《社会生态学》，雒启珂等译，中国环境科学出版社 1989 年版。

［丹］S. E. 约恩森：《生态系统生态学》，曹建军、赵斌、张建等译，科学出版社 2017 年版。

曾祥华：《行政立法的正当性研究》，中国人民公安大学出版社 2007 年版。

张朝晖、叶属峰、朱明远：《典型海洋生态系统服务及价值评估》，海洋出版社 2008 年版。

张利权等：《基于生态系统的海岸带管理》，海洋出版社 2012 年版。

张文显：《法理学》，法律出版社 1997 年版。

张志锋、韩庚辰、王菊英：《中国近岸海域环境质量评价与污染机制研究》，海洋出版社 2013 年版。

赵绘宇：《生态系统管理法律研究》，上海交通大学出版社 2006 年版。

赵玲：《生态经济学》，中国经济出版社 2013 年版。

赵晟、李璇、陈小芳：《海域生态价值补偿评估》，海洋出版社 2017 年版。

郑丙辉等：《渤海湾海岸带生态系统的脆弱性及生物修复》，中国环境出版社 2013 年版。

政府间海洋学委员会：《海洋空间规划：循序渐进走向生态系统管理》，海洋出版社 2010 年版。

周浩郎、范航清、阎冰：《基于生态系统的生物多样性管理实践——UNDP/GEF/SOA 中国南部沿海生物多样性管理项目在广西》，海洋出版社 2012 年版。

周世中：《法的合理性研究》，山东人民出版 2004 年版。

周旺生：《立法学教程》，北京大学出版社 2006 年版。

竺效：《生态损害的社会化填补法理研究》，中国政法大学出版社 2007 年版。

二　中文期刊论文

毕艳玲、冯源：《生态系统管理的原则——以美国黄石国家公园为例》，《安徽农业科学》2017 年第 8 期。

薄晓波、冯嘉：《论综合生态系统管理理念的法律化——兼谈法律思维的作用》，《昆明理工大学学报》（社会科学版）2009 年第 9 期。

蔡守秋：《从综合生态系统到综合调整机制——构建生态文明法治基础理论的一条路径》，《甘肃政法学院学报》2017 年第 1 期。

蔡守秋：《论生态系统方法及其在当代国际环境法中的应用》，《法治研究》2011 年第 4 期。

蔡守秋：《论综合生态系统管理原则对环境资源法学理论的影响》，

《中国地质大学学报》2007 年第 9 期。

蔡守秋：《综合生态系统管理法的发展概况》，《政法论丛》2006 年第 3 期。

蔡守秋、张毅：《绿色原则之文义解释与体系解读》，《甘肃政法学院学报》2018 年第 5 期。

曹孟勤：《论自由的生态本质》，《伦理学研究》2017 年第 1 期。

曹万林：《经济系统、社会系统与资源环境系统的耦合分析》，《周口师范学院学报》2015 年第 3 期。

陈甘霖、胡文佳、陈彬等：《海洋空间规划技术在小尺度海洋生态红线区划中的应用——以东山县海域为例》，《应用海洋学学报》2017 年第 1 期。

陈海嵩：《"生态保护红线"的法定解释及其法律实现》，《哈尔滨工业大学学报》（社会科学版）2017 年第 4 期。

陈海嵩：《国家环境保护义务的溯源与展开》，《法学研究》2016 年第 3 期。

崔歧恩：《正当及其合理性解释》，《哈尔滨工业大学学报》（社会科学版）2017 年第 3 期。

戴蓉、吴翼：《"爱知生物多样性目标"国家评估指标的对比研究及对策建议》，《生物多样性》2017 年第 11 期。

邓海峰：《海洋环境容量的物权化及其权利构成》，《政法论坛》2013 年第 2 期。

邓海峰：《环境法与自然资源法关系新探》，《清华法学》2018 年第 5 期。

樊勇：《私人自治的绿色边界——〈民法总则〉第 9 条的理解与落实》，《华东政法大学学报》2019 年第 2 期。

范冬萍：《社会生态系统的存在、演化与可持续发展》，《科学技术与辩证法》1996 年第 5 期。

范志杰、曲传宇：《大海洋生态系统管理》，《海洋通报》1994 年第 6 期。

冯玉军：《法经济学范式研究及其理论阐释》，《法制与社会发展》2004 年第 1 期。

甘藏春：《科学立法的五个维度——对全面推进依法治国基础性工作

的思考》,《紫光阁》2014 年第 9 期。

高明侠:《我国生态系统管理立法的问题及建议》,《西安邮电学院学报》2011 年第 6 期。

高晓露、梅宏:《中国海洋环境立法的完善——以综合生态系统管理为视角》,《中国海商法研究》2013 年第 4 期。

戈华清:《构建我国海洋生态补偿法律机制的实然性分析》,《生态经济》2010 年第 4 期。

戈华清:《海洋陆源污染的产生原因与防治模式》,《中国软科学》2014 年第 3 期。

戈华清:《海洋生态保护红线的价值定位与功能选择》,《生态经济》2018 年第 12 期。

戈华清:《海洋生态系统管理在中国及周边海域的实践与对策》,《生态经济》2020 年第 12 期。

戈华清:《论海洋陆源污染防治制度的非遵从性》,《太平洋学报》2016 年第 3 期。

巩固:《"生态系统方法"与海洋环境保护法创新——以渤海治理为例》,《中国海洋法学评论》2010 年第 1 期。

顾传辉、桑燕鸿:《论生态系统管理》,《生态经济》2001 年第 11 期。

郭武:《论迈向制序的环境保护制度工具体系之建构》,《中国地质大学学报》(社会科学版)2018 年第 3 期。

何向东:《论莱布尼茨充足理由原则的哲学意蕴》,《自然辩证法研究》2011 年第 9 期。

胡波:《"法的正当性"语义考辨》,《甘肃政法学院学报》2009 年第 7 期。

胡婷莛、秦艳英、陈秋明:《海洋生态文明视角下的厦门海岸带综合管理初探》,《环境科学与管理》2009 年第 8 期。

黄华梅、谢健、陈绵润:《基于资源环境承载力理论的海洋生态红线制度体系构建》,《生态经济》2017 年第 9 期。

黄硕琳、邵化斌:《全球海洋渔业治理的发展趋势与特点》,《太平洋学报》2018 年第 4 期。

黄一玲:《共建公正合理的海洋新秩序》,《复旦国际关系评论》2018

年第 22 辑。

贾子贤：《马克思人与自然关系理论的时代价值》，《人民论坛》2019 年 3 月（中旬）。

靳文辉：《制度竞争、制度互补和制度学习：地方政府制度创新路径》，《中国行政管理》2017 年第 5 期。

柯坚：《生态实践理性：话语创设、法学旨趣与法治意蕴》，《法学评论》2014 年第 1 期。

克里斯托弗·J. 普雷斯顿：《多元人类世：打碎一种总体化话语》，王爱松译，《国际社会科学杂志》（中文版）2018 年第 4 期。

李爱年、刘翱：《立法生态化：生态文明建设的法制结构调整》，《江西理工大学学报》2016 年第 4 期。

李凤宁：《我国海洋保护区制度的实施与完善：以海洋生物多样性保护为中心》，《法学杂志》2013 年第 3 期。

李克让、曹明奎等：《中国自然生态系统对气候变化的脆弱性评估》，《地理研究》2005 年第 9 期。

李培超：《环境伦理学视阈下的自然价值叙事》，《伦理学研究》2015 年第 5 期。

李双成：《科学衡量自然对人类的贡献——一个基于生态系统服务的社会—生态系统分析框架及其应用》，《人民论坛》2020 年第 11 期。

李潇、杨翼、杨璐等：《海洋生态环境监测体系与管理对策研究》，《环境科学与管理》2017 年第 8 期。

林灿铃：《国际法的"国家责任"之我见》，《中国政法大学学报》2015 年第 5 期。

林国红、董月茹、李克强等：《赤潮发生关键控制要素识别研究——以渤海为例》，《中国海洋大学学报》（自然科学版）2017 年第 12 期。

林和山、俞炜炜、刘坤等：《基于 AMBI 和 M - AMBI 法的底栖生态环境质量评价——以厦门五缘湾海域为例》，《海洋学报》2015 年第 8 期。

林来梵、张卓明：《论法律原则的司法适用——从规范性法学方法论角度的一个分析》，《中国法学》2006 年第 2 期。

刘邦凡、吴勇：《社会系统及其生态性研究》，《重庆大学学报》（社会科学版）2002 年第 2 期。

刘福森：《自然中心主义生态伦理观的理论困境》，《中国社会科学》1997年第3期。

刘惠荣、高威、杨益松：《海洋特别保护区管理法律制度探讨》，《法治论丛》2006年第3期。

刘慧、苏纪兰：《基于生态系统的海洋管理理论与实践》，《地球科学进展》2014年第2期。

刘树臣、喻锋：《国际生态系统管理研究发展趋势》，《国土资源情报》2009年第2期。

刘卫先：《生态法对生态系统整体性的回应》，《中国海洋大学学报》（社会科学版）2008年第5期。

刘杨：《正当性与合法性概念辨析》，《法制与社会发展》2008年第3期。

吕忠梅：《论环境使用权交易制度》，《政法论坛》（中国政法大学学报）2000年第4期。

罗璇：《重点海域排污总量控制法律问题研究》，硕士学位论文，中国海洋大学，2009年。

欧索罗娃·塔基雅娜：《俄罗斯宇宙主义思想家对人与自然关系的认识》，博士学位论文，内蒙古师范大学，2012年。

马道明、李海强：《社会生态系统与自然生态系统的相似性与差异性探析》，《东岳论丛》2011年第11期。

孟伟庆、胡蓓蓓等：《基于生态系统的海洋管理：概念、原则、框架与实践途径》，《地球科学进展》2016年第5期。

闵家胤：《社会系统的新模型、三种生产和综合评价标准》，《系统科学学报》2016年第1期。

莫张勤：《生态保护红线修复机制法治化：定位、困境及其出路》，《生物多样性》2019年第3期。

欧文霞、杨圣云：《试论区域海洋生态系统管理是海洋综合管理的新发展》，《海洋开发与管理》2006年第4期。

齐红倩、王志涛：《生态经济学发展的逻辑及其趋势特征》，《中国人口·资源与环境》2016年第7期。

祁雪瑞：《以地方立法引导自然资源生态与经济效益契合》，《中国国土资源经济》2015年第12期。

丘君、赵景柱、邓红兵：《基于生态系统的海洋管理：原则、实践和建议》，《海洋环境科学》2008年第1期。

曲波、喻剑利：《论海洋环境保护——"对一切"义务的视角》，《当代法学》2008年第2期。

任海、邬建国、彭少麟等：《生态系统管理的概念及其要素》，《应用生态学报》2000年第3期。

任海涛：《论自然物的法律主体资格》，《社科纵横》2004年第3期。

阮李全、李文练：《论生态文明背景下环境立法理念的演进》，《重庆师范大学学报》（哲学社会科学版）2010年第5期。

阮玉春：《解析马克思关于人的发展的自然观》，《马克思主义研究》2017年第9期。

沈太霞：《立法合理性问题研究》，《暨南学报》（哲学社会科学版）2012年第12期。

史军、卢愿清、郝晓雅：《代际气候正义的陷阱》，《阅江学刊》2013年第3期。

孙学凯、林力涛、于占源等：《施氮对沙质草地生态系统碳交换特征的影响》，《生态学杂志》2019年第1期。

田其云：《海洋生态系统法律保护研究》，《河北法学》2005年第1期。

田有成：《科学立法的三个维度》，《人大研究》2018年第7期。

童志锋：《"环境—社会"关系与中国风格的社会学理论——郑杭生生态环境思想探微》，《社会学评论》2017年第3期。

王斌、杨振姣：《基于生态系统的海洋管理理论与实践分析》，《太平洋学报》2018年第6期。

王长友、王修林、李克强等：《东海陆扰海域铜、铅、锌、镉重金属排海通量及海洋环境容量估算》，《海洋学报》（中文版）2010第4期。

王慧、王慧子：《欧盟海洋空间规划法制及其启示》，《江苏大学学报》（社会科学版），2019年第3期。

王淼等：《我国海洋环境污染的现状、成因与治理》，《中国海洋大学学报》（社会科学版）2006年第5期。

王其翔、唐学玺：《海洋生态系统服务的内涵与分类》，《海洋环境科学》2010年第29期。

王琦:《地方立法民主化和科学化研究》,《河南省政法管理干部学院学报》2008年第5期。

王曦:《论"国际法未加禁止之行为引起有害后果之国际责任"》,《社会科学》2006年第4期。

王秀红:《生态本位法律观:现代环境法的法哲学基础》,《合作经济与科技》2005年第7期。

王远哲:《论代际责任中的"不确定性"问题》,《哲学分析》2017年第6期。

王紫零:《非人类存在物法律主体资格初探》,《广西政法管理干部学院学报》2003年第5期。

魏胜强:《生态文明视域下的污染防治法研究》,《扬州大学学报》（人文社会科学版）2019年第1期。

吴彬、张占录:《基于生态系统一体化的海岸滩涂综合管理体制研究》,《中国土地科学》2017年第3期。

吴清峰、唐朱昌:《基于生态系统方法的海洋综合管理研究——〈欧盟海洋战略框架指令〉分析》,《生态经济》2014年第7期。

谢高地、鲁春霞、冷允法等:《青藏高原生态资产价值》,《自然资源学报》2003年第18期。

谢高地、张彩霞、张昌顺等:《中国生态系统服务的价值》,《资源科学》2015年第9期。

谢宏英、王金辉、马祖友等:《赤潮灾害的研究进展》,《海洋环境科学》2019年第3期。

熊波、杨碧云:《命令控制型环境政策改善了中国城市环境质量吗?——来自"两控区"政策的"准自然实验"》,《中国地质大学学报》（社会科学版）2019年第3期。

薛达元、武建勇、赵富伟:《中国履行〈生物多样性公约〉二十年:行动、进展与展望》,《生物多样性》2012年第5期。

严存生:《法的合理性研究》,《法制与社会发展》2002年第4期。

严金明、迪力沙提·亚库甫、张东昇:《国土空间规划法的立法逻辑与立法框架》,《资源科学》2019年第9期。

杨解君、张治宇《迈向"良法"时代的法治中国建设:法律体系的品质提升》,《南京社会科学》2015年第1期。

杨珂：《分歧还是融合：制度主义与生态经济学发展观辨析》，《贵州社会科学》2018 年第 9 期。

姚宝珍：《博弈视角下区域协调发展的制度困境及其创新路径——以制度互补理论为基础》，《城市发展研究》2019 年第 6 期。

叶峻：《关于人类社会的生态系统分析》，《烟台大学学报》（哲学社会科学版）2004 年第 2 期。

叶峻：《人天观：人体科学和社会生态学的哲学》，《烟台大学学报》1997 年第 4 期。

叶峻：《社会生态系统：结构功能分析》，《烟台大学学报》（哲学社会科学版）1998 年第 4 期。

叶属峰、温泉、周秋麟：《海洋生态系统管理——以生态系统为基础的海洋管理新模式探讨》，《海洋开发与管理》2006 年第 1 期。

余德厚：《环境治理视域下国家环境保护义务的证立与展开》，《法学杂志》2018 年第 7 期。

余云军、王琳：《基于系统论的流域与海岸带自然系统与流域——海岸连续统释义》，《海洋环境科学》2010 年第 4 期。

俞虹旭、余兴光、陈克亮：《基于生态系统方法的海洋生态补偿管理机制》，《生态经济》2012 年第 8 期。

曾江宁、陈全震、高爱根：《海洋生态系统服务功能与价值评估研究进展》，《海洋开发与管理》2005 年第 4 期。

曾江宁、陈全震、黄伟等：《中国海洋生态保护制度的转型发展——从海洋保护区走向海洋生态红线区》，《生态学报》2016 年第 1 期。

张海滨：《论国际环境保护对国家主权的影响》，《欧洲研究》2007 年第 3 期。

张江海：《整体性治理理论视域下海洋生态环境治理体制优化研究》，《中共福建省委党校学报》2016 年第 2 期。

张旭鹏：《"人类世"与后人类的历史观》，《史学集刊》2019 年第 1 期。

张义钧：《〈欧盟海洋战略框架指令〉评析》，《海洋开发与管理》2012 年第 4 期。

张永民、席桂萍：《生态系统管理的概念·框架与建议》，《安徽农业科学》2009 年第 13 期。

张志卫、刘志军、刘建辉：《我国海洋生态保护修复的关键问题和攻坚方向》，《海洋开发与管理》2018年第10期。

张梓太：《污染权交易立法构想》，《中国法学》1998年第3期。

赵佳敏、路征：《欧盟海洋生态环境政策及其对我国的经验启示》，《中国西部》2018年第1期。

赵庆建、温作民：《社会生态系统及其恢复力研究——基于复杂性理论的视角》，《南京林业大学学报》（人文社会科学版）2013年第4期。

郑杭生：《"环境—社会"关系与社会运行论》，《甘肃社会科学》2007年第1期。

郑少华：《中国环境法治四十年：法律文本、法律实施与未来走向》，《法学》2018年第11期。

郑伟、石洪华：《海洋生态系统服务的形成及其对人类福利的贡献》，《生态经济》2009年第8期。

三 中文学位论文

曹金根：《排污权交易法律规制研究》，博士学位论文，重庆大学，2017年。

陈静文：《海域使用权生态化研究》，硕士学位论文，贵州大学，2017年。

陈曦：《中国跨部门合作问题研究》，博士学位论文，吉林大学，2015年。

陈志荣：《生态法律关系研究》，博士学位论文，福州大学，2014年。

宫小伟：《海洋生态补偿理论与管理政策研究》，博士学位论文，中国海洋大学，2013年。

巩固：《环境伦理学的法学批判》，博士学位论文，中国海洋大学，2008年。

管岑：《海岸带生态系统管理法律研究》，硕士学位论文，中国海洋大学，2011年。

胡中华：《论环境保护之为普遍义务》，博士学位论文，中国海洋大学，2011年。

霍素霞：《渤海沉积物重金属分布特征及生态风险研究》，博士学位论文，中国海洋大学，2011年。

雷波：《基于生态系统的海洋区域管理研究》，硕士学位论文，中国海洋大学，2009 年。

李荔：《居民海岛生态脆弱性仿真分析与管理调控研究》，硕士学位论文，大连理工大学，2018 年。

潘丹丹：《生态伦理及其实践研究》，博士学位论文，北京交通大学，2016 年。

秦艳英：《从厦门生态修复看 EBM 和 ICM 的关系》，硕士学位论文，厦门大学，2009 年。

Ulf Lie：《海洋生态系统管理：研究与管理》，何永晋译，《科学与社会》1983 年第 12 期。

王景华：《社会真理论》，博士学位论文，华中科技大学，2012 年。

杨国福：《人类—自然耦合系统中生态系统服务间关系研究》，博士学位论文，浙江大学，2015 年。

杨金泽：《土地整治项目对生态系统服务的影响研究》，硕士学位论文，河北农业大学，2018 年。

叶属峰：《大型工程对长江河口近岸海域生态系统的影响及其机理研究》，博士学位论文，上海交通大学，2005 年。

苑银和：《环境正义论批判》，博士学位论文，中国海洋大学，2013 年。

张博：《海上人为噪声及其对海洋鱼类影响的初步探究》，硕士学位论文，上海海洋大学，2015 年。

张建辉：《价值哲学视域中生态正义实践研究》，博士学位论文，山西大学，2017 年。

周汉华：《变法模式与中国立法法》，《中国社会科学》2000 年第 1 期。

周训芳：《论环境立法中法律移植问题》，《林业经济问题》（双月刊）2000 年第 6 期。

周杨明、于秀波等：《自然资源和生态系统管理的生态系统方法：概念、原则与应用》，《地球科学进展》2007 年第 2 期。

周永：《环境法的正当性研究》，博士学位论文，福州大学，2017 年。

邹晓梅、林广发、陈志彪：《闽三角海域赤潮发生的时空特征》，《海洋科学》2018 年第 11 期。

四 英文著作

Brown C., Corcoaran E., Hekerenrath P. and Thonell J. eds., *Marine and Coastal Ecosystems and Human Wellbeing: A Synthesis Report Based on the Findings of the Millennium Ecosystem Assessment*, New York: United Nations Environment Programme, 2006.

Brauch H. G. et al., *Handbook on Sustainability Transition and Sustainable Peace*, Springer International Publishing Switzerland, 2016.

Chapin F. Stuart, Pamela A. Matson, Harold A. Mooney, *Principles of Terrestrial Ecosystem Ecology*, New York: Springer, 2002.

Craig R. Allen. Ahjond S. Garmestani, *Adaptive Management of Social – Ecological Systems*, Springer Science + Business Media Dordrecht (outside the USA), 2015.

Cynthia Enloe, *The Politics of Pollution in Comparative Perspective*, New York, NY: David McKay Co. Inc., 1975.

Daud Hassan, *Protecting the Marine Environment from Land – based Sources of Pollution: Toward Effective International Cooperation*, Aldershot: Ashgate, 2006.

Davor Vidas, *Protecting the Polar Marine Environment—Law and Policy for Pollution Prevention*, Cambridge: Cambridge University Press, 2000.

Jacek Zaucha, Kira Gee, *Maritime Spatial Planning Past, Present, Future*, Springer International Publishing AG, 2019.

Julia M. Wondolleck, Steven L. Yaffee, "Drawing Lessons from Experience in Marine Ecosystem – based Management", in *Marine Ecosystem – based Management in Practice—Different Pathways, Common Lessons*, Washington: Island Press, 2017.

Karen Mcleod and Heather Leslie eds., *Ecosystem – based Management for the Oceans*, Washington: Island Press, 2009.

Kumpf H., Sreidinger K. and Sherman K., *The Gulf of Mexico Large Marine Ecosystem: Assessment, Sustainability, and Management*, Oxford: Blackwell Science, 1999.

Kaye S. M., *International Fisheries Management*, The Hague: Kluwer Law International, 2000.

Marion Glaser, Gesche Krause, Beate M. W. Ratter et al., *Human? Nature Interactions in the Anthropocene: Potentials of Social Ecological Systems Analysis*, London: Routledge Press, 2012.

Thomas Koellner, *Ecosystem Services and Global Trade of Natural Resources—Ecology, Economics and Policies*, London: Routledge press, 2011.

五 英文论文等

Akiko Takano, "Land – based Pollution of the Sea and Due Diligence Obligations", *Journal of Law, Policy and Globalization*, Vol. 60, 2017.

Alan M. Friedlander, "Marine Conservation in Oceania: Past, Present, and Future", *Marine Pollution Bulletin*, Vol. 135, 2018.

Albers J., "The Present Legal Framework", in *Responsibility and Liability in the Context of Transboundary Movements of Hazardous Wastes by Sea*, Hamburg Studies on Maritime Affairs, Springer, Berlin, Heidelberg, 2015.

Aldridge C. L., Boyce M. S., Baydack R. K., "Adaptive Management of Prairie Grouse: How Do We Get There?", *Wildlife Society Bulletin*, Vol. 32, No. 1, 2004.

Aleksandr V. Souvorov, "Chapter 1—Marine Natural Resources Management: Ecology and Economics", in *Marine Ecologonomics: The Ecology and Economics of Marine Natural Resources Management*, Developments in Environmental Economics, Vol. 6, 1999.

Aleksey F. Rogachev, Viktoria N. Ostrovskaya, Alexandr S. Natsubidze et al., "Tools for Sustainability Management of Socio – ecological Systems in the Globalizing World", in Popkova E. G. ed., *HOSMC 2017*, AISC, 2018.

Alexander L. M., "Management of Large Marine Ecosystem: A Law of the Sea – Based Governance Regime", in Kumpf H., Sreidinger K. and Sherman K. eds., *The Gulf of Mexico Large Marine Ecosystem: Assessment, Sustainability, and Management*, Blackwell Science, 1999.

Anderies J. M., Janssen M. A., Ostrom E., "A Framework to Analyze the Robustness of Social – ecological Systems from an Institutional Perspective", *Ecology and Society*, Vol. 9, No. 3, 2004.

Angela Carpenter, "OSPAR Review of the State of the North Sea: Oil Inputs and Their Impact on the Marine Environment of the North Sea", in Carpenter A. eds. , *Oil Pollution in the North Sea: the Handbook of Environmental Chemistry*, Springer, Cham, 2105.

Annika K. Nilsson, Brita Bohman, "Legal Prerequisites for Ecosystem – based Management in the BalticSea Area: The Example of Eutrophication", *Ambio*, Vol. 44 (Suppl. 3), 2015.

Arthur Lyon Dahl, "Land – based Pollution and Integrated Coastal Management", *Marine Policy*, Vol. 17, No. 6, 1993.

Barbara Kwiatkowska, "Marine Pollution from Land – based Sources: Current Problems and Prospects", *Ocean Development and International Law*, Vol. 14, No. 3, 1984.

Belsky M. H. , "Legal Regimes for Management of Large Marine Ecosystems and Their Component Resources", in Sherman K. , Alexander L. M. and Gold B. D. eds. , *Large Marine Ecosystems: Stress, Mitigation and Sustainability*, the American Association for the Advancement of Science Press, 1993.

Benjamin S. Halpern, Karen L. McLeod et al. , "Managing for Cumulative Impacts in Ecosystem – based Management through Ocean Zoning", *Ocean & Coastal Management*, Vol. 51, No. 3, 2008.

Benjamin S. Halpern, Melanie Frazier, John Potapenko et al. , "Spatial and Temporal Changes in Cumulative Human Impacts on the World's Ocean", *Nature Communication*, No. 6, 2015.

Benjamin S. Halpern, Shaun Walbridge, Kimberly A. Selkoe et al. , "A Global Map of Human Impact on Marine Ecosystems", *Science*, Vol. 319, 2008.

Brooke Campbell, Quentin Hanich, "Principles and Practice for the Equitable Governance of Transboundary Natural Resources: Cross – cutting Lessons for Marine Fisheries Management", *Maritime Studies*, Vol. 14, No. 1, 2015.

Brown Thomas C. , John C. Bergstrom, John B. Loomis. "Defining, Valuing and Providing Ecosystem Goods and Services", *Natural Resources Journal*, Vol. 47, No. 2, 2007.

Burke W. T. , "Compatibility and Protection in the 1995 Straddling Stock Agreement", in Scheiber H. N. ed. , *Law of the Sea: The Common Heritage and Emerging Challenges*, Martinus Nijhoff Publishers, 2000.

Carissa L., William E. Rogers, Urs P. Kreuter, "Legal Barriers to Effective Ecosystem Management: Exploring Linkages between Liability, Regulations, and Prescribed Fire", *Ecological Applications*, Vol. 25, No. 8, 2015.

Caroline Williams, "Combatting Marine Pollution from Land-based Activities: Australian Initiatives", *Ocean & Coastal Management*, Vol. 33, No. 1-3, 1996.

Charles L. Redman, Grove J. Morgan et al., "Integrating Social Science into the Long-term Ecological Research (LTER) Network: Social Dimensions of Ecological Change and Ecological Dimensions of Social Change", *Ecosystems*, Vol. 7, No. 2, 2004.

Christensen Norman L., Bartuska Ann M., Brown James H. et al., "The Report of the Ecological Society of America Committee on the Scientific Basis for Ecosystem Management", *Ecological Applications*, No. 6, 1996.

Christopher C. E. Hopkins, "International Agreements and Baltic Sea Environmental Management", in Brander K., MacKenzie B., Omstedt A. eds., *Climate Impacts on the Baltic Sea: From Science to Policy*, Springer Earth System Sciences, 2012.

Costanza R., Darge R., Grootr D. et al., "The Value of the Worlds' Ecosystem Services and Natural Capital", *Nature*, Vol. 387, No. 15, 1997.

Craig Anthony Arnold, "Fourth Generation Environmental Law: Integrationist and Multimodal", *William & Mary Environmental Law and Policy Review*, Vol. 35, Issue 3, 2011.

Crutzen Paul. J., "Geology of Mankind", in Crutzen Paul J., Brauch H. eds., *A Pioneer on Atmospheric Chemistry and Climate Change in the Anthropocene*, Springer Briefs on Pioneers in Science and Practice, Vol. 50, 2016.

Darien Danielle Mizuta, Eirini Ioanna Vlachopoulou, "Satoumi Concept Illustrated by Sustainable Bottom-up Initiatives of Japanese Fisheries Cooperative Associations", *Marine Policy*, Vol. 78, 2017.

David Johnson, *An Ecosystem Approach for the North-East Atlantic: OSPAR's View of Regional Implementation*, http://assets.wwf.org.uk/downloads/pisces_ nov_ 2011_ ospar. pdf.

David Osborn, Anjan Datta, "Institutional and Policy Cocktails for Protecting Coastal and Marine Environments from Land – based Sources of Pollution", *Ocean & Coastal Management*, Vol. 49, No. 9/10, 2006.

Department of the Environment of Australia, *A Framework for Understanding Cumulative Impacts, Supporting Environmental Decisions and Informing Resilience Based Management of the Great Barrier Reef World Heritage Area: Final Report to the Great Barrier Reef Marine Park Authority and Department of the Environment*, Kenneth R. N., Dambacher J., Walshe T. et al. eds., http://elibrary. gbrmpa. gov. au/jspui/handle/11017/2850.

Elena McCarthy, Flora Lichtman, "The Origin and Evolution of Ocean Noise: Regulation Under the U. S. Marine Mammal Protection Act", *Ocean & Coastal Law Journal*, Vol. 13, No. 1, 2007.

Elizabeth Van Davis, "Global Conflicts in Marine Pollution: The Asian Pacific", *The Journal of East Asian Affairs*, Vol. 10, No. 1, Winter/Spring 1996.

Emanuele Bigagli, "The EU Legal Framework for the Management of Marine Somplex Social – ecological Systems", *Marine Policy*, Vol. 54, 2015.

EU Commission, *Roadmap for Maritime Spatial Planning: Achieving Common Principles in the EU*, https://sites. nicholas. duke. edu/cmspat/roadmap – for – maritime – spatial – planning – achieving – common – principles – in – the – eu/.

Fabra A. & Gascón V., "The Convention on the Conservation of Antarctic Marine Living Resources (CCAMLR) and the Ecosystem Approach", *International Journal of Marine and Coastal Law*, Vol. 23, No. 3, 2008.

Fanny Douvere, "The Importance of Marine Spatial Planning in Advancing Ecosystem – based Sea Use Management", *Marine Policy*, Vol. 32, No. 5, 2008.

Fikret Berkes, "Environmental Governance for the Anthropocene? Social – Ecological Systems, Resilience, and Collaborative Learning", *Sustainability*, Vol. 9, No. 7, 2017.

Fontaubert A. Charlotte De, David R. Downes et al., "Biodiversity in the

Seas: Implementing the Convention on Biological Diversity in Marine and Coastal Habitats", *The Georgetown International Environmental Law Review*, Vol. X, Issue 3, 1998.

Furlan E., Torresan S., Ronco P., "Tools and Methods to Support Adaptive Policy Making in Marine Areas: Review and Implementation of the Adaptive Marine Policy Toolbox", *Ocean and Coastal Management*, Vol. 151, Jan., 2018.

Gabriel Michanek, Anna Christiernsson, "Adaptive Management of EU Marine Ecosystems—About Time to Include Fishery", *Scandinavian Studies in Law*, 2014.

Gallopin, C., "Linkages between Vulnerability, Resilience, and Adaptive Capacity", *Global Environmental Change*, Vol. 16, No. 3, 2006.

Goutte A., Chevreuil M., Alliot F. et al., "Persistent Organic Pollutants in Benthic and Pelagic Organisms off Adélie Land, Antarctica", *Marine Pollution Bulletin*, Vol. 77, No. 1 - 2, 2013.

Grumbine R. Edward, "What Is Ecosystem Management?" *Conservation Biology*, Vol. 8, No. 1, 1994.

Gábor Baranyai, "Adaptive Capacity of EU Transboundary Water Governance: The Dynamic Dimension of Resilience", *European Water Law and Hydropolitics*, No. 1, 2020.

Haberl H., Fischer - Kowalski M., Krausmann F. et al., "Progress Towards Sustainability? What the Conceptual Framework of Material and Energy Flow Accounting (MEFA) Can Offer", *Land Use Policy*, Vol. 21, 2004.

Hanling Wang, "Ecosystem Management and Its Application to Large Marine Ecosystems: Science, Law, and Politics", *Ocean Development & International Law*, Vol. 35, No. 1, 2004.

Hashali Hamukuaya, Claire Attwood, Nico Willemse, "Transition to Ecosystem - based Governance of the Benguela Current Large Marine Ecosystem", *Environmental Development*, vol. 17, 2016.

Heather Tallis, Phillip S. Levin, Mary Ruckelshaus et al., "The Many Faces of Ecosystem - based Management: Making the Process Work Today in Real Places", *Marine Policy*, Vol. 34, 2010.

Heileman S. & Tang Q., *X - 22 East China Sea: LME#47*, http://lme.edc.uri.edu/index.php/lme-briefs/25-east-china-sea-lme-47.

Heileman S., Jiang Y., *X - 28 Yellow Sea: LME 48#*, http://lme.edc.uri.edu/index.php/lme-briefs/24-yello-sea-lme-48.

Heileman S., Ⅷ - *15 South China Sea: LME#36*, http://lme.edc.uri.edu/index.php/lme-briefs/36-south-china-sea-lme-36.

Huasheng Hong, *Xiamen ICM Demonstration Experiences and Lessons Learn*, https://iwlearn.net/documents/6186.

Ibon G., Pedro L., Irati L. et al., "A Marine Spatial Planning Approach to Select Suitable Areas for Installing Wave Energy Converters (WECs), on the Basque Continental Shelf (Bay of Biscay)", *Coastal Management*, Vol. 40, No. 1, 2012.

Jeffrey Sachs, "Land-based Pollution and the Marine Environment", in Rosemary Rayfuse eds., *Research Handbook on International Marine Environmental Law*, London: Edward Elgar, 2015.

Jesper Raakjaer, Judith van Leeuwen, Jan van Tatenhove et al., "Ecosystem-based Marine Management in European Regional Seas Calls for Nested Governance Structures and Coordination—A Policy Brief", *Marine Policy*, Vol. 50 (pt. B), 2014.

Joannes Berque, Osamu Matsuda, "Coastal biodiversity management in Japanese satoumi", *Marine Policy*, Vol. 39, 2013.

Jon Birger Skaerseth, "Managing North Sea Pollution Effectively: Linking International and Domestic Institutions, International Environmental Agreements", *Politics, Law and Economics*, Vol. 3, No. 2, 2003.

Josselin Rouillard, Manuel Lago, Katrina Abhold et al., "Protecting Aquatic Biodiversity in Europe: How much do EU Environmental Policies Support Ecosystem-based Management?", *Ambio*, Vol. 47, 2018.

Judith A. Layzer, "The Purpose and Politics of Ecosystem-based Management", in Weinstein M. P. and Turner R. E. eds., *Sustainability Science: The Emerging Paradigm and the Urban Environment*, Springer Science Business Media, LLC, 2012.

Kars Jan de Graafa, Froukje Maria Platjouwb, Hanna Dürtge Tolsma et al., "The Future Dutch Environment and Planning Act in Light of the Ecosystem Approach", *Ecosystem Services*, Vol. 29, 2018.

Katrine Soma, Jan van Tatenhove, Judith van Leeuwen, "Marine Governance in a European Context: Regionalization, Integration and Cooperation for Ecosystem-based Management", *Ocean & Coastal Management*, Vol. 117, 2015.

Keith M. Carlisle, "The Large Marine Ecosystem Approach: Application of an Integrated, Modular Strategy in Projects Supported by the Global Environment Facility", *Environmental Development*, Vol. 11, July 2014.

Kim J. E., "The Incongruity between the Ecosystem Approach to High Seas Marine Protected Areas and the Existing High Seas Conservation Regime", *Aegean Review of the Law of the Sea and Maritime Law*, Vol. 2, Issue 1-2, October 2013.

Kjell Grip, "International Marine Environmental Governance: A Review", *Ambio*, Vol. 46, 2017.

Lackey, Robert T. "Radically Contested Assertions in Ecosystem Management", *Journal of Sustainable Forestry*, Vol. 9, No. 1-2, 1999.

Larkin P. A., "Concepts and Issues in Marine Ecosystem Management", *Reviews in Fish Biology and Fisheries*. Vol. 6, No. 2, 1996.

Larry Crowder, Elliott Norse, "Essential Ecological Insights for Marine Ecosystem-based Management and Marine Spatial Planning", *Marine Policy*, Vol. 32, No. 5, 2008.

Lee Chung-I, Rahman S. M. M., "Long Term Changes Pattern in Marine Ecosystem of Korean Waters", *Journal of the Korean Society of Marine Environment and Safety*, Vol. 18, No. 3, 2015.

Lester S. E., Mcleod K. L., Tallis H. et al., "Science in Support of Ecosystem-based Management for the US West Coast and Beyond", *Biological Conservation*, Vol. 143, No. 3, 2010.

Lina María Berrouet, Jenny Machado, Clara Villegas-Palacio, "Vulnerability of Socio-ecological Systems: A Conceptual Framework", *Ecological Indicators*, Vol. 84, 2018.

Makino M., Matsuda H., "Co-management in Japanese Coastal Fisheries: Institutional Features and Transaction Costs", *Marine Policy*, Vol. 29, No. 5, 2005.

Makino M., "Institutional Relationship Between Japanese Fisheries Management and the Ecosystem Approach", in *Fisheries Management in Japan: Its Institutional Features and Case Studies*, Fish & Fisheries Series 34, Springer Science + Business Media B. V., 2011.

Marianna Cavalloa, ángel Borja, Michael Elliott et al., "Impediments to Achieving Integrated Marine Management Across Borders: The Sase of the EU Marine Strategy Framework Directive", *Marine Policy*, Vol. 103, May 2019.

Marko Tosic, Juan Darío Restrepo, Alfredo Izquierdo et al., "An Integrated Approach for the Assessment of Land-based Pollution Loads in the Coastal Zone", *Estuarine, Coastal and Shelf Science*, Vol. 211, 2017.

Mary Ruckelshaus, Terrie Klinger, Nancy Knowlton et al., "Marine Ecosystem-based Management in Practice: Scientific and Governance Challenges", *BioScience*, Vol. 58, No. 1, 2008, pp. 53–63.

Massard-Guilbaud G., Mathis C. F., "A Brief Introduction to the History of Pollution: From Local to Global", in Cravo-Laureau C., Cagnon C., Lauga B. et al. eds., *Microbial Ecotoxicology*, Springer Cham, 2017.

Merrill R. Kaufmann et al., "An Ecological Basis for Ecosystem Management", in Forest Service, Fire Hi, Marvin A. Stokes et al., *Rocky Mountain Forest and Range Experiment Station Research Paper*, U. S. Department of Agriculture, 1994.

Minna Pyhälä, "HELCOM Baltic Sea Action Plan: An Ecosystem Approach to the Management of Human Activities", in M. Reckermann et al. eds., *Climate Impacts on the Baltic Sea: From Science to Policy*, Springer Earth System Sciences, 2012.

Murray N. J., Clemens R. S., Phinn S. R. et al., "Tracking the Rapid Loss of Tidal Wetlands in the Yellow Sea", *Frontiers in Ecology and the Environment*, Vol. 12, No. 5, 2014.

Newton A., Elliott M., "A Typology of Stakeholders and Guidelines for Engagement in Transdisciplinary, Participatory Processes", *Front. Mar. Sci*, No. 3, 2016.

Nicole Schaefer, Vittorio Barale, "Maritime Spatial Planning: Opportunities & Challenges in the Framework of the EU Integrated Maritime Policy", *Journal of Coast Conservation*, Vol. 15, No. 2, 2011.

Norman L. Christensen, Ann M. Bartuska, James M. Brown et al., "The Report of the Ecological Society of America Committee on the Scientific for Ecosystem Management", *Ecological Applications*, Vol. 6, 1996.

Oran R. Young, Frans Berkhout, Gilberto C. Gallopin et al., "The Globalization of Socio-ecological Systems: An Agenda for Scientific Research", *Global Environmental Change*, Vol. 16, 2006.

Palumbi S. R., McLeod K. L., Grünbaum D., "Ecosystems in Action: Lessons from Marine Ecology about Recovery, Resistance, and Reversibility", *Bioscience*, Vol. 58, No. 1, 2008.

Pamela Chasek, "Summary of the Sixteenth Meeting of The United Nations Open-ended Informal Consultative Process on Oceans and the Law of the Sea 6-10 April 2015", https://undocs.org/A/61/156.

Pedro Echeveste, Jordi Dachs, Naiara Berrojalbiz et al., "Decrease in the Abundance and Viability of Oceanic Phytoplankton due to Trace Levels of Complex Mixtures of Organic Pollutants", *Chemosphere*, Vol. 81, No. 2, 2010.

Phillip S. Levin, Christian Möllmann, "Marine Ecosystem Regime Shifts: Challenges and Opportunities for Ecosystem-based Management", *Philos Trans R Soc Lond B Biol Sci*, Vol. 370, 2015.

Rachel D. Long, Anthony Charles, Robert L. Stephenson, "Key Principles of Marine Ecosystem-based Management", *Marine Policy*, Vol. 57, 2015.

Ramesh Ramachandran, Purvaja Ramachandran, Kem Lowry, "Improving Science and Policy in Managing Land-based Sources of Pollution", *Environmental Development*, No. 11, 2014.

Rebecca L. Goldman, Gretchen C. Daily, Peter Kareiva., "Trade-offs in Making Ecosystem Services and Human Well-being Conservation Priorities", in Nigel Leader-Wiliams, Wallian M. Adams and Robert J. Smith eds., *Trade-offs on Conservation: Deciding What to Save*, Wiley-Blackwell

Press, 2010.

Richard Curtin, Rau l Prellezo, "Understanding Marine Ecosystem Based Management: A Literature Review", *Marine Policy*, Vol. 34, 2010.

Robert Aps, Mihhail Fetissov, Floris Goerlandt, "Maritime Spatial Planning as a Tool for Ecosystem – based Adaptive Safety Management of Maritime Transportation System in the Gulf of Finland (Baltic Sea)", *International Journal of Safety Science*, Vol. 2, No. 1, 2018.

Robert L. Stephensona, Alistair J. Hobdaya, Christopher Cvitanovic et al., "A Practical Framework for Implementing and Evaluating Integrated Management of Marine Activities", *Ocean and Coastal Management*, Vol. 177, 2019.

Robinson L. M., Marzloff M. P., van Putten I. et al., "Structured Decision – Making Identifies Effective Strategies and Potential Barriers for Ecosystem – Based Management of a Range – Extending Species in a Global Marine Hotspot", *Ecosystems*, Vol. 22, Sep. 2019.

Ronán Long, "Legal Aspects of Ecosystem – Based Marine Management in Europe", in A. Chircop, M. L. McConnell, S. Coffen – Smou eds., *Ocean Yearbook*, The Hague: Hijhoff, 2012.

Rosalynn Y. Lee, Sybil Seitzinger, Emilio Mayorg, "Land – based Nutrient Loading to LMEs: A Global Watershed Perspective on Magnitudes and Sources", *Environmental Development*, Vol. 17, Sup. 1, 2016.

Sander Jacobs, Kirsten Wolfstein, Wouter Vandenbruwaene et al., "Detecting Ecosystem Service Trade – offs and Synergies: A Practice – oriented Application in Four Industrialized Estuaries", *Ecosystem Services*, Vol. 16, 2015.

Sander van Hees, Marleen van Rijswick, *Limits and Opportunities for an Adaptive Management Approach to Marine Renewable Energy Developments in EU Waters*, https://www.uu.nl/sites/default/files/rebo-oslo_adaptive_approaches_marine_renewables_van_hees_and_van_rijswick_15_june_2018.pdf.

Sara L. Ellis et al., "Four Regional Marine Biodiversity Studies: Approaches and Contributions to Ecosystem – based Management", *PLOS ONE*, Vol. 6, No. 4, 2011.

Secretariat of the Convention on Biological Diversity, *Jakarta Mandate—From Consensus to Work Programme*, https: //www. cbd. int/doc/publications/jm – brochure – en. pdf.

Sherman K. , "Introduction to Part One: Case Studies of Perturbations in Large Marine Ecosystems", in Sherman K. and Alexander L. M. eds. , *Biomass Yields and Geography of Large Marine Ecosystems*, Colorado and London: Westview Press, 1989.

Simon Caney, "Cosmopolitan Justice, Responsibility, and Global Climate Change", *Leiden Journal of International Law*, Vol. 18, No. 4, 2006.

Simon Dalby, "Contextual Changes in Earth History: From the Holocene to the Anthropocene—Implications for Sustainable Development and for Strategies of Sustainable Transition", in Brauch H. G. et al. eds. , *Handbook on Sustainability Transition and Sustainable Peace*, Springer International Publishing Switzerland, 2016.

Simonetta Fraschetti, Joachim Claudet, Kinsten Grorud – colvert, "Management—Transitioning from Single – sector Management to Ecosystem – based Management: What Can Marine Protected Areas Offer?" in Joachim Claudet ed. , *Marine Protected Areas—A Multidisciplinary Approach*, Cambridge: Cambridge University Press, 2011.

Slocombe D. Scott, "Lessons from Experience with Ecosystem – based Management", *Landscape and Urban Planning*, Vol. 40, No. 1 – 3, 1998.

Sophia Jeong, Stacey Britton, Kimberly Haverkos et al. , "Composing new understandings of Sustainability in the Anthropocene", *Culture Study of Science Education*, Vol. 13, 2018.

Stefan Partelow, "Coevolving Ostrom's Social – ecological Systems (SES) Framework and Sustainability Science: Four Key Co – benefits", *Sustainable Science*, Vol. 11, No. 3, 2016.

Steffen Will, Crutzen Paul, McNeillJohn R. , "The Anthropocene: Are Humans Now Overwhelming the Great Forces of Nature?", *Ambio*, Vol. 36, No. 8, 2007.

Steven Yaffee, "Marine Ecosystem – based Management in Practice", in Ann Arbor M. I. eds. , *School of Natural Resources and Environment*, University of Michigan, June 2012, www. snre. umich. edu/ecomgt/mebm.

Sue Kidd, Hannah Jones, Stephen Jay, "Taking Account of Land – Sea Interactions in Marine Spatial Planning", in J. Zaucha, K. Gee eds. , *Maritime Spatial Planning*: *Past, Present, Future*, Cham, Switzerland: Palgrave Macmillan, 2018.

Suh – Yong Chung, "Strengthening Regional Governance to Protect the Marine Environment in Northeast Asia: From a Fragmented to an Integrated Approach", *Marine Policy*, Vol. 34, No. 3, 2010.

Suzanne J. Boyes, Michael Elliott, "Marine Legislation—The Ultimate 'Horrendogram': International Law, European Directives & National Implementation", *Marine Pollution Bulletin*, Vol. 86, No. , 1 – 2, 2014.

Takuro Uehara, Ryo Sakurai, Takahiro Tsuge, "Cultivating Relational Values and Sustaining Socio – ecological Production Landscapes through Ocean Literacy: A Study on Satoumi", *Environment, Development and Sustainability*, Vol. 22, 2020.

The Division for Ocean Affairs and the Law of the Sea, Office of Legal Affairs, United Nations, *Ecosystem Approaches*: *Ecosystem Approaches and Oceans at the General Assembly*, https://www. un. org/depts/los/ecosystem_ approaches/ecosystem_ approaches. htm.

Troels Jacob Hegland, Jesper Raakjær, Jan van Tatenhove, "Implementing Ecosystem – based Marine Management as a Process of Regionalisation: Some Lessons from the Baltic Sea", *Ocean & Coastal Management*, Vol. 117, 2015.

Tullio Treves, "The Development of the Law of the Sea since the Adoption of the UN Convention on the Law of the Sea: Achievements and Challenges for the Future", in Davor ed. , *Law, Technology and Science for Oceans in Globalisation*, supra note 222, 2010.

van Oudenhoven et al. , "Framework for Systematic Indicator Selection to Assess Effects of Land Management on Ecosystem Services", *Ecological Indicators*, Vol. 21, 2012.

Vander Zwaag D. , *Sustainable Development in the Maritime Sector*: *Ocean Law and Policy Challenges*, Ocean Institute of Canada, Halifax, 1996.

VASAB, *Guideline for the Implementation of Ecosystem – based Approach in Maritime Spatial Planning (MSP) in the Baltic Sea Area*, http://www. helcom. fi/Documents/Action% 20areas/Maritime% 20spatial% 20 planning/Guideline% 20for% 20the% 20implementation% 20of% 20ecosystem – based% 20approach% 20in% 20MSP% 20in% 20the% 20Baltic% 20Sea% 20area _ June% 202016. pdf.

Veronica Frank, *The European Community and Marine Environmental Protection in the International Law of the Sea: Implementing Global Obligations at the Regional Level*, Utrecht, 2007.

Veronika Gaube, Helmut Haberl, "Using Integrated Models to Analyse Socio – ecological System Dynamics in Long – Term Socio – ecological Research—Austrian Experiences", *Long Term Socio – Ecological Research*, Vol. 2, 2013.

von Nordheim H. , Boedeker D. , Krause J. C. , "International Conventions for Marine Nature Conservation and Marine Protected Areas Relevant to the North Sea and the Baltic Sea", in von Nordheim H. , Boedeker D. , Krause J. C. eds. , *Progress in Marine Conservation in Europe*, Springer, Berlin, Heidelberg, 2006, pp. 5 – 26.

William Clark, "Sustainability Science SDG, Chapter 1. 3 The Human – Environment System", https://groups. nceas. ucsb. edu/sustainability – science/2010% 20weekly – sessions/session – 4 – 2013 – 10. 4. 2010 – the – human – environment – system – a – conceptual – framework/required – reading – from – the – book/1_ 3_ Human_ Envt_ System_ vS1. pdf/view.

William D. Solecki, John Long, Christine C. Harwell et al. , "Human – environment Interactions in South Florida's Everglades Region: Systems of Ecological Degradation and Restoration", *Urban Ecosystems*, Vol. 3, No. 3, 1999.

Yoshifumi Tanaka, "Regulation of Land – based Marine Pollution in International Law: A Comparative Analysis Between Global and Regional Legal Frameworks", *ZaöRV*, Vol. 66, 2006.

Österblom H. , Crona B. I. , Folke C. et al. , "Marine Ecosystem Science on an Intertwined Planet", *Ecosystems*, Vol. 20, No. 1, January 2017.

后　记

　　20世纪90年代以来，生态系统方法在海洋管理中的实践与应用，一定范围内促进了此类相关立法的产生，并为海洋生态保护立法提供了理论基础与实践框架。理论上，生态系统方法应用于立法应体现"生态为本"，以生态空间的整体性保护为核心；实践上，海洋生态系统方法管理的框架、步骤、原则、类型、基本要素等也渐进地推动着海洋生态立法的步伐，尤其是在海洋自然保护区、生物多样性保护与生境修复等方面。目前，除欧盟相关沿海国家或少数海域通过法律规定"生态系统方法"外，其他海域仍只明确了对某些要素或某些物种的保护，并未在立法中明确生态系统方法。而将海洋陆源污染防治与海域生态保护直接关联起来的法律更为缺乏，海洋资源开发利用、海洋污染防治、（部分海域的）生态系统保护三大内容在立法上仍是分离的。诚然，将生态系统方法运用于海洋立法会发挥重要作用，但将这种方法直接与立法关联起来，必须解决立法中的认识论与价值论问题。我国的海洋环境保护法体系虽对部分海域、部分典型海洋生态系统有明确的规定，但生态系统方法并未系统地应用于其中，尤其是在陆源污染防治立法中存在明显的结构性缺失，立法思路承袭的依然是"以陆定海、陆域优先"理念，并将陆域上的部分做法适用于海域。基于此，笔者认为，于海洋生态系统保护而言，在未来的海洋陆源污染防治立法中充分体现"以海定陆、陆海一体化、陆海平衡保护"的核心理念至关重要；于立法的有序有效而言，为保障生态系统方法渐次有序地适用，在生态理念已经逐渐渗入现有法律体系的情况下，目前更经济有效、切合现实的立法选择应采用分步骤分阶段、概括性立法与规范性立法相结合逐步推进。诚然有如此系统设想，但将生态系统方法全面适用于海洋陆源污染防治立法的工作依然十分艰巨。

　　出于对神秘海洋的向往与关切，笔者从硕士研究生阶段即开始倾注于海洋生态环境保护相关法律问题的研究，博士研究生阶段将海洋陆源污染防治作为主攻方向。虽然多年来一直倾注于此，但在此方面的研究依然有限。在拟定本书的具体章节及撰写过程中，笔者一直坚持尽可能寻找第一手资料，并尽可能对原始资料进行仔细的解读、分析与综合，但囿于各方面原因，仍然未能做到资料及数据引用的绝对科学性与原生性。在本书的撰写过程中，由于涉及大量的海洋生态学、海洋环境学、海洋环境管理学等其他学科的材料，的确遇到了不少认知上的困难，但同时也发现了一些问题，这些困难与问题共同促成了我在某些方面的独特思考，这些所谓的独特思考或许不科学，也或许不合理，但笔者期待这些不太成熟的想法与观点能促进在此方面的深入研究。本书，涉及对不同学者观点的解读，由于笔者的认知能力限制，有些解读也许既不透彻也不理性，有些解读也许过于激进或过于刻板，希望这些解读能得到相关学者的理解与回应。若这些解读存在不妥当之处，也请各位学者谅解与指正。该课题2014年获得国家社科基金资助，2020年初结项。此项课题虽已结项，本书的撰写工作也已完成，但笔者依然惴惴不安，因为本书中仍有一些关系没有厘清、有些观点没有参透、某些原则没有释明、一些基本的法律制度没有析透、某些地方缺乏充分的说理性与支撑性，这些问题的解决于我而言仍是未知数，有待未来进一步的研究。受限于本人的研究范围、理解能力、认知方式等多方面因素，本书中对各位学者观点的解析或注释也必然会存在不妥当之处，笔者也希望能得到各位的理解与指正。

在此还特别感谢我的爱人，在做此项研究与撰写此专著的过程中，他在繁忙的工作之余承担了大部分家务，是他的付出才让我能有时间在繁忙的教学科研之余得以完成此书的撰写与修订。